Meinungsvielfalt und Medienkonvergenz

Schriften zum Medien-, Urheber- und Wirtschaftsrecht

Herausgegeben von Prof. Dr. Georgios Gounalakis

Band 16

PL ACADEMIC RESEARCH

Alexandra Sommerhoff

Meinungsvielfalt und Medienkonvergenz

Die Sicherung der Meinungsvielfalt in Deutschland und Großbritannien

PL ACADEMIC RESEARCH

Bibliografische Information der Deutschen Nationalbibliothek
Die Deutsche Nationalbibliothek verzeichnet diese Publikation in der Deutschen Nationalbibliografie; detaillierte bibliografische Daten sind im Internet über http://dnb.d-nb.de abrufbar.

Zugl.: Marburg, Univ., Diss., 2013

Umschlaggestaltung:
© Olaf Gloeckler, Atelier Platen, Friedberg

D 4
ISSN 1867-1012
ISBN 978-3-631-64150-7 (Print)
E-ISBN 978-3-653-03181-2 (E-Book)
DOI 10.3726/978-3-653-03181-2

PL Academic Research ist ein Imprint der Peter Lang GmbH.

Peter Lang – Frankfurt am Main · Bern · Bruxelles · New York · Oxford · Warszawa · Wien

www.peterlang.de

Meinen lieben Eltern

Vorwort

Diese Arbeit wurde im Wintersemester 2012/2013 von der Juristischen Fakultät der Philipps-Universität Marburg als Dissertation angenommen. Relevante Rechtsprechung und Literatur wurden bis März 2013 berücksichtigt.

Herzlich danke ich meinem Doktorvater, Herrn Prof. Dr. Georgios Gounalakis, für die Betreuung der Arbeit und die Aufnahme in die Publikationsreihe Schriften zum Medien-, Urheber- und Wirtschaftsrecht. Herrn Prof. Dr. Michael Kling danke ich für die zügige Erstellung des Zweitgutachtens.

Besonders danke ich Herrn Philipp Wallau, dass er immer an meiner Seite steht. Gewidmet ist diese Arbeit meinen Eltern Bruno und Gabriele Sommerhoff. Für ihre liebevolle und uneingeschränkte Unterstützung bin ich von Herzen dankbar.

Berlin, im April 2013

Inhaltsverzeichnis

Abkürzungsverzeichnis

a. A.	andere Ansicht
Abl.	Amtsblatt
Abs.	Absatz
AEMR	Allgemeine Erklärung der Menschenrechte der Vereinten Nationen
AEUV	Vertrag über die Arbeitsweise der Europäischen Union
AfP	Zeitschrift für Medien- und Kommunikationsrecht
ALM	Arbeitsgemeinschaft der Landesmedienanstalten in der Bundesrepublik Deutschland
Alt.	Alternative
ARD	Arbeitsgemeinschaft der öffentlich-rechtlichen Rundfunkanstalten der Bundesrepublik Deutschland
Art.	Artikel
ATVOD	Authority for Television on Demand
Aufl.	Auflage
AVMD-RL	Richtlinie über audiovisuelle Mediendienste
BA1990	Broadcasting Act 1990
BA1996	Broadcasting Act 1996
BayVGH	Bayerischer Verwaltungsgerichtshof
BBC	British Broadcasting Corporation
BIS	Department for Business, Innovation & Skills
BKartA	Bundeskartellamt
BLM	Bayerische Landeszentrale für Neue Medien
BMWA	Bundesministerium für Wirtschaft und Arbeit
BSkyB	British Sky Broadcasting
bspw.	beispielsweise
BT-Drs.	Bundestagsdrucksache
BVerfG	Bundesverfassungsgericht
BVerwG	Bundesverwaltungsgericht
BVwVfG	Bundesverwaltungsverfahrensgesetz
bzw.	beziehungsweise
CA2003	Communications Act 2003
CDU	Christlich Demokratische Union Deutschlands
CMA	Competition and Markets Authority

CSU	Christlich-Soziale Union in Bayern e.V.
CTLR	Computer and Telecommunications Law Review
d. h.	das heißt
dass.	dasselbe
DCMS	Department for Culture, Media and Sport
DEA2010	Digital Economy Act 2010
dies.	dieselbe/dieselben
DLM	Direktorenkonferenz der Landesmedienanstalten
DTI	Department of Trade and Industry
EA2002	Enterprise Act 2002
EG	Europäische Gemeinschaft
Einl.	Einleitung
EJC	European Journal of Communication
EMRK	Europäische Konvention zum Schutz der Menschenrechte und Grundfreiheiten
et al.	et alii (und andere)
EU	Europäische Union
EWR	Europäischer Wirtschaftsraum
f.	folgende (Einzahl)
F.A.Z.	Frankfurter Allgemeine Zeitung
FDP	Freie Demokratische Partei
ff.	folgende (Mehrzahl)
FKVO	EG-Fusionskontrollverordnung
GBP	Britisches Pfund
GG	Grundgesetz für die Bundesrepublik Deutschland
GrCH	Charta der Grundrechte der Europäischen Union
GVK	Gremienvorsitzendenkonferenz
GWB	Gesetz gegen Wettbewerbsbeschränkungen
Hanse LR	Hanse Law Review
Hs.	Halbsatz
i. R. d.	im Rahmen der
i. V. m.	in Verbindung mit
ITV	Independent Television
JZ	JuristenZeitung
KDLM	Konferenz der Direktoren der Landesmedienanstalten
KEK	Kommission zur Ermittlung der Konzentration im Medienbereich
KJM	Kommission für Jugendmedienschutz
K&R	Kommunikation & Recht
LMG	Landesmediengesetz
MMR	MultiMedia und Recht

MP	Media Perspektiven
NewsCorp	News Corporation
NJW	Neue Juristische Wochenschrift
Nr.	Nummer
NRW	Nordrhein-Westfalen
NVwZ	Neue Zeitschrift für Verwaltungsrecht
Ofcom	Office of Communication
Oft	Office of Fair Trading
OSI	Open Society Institute
P7S1	ProSieben Sat1
plc.	public limited company
RÄStV	Rundfunkänderungsstaatsvertrag
RL	Richtlinie
Rn	Randnummer
Rs.	Rechtssache
RStV	Staatsvertrag für Rundfunk und Telemedien (Rundfunkstaatsvertrag)
S.	Satz / Seite
Sch.	Schedule (Anhang)
StGB	Strafgesetzbuch
TKG	Telekommunikationsgesetz
u. a.	unter anderem
USA	Vereinigte Staaten von Amerika
v.	von / vom
VG	Verwaltungsgericht
vgl.	Vergleiche
VO	Verordnung
Vol.	Volume (Band)
Vorb.	Vorbemerkung
VwGO	Verwaltungsgerichtsordnung
WuW	Wirtschaft und Wettbewerb, Zeitschrift für Deutsches und Europäisches Wettbewerbsrecht
ZAK	Kommission für Zulassung und Aufsicht
ZDF	Zweites Deutsches Fernsehen
zit.	zitiert
ZPO	Zivilprozessordnung
ZRP	Zeitschrift für Rechtspolitik
ZUM	Zeitschrift für Urheber- und Medienrecht

A. Vorbemerkungen

Technische und wirtschaftliche Entwicklungen verändern den Mediensektor erheblich und bringen fortlaufend neue Herausforderungen für die Sicherung der Meinungsvielfalt mit sich. Die bislang bewährte Medienregulierung vermag diese Veränderungen, die sich insbesondere durch eine Konvergenz von Mediendiensten und Übertragungswegen auszeichnen, nicht sachgerecht zu erfassen. Der Mediensektor hat sich in den letzten Jahrzehnten dramatisch verändert. Im 20. Jahrhundert entwickelten sich öffentliche und private Fernsehsender sowie das Internet zu den wichtigsten Informationsquellen neben Zeitungen. Neue Medien und Technologien ermöglichen die Übertragung digitalisierter Inhalte über alle verfügbaren Medienplattformen.[1] Vor allem die für die Meinungsbildung besonders relevanten Medien, Fernsehen und Internet, konvergieren zunehmend und werden bspw. über Internetfernsehen parallel genutzt.[2] Medienkonvergenz macht Zusammenschlüsse von Unternehmen, die verschiedene Mediendienste anbieten und auf unterschiedlichen Medienmärkten tätig sind, wirtschaftlich attraktiver. Diese Entwicklung führt vor allem in Ländern mit liberalen Medienregulierungsgesetzen wie Großbritannien oder den USA zu einer verstärkten Oligopolbildung sowie zu einer zunehmenden Medien- und Meinungskonzentration. Hierdurch wird deutlich, dass Informationsvielfalt nicht zwangsläufig zu Meinungsvielfalt führt, sondern die Gefahr birgt, dass große Medienkonzerne zu viel Medieneigentum und Meinungsmacht erlangen. Die technologische Entwicklung birgt daher sowohl Chancen als auch Risiken für die Meinungsvielfalt.[3] Wichtige Argumente für die Medienregulierung wie bspw. Spektrumknappheit haben an Relevanz verloren; der durchschnittliche Medienkonsument stößt vielmehr an die Grenzen seiner Aufnahmefähigkeit infolge der aus der vereinfachten Übertragbarkeit von Medieninhalten resultierenden Informationsflut.[4] Zugang zu Medien sowie Medienkompetenz haben sich hingegen

---

1 *Schwartmann,* in: Krautscheid/Schwartmann, 11 (13 ff.); *Müller/Gusy,* in: Background Information Report, 192.

2 *Best/Breunig,* MP 1/2011, 16 ff., *van Eimeren/Ridder,* MP 1/2011, 2 (4).

3 *Rossen-Stadtfeld,* in: Hahn/Vesting, § 25 RStV, Rn 17; *K.U. Leuven et al.,* 9; *Noveck,* in: Convergence in European Digital TV Regulation, 37 (43 ff.); *Curran et al.,* EJC 2009, Vol. 24, 5 (6).

4 BKartA, Beschluss v. 17.03.2011, B6-94/10, BeckRS 2012, 01190, Rn 148; *Rossen-Stadtfeld,* in: Hahn/Vesting, § 25 RStV, Rn 42 f.; *Herzog,* in: Maunz/Dürig, Art. 5 Abs. 1, 2 GG,

zu zentralen Aspekten der Meinungsvielfaltsicherung entwickelt. Im Vordergrund stehen die Sicherung des Informationbedarfs der gesamten Bevölkerung und damit die Grundsicherung auch der informationsarmen Bürger, um eine Spaltung der Gesellschaft in informationsarme und -reiche Bevölkerungsteile zu verhindern.[5] Die Gesetzgeber stehen vor einem Dilemma: Auf der einen Seite erachten europäische Regierungen Medien grundsätzlich als so wichtig, dass sie nicht ausschließlich den Marktkräften überlassen werden sollen, und stehen daher einer Deregulierung des Mediensektors traditionell skeptisch gegenüber.[6] Auf der anderen Seite kann aufgrund von Medienkonvergenz nur eine medienübergreifende Gesetzesregelung, die einheitliche regulatorische Kriterien für alle Medieninhalte unabhängig von der jeweiligen Übertragungsform festlegt, Meinungsmacht sachgerecht regulatorisch erfassen.[7] Da eine strenge Regulierung des Internets aber nicht in Betracht kommt und diesem globalen Medium auch nicht gerecht würde, muss ein neues Regulierungsmodell zwangsläufig liberaler als die derzeitige Regelung sein. Eine Deregulierung der nationalen Regulierungsgesetze ist zudem erforderlich, um die von verschiedenen Regulierungsansätzen betroffene und damit grundsätzlich investitionsfeindliche europäische Medienlandschaft im globalen Wettbewerb zu fördern und dadurch die europäische Kultur zu erhalten.[8]

Darüber hinaus ist Medienregulierung auch aus dem Grund möglichst liberal zu gestalten, da staatliche Eingriffe in den Mediensektor von Natur aus problematisch sind. Dies beruht auf der besonderen politischen Bedeutung der Medien, die neben ihrer zentralen Funktion für die öffentliche Meinungsbildung zugleich eine Kontrollfunktion gegenüber Staat und Politik, insbesondere der Regierung,

---

Rn 222 ff.; *Brinkmann,* ZUM 2013, 193 (198); *Kammerevert,* promedia 4/2013, 13 f.; *Michel,* ZUM 2011, 450; *Holznagel,* MMR 2011, Teile 1 und 2; Müller, AfP 2009, 433; *Mikko,* 9.

5 *Schnitzer,* IRIS 1997, Nr. 8, 3; *Keller,* 415; vgl. auch *CDU/CSU/FDP,* Koalitionsvertrag v. 26.10.2009, 100 f.

6 BVerfG, Urteil v. 04.11.1986, 1 BvF 1/84, Juris, Rn 105; *Beckmann/Müller,* in: Hoeren/Sieber, Teil 10, Rn 116; *Holznagel/Nolden,* in: Hoeren/Sieber, Teil 5, Rn 93; *Keller,* 10 ff.; *Reding,* Speech/09/452; *EU-Kommission,* Grünbuch zu Dienstleistungen von allgemeinem Interesse KOM (2003) 270, 26; *Paal/Hennemann,* ZRP 2010, 40 (42).

7 *Noveck,* in: Convergence in European Digital TV Regulation, 37 (43); *Schwartmann,* in: Schwartmann, 9 ff.

8 Vgl. Erwägungsgrund 5 RL 2009/140/EG v. 25.11.2009 zur Änderung der Richtlinie 2002/21/EG über einen gemeinsamen Rechtsrahmen für elektronische Kommunikationsnetze und -dienste, der Richtlinie 2002/19/EG über den Zugang zu elektronischen Kommunikationsnetzen und zugehörigen Einrichtungen sowie deren Zusammenschaltung und der Richtlinie 2002/20/EG über die Genehmigung elektronischer Kommunikationsnetze und -dienste, Abl. L 337 v. 18.12.2009; siehe hierzu auch *Noveck,* in: Convergence in European Digital TV Regulation, 37 (45); *Bretschneider,* ZUM 2010, 418 (423).

besitzen. Die Regulierung der Medien steht daher in einem übergeordneten medienpolitischen Zusammenhang.[9] Die vorrangigen Aufgaben der Medien in liberalen demokratischen Staaten sind die Ermittlung und Übertragung von Informationen und Meinungen, die für eine demokratische Meinungsbildung relevant sind. Aus diesem Grund muss der Rundfunk auch staatsfrei und damit so organisiert sein, dass die Regierung keinen Einfluss auf die Programmgestaltung nehmen kann.[10]

Es besteht ein zunehmender Bedarf nach einem zukunftsfähigen Regulierungsansatz, der crossmediale Meinungsmacht effektiv erfasst und zugleich Medienunternehmen erlaubt, die technologischen Möglichkeiten zu nutzen. Ein europaweit einheitliches Regulierungssystem wäre bei der Anpassung der Medienregulierung an die technischen Entwicklungen hilfreich, da vor allem aus grenzüberschreitenden Medienaktivitäten resultierende Meinungsmacht besser reguliert werden könnte. Unerlässlich ist jedenfalls eine verstärkte Kooperation der europäischen Regulierungsbehörden, wobei Kenntnisse und Fähigkeiten der Entscheidungsträger gebündelt und an den technologischen Fortschritt angepasst werden müssen. Der Schutz von Medienpluralität sollte im Mittelpunkt jeder regulatorischen Maßnahme stehen.[11]

I. Gegenstand der Dissertation

Die Dissertation geht der Frage nach, inwiefern die Meinungsvielfalt in den Rechtsordnungen Deutschlands und Großbritanniens sowie auf europäischer Ebene gewährleistet wird. Insbesondere aufgrund des grenzüberschreitenden Charakters der Medien stellt sich die Frage nach einer europaweit einheitlichen Medienregulierung. Ziel der Arbeit ist, Möglichkeiten und Grenzen der Medienregulierung unter besonderer Berücksichtigung von Medienkonvergenz aufzuzeigen. Anhand eines Vergleichs zwischen den deutschen und britischen Medienregulierungsvorschriften sollen zudem die Voraussetzungen für einen zukunftsfähigen Regulierungsansatz ermittelt werden. Die Dissertation befasst sich vorrangig mit dem Privatfernsehen, dessen Regulierung eine besondere Relevanz für die Meinungsvielfalt besitzt. An die folgende Einleitung schließt

9 *Keller,* 414 f.; *Vowe*, 5 f.

10 BVerfG, Urteil v. 04.11.1986, 1 BvF 1/84, Juris, Rn 154 ff. – Niedersächsisches Landesrundfunkgesetz; BVerfG, Urteil v. 16.06.1981, 1 BvL 89/78, Juris, Rn 88, 119 – FRAG; Holznagel/Kibele, in: Spindler/Schuster, § 2 RStV, Rn 23; Degenhart, AfP 2010, 324 ff.; Müller, AfP 2009, 433 ff.

11 *K.U. Leuven et al.*, 9; *Hochrangige Gruppe zur Freiheit und Vielfalt der Medien*, Zusammenfassung, 6.

sich der erste Teil der Dissertation an, in dem Meinungsvielfalt und Konvergenz erläutert sowie Gefahren für die Meinungsvielfalt und die neuen Anforderungen an die Medienregulierung untersucht werden. Der zweite Teil analysiert vornehmlich das deutsche Medienkonzentrationsrecht, insbesondere die Voraussetzungen vorherrschender Meinungsmacht gemäß § 26 Staatsvertrag für Rundfunk und Telemedien („RStV"). Hierbei werden auch die verfassungsrechtlichen Grundlagen der Medienregulierung erörtert. Um einen Vergleich mit dem britischen Medienkartellrecht zu ermöglichen, erfolgt eine kurze Darstellung der relevanten deutschen kartellrechtlichen Vorschriften. Im dritten Teil werden das britische Rundfunkrecht sowie die Vorschriften zur medienspezifischen Fusionskontrolle dargelegt. Schließlich werden die verschiedenen Regulierungssysteme in einem Rechtsvergleich in Beziehung gesetzt. Zuletzt folgt ein abschließender Ausblick.

II. Einleitende Anmerkungen zu Medienkonzentration

Medienkonzentration, also ein Mangel an Angebotsvielfalt in Folge einer unausgewogenen Verteilung von Meinungsmacht in einem Medienmarkt, gefährdet Meinungsfreiheit und damit den demokratischen Meinungsbildungsprozess. Medienkonzentration steht grundsätzlich im Gegensatz zu Meinungsvielfalt, da davon auszugehen ist, dass Medienkonzentration die Meinungsvielfalt zunächst gefährdet und langfristig reduziert, bspw. indem innerhalb eines fusionierten Unternehmens eine Angleichung von Medieninhalten stattfindet.[12]

1. Entstehung von Medienkonzentration

Medienkonzentration entsteht in Folge internen Unternehmenswachstums oder eines Mangels an publizistischem Wettbewerb.[13] Zu wenig Wettbewerb herrscht insbesondere dann, wenn zu viele Programmanbieter in einem Verbreitungsgebiet voneinander abhängig sind (horizontale Verflechtung). Daher können vor allem Zusammenschlüsse von Medienunternehmen zu einer Konzentration von Meinungsmacht führen. Problematisch ist auch der Fall, dass eine juristische Person einen Programmanbieter rechtlich oder wirtschaftlich beherrscht oder auf

---

12 *Beckmann/Müller,* in: Hoeren/Sieber, Teil 10, Rn 116; *Cooper,* 44 ff.

13 *KEK,* 4. Medienkonzentrationsbericht, 17; *Beckmann/Müller,* in: Hoeren/Sieber, Teil 10, Rn 116; *Röß,* AfP 2010, 521.

andere Weise dessen Programm beeinflusst.[14] Auch vertikale Verbindungen können die Meinungsvielfalt im Rundfunk gefährden. Hierunter fallen bspw. Verbindungen von Rundfunkanbietern zu Produktionsunternehmen, zu Inhabern von Übertragungsrechten oder zu Eigentümern von Programmzeitschriften.[15] Eine weitere und aufgrund von Medienkonvergenz wohl die Hauptursache konzentrierter Meinungsmacht sind crossmediale bzw. intermediäre Verflechtungen zwischen Rundfunk-, Presse- und Internetunternehmen. Diese können Auswirkungen vor allem im politischen Bereich haben, wenn ein breit aufgestelltes Medienunternehmen auf mehreren Medienplattformen einseitig meinungsbildend agiert und dadurch einen demokratischen Meinungsbildungsprozess behindert, insbesondere wenn kein konkurrierendes Medienunternehmen vertretenen Gegenansichten vermittelt, sodass überhaupt kein Meinungsaustausch stattfindet.[16] Die Ausübung von Kontrolle über verschiedene Medienunternehmen stellt daher grundsätzlich eine Gefahr für die Meinungsvielfalt dar.[17] Insofern ist der Gesetzgeber in besonderer Weise gehalten, Monopolstellungen zu verhindern. Vorrangige Ziele der Medienregulierung sind daher die Erzeugung und Sicherstellung von Medien- und Meinungsvielfalt. Meinungsvielfalt bedeutet hierbei eine Vielfalt von Medieneigentümern, übertragenen Inhalten und Informationsquellen.[18]

2. Messung von Medienkonzentration

Problematisch sind die Messung von Medienpluralität und damit die Feststellung mangelnder Vielfalt an übertragenen Informationen und Meinungen. Diese Problematik hat sich durch die Konvergenzentwicklung verstärkt. Auch wenn das BVerfG Meinungsvielfalt „nicht als messbare, exakt zu bestimmende Größe“[19] ansieht, sind objektive Kriterien für eine Messung von Meinungsvielfalt unerlässliche Voraussetzung für eine rechtmäßige und zuverlässige Medienregulie-

14 BVerfG, Urteil v. 04.11.1986, 1 BvF 1/84, Juris, Rn 133; *KEK*, 3. Medienkonzentrationsbericht, 37 ff.; *Holznagel*, ZUM 2009, 620 (621); *Röß*, AfP 2010, 521; vertiefend zu den verschiedenen Ausprägungen von Medienkonzentration *Helwig*, 17 ff.

15 BVerfG, Urteil v. 04.11.1986, 1 BvF 1/84, Juris, Rn 139; *Holznagel*, ZUM 2009, 620 (622); *Schmid/Kitz*, ZUM 2009, 739 (742); *Sommerhoff*, 2; vertiefend hierzu *Paal*, 157.

16 BVerfG, Urteil v. 04.11.1986, 1 BvF 1/84, Juris, Rn 106; *Peifer*, 27 f.; *Holznagel*, ZUM 2009, 620 (622); *Cooper*, 39 ff.; *Sommerhoff*, 2; vgl. vertiefend hierzu *Röß*, AfP 2010, 521 (522).

17 Vgl. *EU-Kommission*, Mitteilung über die Zukunft der europäischen Regulierungspolitik im audiovisuellen Bereich KOM (2003) 784, 9.

18 Weiterführend zu den Zielen von Regulierung *Schwartmann*, in: Schwartmann, 9 ff.

19 BVerfG, Urteil v. 04.11.1986, 1 BvF 1/84, Juris, Rn 105.

rung.[20] Eine Medienregulierung, die nicht auf objektiven und transparenten Kriterien beruht, verletzt den verfassungsrechtlichen Grundsatz der Gleichbehandlung gemäß Art. 3 Abs. 1 GG, auf den sich gemäß Art. 19 Abs. 3 GG auch Medienunternehmen als juristische Personen berufen können, und beeinträchtigt die Rechtssicherheit.[21]

Die Messung von Meinungspluralität kann insbesondere an Eigentumsverhältnisse, Medieninhalte oder Zuschaueranteile anknüpfen.[22] Ein aktueller Vorschlag, der auf einer Studie im Auftrag der EU-Kommission beruht, schlägt die Bewertung von Pluralität anhand einer Methode vor, die dem Risikomanagement entnommen ist (*media pluralism monitor*)[23]. Die Methode soll trotz teilweise erheblicher Unterschiede zwischen den europäischen Mitgliedstaaten hinsichtlich Marktgröße, technologischem Fortschritt, Politik und Kultur sowie der jeweils geltenden Regulierungsnormen europaweit anwendbar sein, ohne eine Vereinheitlichung der Gesetze zu erfordern.[24] Der Ansatz schlägt eine umfassende Prüfung unter Berücksichtigung verschiedener Gesichtspunkte vor. Es werden nicht nur die Eigentumsverhältnisse und der Konzentrationsgrad, sondern auch weitere einschränkende Kriterien in die Betrachtung einbezogen. Sowohl innere Strukturen eines Mediendienstes, d. h. bspw. welche redaktionellen Vorgaben bestehen und ob vielfältige Inhalte innerhalb eines Dienstes angeboten werden (*internal pluralism*), als auch äußere Vielfaltgesichtspunkte wie das Angebot verschiedener Übertragungsdienste (*external pluralism*) werden untersucht, und es wird bewertet, inwiefern sich diese Strukturen auf die Medien- und Meinungsvielfalt auswirken.[25] Zudem werden die Produktion, Übertragung und Nutzung von Medieninhalten durch den Verbraucher analysiert. Im Zusammenhang mit Letzterem sind insbesondere der Zugang zu Medieninhalten sowie der medienbezogene

---

20 Vgl. zu der Messbarkeit von Meinungsmacht *Paal,* 80 ff.; *Peifer,* 28 f., 75 ff.

21 *Lowe,* Competition Policy Newsletter Nr. 3, 2008, 2: „*The enforcement system must be designed in a way that guarantees* ***coherence and predictability for business: coherence ensures equal treatment****. Predictability allows firms to plan for compliance. To achieve this, ex-ante rules and individual enforcement decisions should be based on a common methodology, clear and publicised enforcement objectives and an in-depth knowledge of how markets function.*" [Hervorhebung nachträglich eingefügt]; siehe auch *Sommerhoff,* 4; vgl. zu der Anwendbarkeit von Art. 3 GG auf juristische Personen BVerfG, Beschluss v. 03.07.1973, NJW 1974, 229 (230).

22 *Leonhard et al.,* 208; *Sommerhoff,* 4.

23 *K.U. Leuven et al.,* Independent Study on Indicators for Media Pluralism in the Member States – Towards a Risk-Based Approach.

24 *K.U. Leuven et al.,* 37 ff.; *Sommerhoff,* 5.

25 *K.U. Leuven et al.,* 3 f., 11; siehe hierzu auch *Competition Commission,* BSkyB/ITV, 8; *Ofcom,* NewsCorp/BSkyB, 21, 53; *Sommerhoff,* 5.

Bildungsgrad der Nutzer relevant.[26] Sämtliche zugrundegelegten Daten müssen konkret, messbar, unter vernünftigem Kostenaufwand und zeitnah zu erheben sowie weitestgehend unumstritten sein. Besonderer Wert wird auf die Quantifizierbarkeit eines Kriteriums gelegt, da hierdurch eine möglichst weitgehende Objektivität erreicht werden kann. Auch qualitative Bewertungen, bspw. der durch ein Medium übertragenen Inhalte, sollen möglichst in messbaren Werten ausgedrückt werden, damit auch die inhaltliche Vielfalt objektiv überprüfbar ist. Sofern es einer qualitativen Analyse bedarf, soll die Auswertung zudem anhand von Richtlinien vorgenommen werden. Trotz des Vorrangs objektiver Bewertungskriterien wird auch die Ökonomie eines jeweiligen Landes, insbesondere die Marktgröße, berücksichtigt und der Maßstab insofern angepasst, damit es nicht zu Verzerrungen in der Bewertung kommt. Verzerrungen könnten sich bspw. daraus ergeben, dass ein kleineres Land bzw. ein kleinerer Sprachraum von Natur aus einen kleineren Medienmarkt hat und daher in Folge eines eingeschränkten Angebots ein geringeres Maß an Meinungsvielfalt besteht.[27]

Dass im Rahmen einer objektiven Bewertungsmethode auch immer eine Einzelfallprüfung stattfinden muss, ergibt sich schon daraus, dass auf der Grundlage des Bewertungsergebnisses durchgeführte Maßnahmen nicht den gesetzlichen Regulierungszielen zuwiderlaufen dürfen. Auch wenn es einzelne Fallkonstellationen oder Verhaltensweisen gibt, die Statistiken zufolge grundsätzlich negative Auswirkungen für die Verbraucher und den Wettbewerb insgesamt haben, ist zumindest in den überwiegenden Fällen, in denen es keine eindeutigen empirischen Daten gibt, eine Prüfung des Einzelfalls unerlässlich, um der Vielfältigkeit des Medienmarktes gerecht zu werden.[28]

Der *media pluralism monitor* wird aber nur dann das gewünschte Ziel, die europaweite Messung von Medienpluralismus, erreichen, wenn die Methode in den EU-Mitgliedstaaten von unabhängigen Instanzen unter Einbindung der betroffenen Parteien, insbesondere der Medienunternehmen, systematisch angewendet wird.[29] Eine häufige Anwendung der Methode erscheint indes zweifelhaft, da die Erfassung und Auswertung der notwendigen Daten aufwendig und kostspielig sind und die Daten stetig aktualisiert werden müssen. Außerdem sind die Bewertungskriterien teilweise sehr komplex und detailliert.[30] Zu der Anwendung einzelner Kriterien sind die EU-Mitgliedstaaten kompetenzrechtlich auch

---

26 *K.U. Leuven et al.*, 11.

27 *K.U. Leuven et al.*, 24; vgl. *Sommerhoff*, 5.

28 *Lowe*, Competition Policy Newsletter Nr. 3, 2008, 2 f.; *K.U. Leuven et al.*, 7; vgl. auch *Sommerhoff*, 5.

29 *Angelopoulos*, IRIS 2009, Nr. 10 Extra; weiterführend hierzu *Sommerhoff*, 20 f.

30 So soll bspw. das Beschäftigungsniveau auf dem Markt für neue Medien gemessen werden, um die wirtschaftliche Betätigung in diesem Bereich zu bewerten (vgl. *K.U. Leuven et al.*, 41).

nicht befugt. Teilweise wird sogar angenommen, dass die strengen Bewertungs- und Messvorgaben die Meinungsfreiheit der Mediennutzer verletzen, indem vorgeben wird, welche Medieninhalte zu nutzen sind.[31] Dies ist abzulehnen, da die Bewertung von Markt- und Meinungskonzentration die notwendige Transparenz schafft, um Medienvielfalt sicherzustellen, und damit wichtiger Bestandteil der Medienregulierung ist. Eine effektive Anwendung des *media pluralism monitor* setzt zudem voraus, dass die Mitgliedstaaten die der Methode zugrundeliegende Definition der Meinungsvielfalt und damit einen europaweit einheitlichen Pluralitätsstandard als Grundvoraussetzung für eine Harmonisierung der Medienregulierung akzeptieren.[32]

3. Medienkonvergenz

Medienkonvergenz führt zu einer Verbindung der Medien und kann eine Gefahr für die Meinungsvielfalt darstellen.

a) Definition

Medienkonvergenz ist eine technische Entwicklung, welche die Medienmärkte grundlegend verändert und dazu führt, dass sich Medien- und Telekommunikationsdienste zunehmend annähern und teilweise vollständig verschmelzen. Medienunternehmen bieten verstärkt sowohl Telekommunikationsdienste als auch Rundfunkdienste an, weshalb crossmediale Verflechtungen zunehmend an Bedeutung gewinnen.[33] Vor diesem Hintergrund kommt es nicht mehr darauf an, welche Plattform oder Infrastruktur zur Inhaltsübertragung genutzt wird, da der Inhalt immer derselbe ist. Jeder Inhalt kann durch jede Übertragungsform (bspw. terrestrischen Rundfunk, Kabel, Satellit, Radio oder das Internet) übertragen werden.[34] Dieser Medientechnologie wird die der Medienregulierung gegenwärtig zugrunde liegende Differenzierung zwischen den Übertragungswegen und den übertragenen Medieninhalten nicht gerecht. Die Schwerpunkte der Medienregulierung sollten auf der Inhaltsproduktion und dem Zugang zu Medieninhalten liegen.

---

31 *European Publishers Council,* 1 ff.

32 *DCMS*, 25; *Komorek,* Amsterdam Law Forum 2009, 49 (50).

33 *Zagouras,* 13 ff.; *Gounalakis,* ZUM 2003, 180; *Reinlein,* 16 ff.; *Doyle,* 2 ff.; *Sommerhoff,* 3.

34 *Schmid,* ZUM 2011, 457 (458); *Gibbons,* in: Current Law Statutes 2003, 21–13; *Butler,* 1 ff.; *Sommerhoff,* 3. Auch für die Presse ist das Internet inzwischen ein unverzichtbarer Distributionsweg, vgl. *Fiedler*, AfP 2011, 15 ff.

Medienkonvergenz ist auch der Grund für die Zunahme von intermediären Fusionen, d. h. von Zusammenschlüssen zwischen Unternehmen aus verschiedenen Medienmärkten. Indem jeder Inhalt über jegliches Medium veröffentlicht werden kann, entstehen bei solchen Fusionen stärkere Synergieeffekte; das Angebot mehrerer Mediendienste ist attraktiver geworden, da ein Inhalt nur einmal produziert und lediglich als Datenpaket über die verschiedenen Medienplattformen übertragen wird. Ein großer Vorteil von Konvergenz ist somit die Entstehung von Skalen- und Verbundvorteilen, die wiederum die Kosten für den Verbraucher senken und den Zugang zu Informationen und Meinungen verbessern.[35]

Die Konvergenzentwicklung wird zudem durch die Digitalisierung, den Wechsel von analoger zu digitaler Technologie, verstärkt.[36] Aufgrund der Digitalisierung besteht deutlich mehr Angebotsvielfalt. Eine Vermehrung von Übertragungswegen verbessert den Wettbewerb zwischen den einzelnen Plattformen und damit das Angebot für den Verbraucher. Medieninhalte können in unterschiedlichen Formen vertrieben werden, und der Verbraucher kann dem Angebot entsprechend entscheiden, in welcher Form und Menge er die einzelnen Inhalte konsumieren möchte.[37] Hierdurch entsteht Meinungsvielfalt.

b) Folgen für die Mediennutzung

Der technologische Fortschritt hat zudem erhebliche Auswirkungen auf die Mediennutzung. So kann bspw. das Fernsehen mittlerweile interaktiv genutzt werden. Fernsehen auf Abruf (*video on demand*) ist ein gutes Beispiel für die veränderte Mediennutzung. Bei diesem Mediendienst verlagert sich die Programmkontrolle durch den Veranstalter auf eine Kontrolle durch den Mediennutzer. Das Programmangebot wird weiterhin durch den Anbieter festgelegt, der Nutzer bestimmt nur den Zeitpunkt der Nutzung.[38] Da der Anbieter damit weiterhin entscheidenden Einfluss auf das Programm hat, wird auch Fernsehen auf Abruf als regulierungsbedürftiger Mediendienst bewertet. Erhielten die Nutzer bspw. im Wege öffentlicher Konsultationen die Möglichkeit, Einfluss auf die Programmgestaltung zu nehmen, würden hierdurch die Produktion von Inhalten für Minderheiten und damit die Meinungsvielfalt gefördert.[39] Die Nutzer sollten anstelle der Anbieter entscheiden, in welcher Tiefe und inhaltlichen Ausrichtung

---

35 *Zagouras,* 14; *Sommerhoff,* 3.

36 *Carlton et al.*, in: Getting the Deal Through, 466; *Röß,* AfP 2010, 521 (522); *Sommerhoff,* 3.

37 *Gibbons,* in: Convergence in European Digital TV Regulation, 156.

38 *Butler*, 170 ff.

39 *K.U. Leuven et al.,* 21, 41 f.; *Sommerhoff,* 13 f.; so im Ergebnis auch *Kammerevert,* promedia 4/2013, 13 (14).

die Inhalte zur Verfügung gestellt werden. In diesem Fall wäre eine gesetzliche Regulierung des Abruffernsehens nicht erforderlich bzw. wären selbstregulatorische Maßnahmen ausreichend.

Medienkonvergenz zeigt sich auch am Beispiel des Hybridfernsehens, einer speziellen Form des Internetfernsehens. Hierbei werden verschiedene Mediendienste, insbesondere Fernsehen und Internet, auf ein mit dem Internet verbundenes Fernsehendgerät übertragen und sind gleichzeitig nutzbar. Angeboten werden diese Dienste sowohl von Rundfunkveranstaltern als auch von Internetdienstanbietern, Verlagen oder Herstellern von Fernsehendgeräten.[40] Internetfernsehen soll anknüpfend an mobiles Internet, das insbesondere in Form von internetfähigen Mobiltelefonen oder Tabletcomputern genutzt wird, und stationäres Internet der relevante Medienmarkt werden. Aufgrund dieser Entwicklung werden Internetunternehmen wie *Google* zwangsläufig erheblichen Einfluss auf das Fernsehprogramm erlangen. So steigt *Google* mit seiner Tochtergesellschaft *YouTube* mit der professionellen Eigenproduktion von Fernsehinhalten weltweit in die Fernsehmärkte ein.[41] Die Verbreitung von Internetfernsehen in Verbindung mit Abruffernsehen wird zu einer erheblichen Oligopolbildung auf dem Fernsehmarkt führen, da kleinere, traditionelle Rundfunkveranstalter bei der rasanten technischen Entwicklung nicht mithalten können.[42] Insgesamt ist festzustellen, dass seit der Einführung des mobilen Internets die Zahl der Nutzer, die Informationen vorrangig über das Internet beziehen, erheblich zugenommen hat. Hierdurch ist auch die Bedeutung des Internets für die Meinungsbildung gestiegen. Dies hat indes nicht zu einer Rückentwicklung des Fernsehkonsums geführt; vielmehr werden Fernsehen und Internet zunehmend parallel genutzt.[43]

---

40 *KEK*, 14. Jahresbericht, 4; *Becker,* ZUM 2011, 449; *Kammerevert,* promedia 4/2013, 13 f.; weiterführend zu Begriff, Technik und Rechtsfolgen des Hybridfernsehens *Schmid,* ZUM 2011, 457 ff., *Wagner,* ZUM 2011, 462 ff., und *Klickermann/Lotz,* MMR 2012, 801 ff.

41 Vgl. *Fuest*, Youtube startet als Sender mit 60 TV-Kanälen, in: Die Welt v. 07.10.2012: "Mit der Inhalteoffensive will Youtube seine Nutzer stärker an einzelne Künstler und ihre Kanäle binden, sie so dazu animieren, immer öfter auf die Seite zurück zu kommen. Im Idealfall sollen sie, so hofft Kyncl [Youtube's Vizepräsident für Inhalt], sich ihr eigenes Fernsehprogramm aus Youtube-Spartenkanälen abonnieren, und so öfter Youtube anstatt der klassischen Fernsehkanäle nutzen."

42 Vgl. *Schmidt,* Internetfirmen nehmen sich das Fernsehen vor, in: in: F.A.Z. v. 25.10.2011: „Die Reichweiten der linearen Sender werden signifikant abnehmen, wenn ein großer Teil der TV-Nutzung ‚on-demand' stattfindet. Wir erwarten, dass ungefähr ein Drittel der ‚kleinen' Sender nicht mehr genügend Reichweite erzielt, um am Markt zu bestehen. Letztendlich werden sich drei bis fünf große Anbieter herausbilden, die das gesamte Fernseh- und Video-Erlebnis ins Wohnzimmer liefern." [Zitat von Thomas Künstner].

43 *Best/Breunig,* MP 1/2011, 16 (16 ff.), und *van Eimeren/Ridder*, MP 1/2011, 2 (4), mit einer konkreten Analyse paralleler Mediennutzung; nach Ansicht von *Neuberger/Lobigs,* 29, hat der Fernsehkonsum aufgrund des Internets abgenommen.

Die Vorteile der Medienkonvergenz werden aber in den Hintergrund treten, wenn die Gesetzgeber nicht die einzelnen Regulierungsregime den Anforderungen der Konvergenz anpassen.[44]

4. Gefahren für die Meinungsvielfalt

Aus der Medienkonvergenzentwicklung resultieren die nachfolgend aufgeführten Gefahren für die Meinungsvielfalt und den freien Meinungsbildungsprozess.

a) Oligopolisierung

Aufgrund des erheblichen Investitionspotentials der neuen Technologien kann Konvergenz zu einer die Meinungsvielfalt beeinträchtigenden Oligopolbildung führen. Denn Medieneigentümer, die bereits mehrere häufig internationale Medienmärkte beherrschen und daher das finanzielle und technische Potential besitzen, neue Übertragungswege zu entwickeln, zu erwerben und auszubauen, können ihre Markt- und Meinungsmacht leichter ausbauen als weniger etablierte Medienunternehmen.[45] Da Letzere hierdurch vielfach aus dem Markt verdrängt werden, kommt es zu einer Oligopolisierung, in deren Folge wenige Medienunternehmen entscheiden, welche Inhalte vertrieben werden, wer Zugang zu welchen Inhalten hat und wie neue Technologien eingesetzt werden.

Eine ausufernde Oligopolbildung ist insbesondere in Großbritannien und den USA in den letzten Jahren zunehmend zu beobachten. Diese resultiert vorwiegend aus der Medienderegulierung, die zu einem Ungleichgewicht zwischen der Nachfrage nach vielfältigen und auch regional ausgerichteten Fernsehprogrammen und dem Angebot großer international agierender Medienkonzerne, die vorwiegend publikumswirksame Inhalte produzieren, führt.[46] Hierbei ist problematisch, dass der Wettbewerb die Unternehmen zu kommerziellen Marketingstrategien und damit zu der Ausstrahlung von Programmen zwingt, welche die breite Bevölkerung ansprechen und damit opportun sind.[47] Auch wenn Deregulierung zunächst den Wettbewerb fördert und dadurch Verbrauchervorteile schaffen kann, besteht zugleich die Gefahr, dass es langfristig zu einer Oligopol- oder sogar Monopolbildung insbesondere durch Fusionen kommt. Denn Fusio-

44 *Pepper/Levy,* in: Convergence in European Digital TV Regulation, 21; *Sommerhoff,* 4.
45 *Gounalakis,* AfP 2004, 394 (394 f.); *Helwig,* 10 f.; *Cooper,* 25 ff.; *Sommerhoff,* 4.
46 *Crock,* 304; *Cooper,* 50 ff.
47 *Sydow/Windeler,* 58 f.; *Sommerhoff,* 4.

nen haben vor allem im Zusammenhang mit Medienkonvergenz erhebliche wirtschaftliche Vorteile für die fusionierenden Medienunternehmen.[48] Für die Meinungsvielfalt können Fusionen aber nachteilig sein, da sie den Wettbewerb auf den Medienmärkten reduzieren und hierdurch Meinungskonzentration steigern.[49]

b) Zugangshindernisse für Medienveranstalter

Eine weitere Gefahr für die Meinungsvielfalt entsteht daraus, dass marktbeherrschende Medienunternehmen ihren Wettbewerbern den Marktzugang erschweren oder sogar den Zugang zu notwendigen Infrastruktureinrichtungen verwehren können.

Eine Beschränkung des Marktzugangs kann bspw. durch eine Verschlüsselung von Programmsendungen erfolgen. Eine solche elektronische Verschlüsselung digitaler Sender plante bspw. der marktbeherrschende Satellitenbetreiber SES Astra. Das Satellitenprogramm sollte in Folge der Verschlüsselung nur noch gegen Gebühr und unter Verwendung einer speziellen Set-Top-Box sowie einer Smart-Card empfangbar sein. Das Bundeskartellamt („BKartA") vertrat im Rahmen eines inzwischen eingestellten Verwaltungsverfahrens gegen SES Astra die Ansicht, dass sich SES Astra in einer marktbeherrschenden Stellung gemäß Art. 102 Vertrag über die Arbeitsweise der Europäischen Union („AEUV") befinde und die Verschlüsselung eine missbräuchliche Ausnutzung dieser Marktposition darstelle, da andere Satellitenbetreiber das in vielen Haushalten verbreitete Verschlüsselungssystem von SES Astra nicht nutzen könnten.[50] Hierdurch

---

48 *Gounalakis,* AfP 2004, 394, mit vertiefenden Hinweisen zu den aus Medienkonvergenz resultierenden Synergieeffekten; siehe zudem *Doyle,* 5 ff.; *Wheeler*, Canadian Journal of Communication 2001.

49 Vgl. zu den mit der internationalen Oligopolisierung verbundenen Gefahren *Malzanini,* Medienkonzentration in Europa, 20.12.2007: „[...] Die großen Unternehmenszusammenschlüsse bergen jedoch genügend weiteres Konflikt- und Missbrauchspotenzial: Zeitungsprodukte, Onlineaktivitäten und Rundfunk, die bislang von konkurrierenden Unternehmen angeboten wurden, werden einheitlich von einem Anbieter oder einer Anbietergruppe bereitgestellt. Kabelnetzbetreiber werden zu Rundfunkveranstaltern, erwerben Programm- und Sportrechte und kontrollieren den Zugang zu ihren Plattformen. Telekommunikationsunternehmen, die sich zum Teil in Staatsbesitz befinden, beteiligen sich am Rundfunk. Die Arbeit bislang unabhängiger Produzenten wird von den großen Medienunternehmen mit erledigt und führt zur Verarmung der Produktionsvielfalt. Satelliten- und Kabelplattformen entwickeln Gatekeeper-Positionen und kontrollieren den Zugang zum Verbraucher durch die Einführung so genannter Conditional-Access-Systeme, Navigationssysteme, elektronischer Programmführer und adressierbarer Endgeräte [...]."

50 *BKartA*, Tätigkeitsbericht 2007/2008, 23; *dass.*, Tätigkeitsbericht 2005/2006, 107 ff.; *Fuchs,* MMR 2006, XVII; *Podszun*, MMR 2007, 761 (762 f.).

wird deutlich, wie marktbeherrschende Unternehmen Wettbewerbern den Zugang zu Verbrauchern versperren und dadurch einseitig meinungsbildend tätig werden können.

Die Problematik, dass marktbeherrschende Unternehmen den Zugriff auf Übertragungsinfrastruktur durch Wettbewerber unterbinden und damit die Angebote für den Endverbraucher reduzieren, war auch der Hintergrund für den Erlass der Zugangsrichtlinie.[51] Nach dieser Richtlinie, die auch Kabelfernseh-, terrestrische Rundfunk- und Satellitennetze erfasst, sollen Unternehmen Zugangsvereinbarungen treffen und Netzwerke zur gemeinsamen Nutzung von Infrastruktureinrichtungen bilden. Hierdurch sollen Zugangshindernisse in Folge dominanter Marktpositionen vermieden und die Nutzung von Übertragungskapazitäten durch die Förderung des Wettbewerbs auf dem europäischen Markt effektiver gestaltet werden.[52] Gemäß Art. 8 Abs. 1 Zugangsrichtlinie können nationale Regulierungsbehörden unter Berücksichtigung des Verhältnismäßigkeitsprinzips marktbeherrschenden Betreibern von Zugangsdiensten zu digitalem Rundfunk zudem in Art. 9 bis 13 Zugangsrichtlinie konkretisierte Verpflichtungen bezüglich Gleichbehandlung, Transparenz und Zugangssicherung auferlegen.[53] Nach der Zugangsrichtlinie muss der Zugang zum Medienkonsumenten allen Unternehmen zu „fairen, angemessenen und nichtdiskriminierenden Bedingungen" möglich sein, um gleichberechtigten Wettbewerb und Angebotsvielfalt sicherzustellen.[54] Damit die Erfüllung dieser Verpflichtungen überprüfbar ist, müssen Anbieter von Zugangsberechtigungsdiensten zu digitalen Rundfunkprogrammen eine gesonderte Buchführung über diese Tätigkeit vornehmen, Art. 11 Abs. 1 i. V. m. Anhang I, Teil I, b) Zugangsrichtlinie. Die Festlegung der Dienste, die dem Endverbraucher in jedem Fall zur Verfügung stehen müssen, obliegt den nationalen Gesetzgebern.[55]

Die Umsetzung dieser europarechtlichen Vorgaben erfolgte in Deutschland in § 50 Telekommunikationsgesetz („TKG"). Zugangsberechtigungssysteme für das Fernsehen waren auch schon vor Erlass der Zugangsrichtlinie im Fernsehübertragungsgesetz und RStV umfassend geregelt.[56] Dass der Zugang zu Infrastruktur und Übertragungskapazität eine wichtige Rolle bei der Sicherung der Meinungsvielfalt spielt, wird auch durch die Regelung über die Zuweisung von

---

51 RL 2002/19/EG v. 07.03.2002 über den Zugang zu elektronischen Kommunikationsnetzen und zugehörigen Einrichtungen sowie deren Zusammenschaltung (Zugangsrichtlinie), Abl. L 108 v. 24.04.2002, 7 ff.

52 Vgl. Erwägungsgründe Nr. 1, 5, 6, RL 2002/19/EG.

53 *Holznagel et al.*, Rn 799 f.

54 Vgl. Erwägungsgrund Nr. 10, RL 2002/19/EG; Anhang I, Teil I b), RL 2002/19/EG.

55 Vgl. Erwägungsgrund Nr. 10, RL 2002/19/EG.

56 *Janik/Kühling*, in: Geppert et al., § 50 TKG, Rn 1.

Übertragungskapazitäten deutlich. So bestimmen §§ 51 f. RStV, dass, sofern keine ausreichenden Übertragungskapazitäten zur Verfügung stehen und keine Einigung über die Zuteilung der vorhandenen Kapazitäten erzielt wird, die Zuteilung an den Anbieter zu erfolgen hat, der die größtmögliche Vielfalt des Angebotes sichert, vgl. § 51 Abs. 3 Nr. 4, § 51 a Abs. 4 Nr. 1 RStV. Allein durch Wettbewerb könnte das Interesse des Verbrauchers an einem Zugang möglichst vieler Medienunternehmen zu der Übertragungsinfrastruktur nicht ausreichend geschützt werden.[57]

c) Zugangshindernisse für Mediennutzer

Für die Sicherung der Meinungsvielfalt ist auch der Zugang des Nutzers zu Medienplattformen und -inhalten relevant.[58]

In Folge der Digitalisierung können Medieninhalte generell kostengünstig und unproblematisch übertragen werden. Hierdurch werden das Medienangebot und damit die Versorgung der Bevölkerung mit Informationen grundsätzlich verbessert. Der Konsum von Informationen setzt jedoch voraus, dass der Konsument Zugang zu den neuen und digitalisierten Übertragungswegen hat. Was zunächst unproblematisch erscheint, stellt aufgrund der Tatsache, dass Inhalte heutzutage vor allem unter Verwendung hochmoderner, sich ständig fortentwickelnder und teilweise komplizierter Technologien übertragen werden, eine große Herausforderung für den durchschnittlichen Mediennutzer dar. Die Sicherstellung eines gleichberechtigten Medienzugangs für die gesamte Bevölkerung ist daher gegenwärtig einer der wichtigsten Aspekte der Medienregulierung.

Zugang zu Informationen ist ein fundamentales Menschenrecht nach Art. 19 Allgemeine Erklärung der Menschenrechte der Vereinten Nationen („AEMR").[59] Dies ergibt sich auch aus der ausdrücklichen Erwähnung der Medienfreiheit als Grundvoraussetzung für Medienvielfalt in Art. 11 Abs. 2 Charta der Grundrechte der Europäischen Union („GrCH").[60] Im Anwendungsbereich der GrCH sind die

57 *EU-Kommission,* Mitteilung über die Zukunft der europäischen Regulierungspolitik im audiovisuellen Bereich, KOM (2003) 784, 10; Erwägungsgrund Nr. 10, RL 2002/19/EG; vgl. auch aktuell zu der Regulierung von Übertragungskapazitäten *Spoerr/Luczak,* ZUM 2010, 553 (554 ff.).

58 Die Sicherung des Zugangs zu Medien ist auch ein wichtiges politisches Ziel, vgl. *CDU/CSU/FDP*, Koalitionsvertrag v. 26.10.2009, 100 f.

59 Artikel 19 AEMR: „Jeder hat das Recht auf Meinungsfreiheit und freie Meinungsäußerung; dieses Recht schließt die Freiheit ein, Meinungen ungehindert anzuhängen sowie über Medien jeder Art und ohne Rücksicht auf Grenzen Informationen und Gedankengut zu suchen, zu empfangen und zu verbreiten."; siehe hierzu *Human Rights Committee,* 4, Nr. 18.

60 Artikel 11 GrCh: „Freiheit der Meinungsäußerung und Informationsfreiheit

EU-Mitgliedstaaten zu einer Sicherung des Zugangs zu Medien verpflichtet. Auch die Europäische Konvention zum Schutz der Menschenrechte und Grundfreiheiten („EMRK") garantiert das Grundrecht auf Meinungsäußerung, das gemäß Art. 10 Abs. 1 S. 2 EMRK insbesondere das Recht umfasst, Informationen zu empfangen, was wiederum den Zugang zu Informationen voraussetzt.[61] Daher besteht auch eine völkerrechtliche Verpflichtung der EMRK-Mitgliedstaaten, den Zugang zu einem breiten Informations- und Meinungsspektrum zu sichern. Der deutsche Gesetzgeber ist zudem nach der Rechtsprechung des BVerfG zu Art. 5 Abs. 1 GG verpflichtet, die rundfunkrechtliche Grundversorgung der Bevölkerung sicherzustellen. Dies umfasst jedenfalls die Bereitstellung der Infrastruktur für die Ausstrahlung des öffentlich-rechtlichen Rundfunks sowie die Gewährleistung eines inhaltlichen Grundstandards, der die verfassungsrechtlich gebotene Meinungsvielfalt sicherstellt.[62]

Effektiver Informationszugang ist unentbehrliche Voraussetzung, um den Bürgern die Teilnahme am Meinungsaustausch und damit an dem gesellschaftlichen Diskurs zu ermöglichen. Die digitale Technologie stellt zwar einen erheblichen Fortschritt dar, da sie dem Großteil der Bevölkerung den Empfang von zahlreichen Fernsehprogrammen in guter Bild- und Tonqualität ermöglicht. Gleichzeitig bestehen aber in der Bevölkerung erhebliche Unterschiede hinsichtlich der Zugangsmöglichkeiten zu der Kommunikationsinfrastruktur. Insbesondere die Übertragung des Internets in dünn besiedelten ländlichen Gegenden ist von deutlich schwächerer Qualität als in dicht besiedelten Städten. Daher besitzen Haushalte in diesen Gegenden eingeschränkte technische Empfangsmöglichkeiten.[63] Bspw. kann Internetfernsehen nur durch schnelles Internet empfangen werden und bedarf daher einer größeren Internetbandbreite, die aber nicht in jeder Region verfügbar ist.[64] Auch für Fernsehangebote auf Abruf werden entsprechende Internetkapazitäten benötigt.[65] Hieraus resultierende Ungleichheiten

---

(1) Jede Person hat das Recht auf freie Meinungsäußerung. Dieses Recht schließt die Meinungsfreiheit und die Freiheit ein, Informationen und Ideen ohne behördliche Eingriffe und ohne Rücksicht auf Staatsgrenzen zu empfangen und weiterzugeben.

(2) Die Freiheit der Medien und ihre Pluralität werden geachtet."

61 *Goldberg et al.,* 15; *Däubler-Gmelin,* promedia 4/2013, 15 (16).

62 Vgl. nur BVerfG, Urteil v. 04.11.1986, 1 BvF 1/84, NJW 1987, 239 (239, 241) – Niedersächsisches Landesrundfunkgesetz; weiterführend *Freund,* NVwZ 2003, 408 (410).

63 *Keller,* 411.

64 Zu dem aktuellen Stand der Breitbandversorgung in Deutschland und Großbritannien siehe BT-Drs. 17/11959, 29 ff., 37 ff.

65 Vgl. *EU-Kommission,* Mitteilung zu einem europäischen Konzept für die Medienkompetenz im digitalen Umfeld, KOM (2007) 833, 7. Bspw. kam es in Großbritannien im Zusammenhang mit dem BBC iPlayer zu einem Streit zwischen BBC und British Telecom über die benötigten Bandbreiten, siehe hierzu *Libertus/Wiesner,* MP 2/2011, 80 (84 f.).

können zu einer Spaltung der Gesellschaft insbesondere aufgrund von Bildungsunterschieden führen. Unfreiwillige gesellschaftliche Unterschiede im Bereich der Mediennutzung bedeuten jedoch eine erhebliche Gefahr für die Demokratie, da gerade hinreichender Internetzugang heutzutage eine Grundvoraussetzung für eine umfassende Meinungsbildung und damit für demokratische Wahlen ist.[66] Jeder Bürger muss Zugang zu den relevanten Informationen und Meinungen haben, die teilweise nur über das Internet, bspw. in Politikblogs, verbreitet werden. Die Förderung von Investitionen in die Infrastruktur und die Entwicklung neuer Übertragungstechnologien sind daher unerlässlich für die Gewährleistung einer freien Meinungsbildung.[67]

Problematisch sind auch die Umstellung der technischen Vorrichtungen auf neue Technologien und deren Bedienung. Aufgrund der technischen Entwicklung, insbesondere der Digitalisierung, müssen sämtliche Haushalte ihre technischen Vorrichtungen auf die neuen Technologien umstellen. So ist der Erwerb eines neuen digitalen Satellitenreceivers und eines Signalumsetzers erforderlich, da 2012 die Analogsignale für das Satellitenfernsehen abgeschaltet wurden.[68] Dies ist insbesondere für finanzschwache Haushalte problematisch und kann dazu führen, dass zahlreiche Haushalte keinen Zugang zu den digitalen Programmen erhalten. Der Staat muss daher sicherstellen, dass sich in Folge des Umstiegs auf das Digitalfernsehen keine informationelle Unterklasse bildet. Zur Sicherung der Meinungsvielfalt müssen so viele Bürger wie möglich den bestmöglichen, unkompliziertesten und kostengünstigsten Zugang zu einer möglichst großen Bandbreite an qualitativ hochwertigen und vielfältigen Informationen und Meinungen haben.

Die Bedeutung dieser Thematik zeigt sich auch in der Europäischen Konvention über den Zugang zu offiziellen Dokumenten des Europarates, dem weltweit ersten Abkommen, das Zugangsrechte zu offiziellen Dokumenten und Informationen statuiert.[69] Ein Ziel des Abkommens ist, den Zugang der Bürger zu Infor-

---

66 Vgl. zu dem Zusammenhang zwischen Meinungsbildungsfreiheit und Demokratie *Rossen*, 158 f.

67 *Keller*, 412.

68 Deutschland hat den Analog-Digital-Umstieg im Rahmen der Initiative „klardigital 2012" durchgeführt. Die Satellitenfernsehsender übertragen ihr Programm seit dem 30. April 2012 ausschließlich digital, vgl. www.klardigital.de (Stand: 31.03.2013). In Großbritannien wurde der Wechsel von Analog- zu Digitalfernsehen im Oktober 2012 abgeschlossen.

69 Art. 2 Abs. 1 Council of Europe Convention on Access to Official Documents vom 27.11.2008: „*Each Party shall guarantee the right of everyone, without discrimination on any ground, to have access, on request, to official documents held by public authorities.*", abrufbar unter www.coe.int (Stand: 31.03.2013); weiterführend *Goldberg et al.*, 15.

mationen, die für die Bildung einer umfassenden und demokratischen Meinung relevant sind, zu sichern.[70]

d) Zugangssicherung durch Netzneutralität

Ein wichtiger und derzeit weltweit diskutierter Aspekt der Zugangssicherung ist Netzneutralität.[71] Netzneutralität dient dem Schutz der Meinungs-, Informations- und Rundfunkfreiheit und damit auch der Sicherung von Meinungsvielfalt im Internet.[72] Ziel von Netzneutralität ist die weitestgehende Gleichbehandlung von Inhalten und Diensten. Das Konzept ist auch für das Fernsehen von erheblicher Bedeutung, da sich das Internet, wie bereits dargestellt, zu einem wichtigen Übertragungsweg für Fernsehprogramme entwickelt hat. Durch Netzneutralität soll zum einen die nicht diskriminierende Übertragung von Inhalten sichergestellt werden. Zum anderen sollen Nutzer angemessenen und vor allem diskriminierungsfreien Zugang zu Medieninhalten erhalten. Entscheidend für die Angemessenheit der Versorgung sind Schnelligkeit und Qualität des Internetzugangs.[73] Um einen so gestalteten Zugang der Bevölkerung zu Medien und vor allem zu internetbasierten Fernsehangeboten sicherzustellen, bedarf es einer flächendeckenden Breitbandversorgung, die in vielen vor allem ländlichen Regionen Europas gegenwärtig nicht vorhanden ist.[74] Hierfür werden leistungsfähige Netze benötigt, für deren Entwicklung Investitionsanreize geschaffen werden müssen.[75] Darüber hinaus muss der Netzzugang transparent verwaltet werden. Auch die Zugangsvoraussetzungen für Medienunternehmen müssen fair gestaltet

---

70 Vgl. vertiefend hierzu *van Eechoud,* IRIS 2009, Nr. 2, 3.

71 Vgl. *CDU/CSU/FDP,* Koalitionsvertrag v. 26.10.2009, 101; *Leutheusser-Schnarrenberger,* promedia 12/2011, 4 (5); zu dem aktuellen Stand der Diskussion und Gesetzgebung siehe *Frevert,* MMR 2012, 510 ff.

72 *Libertus/Wiesner,* MP 2/2011, 80 f., mit rechtsvergleichenden Erläuterungen zu dem technischen Hintergrund von Netzneutralität und der rechtspolitischen Debatte; vertiefend zu der technischen Problematik auch *Gersdorf,* AfP 2011, 209 (209 ff.).

73 *Libertus/Wiesner,* MP 2/2011, 80.

74 *EU-Kommission,* Mitteilung zur Überwindung der Breitbandkluft, KOM (2006) 129, 3: „Im Mittelpunkt dieser Mitteilung steht die regionale Kluft bei Breitbandzugängen. Ziel ist die Sensibilisierung der Regierungen und Institutionen auf allen Ebenen im Hinblick auf die Bedeutung dieser Kluft und auf die Bedenken wegen des Mangels an ausreichenden Breitbanddiensten in den weniger entwickelten Regionen der Union."; die Verbesserung der Breitbandversorgung in Deutschland ist daher auch ein wichtiges politisches Ziel der deutschen Regierung, vgl. *CDU/CSU/FDP,* Koalitionsvertrag v. 26.10.2009, 101, 104 f.

75 Erwägungsgründe Nr. 8, 9 RL 2009/140/EG; *EU-Kommission,* Mitteilung zur Überwindung der Breitbandkluft, KOM(2006) 129, 5.

sein.[76] Die Nutzungsmöglichkeit des Internets sollte dabei insbesondere nicht von der Höhe eines hierfür zu zahlenden Entgeltes abhängen. Dies hätte zur Folge, dass nur finanzstarke und etablierte Unternehmen sich die erforderlichen Internetkapazitäten sichern könnten und kleinere innovative Unternehmen demgegenüber benachteiligt würden.[77] Stattdessen könnten Medienunternehmen, die ein besonderes Maß an Informations- und Meinungsvielfalt gewährleisten, Zugangserleichterungen eingeräumt werden.[78]

e) Zugangssicherung durch Verbesserung der Informations- und Medienkompetenz

Grundvoraussetzung für die Sicherung von Informationszugang und Meinungsvielfalt ist die Förderung der Informationskompetenz. Dies ist die „Fähigkeit, gewünschte Informationen zu finden, sie kritisch zu bewerten, auf ihren Nutzen zu überprüfen und zu vermitteln"[79]. Informationskompetenz setzt Medienkompetenz voraus, d. h. „die Fähigkeit, die Medien zu nutzen, die verschiedenen Aspekte der Medien und Medieninhalte zu verstehen und kritisch zu bewerten sowie selbst in vielfältigen Kontexten zu kommunizieren"[80]. Die Förderung von Medienkompetenz umfasst zahlreiche Aspekte.[81] Im Zusammenhang mit der vorliegenden Dissertation ist vor allem die Fähigkeit, Medien zu nutzen, rele-

---

76 *Hochrangige Gruppe zur Freiheit und Vielfalt der Medien*, Zusammenfassung, 3; *Libertus/ Wiesner,* MP 2/2011, 80 (80 f.); *Schwartmann,* in: Schwartmann, 10 f.; *Leutheusser-Schnarrenberger,* promedia 12/2011, 4 (5); *Müller-Terpitz*, K&R 2012, 476 (479 ff.), mit vertiefenden Ausführungen zu dem gegenwärtigen Regulierungsansatz, wonach Netzneutralität vorranging durch wettbewerbsfördernde Transparenzvorschriften zugunsten des Verbrauchers sichergestellt werden soll.

77 *Leutheusser-Schnarrenberger,* promedia 12/2011, 4 (5); vgl. *Müller-Terpitz*, K&R 2012, 476 (478).

78 *Kammerevert,* promedia 4/2013, 13 (14).

79 *Deutsche Unesco-Kommission e. V.*, www.unesco.de/medienkompetenz.html (Stand: 31.03. 2013).

80 Erwägungsgrund Nr. 11 Empfehlung 2009/625/EG der Kommission vom 20.08.2009 zur Medienkompetenz in der digitalen Welt als Voraussetzung für eine wettbewerbsfähigere audiovisuelle und Inhalte-Industrie und für eine integrative Wissensgesellschaft; vgl. auch Erwägungsgrund Nr. 47 RL 2010/13/EU v. 10.03.2010 zur Koordinierung bestimmter Rechts- und Verwaltungsvorschriften der Mitgliedstaaten über die Bereitstellung audiovisueller Mediendienste (Richtlinie über audiovisuelle Mediendienste); siehe auch *CDU/CSU/FDP*, Koalitionsvertrag v. 26.10.2009, 100 f.

81 Vertiefend zum Thema Medienkompetenz *McGonagle*, IRIS plus 2011–3, 3 (8 ff.), sowie *EU-Kommission,* Mitteilung zu einem europäischen Konzept für die Medienkompetenz im digitalen Umfeld, KOM (2007) 833, 4.

vant. Neue Technologien stellen in diesem Zusammenhang eine besondere Herausforderung für die Verbraucher dar, die insbesondere aus Umfang und Anzahl der Informationen sowie teilweise ausufernden Bedienfunktionen resultiert. Bereits die Informationsfindung ist trotz oder gerade wegen der durch neue Übertragungsmöglichkeiten gestiegenen Menge an Informationen nicht selbstverständlich. Die zahlreichen Möglichkeiten, die neue Techniken und Geräte bieten, führen bei vielen Verbrauchern zu erheblichen Bedienungsschwierigkeiten, welche die Informationssuche behindern oder sogar verhindern können. Diese Komplikationen können für einen erheblichen Teil der Bevölkerung, insbesondere für ältere und behinderte Menschen, eine Zugangsbeschränkung darstellen.[82] In diesem Zusammenhang wird bereits von einer „digitalen Kluft“ in der Gesellschaft gesprochen.[83] Auf diese Problematik weist auch die EU-Kommission hin, indem sie als Aufgaben und Ziele der nationalen Regulierungsbehörden neben der Sicherstellung der Grundversorgung aller EU-Bürger insbesondere den Interessenschutz behinderter Bürger hervorhebt.[84] Auch das EU-Parlament erachtet die Zugangssicherung für behinderte Menschen als wichtiges medienregulatorisches Ziel.[85] Dies ist auch Gegenstand einer aktuellen europaweiten Debatte. Bedenken bestehen vor allem im Hinblick auf die Zugangsmöglichkeiten behinderter Menschen zu modernen Technologien. Diese sind mangels ausreichender Bereitstellung von Zugangsdiensten wie Untertiteln, Kennzeichnungen und Audiobeschreibungen unzureichend.[86] Deshalb sind die Bedürfnisse behinderter und älterer Menschen bei regulatorischen Maßnahmen besonders zu berücksichtigen, vgl. Art. 8 Abs. 4 e) RL 2002/21/EG.

Die Verbesserung der Medien- und Informationskompetenz von Mediennutzern ist bereits Gegenstand des britischen Mediengesetzes. Gemäß § 11 *Communications Act 2003* („CA2003“) ist die britische Regulierungsbehörde verpflichtet, Bürgern den Zugang zu neuen Medien sowie den Umgang mit neuen Technologien zu erleichtern. Die verschiedenen Mediendienste, vor allem das Internet, sollen Medienkonsumenten näher gebracht werden.[87] Darüber hinaus sollen die Nutzer ein Verständnis für die eingesetzten technischen Regulierungsmechanismen (bspw. im Internet verwendete Inhaltsfilter) entwickeln.

---

82 *DCMS*, 18; *Brinkmann*, ZUM 2013, 193 (198 f.); *McGonagle*, IRIS plus 2011–3, 3 (12); *Cooper*, 25.

83 *Brinkmann*, ZUM 2013, 193 (199); *McGonagle*, IRIS plus 2011–3, 3 (8).

84 Erwägungsgrund Nr. 22 RL 2009/140/EG; Art. 8 Abs. 2 a) sowie Erwägungsgrund Nr. 8 Rahmenrichtlinie; siehe auch *EU-Kommission*, Mitteilung über die Zukunft der europäischen Regulierungspolitik im audiovisuellen Bereich, KOM (2003) 784, 12.

85 *Mikko*, 11.

86 *Empirica et al.*, 6; *Technosite/NOVA/CNIPA*, 58 ff.

87 *Gibbons*, in: Current law statutes 2003, § 11 CA2003, 21–28.

§ 310 Abs. 3 CA2003 normiert, dass elektronische Programmmenüs so konstruiert sein müssen, dass sie auch von behinderten Menschen genutzt werden können. Es gibt auch ein *advisory committee on elderly and disabled persons,* zu dessen Gründung die britische Regulierungsbehörde gemäß § 21 CA2003 verpflichtet war. Dieses Gremium erstattet einen jährlichen Bericht an das *Office of Communications* („Ofcom“) mit Verbesserungsvorschlägen für den Kommunikationssektor im Hinblick auf ältere und behinderte Menschen, insbesondere in Bezug auf die Förderung von Medienkompetenz.[88]

Auch das EU-Parlament erachtet Medienkompetenz als unerlässliche Grundvoraussetzung für Meinungsvielfalt und fordert eine Verbesserung vor allem im Hinblick auf den Umgang mit modernen Technologien und der wachsenden Anzahl an Informationen. Zur Gewährleistung eines unionsweit einheitlichen Bildungsstandards in diesem wichtigen Bereich ist es von besonderer Bedeutung, dass die EU-Kompetenzen im Hinblick auf Gesetzgebungsmaßnahmen zur Förderung von Medienkompetenz besitzt.[89]

Hierdurch wird deutlich, dass die Verbesserung der Informations- und Medienkompetenz ein wesentlicher Bestandteil der Sicherung des Zugangs zu Medieninhalten ist. Hierbei handelt es sich aber lediglich um kleine Schritte im Hinblick auf die Sicherung der Meinungsvielfalt. Die gegenwärtige Diskussion über eine Verbesserung der Informations- und Medienkompetenz der Bevölkerung darf nicht die Notwendigkeit legislativer Regulierungsmaßnahmen verschleiern.[90] Die Sicherstellung gleichberechtigter Zugangsmöglichkeiten zu den neuen Informationstechnologien für alle Bürger und damit die Verbesserung des demokratischen Meinungsbildungsprozesses sollte wichtiges Regulierungsziel bleiben. Um Meinungsvielfalt umfassend sicherzustellen, muss die Regulierung der Medien vollständig an die technologische Entwicklung angepasst werden.[91]

---

88 Vgl. *Advisory Committee on Older and Disabled People*, Next Generation Services for Older and Disabled People.

89 *Mikko,* 12.

90 *Rossen-Stadtfeld*, in: Hahn/Vesting, § 25 RStV, Rn 42; *Brinkmann,* ZUM 2013, 193 (199 f.); vgl. zu dem Konflikt zwischen der Notwendigkeit zur Förderung von Medienkompetenz und dem gesetzgeberischen Deregulierungstrend in Europa *McGonagle*, IRIS plus 2011–3, 3 (14); auch die Kommission für Zulassung und Aufsicht der Medienanstalten („ZAK“) bezeichnet die „Auffindbarkeit von Angeboten“ als „Dreh- und Angelpunkt von Vielfaltsicherung und Medienregulierung“, vgl. hierzu MMR-Aktuell 2013, 341505.

91 So auch *Wheeler*, Canadian Journal of Communication 2001.

III. Erfordernis eines neuen Medienregulierungsansatzes

Da die gegenwärtige Medienregulierung auf einem traditionellen Medienverständnis beruht, stellt die technologische Entwicklung den Gesetzgeber vor neue Herausforderungen.

1. Technologischer Hintergrund

Medienkonvergenz erfordert einen neuen Medienregulierungsansatz. Die gegenwärtige Regulierung audiovisueller Inhalte basiert auf der Rundfunkregulierung. Die ursprüngliche Ausrichtung des Rundfunks, der von einer Stelle, dem Rundfunkveranstalter, ausging und sich an eine Vielzahl von Personen, die Rundfunkkonsumenten, richtete, ermöglichte eine regulatorische Kontrolle, die sich allein auf den Rundfunkveranstalter bezog. Inzwischen gibt es aber eine Vielzahl an Übertragungsmöglichkeiten, die Gegenstand unterschiedlicher Regulierungssysteme sind, obwohl der übermittelte Inhalt stets der gleiche ist.[92] Die Anwendung verschiedener Regulierungsvorschriften auf die gleichen Inhalte führt zwangsläufig zu einer Ineffizienz der strengeren Regulierungsgesetze. Indem sämtliche Inhalte nahezu ungefiltert im Internet erhältlich sind, wird bspw. die verhältnismäßig strenge Regulierung des Fernsehens umgangen.[93]

Das gegenwärtige Regulierungsregime ist daher an die neuen technologischen Entwicklungen anzupassen.[94] Es ist erforderlich, einen Regulierungsansatz zu finden, welcher der Medienkonvergenzentwicklung gerecht wird, indem er auf sämtliche Übertragungsformen anwendbar ist bzw. unabhängig von der jeweils verwendeten Übertragungstechnologie auf die Inhalte abstellt. Es stellt sich daher die Frage, wie die Medienregulierung der Medienkonvergenz und dem technologischen Fortschritt gerecht werden kann.

2. Einheitlicher Regulierungsansatz für alle Mediendienste

Eine Möglichkeit zur Weiterentwicklung der Medienregulierung wäre ihre Vereinheitlichung und Erstreckung auf sämtliche Mediensektoren einschließlich des Internets.

---

92 *Keller,* 122.

93 *Packard,* 63; vgl. zu dem Vorschlag eines technologieneutralen Schutzes der Pressefreiheit *Fiedler,* AfP 2011, 15 ff.

94 *Hochrangige Gruppe für audiovisuelle Politik,* 27 ff.; *Butler,* 7, 170.

Sofern eine Regulierung des Internets überhaupt in Betracht kommt, wäre sie aufgrund des grenzüberschreitenden Charakters des Internets nur auf europäischer oder internationaler Ebene zielführend. Einige EU-Mitgliedsländer haben sich während des Internetbooms der neunziger Jahre auch für eine umfassende Gesetzgebung zu sämtlichen Formen audiovisueller elektronischer Medien ausgesprochen. Während der Novellierung der Fernsehrichtlinie 1997 teilte das Kulturkomitee des Europäischen Parlaments mit, dass es für eine Regelung bezüglich Fernsehens auf Abruf und anderer neuer audiovisueller Inhaltsdienste offen sei.[95] Das Parlament lehnte diesen Vorschlag jedoch ab mit dem Argument, dass eine Regulierung der Dynamik dieses globalen Mediums nicht gerecht werde und daher für das Internet ungeeignet sei. Diese Argumentation entspricht der Sichtweise der USA, wonach sich der Medienmarkt durch Wettbewerb und Selbstkontrolle ohne staatliche Intervention selbst reguliert. Nach dieser Ansicht ist es Aufgabe der Privatwirtschaft, Mediendienste zu entwickeln und den Verbrauchern zugänglich zu machen; Aufgabe des Staates soll hiernach lediglich sein, Investitionsanreize zu schaffen und Fehlentwicklungen durch kartellrechtliche Instrumente zu korrigieren.[96] Ein Beweggrund für die Ablehnung von Internetregulierung durch die EU-Mitgliedstaaten war die Besorgnis, das ökonomische Potential von Onlinediensten nicht auszuschöpfen und gegenüber den USA, wo das Internet maßgeblich entwickelt worden war, rückschrittlich zu sein. Hinzu kommt das Interesse, Europa zu einem investitionsfreundlichen Standort für Unternehmen zu machen. Regulierung, insbesondere moderner Technologien, wird grundsätzlich als investitionsfeindlich angesehen.[97]

Da das Internet aber kein rechtsfreier Raum sein darf, bedarf es gewisser Regulierungsmechanismen. Daher erließ die EU-Kommission 2002 die Rahmenrichtlinie als „einheitlichen Rechtsrahmen“ für sämtliche Mediendienste auf europäischer Ebene.[98] Zwar umfasst die Richtlinie keine audiovisuellen Mediendienste, enthält grundsätzlich keine Vorgaben für Medieninhalte und bezweckt nicht unmittelbar den Schutz der Medienvielfalt.[99] Jedoch werden die Mitgliedstaaten gemäß Art. 9 Abs. 1 Rahmenrichtlinie verpflichtet, die Verteilung von – auch für die Internetübertragung verwendeten – Rundfunkfrequenzen anhand objektiver, transparenter, nichtdiskriminierender und angemessener Kriterien

---

95 RL 89/552/EWG v. 03.10.1989 zur Koordinierung bestimmter Rechts- und Verwaltungsvorschriften der Mitgliedstaaten über die Ausübung der Fernsehtätigkeit (Fernsehrichtlinie).

96 *Schnitzer,* IRIS 1997 Nr. 8, 3; *Keller,* 416; *Hochrangige Gruppe für audiovisuelle Politik,* 10.

97 *Keller,* 122, 415 f.

98 RL 2002/21/EG des europäischen Parlaments und des Rates vom 07.03.2002 über einen gemeinsamen Rechtsrahmen für elektronische Kommunikationsnetze und -dienste (Rahmenrichtlinie).

99 Vgl. Erwägungsgrund Nr. 5 RL2002/21/EG.

vorzunehmen. Indem sich die nationalen Regulierungsbehörden bei der Frequenzvergabe an diese Vorgaben halten müssen, werden Medienfreiheit und -vielfalt gefördert. Die Rahmenrichtlinie hat somit mittelbare Auswirkungen auf die nationale Medieneigentumsregulierung.[100]

In Großbritannien wurde zudem 2007 der Auftrag der *Press Complaints Commission,* die als staatlich unabhängige Einrichtung die Selbstregulierung britischer Zeitungen koordiniert, auf die Regulierung von Onlineinhalten ausgeweitet.[101] Hintergrund dieser Kompetenzerweiterung war, dass die Online-Versionen von Zeitungen und Zeitschriften vermehrt nicht mehr nur die gedruckten Ausgaben wiedergaben, sondern Inhalte vermittelten, die nicht in Druckform erhältlich waren, sondern bspw. im Rahmen von *Blogs* generiert wurden. Reguliert werden aber nur solche Inhalte, für die der Herausgeber verantwortlich ist und bezüglich derer eine redaktionelle Kontrolle möglich und zumutbar ist. Zudem sind solche Inhalte nicht erfasst, die dem on- oder offline-Standard eines anderen Medienregulierers entsprechen.[102] Einen erheblichen Schritt in Richtung Regulierung des Internets ist die britische Regierung zudem mit dem *Digital Economy Act 2010* („DEA2010“) gegangen.[103] Vorrangiges Ziel des DEA2010 ist eine Verbesserung des Urheberrechtsschutzes im Internet. Dies soll insbesondere durch eine Haftung von Internetdienstanbietern für illegale Inhalte erreicht werden. Eine umfassende Regulierung des Internets ist aber nicht gewollt.[104]

Eine strikte Regulierung wäre auch nicht sachgerecht, da der grundlegende Zweck des Internets darin besteht, dass jedermann es in jedweder Form nutzen kann, sofern die Nutzung nicht illegal ist. Zudem ist das technologische Potential des Internets derzeit noch nicht absehbar, weshalb eine regulatorische Erfassung schwierig ist.[105] Eine so umfassende Regulierung wie die des Fernsehens kommt daher für das Internet nicht in Betracht. Das traditionelle rundfunkbasierte Regulierungssystem ist für die Regulierung Internet basierter Dienste wie bspw. Fernsehen auf Abruf ungeeignet. Dies war ein Grund für den Erlass der Richtlinie über audiovisuelle Mediendienste („AVMD-RL“) im Jahre 2007 durch die EU-Kommission.[106] Hierdurch wurde die Fernsehrichtlinie an die neuen technischen Entwicklungen angepasst. Die Richtlinie umfasst daher die bisher nicht regulier-

---

100 *Keller,* 123.

101 Vgl. www.pcc.org.uk (Stand: 31.03.2013).

102 *Carey et al.,* 229 f.

103 Das Gesetz ist abrufbar unter www.legislation.gov.uk (Stand: 31.03.2013).

104 *Gibbons,* in: Current law statutes 2003, § 11 CA2003, 21–28; *Sommerhoff,* 14.

105 *Schwartmann,* in: Schwartmann, 11; *Krautscheid,* in: Krautscheid/Schwartmann, 3 (5 f.).

106 RL 2010/13/EU; vgl. zu der aktuellen Kompetenzstreitigkeit zwischen EU und Europarat *Fink/Keber/Roguski,* ZUM 2011, 292 (292 ff.).

ten, mit dem klassischen Fernsehen vergleichbaren Dienste, insbesondere Fernsehen auf Abruf.[107]

Eine einheitliche Regulierung aller Mediendienste ist jedenfalls vor dem Hintergrund von Medienkonvergenz und der Übertragbarkeit sämtlicher Inhalte über jede Medienplattform sinnvoll. Da aber eine Übertragung der strengen Rundfunkregulierung auf andere Mediendienste nicht möglich ist, kann ein einheitlicher Regulierungsansatz nur entwickelt werden, indem die Regulierung streng regulierter Bereiche liberalisiert wird.[108]

3. Deregulierung als Option

In diesem Zusammenhang stellt sich die Frage, ob die vollständige Deregulierung des Mediensektors eine Option ist. Um dies zu beurteilen, ist zunächst auf den Hintergrund der Medienregulierung einzugehen. Wichtige Legitimationsgrundlage der Medienregulierung sind die Menschenrechte. Gemäß Art. 10 Abs. 1 EMRK und Art. 19 AEMR besitzt jeder das Recht zur freien Meinungsäußerung.[109] Dieses Recht steht nicht nur dem Nutzer, sondern auch dem Anbieter von Medieninhalten zu. Effektiver Schutz der freien Meinungsäußerung ist eine Grundvoraussetzung für Meinungsvielfalt. Neben der Meinungsfreiheit der Medienanbieter muss aber auch der Zugang der Verbraucher zu freien Medien, die außerdem ausgeglichene, umfassende und vielfältige Informationen bieten, sichergestellt werden.[110] Die staatliche Regulierung der Medien ist daher als Eingriff in die Meinungsfreiheit zulässig, was sich aus Art. 10 Abs. 1 S. 3 EMRK ergibt: „Dieser Artikel hindert die Staaten nicht, für Hörfunk-, Fernseh- oder Kinounternehmen eine Genehmigung vorzuschreiben." Die Lizenzierung ist indes nur zum Schutz eines von Art. 10 Abs. 2 EMRK umfassten Interesses, insbesondere der Meinungsvielfalt, zulässig.[111]

Demnach ist Medienregulierung nicht nur zulässig trotz des Rechts zur freien Meinungsäußerung, sondern auch gerade wegen dieses Rechts. Das Recht entfaltet nämlich Schutzwirkung in verschiedene Richtungen. Zum einen werden

107 Siehe hierzu *Butler,* 7.

108 In diese Richtung argumentiert auch *Kreuzer,* promedia 4/2013, 10 (11), der aber anstelle einer Deregulierung eine „richtige, bessere Regulierung" fordert. Hiernach soll das Rundfunkrecht bspw. im Bereich der Werberegulierung vereinfacht und die Medienaufsicht durch eine Zusammenlegung von Behörden nach dem Vorbild der britischen Regulierungsbehörde Ofcom reformiert werden.

109 Vertiefend hierzu *Paal,* 94 ff.

110 Vgl. *K.U. Leuven et al.,* 29.

111 *Oster/Wagner*, in: Dauses, 31. Ergänzungslieferung, Kapitel E.V., 33.

Rundfunkveranstalter, die Informationen und Meinungen übermitteln, geschützt, wobei Rundfunkveranstaltung ausdrücklich an eine Lizenz geknüpft werden darf. Zum anderen ist auch das Recht auf Erlangung von Informationen geschützt, welches notwendiger Bestandteil der Meinungsfreiheit ist. Meinungsvielfalt, die durch Medienregulierung geschützt wird, ist wesentliche Voraussetzung, um von dem Recht auf Meinungsfreiheit Gebrauch machen zu können.[112]

Zudem ist die Freiheit der Medien unabhängig von dem Recht auf freie Meinungsäußerung in Art. 11 Abs. 2 GrCH garantiert. Hierdurch werden die aus Medienkonzentration resultierenden Gefahren für die Meinungsfreiheit und die besondere Rolle von Meinungsvielfalt für den demokratischen Meinungsbildungsprozess hervorgehoben.[113] Daneben ist der Schutz von Meinungsvielfalt auf nationaler Ebene gemäß Art. 21 Abs. 4 EG-Fusionskontrollverordnung („FKVO")[114] ausdrücklich zulässig.[115] Nach Art. 21 Abs. 4 FKVO „können die Mitgliedstaaten geeignete Maßnahmen zum Schutz anderer berechtigter Interessen als derjenigen treffen, welche in dieser Verordnung berücksichtigt werden, sofern diese Interessen mit den allgemeinen Grundsätzen und den übrigen Bestimmungen des Gemeinschaftsrechts vereinbar sind." Medienvielfalt ist ein berechtigtes Interesse im Sinne von Art. 21 Abs. 4 FKVO, das die Mitgliedstaaten insbesondere durch nationale Rechtsakte schützen dürfen.[116] Auch gemäß Art. 8 Rahmenrichtlinie sollen nationale Regulierungsbehörden im Rahmen eines technologieneutralen Ansatzes Maßnahmen zur Sicherung von Meinungsvielfalt treffen. Demzufolge sind staatliche Eingriffe zur Sicherung der Meinungsvielfalt auch auf europäischer Ebene vielfach vorgesehen.

Aufgrund der erheblichen Veränderungen des Medienmarktes muss die Medienregulierung aber aktualisiert werden. In Folge der technologischen Entwicklungen sind Argumente, die früher zur Begründung von Medienregulierung vorgebracht wurden, zu überdenken. Dies gilt bspw. für das Argument der Spektrumknappheit, das nur noch eine untergeordnete Rolle spielt, da sich die Übertragungskapazitäten durch die Digitalisierung erheblich gesteigert haben.[117]

---

112 *EU-Kommission,* Grünbuch zu Dienstleistungen von allgemeinem Interesse, KOM (2003) 270, 25 f.; *Sommerhoff,* 12 f.

113 *Janik/Kühling,* in: Geppert et al., § 50 TKG, Rn 27; vertiefend hierzu *Paal,* 93 f.; siehe auch *Wheeler*, Canadian Journal of Communication 2001.

114 VO (EG) Nr. 139/2004 des Rates vom 20. Januar 2004 über die Kontrolle von Unternehmenszusammenschlüssen („EG-Fusionskontrollverordnung").

115 *EU-Kommission,* Mitteilung über die Zukunft der europäischen Regulierungspolitik im audiovisuellen Bereich, KOM (2003) 784, 9.

116 Vgl. hierzu *EU-Kommission,* Grünbuch zu Dienstleistungen von allgemeinem Interesse, KOM (2003) 270, 52; *Beckmann/Müller,* in: Hoeren/Sieber, Teil 10, Rn 118; *Sommerhoff,* 13.

117 *Herzog,* in: Maunz/Dürig, Art. 5 Abs. 1, 2 GG, Rn 222 ff.; *Steinert,* 57; *Paal,* 348; *Schmid/ Kitz,* ZUM 2009, 739 (742); *Sommerhoff,* 13.

Wie bereits dargestellt, wirkt sich Digitalisierung aber nicht nur positiv auf die Meinungsvielfalt aus. Zwar hat der Wettbewerb auf den Medienmärkten in Folge der rasanten technologischen Entwicklung zugenommen. Gleichzeitig haben aber auch Medienunternehmen, welche die neuen Technologien frühzeitig und umfassend nutzen konnten, marktbeherrschende Stellung erlangt. Dies verdeutlicht, dass neue Investitionsmöglichkeiten immer auch zu einer Verstärkung marktbeherrschender Stellungen und auf lange Sicht zu einer Reduktion von Wettbewerb führen können.[118] Im Übrigen gehen mit einem großen Angebot an Mediendiensten in Folge verbesserter Wettbewerbsbedingungen nicht zwangsläufig die Produktion und Übertragung vielfältiger Inhalte einher.[119]

Hierdurch wird deutlich, dass wegen der fortschreitenden Entwicklung neuer Technologien und den Konzentrationstendenzen in der globalen Medienwirtschaft Medienvielfalt weiterhin geschützt werden muss. Die Medien sind zu bedeutsam, um dem Markt überlassen zu werden.[120] Die europäischen Mitgliedstaaten sind daher verpflichtet, eine Gefährdung der Medienvielfalt durch audiovisuelle Mediendienste in ihren rechtlichen Einflussbereichen zu vermeiden und Meinungsfreiheit insbesondere durch Medienregulierung zu schützen.[121] Medienregulierung ist notwendig, damit die Medien ihren Auftrag erfüllen können, einen demokratischen Meinungsbildungsprozess durch das Angebot umfassender Informationen zu ermöglichen. Es kann nicht davon ausgegangen werden, dass ein nicht regulierter Medienmarkt ein ausreichendes Angebot bietet.[122] Ein deregulierter Medienmarkt ist daher keine empfehlenswerte Option. Vielmehr ist eine medienspezifische Regulierung zumindest der Bereiche weiterhin notwendig, in denen das Kartellrecht keinen ausreichenden Informationszugang sicherstellen kann. Notwendig ist eine Regulierung von Medieneigentum, die vor allem die horizontale und vertikale Integration von Medienunternehmen berücksichtigt. Hierfür müssen Medienunternehmen sowie der gesamte Medienmarkt

---

118 *Generaldirektion Wettbewerb,* COMP/C/2/HU/rdu, 3 f.; *Mikko,* 5 f.; *Ariño,* Communications & Strategies 2004, 97 (98); *Sommerhoff,* 13.

119 *Paal,* JZ 2010, 647; *Brinkmann,* ZUM 2013, 193 (195 f.); *Mikko,* 5 f.; *Noveck,* in: Convergence in European Digital TV Regulation, 37 (43 ff.); *DCMS,* 25; *Sommerhoff,* 13.

120 *Beckmann/Müller,* in: Hoeren/Sieber, Teil 10, Rn 116; *Keller,* 10 ff.; *Reding,* Speech/09/452; siehe auch *Mikko,* 5; *Sommerhoff,* 14.

121 *Europarat,* Draft Council of Europe Convention on Transfrontier Audiovisual Media Services, Art. 12 Abs. 1; *Ministerkomitee des Europrats,* Declaration on the freedom of expression and information (1982), Nr. 6.

122 *Hochrangige Gruppe für audiovisuelle Politik,* 9 f., 27 ff.; *Näränen,* in: Broadcasting & Convergence, 57 (64 ff.).

eine gewisse Transparenz aufweisen.[123] Daher sind Messung und Kontrolle wichtige Bestandteile von Medienregulierung.[124]

Daneben ist es aber wichtig, Medienunternehmen die unternehmerische Freiheit zu lassen, zu wachsen und Umsätze zu machen, um Anreize für Investitionen und Innovationen zu schaffen. Hieraus resultieren wiederum Verbrauchervorteile, die sich vor allem in besserer Qualität und gesteigerter Kreativität der Medieninhalte niederschlagen. Die wirtschaftlichen Interessen der Unternehmen sind mit dem öffentlichen Interesse an Medienvielfalt im Rahmen einer Interessenabwägung in Einklang zu bringen.[125]

Ein wichtiges Argument für Medienregulierung ist neben der Breitenwirkung, Suggestionskraft und erheblichen Bedeutung des Fernsehens für die Meinungsbildung auch im digitalen Zeitalter die weiterhin bestehende Notwendigkeit von Frequenzvergabe und -planung. Frequenzen stellen eine wertvolle öffentliche Ressource dar. Das Frequenzspektrum steht im Eigentum der Bevölkerung. Daher sollte die Bevölkerung auch die Vorteile der Frequenznutzung erlangen. Vor allem weil die Veranstaltung von Programmen in Folge der Lizenzierung letztlich nicht jedermann zusteht, sollten die Veranstalter bei der Programmveranstaltung im öffentlichen Interesse handeln. Dies gilt zwar vorrangig für kostenfrei empfangbare, unverschlüsselte, terrestrische Sender, die jeder Mediennutzer empfangen kann, und weniger für Satelliten- und Kabelsender, die nur solche Haushalte empfangen können, welche die Empfangsgeräte besitzen und die weiteren Zugangserfordernisse, bspw. ein Abonnement, erfüllen. Grundsätzlich sind aber alle Sender und damit auch die gesendeten Programminhalte als öffentliche Güter anzusehen.[126]

Eine vollständige Deregulierung der Medien sollte daher nicht in Betracht gezogen werden und würde aufgrund der hieraus resultierenden Gefährdung des demokratischen Meinungsbildungsprozesses von der Bevölkerung als Eigentümer des Frequenzspektrums auch nicht akzeptiert, zumal eine völlige Abschaffung der Medienregulierung in Deutschland verfassungswidrig wäre.[127] Vielmehr

123 *Europarat,* Rec (2007) 2 on media pluralism and diversity of media content, I. 2.1. bis I. 2.6.; *Europarat,* Draft Council of Europe Convention on Transfrontier Audiovisual Media Services, Art. 12 Abs. 2; *DCMS,* 25.

124 *Reding,* Speech/09/452; *Komorek,* Amsterdam Law Forum 2009, 49 (54); *Mikko,* 10, 19.

125 *Ofcom,* Review of Media Ownership Rules, 1.2.; *Hochrangige Gruppe für audiovisuelle Politik,* 9 f

126 *Mikko,* 14; *Packard,* 44 ff.; *Christophers,* 10 f.

127 BVerfG, Urteil v. 16.06.1981, 1 BvL 89/78, Juris, Rn 85, 88 – FRAG; *Gounalakis,* AfP 2004, 394 (395 f.); *Paschke,* Rn 263; *Krautscheid,* in: Krautscheid/Schwartmann, 3 (4).

bedarf es eines Regulierungsmodells, das auf die veränderten Marktbedingungen reagiert und sich nicht an historischen Vorgaben orientiert.[128]

4. Medienregulierung durch Kartellrecht

Ein zukunftsfähiges Regulierungsmodell könnte in der Abschaffung der medienkonzentrationsrechtlichen *ex ante*-Regulierung und Sicherung der Meinungsvielfalt allein anhand des Kartellrechts bestehen. Im Folgenden wird untersucht, ob Medienvielfalt allein durch das Kartellrecht ausreichend geschützt werden kann.

Problematisch ist, dass das Kartellrecht dem Schutz ökonomischer Interessen dient und Medien daher nur in ihrer ökonomischen Dimension erfasst.[129] Medienvielfalt stellt indes kein ökonomisches, sondern vielmehr ein allgemeines öffentliches Interesse dar.[130]

Allerdings überschneiden sich die Ziele des Kartellrechts und Medienkonzentrationsrechts. So korrelieren Marktbeherrschung und Medieneigentumskonzentration häufig, und Markteintrittsbarrieren reduzieren die Anzahl von Mediendiensten und Informationen. Da das Kartellrecht Marktbeherrschung und Markteintrittsbarrieren verhindert, entfaltet es eine mittelbare Schutzwirkung zugunsten von Medienpluralität.[131] Auch das kartellrechtliche Konzept der Markteffizienz kann auf Medienmärkte angewandt werden. Nach diesem Konzept steigert die Vielfalt von Medienanbietern und Informationen die Effizienz des Marktes, indem sie durch ein verbessertes Angebot eine vielfältige Meinungsbildung fördert. Medienvielfalt führt zudem zu einem größeren Angebot für Verbraucher und steigert dadurch das gesellschaftliche Allgemeinwohl, was auch Ziel des Kartellrechts ist.[132]

Dennoch erfasst das Kartellrecht nur einzelne Aspekte der Medienvielfalt und kann sie daher nicht umfassend schützen.[133] Dies folgt aus den Besonderheiten des Medienmarktes. Zunächst bedienen Medienunternehmen zwei verschiedene Arten von Kunden, Mediennutzer und Werbetreibende.[134] Da Letztere möglichst viele Verbraucher erreichen wollen, passen Medienunternehmen ihre Angebote

---

128 *Wheeler*, Canadian Journal of Communication 2001.

129 *Paal,* JZ 2010, 647 (648, 652); *Iosifides*, 85 (86 f.); *Sommerhoff,* 9 f.; a. A. *Townley,* 13 ff., 113 ff., 246 ff.; vertiefend zu dem Schutzzweck des EU-Kartellrechts *Bishop/Walker*, 4 ff.

130 Siehe anstelle vieler *Paal,* JZ 2010, 647 (648, 652); *Doyle,* 26 f.

131 *Mikko,* 16; *Röß,* AfP 2010, 521; *Sommerhoff,* 10.

132 *Ariño,* Communications & Strategies 2004, 97 ff.; *Sommerhoff,* 10 f.

133 *Krautscheid,* in: Krautscheid/Schwartmann, 3 (4); *Ariño,* Communications & Strategies 2004, 97; *Mailänder,* WuW 2001, 549; *Iosifides*, 85 (88 f.); *Brautmeier,* promedia 2013, 26 (27).

134 *Broemel,* MMR 2013, 83 (87); *Sommerhoff,* 11, 39.

an die Interessen der breiten Masse der Mediennutzer an. Im Ergebnis führt dies zu einer geringeren Auswahl für Verbraucher und einer Diskriminierung von Minderheiten. Hierdurch wird deutlich, dass der Wettbewerb nicht zwangsläufig das Medienangebot verbessert.[135]

Außerdem ist das öffentliche Interesse an Wettbewerb ein anderes als das öffentliche Interesse an Medienvielfalt. Die Öffentlichkeit ist vor allem deshalb an Wettbewerb interessiert, weil hierdurch die Produkte günstiger und das Angebot größer werden. Das öffentliche Interesse an Medienvielfalt geht darüber hinaus, indem es den Bedarf nach einer offenen und uneingeschränkten demokratischen Debatte umfasst, die nur möglich ist, sofern vielfältige Inhalte zugänglich sind. Medien besitzen somit eine soziale, kulturelle und demokratische Relevanz, die über die Grenzen dessen, was das Kartellrecht leisten kann, hinausgeht.[136] Daher ist das gesellschaftliche Wohl, welches das Kartellrecht zu erreichen bezweckt, nicht dasselbe, das mit Medienvielfalt einhergeht. Darüber hinaus erfasst das Kartellrecht nicht jeden Aspekt, der eine Gefahr für die Meinungsvielfalt darstellt. So ist Marktmacht im Hinblick auf Medienvielfalt bereits ohne das Hinzutreten weiterer Umstände problematisch. Das Kartellrecht knüpft Rechtsfolgen aber grundsätzlich nur an den Missbrauch von Marktmacht oder an wettbewerbsbeeinträchtigende Unternehmenszusammenschlüsse und damit an externes Unternehmenswachstum; die Erlangung einer marktbeherrschenden Stellung durch internes Unternehmenswachstum wird durch das Kartellrecht hingegen nicht erfasst.[137] Zudem erzielen fusionierende Unternehmen häufig nicht die Umsätze, die eine Anwendung des Kartellrechts voraussetzt.[138] Darüber hinaus ist die Erfassung crossmedialer Zusammenschlüsse und Meinungsmacht durch das Kartellrecht häufig problematisch, da bspw. Zeitungsunternehmen und Rundfunkveranstalter keine direkten Wettbewerber sind und damit keinen Markt im kartellrechtlichen Sinne bilden.[139] Das Kartellrecht erfasst auch nicht die

135 *Paal*, JZ 2010, 647; *Mikko*, 5 f.; *Brinkmann*, ZUM 2013, 193 (194 ff.); *Gounalakis*, AfP 2004, 394 (395); *Ariño*, Communications & Strategies 2004, 97 (101 f.); *Iosifides*, 85 (88); *Cooper*, 50 ff.

136 *Mikko*, 6; *Krautscheid*, in: Krautscheid/Schwartmann, 3 (5); *Gounalakis*, AfP 2004, 394 (396); *Ariño*, Communications & Strategies 2004, 97 (101 f.); *Cooper*, 14 f.; *Hochrangige Gruppe für audiovisuelle Politik*, 9.

137 *Paal*, JZ 2010, 647 (648 f.); *Schwartmann*, in: Krautscheid/Schwartmann, 11 (17 f.); *Broemel*, MMR 2013, 83 (86 f.); *Gounalakis*, AfP 2004, 394 (396); *Bretschneider*, 81; *Keller*, 419; *Iosifides*, 85 (88 f.); *Sommerhoff*, 11 f..

138 *Paal*, JZ 2010, 647 (649); *Mikko*, 7; *Sommerhoff*, 12.

139 *Gounalakis*, AfP 2004, 394 (396); *Slaughter&May*, NewsCorp/BSkyB, 2.8; *Sommerhoff*, 12. Die hochrangige Expertengruppe zur Freiheit und Vielfalt der Medien empfiehlt daher in ihrem aktuellen Bericht, dass die Wettbewerbsbehörden Medienkonvergenz bei der Markt-

Problematik des Zugangs der Nutzer zu Medien, die ausschließlich durch eine medienspezifische *ex ante*-Regulierung gelöst werden kann.[140] Diese Unterschiede verdeutlichen, dass das Kartellrecht nur bedingt zum Schutz der Medienvielfalt geeignet ist. Auch wenn es zur Förderung der Medienvielfalt beiträgt, ist es nicht effektiv, eindeutig und transparent genug, um das hohe Schutzniveau zu bieten, das eine umfassende Sicherung der Meinungsvielfalt voraussetzt.[141] Gleichwohl entfaltet das Kartellrecht, auch wenn es keinen vollständigen Ersatz für medienkonzentrationsrechtliche Vorschriften bieten kann, eine Auffangwirkung in Bezug auf konzentrationsrechtlich nicht erfasste Sachverhalte und ist aufgrund seiner mittelbaren Schutzwirkung für die Sicherung der Meinungsvielfalt von zentraler Bedeutung.[142]

5. Regulierung auf europäischer Ebene

Ein europäisches Medienregulierungsrecht wäre geeignet, Medienkonzentration effektiv zu verhindern und Meinungsvielfalt umfassend zu gewährleisten. Die teilweise erheblich divergierenden Medienregulierungsgesetze der EU-Mitgliedstaaten stellen hohe Markteintrittsbarrieren für investierende Unternehmen dar. Ein europaweit einheitlicher Schutz der Meinungsvielfalt würde einen großen Fortschritt für die Integration der Medien in den europäischen Binnenmarkt und den Schutz der Meinungsvielfalt darstellen.[143] Denn an Zusammenschlüssen sind vielfach internationale Medienunternehmen bzw. Unternehmen beteiligt, die ihren Sitz in verschiedenen Staaten haben, während die nationalen Mediengesetze ineffektiv in der Erfassung grenzüberschreitender Meinungsmacht sind. Den nationalen Regulierungsbehörden bereitet es Schwierigkeiten, grenzüberschreitende Transaktionen zu untersuchen und die sich auch auf die nationalen Märkte auswirkende Marktmacht internationaler Medienunternehmen zu erfassen. Zu-

---

abgrenzung stärker berücksichtigen sollen; *Hochrangige Gruppe zur Freiheit und Vielfalt der Medien*, Zusammfassung, 3.

140 Zu der Zugangsproblematik siehe A. II. 4. c).

141 *Mikko*, 7 ff., 10; *Sommerhoff*, 12.

142 *Generaldirektion Wettbewerb*, COMP/C/2/HU/rdu, 6 ff.; *Mailänder*, WuW 2001, 549; *Cooper*, 33 f.

143 *Hochrangige Gruppe zur Freiheit und Vielfalt der Medien*, Zusammenfassung, 2; *EU-Kommission*, Mitteilung über die Zukunft der europäischen Regulierungspolitik im audiovisuellen Bereich, KOM (2003) 784, 14; *Mikko*, 4, 9, 11, 24; *Ariño*, Communications & Strategies 2004, 97 (123 f.); *Ress/Ukrow*, in: Grabitz et al., Art. 151 EGV, Rn 212; *Bretschneider*, 202 ff.; vgl. zu dem Verhältnis zwischen nationaler Medienregulierung und Freihandel *Puppis*, EJC 2008, Vol. 23, 405 ff.

dem werden nationale Gesetze häufig durch eine Sitzverlegung der Medienunternehmen in liberalere Staaten umgangen. Der Schutz der nationalen Medienvielfalt wird daher in Anbetracht grenzüberschreitend tätiger Medienunternehmen immer diffiziler.[144]

Daher favorisiert das EU-Parlament einen europäischen Rechtsrahmen, der sowohl die Medieneigentums- und Zugangsregulierung als auch die Lizenzierung sämtlicher Fernsehübertragungsdienste umfasst. Meinungsvielfalt soll nach Ansicht des EU-Parlaments durch das Wettbewerbs- und Medienrecht sowie das duale Rundfunksystem auf europäischer Ebene sichergestellt werden. Europäische Gesetze sollen den Zugang des Nutzers zu Medieninhalten durch konkrete Anforderungen an technische Einrichtungen wie elektronische Programmführer oder Fernbedienungen gewährleisten. Vor allem Angebote von allgemeinem Interesse (*services of general interest*) sollen für jedermann leicht erkennbar platziert werden. Bei der diesbezüglichen Überarbeitung der die Meinungsvielfalt betreffenden EU-Richtlinien soll aber die Autonomie der Mitgliedstaaten respektiert werden.[145]

Die EU-Mitgliedstaaten berufen sich hingegen unter Verweis auf die kulturelle Bedeutung der Medien auf ihre nationalen Kompetenzen zur Sicherung der Meinungsvielfalt und betrachten Medienregulierung aufgrund der erheblichen politischen Bedeutung der Medien als nationale Angelegenheit. Die politische Bedeutung der Medien besteht vor allem in ihrer Kontrollfunktion gegenüber dem Staat. Gleichzeitig werden die Medien aber durch den Staat reguliert, wodurch ein gegenseitiges Abhängigkeitsverhältnis entsteht, auf das die EU-Kommission aus Sicht der EU-Mitgliedstaaten keinen Einfluss nehmen soll.[146]

Allerdings sind die Regulierungsgesetze der EU-Mitgliedstaaten aufgrund ihrer erheblichen Differenzen schwer zu vereinheitlichen. Zudem wird Meinungsvielfalt in den Mitgliedstaaten unterschiedlich definiert, was wiederum auf unterschiedlichen Vorstellungen von dem notwendigen Schutzstandard beruht.[147] Darüber hinaus ist fraglich, ob die EU-Kommission kompetenzrechtlich zu einer auf mitgliedstaatlicher Ebene unmittelbar anwendbaren Medienregulierung be-

144 *Bickerstaff,* MMR 2001, 72 (73); *Paal,* JZ 2010, 647 (649); *Iosifides*, 85 (88); *Sommerhoff,* 17.

145 *Mikko,* 8, 13, 15, 18; *Sommerhoff,* 16.

146 *Bretschneider,* 208 f.; *Keller,* 9 ff., 37 ff.; *Ariño,* Communications & Strategies 2004, 97 (102); *DCMS*, 24; *Sommerhoff,* 18.

147 *EU-Kommission,* Mitteilung über die Zukunft der europäischen Regulierungspolitik im audiovisuellen Bereich, KOM (2003) 784, 15; *DCMS*, 24; *Komorek,* Amsterdam Law Forum 2009, 49 (51).

fugt ist.[148] Vor diesem Hintergrund ist die EU-Kommission zwar an einer europäischen Medienregulierung interessiert, zweifelt aber an der Umsetzbarkeit eines europaweit einheitlichen Ansatzes und plant gegenwärtig keine Richtlinie zur Meinungsvielfaltsicherung.[149] Die EU-Kommission versteht den Schutz der Meinungsvielfalt aber als Teil ihres Auftrages und ergreift regelmäßig entsprechende Initiativen. Ein Beispiel hierfür ist das „Reding-Wallström"-Konzept, das Maßnahmen zur Entwicklung eines europaweit einheitlichen Schutzstandards für die Meinungsvielfalt umfasst.[150] Anhand dieses Konzepts prüften die Dienststellen der Kommission über Medienpluralismus die Möglichkeit und Notwendigkeit einer EU-Richtlinie zur Sicherung der Meinungsvielfalt unter Einbeziehung der nationalen Regulierungsgesetze und kamen zu dem Ergebnis, dass der zuvor dargelegte *media pluralism monitor* als europäische Maßnahme zunächst ausreicht.[151] Durch den *media pluralism monitor* misst und überwacht die EU-Kommission die Meinungsvielfalt in den Mitgliedstaaten und wertet die Ergebnisse hinsichtlich der Notwendigkeit einer europäischen Medienregulierung aus.[152]

Medienzusammenschlüsse mit europaweiter Bedeutung prüft die EU-Kommission gegenwärtig nur in kartellrechtlicher Hinsicht.[153] Zwar schützen das europäische Kartellrecht und die AVMD-RL mittelbar die Medienvielfalt; die

148 Für das Bestehen einer Kompetenz der EU-Kommission sprechen sich bspw. aus *Gounalakis/Zagouras,* ZUM 2006, 716 (724 f.), und *Röß,* AfP 2010, 521 (529 f.), die für die Medienvielfaltsicherung eine Annexkompetenz zu der Koordinierungskompetenz für Rechts- und Verwaltungsvorschriften gemäß Art. 53 Abs. 1, 62 AEUV oder zu der Binnenmarktkompetenz der EU gemäß Art. 114 AEUV annehmen. Gegen eine vorhandene Kompetenz sind bspw. *EU-Kommission,* Grünbuch zu Dienstleistungen von allgemeinem Interesse, KOM (2003) 270, 52; *DCMS*, 25; vgl. vertiefend zu der Kompetenzproblematik auch *Helwig,* 149 ff., und *Paal,* 337 ff.

149 Vgl. *EU-Kommission*, Grünbuch zu Pluralismus und Medienkonzentration im Binnenmarkt, KOM (92) 480, 102 f.; siehe hierzu *Ress/Ukrow,* in: Grabitz et al., Art. 151 EGV, Rn 212; *dies.,* in: Grabitz et al., Art. 167 AEUV, Rn 231 f.; *Helwig,* 113 ff.; *Iosifides*, 85 (85 f., 92 ff.).

150 Siehe vertiefend hierzu *Zagouras,* AfP 2007, 1 ff.; *Helwig,* 5.

151 *Dienststellen der Kommission über Medienpuralismus*, Arbeitsdokument v. 16.01.2007, SEC (2007) 32, 84; *Komorek,* Amsterdam Law Forum 2009, 49 (51); zu dem *media pluralism monitor* siehe A. II. 2.

152 *Hochrangige Gruppe zur Freiheit und Vielfalt der Medien*, Bericht, 17 ff.; *EU-Kommission,* Grünbuch zu Dienstleistungen von allgemeinem Interesse, KOM (2003) 270, 13 f.; *Reding,* Speech/09/452; *Ariño,* Communications & Strategies 2004, 97 (123); *DCMS*, 37; vgl. auch *Sommerhoff,* 15.

153 *Hochrangige Gruppe zur Freiheit und Vielfalt der Medien*, Bericht, 21 ff.; *EU-Kommission*, IP/10/1767, Pressemitteilung v. 21.12.2010.

Vorschriften erfassen die Medien aber nur in ihrer ökonomischen Dimension.[154] Die insbesondere auf lineares Fernsehen anwendbare AVMD-RL legt einen Grundstandard für Inhaltsregulierung fest und regelt im Ansatz eine binnenpluralistische Vielfaltsicherung bspw. in Form der Verpflichtung zur Förderung europäischer Werke und unabhängiger Produktionen gemäß Art. 13, 16 und 17 AVMD-RL.[155] Für den wesentlichen Teil der Medieneigentums- und Medieninhaltsregulierung sind jedoch die Mitgliedstaaten zuständig. Dies ergibt sich aus Art. 345 AEUV, wonach die nationalen Eigentumsgesetze und damit auch die nationalen Gesetze zur Regulierung des Medieneigentums europarechtlich nicht erfasst werden.[156] Auch wenn die Förderung von Demokratie und Meinungsvielfalt wichtige Ziele des europäischen Medienrechts sind, gibt es bisher kein europäisches Medienkonzentrationsrecht, das unmittelbar dem Schutz der Meinungsvielfalt dient.[157]

Der Ansatz der EU-Kommission, die Konzentration von Medieneigentum und Meinungen auf der Grundlage des *media pluralism monitor* als europaweit einheitlich anzuwendende Methode zu messen, schafft die notwendige Transparenz für eine effektive Überwachung der Medien. Zur Anwendung der Methode bedarf es aber eines zuverlässigen Beobachtungssystems, mit dem eine europäische Behörde die Medienmärkte sämtlicher Mitgliedstaaten beobachtet und die relevanten Daten sammelt. Die bisherigen Maßnahmen der unter dem Druck des EU-Parlaments stehenden EU-Kommission gehen daher nicht weit genug, verdeutlichen aber ihren Willen, Medienvielfalt europaweit zu schützen.[158]

Gegenwärtig ist die Medienregulierung zwar aus Sicht der EU-Mitgliedstaaten politisch zu bedeutsam, um sie der EU-Kommission zu überlassen. Zudem divergieren die nationalen Mediengesetze und Ansichten über den zur Sicherung der Meinungsvielfalt erforderlichen Schutzstandard teilweise so er-

---

154 *EU-Kommission,* Mitteilung über die Zukunft der europäischen Regulierungspolitik im audiovisuellen Bereich, KOM (2003) 784, 8.

155 Linear sind solche Programme, deren Inhalt und Empfangszeit nicht individuell durch den Konsumenten festgelegt werden. Fernsehen auf Abruf ist somit ein nicht-lineares Angebot, da der Verbraucher die Empfangszeit bestimmen kann. Nicht-lineare Angebote sind als „Dienste der Informationsgesellschaft" Gegenstand der RL 2000/31/EG v. 08.06.2000 über bestimmte rechtliche Aspekte der Dienste der Informationsgesellschaft, insbesondere des elektronischen Geschäftsverkehrs, im Binnenmarkt (RL über den elektronischen Geschäftsverkehr), Abl. L 178 v. 17.07.2000, 1 ff., vgl. Erwägungsgrund Nr. 18 RL über den elektronischen Geschäftsverkehr.

156 *Generaldirektion Wettbewerb,* COMP/C/2/HU/rdu, 4 ff.; *DCMS,* 25.

157 *Keller,* 412; *EU-Kommission,* Mitteilung über die Zukunft der europäischen Regulierungspolitik im audiovisuellen Bereich, KOM (2003) 784, 8.

158 *Komorek,* Amsterdam Law Forum 2009, 49 (50, 53); *Iosifides,* 85 (89 ff.); *Reding,* Speech/09/452; *DCMS,* 18, 26.

heblich, dass eine Einigung auf ein europäisches Medienregulierungsgesetz kaum möglich erscheint. Sollten die nationalen Gesetze aber keine ausreichende Schutzwirkung zugunsten von Meinungsvielfalt mehr entfalten, wären die EU-Mitgliedstaaten gezwungen, sich auf eine europäische Medienregulierung zu einigen. Langfristig sollte ein europäischer Medienregulierungsansatz entwickelt werden, um die grenzüberschreitende Medienproduktion und -übertragung zu erleichtern und die dadurch entstehende Marktmacht zu regulieren.[159] Da nationale Rechtsordnungen bereits Gegenstand einer weitreichenden Deregulierung sind, werden sich die EU-Mitgliedstaaten allenfalls auf ein liberales europäisches Medienkonzentrationsrecht einigen können und Regelungen bevorzugen, die geeignet sind, den Wettbewerb im europäischen Binnenmarkt zu fördern. Dies wäre auch ein vorzugswürdiger Ansatz, da sich europäische Medienunternehmen im globalen Wettbewerb, vor allem gegenüber den mächtigen und wenig regulierten US-amerikanischen Wettbewerbern, nur durchsetzen können, wenn sie keiner zu strengen Regulierung unterliegen.[160] Medienregulierung muss daher das Ergebnis eine Abwägung zwischen den Interessen an einer möglichst geringen Medieneigentumskonzentration und an einem global wettbewerbsfähigen europäischen Medienmarkt sein.[161]

159 *Gounalakis/Zagouras,* ZUM 2006, 716 (718); *Komorek,* Amsterdam Law Forum 2009, 49 (53).

160 *K.U. Leuven et al.*, 7; *DCMS*, 25; *Mikko,* 6, 8, 17.

161 *Mikko,* 5 f.; *Sommerhoff,* 15.

B. Die Regelung in Deutschland

In diesem Teil der Dissertation werden das deutsche Medienkonzentrationsrecht und insbesondere die Voraussetzungen vorherrschender Meinungsmacht gemäß § 26 RStV untersucht. In diesem Zusammenhang werden auch die für die Sicherung der Meinungsvielfalt relevanten Bestandteile des Medienverfassungsrechts herausgearbeitet. Um einen Vergleich mit der Besonderheit des britischen Medienkartellrechts zu ermöglichen, erfolgt eine kurze Darstellung der relevanten kartellrechtlichen Vorschriften.

I. Rundfunksystem

In Deutschland besteht ein duales Rundfunksystem, in dem neben den öffentlich-rechtlichen Anstalten grundsätzlich auch private Anbieter Rundfunk veranstalten dürfen. Die Verfassungsmäßigkeit privater Rundfunkveranstaltung wurde 1981 durch das dritte Rundfunkurteil des BVerfG in Deutschland bestätigt.[162] Ziel des dualen Rundfunksystems ist, eine möglichst umfassende Diversifizierung der Anbieterseite und eine damit einhergehende Verbesserung von publizistischem Wettbewerb und Meinungsvielfalt zu erreichen.[163] Die Organisationsstruktur und Gebührenfinanzierung der öffentlich-rechtlichen Sender sind wichtige Mittel zur Sicherung der Unabhängigkeit des Rundfunks. Im Gegensatz dazu finanzieren

162 BVerfG, Urteil v. 16.06.1981, 1 BvL 89/78, BVerfGE 57, 295 – FRAG.

163 BVerfG, Urteil v. 04.11.1986, 1 BvF 1/84, Juris, Rn 9 – Niedersächsisches Landesrundfunkgesetz: „Werden die neuen Gesetze neben die überkommenen Rundfunkgesetze und -staatsverträge gestellt, so werden die Umrisse eines dualen Rundfunksystems sichtbar: Es umfasst die öffentlich-rechtlichen Rundfunkanstalten, welche ihren bisherigen Auftrag wahrnehmen und die gesamte Bevölkerung versorgen können, die in ihrer Organisation und Programmgestaltung durchweg einem „binnenpluralen" Modell folgen und deren Tätigkeit überwiegend aus Gebühren finanziert wird. Hinzu treten private Veranstalter, die anders organisiert sind, bei denen Meinungsvielfalt in wesentlichen Teilen auf anderem Wege als dem einer binnenpluralen Programmgestaltung sichergestellt werden soll, die ihre Tätigkeit in der Hauptsache aus den Erträgen von Wirtschaftswerbung finanzieren und die in höherem Maße als die öffentlich-rechtlichen Anstalten den Gesetzlichkeiten des Marktes unterliegen."; siehe hierzu auch *Beckmann/Müller,* in: Hoeren/Sieber, Teil 10, Rn 116; *Herzog,* in: Maunz/Dürig, Art. 5 Abs. 1, 2 GG, Rn 237a ff.

sich die privaten Sender hauptsächlich durch Werbung, weshalb ein besonderes Interesse an hohen Einschaltquoten besteht und das Programm publikumswirksam gestaltet wird.[164] Die öffentlich-rechtlichen Sender sind daher in besonderem Maße gefordert, die Meinungsvielfalt durch eine Repräsentation aller für die Gesellschaft bedeutsamen Meinungen zu schützen.[165]

Nach Ansicht des BVerfG ist auf dem Fernsehmarkt – anders als im Bereich der Presse – zwischen wirtschaftlichem und publizistischem Wettbewerb zu differenzieren. Das Fernsehen ist aufgrund seiner Breitenwirkung, Aktualität und Suggestionskraft besonders geeignet, die Meinungsbildung zu beeinflussen, und damit regulierungsbedürftig. Daher treten Marktfreiheit und unternehmerische Betätigungsfreiheit grundsätzlich hinter den Schutz der Meinungsfreiheit zurück.[166] Ein Mischsystem zwischen öffentlich-rechtlichen und privatrechtlichen Rundfunkanbietern soll vermieden werden, weshalb die Zusammenarbeit im Rahmen des Rundfunkrechts reguliert wird.[167] Eine Zusammenarbeit ist demnach nicht gänzlich ausgeschlossen, was sich bspw. an der Zulässigkeit des sogenannten Zweisäulenmodells zeigt, das für den regionalen Rundfunk in Nordrhein-Westfalen gilt. Nach diesem Modell können private Rundfunkanbieter unter vergleichbaren Voraussetzungen wie öffentliche Anbieter Lokalprogramme senden, wobei eine Trennung zwischen wirtschaftlichen und journalistischen Zuständigkeiten eine Entstehung von Rundfunkmonopolen verhindern soll.[168]

Vorbild der öffentlich-rechtlichen Rundfunkorganisation in Deutschland war die Struktur der *British Broadcasting Corporation („BBC“)*. Das deutsche System der Rundfunkkontrolle ist aber föderal strukturiert. Als erster deutscher Fernsehsender wurde 1950 die Arbeitsgemeinschaft der öffentlich-rechtlichen Rundfunkanstalten der Bundesrepublik Deutschland („ARD“) gegründet, die sich aus verschiedenen Landesrundfunkanstalten zusammensetzt.[169] 1963 kam das Zweite Deutsche Fernsehen („ZDF“) als weiterer öffentlich-rechtlicher Sender hinzu. Die öffentlich-rechtlichen Sender veranstalten kooperativ wichtige Informations- und Bildungsprogramme wie bspw. Arte, Phoenix oder 3Sat.[170]

---

164 Vgl. hierzu *Brinkmann*, ZUM 2013, 193 (196 f.); *Sydow/Windeler*, 58 f.

165 BVerfG, Urteil v. 04.11.1986, 1 BvF 1/84, NJW 1987, 239 (240); *Mestmäcker/Veelken*, in: Immenga/Mestmäcker, 3. Aufl., vor § 35 GWB, Rn 63, 65; *Peifer*, 24.

166 BVerfG, Urteil v. 11.09.2007, I BvR 2270/05, Juris, Rn 123; *dass.*, Beschluss v. 24.03.1982, 1 BvR 147/86, Juris, Rn 100, 117; *Mestmäcker/Veelken*, in: Immenga/Mestmäcker, 3. Aufl., vor § 35 GWB, Rn 62; *Beckmann/Müller*, in: Hoeren/Sieber, Teil 10, Rn 117; *Buckley et al.*, 30 f.

167 BVerfG, Beschluss v. 24.03.1982, 1 BvR 147/86, 1 BvR 478/86, Juris, Rn 129.

168 *Gersdorf*, 162.

169 *OSI*, 199 f.; *Holtz-Bacha*, in: Broadcasting & Convergence, 109 (115); siehe auch www.ard.de/intern/fernsehen (Stand: 31.03.2013).

170 *OSI*, 199 f.; *Holtz-Bacha*, in: Broadcasting & Convergence, 109 (111).

Die Programminhalte von öffentlich-rechtlichen und privaten Sendern unterscheiden sich deutlich. Besondere Bedeutung kommt den Nachrichten-, Kultur- und Bildungsprogrammen der gebührenfinanzierten öffentlich-rechtlichen Sender zu.[171] Private Programmformate sind hingegen nahezu ausschließlich auf Unterhaltung ausgerichtet, um durch ein publikumswirksames Programm möglichst hohe Werbeeinnahmen zu erzielen. In diesem Zusammenhang geraten insbesondere Sendungen aus dem Bereich des Realitätsfernsehens vielfach in die Kritik; hierbei nutzen Programmveranstalter nach Ansicht der Kritiker problematische Lebenssituationen von Menschen aus und verletzten damit deren Menschenwürde, um aufgrund der Sensationslust der Fernsehzuschauer hohe Einschaltquoten zu erzielen.[172]

II. Marktsituation und Regulierungsziele

Der deutsche Fernsehmarkt ist einer der wettbewerbsstärksten Märkte Europas.[173] Zugleich ist der Markt seit Jahren durch eine Dominanz der privaten Fernsehveranstalter RTL Group und ProSiebenSat1 („P7S1") geprägt, die zusammen mit den öffentlich-rechtlichen Sendern etwa 70 % des deutschen Fernsehkonsums bedienen.[174] Hiervon entfällt auf die öffentlich-rechtlichen Sender ein Zuschaueranteil von circa 40 bis 44 %, der aber vorwiegend ältere Zuschauer umfasst, da mehr als 70 % der Zuschauer älter als fünfzig Jahre sind.[175] Insgesamt ist das Fernsehen aufgrund von Reichweite und Programmauswahl, die durchschnittlich 77 und bei Satellitenfernsehen sogar 140 Fernsehsender umfasst, für den Durchschnitt der deutschen Bevölkerung das wichtigste Medium.[176] Trotz der zügigen Verbreitung des Kabelempfangs in der deutschen Bevölkerung hatte sich das Programmangebot aber erst nach dem Verkauf des Netzes durch die Deutsche Telekom an verschiedene Gesellschaften in den Jahren 2000 bis 2003

171 *OSI*, 62, 200; *Zubayr/Gerhard*, MP 3/2011, 126 (132 f.); *Holtz-Bacha*, in: Broadcasting & Convergence, 109 (113 f.).

172 Siehe bspw. *Schader*, Die falschen Experten aus den Messie-Sendungen, in: F.A.Z.-Blog v. 08.11.2011; vgl. hierzu auch *OSI*, 200.

173 *OSI*, 200.

174 *BKartA*, Beschluss v. 17.03.2011, B6-94/10, BeckRS 2012, 01190, Rn 65 f.; *van Eimeren/ Ridder*, MP 1/2011, 2 (7); *Zubayr/Gerhard*, MP 3/2011, 126 (128 f.); *Holtz-Bacha*, in: Broadcasting & Convergence, 109 (112).

175 Vgl. *KEK*, Zuschaueranteile 2011, abrufbar unter www.kek-online.de (Stand: 31.03.2013); vgl. auch Altersstruktur TV, abrufbar unter www.seniorenmarkt.de (Stand: 31.03.2013).

176 *Van Eimeren/Ridder*, MP 1/2011, 2 (7 f.); *Zubayr/Gerhard*, MP 3/2011, 126 ff.

infolge des Drucks der nationalen und europäischen Wettbewerbsbehörden verbessert.[177]

Die Nutzung von Satellitenfernsehen steigerte sich in den letzten Jahren erheblich aufgrund der Digitalisierung. Die Nachfrage nach Kabelfernsehen sank im Gegenzug. Der Grund hierfür sind möglicherweise die mit der Kabelnutzung verbundenen Kosten. Ende 2010 empfingen circa 50 % der deutschen Haushalte Digitalfernsehen. Internetfernsehen nutzten nur etwa 2 % bis 3 % der Haushalte. Der Analogempfang wurde 2012 abgeschaltet.[178]

Neben dem Fernsehen ist das Internet unentbehrlich für den Großteil der deutschen Bevölkerung. So nutzten im Juni 2012 etwa 67,5 Millionen Deutsche und damit etwa 83 % der deutschen Bevölkerung das Internet.[179] Für die jüngeren Mediennutzer ist das Internet sogar das wichtigste Medium. Dies liegt wohl unter anderem daran, dass Fernsehprogramme auch über das Internet empfangen werden können und ein Computer daher als Fernseherersatzgerät dient. Die Bedeutung traditioneller Zeitungen hat im Vergleich dazu stark abgenommen; indes können auch die meisten Tageszeitungen vollumfänglich und überwiegend kostenfrei online konsumiert werden.[180] Um die Wettbewerbsfähigkeit des Pressemarktes zu erhalten, wurden bereits Medienkonzentrationsvorschriften in den Landesmediengesetzen gelockert und den Zeitungsunternehmen mehr unternehmerische Freiheit für crossmediale Medienaktivitäten eingeräumt.[181] Ein Nachteil der neuen Kooperationsmöglichkeiten besteht darin, dass es hierdurch zu einer Angleichung der Zeitungsinhalte kommt, was wiederum die Meinungsvielfalt reduziert.[182]

Der Einfluss ausländischer Medieninvestoren auf den deutschen Markt ist spätestens seit der Übernahme von P7S1 durch den amerikanischen Medieninvestor Haim Saban, der das Unternehmen an die internationalen Fondgesellschaften Kohlberg Kravis Roberts & Co. (KKR) und Permira weiterverkaufte, erheblich.[183] Dennoch ist das Fernsehprogramm nicht besonders stark von US-amerikanischen Inhalten geprägt, abgesehen von besonders erfolgreichen amerikanischen Serien, die aber in deutscher Sprache übertragen werden. Der weitüberwiegende Teil der in Deutschland ausgestrahlten Fernsehproduktionen wird auch

177 *BMWA*, Digitaler Hörfunk und digitales Fernsehen in Deutschland, 12.

178 *Zubayr/Gerhard*, MP 3/2011, 126.

179 Vgl. Internet World Stats, abrufbar unter www.internetworldstats.com (Stand: 31.03.2013).

180 *Röper*, MP 5/2010, 218; *van Eimeren/Ridder*, MP 1/2011, 2 (5 f.).

181 Siehe bspw. §§ 33 a ff. LMG NRW, vgl. hierzu *Kocks/Senft*, AfP 2010, 336 (336 ff.).

182 *Röper*, MP 5/2010, 218 (220).

183 Siehe *Hanfeld*, Haim Saban nimmt Abschied von Pro Sieben Sat.1, in: F.A.Z. v. 15.12.2006.

in Deutschland produziert.[184] Zudem unterliegt das deutsche Fernsehen einer verhältnismäßig strengen Regulierung, die grundsätzlich auf einem außenpluralistischen Modell der Vielfaltsicherung beruht, aber auch binnenpluralistische Programmanforderungen stellt.[185]

Aufgrund der technologischen Entwicklung ist der deutsche Gesetzgeber gezwungen, die Medienregulierung zu liberalisieren. Ein Deregulierungsprozess findet in Deutschland insbesondere im Bereich regionaler Medienmärkte statt. Der Wille des deutschen Gesetzgebers zu einer Liberalisierung der Medienregulierung beruht aber offenbar vorrangig auf technologischen Erfordernissen und weniger auf einem Vertrauen in die regulierende Wirkung der Märkte.

III. Rechtsquellen der Medienregulierung in Deutschland

Das deutsche Medienrecht wurde weitestgehend auf der Grundlage der Verfassung sowie der Rechtsprechung des BVerfG entwickelt. Aufgrund der föderalen Struktur und der Gesetzgebungskompetenz der Länder im Bereich des Rundfunks ist ein erheblicher Teil der Medienregulierung Bestandteil von Landesmediengesetzen.[186] Der im Rahmen dieser Dissertation vorrangig relevante Bereich der Regulierung des bundesweit übertragenen Fernsehens ist hingegen im RStV geregelt, auf dessen medienkonzentrationsrechtliche Vorschriften vertiefend eingegangen wird. Zusammenschlüsse unter der Beteiligung von Medienunternehmen können auch kartellrechtlich relevant sein. Insofern dient auch das Kartellrecht der regulatorischen Sicherung der Meinungsvielfalt und kommt neben dem Medienkonzentrationsrecht zur Anwendung.[187]

1. Medienverfassungsrecht

In Deutschland hat die Verfassung erheblichen Einfluss auf das Medienrecht. Zentrale medienverfassungsrechtliche Vorschrift ist Art. 5 Abs. 1, 2 GG.

---

184 Dies resultiert bereits daraus, dass sich die Produktion deutscher Inhalte aufgrund eines breiten deutschsprachigen Publikums lohnt. Daneben prägt die kulturelle Identität entscheidend die Interessen der Bevölkerung und damit die Nachfrage nach Medieninhalten, vgl. hierzu *Sydow/Windeler,* 60; *Holtz-Bacha,* in: Broadcasting & Convergence, 109 (111).

185 *Rossen-Stadtfeld,* in: Hahn/Vesting, § 25 RStV, Rn 6; *Paschke/Tacke,* in: Paschke et al., § 25, Rn 90, 108 f.; *Schwartmann,* in: Schwartmann, 50; *Reinlein,* 26.

186 *Holznagel/Nolden,* in: Hoeren/Sieber, Teil 5, Rn 163; *Niebler,* 296.

187 *Fink,* in: Spindler/Schuster, Teil 1, B., Rn 23a ff.; *Janik,* AfP 2002, 104 (107).

a) Meinungsfreiheit

Art. 5 Abs. 1 S. 1 GG gewährleistet Meinungsfreiheit, wovon richtigerweise auch ein freies Rederecht im Hinblick auf die Kundgabe von Meinungen und Tatsachen erfasst ist.[188] Als Notwendigkeit einer sachgerechten Meinungsbildung und damit als Grundvoraussetzung für Meinungsfreiheit wird zudem die Informationsfreiheit, d. h. das Recht sich zu informieren, geschützt.[189]

b) Rundfunkfreiheit

Art. 5 Abs. 1 S. 2 GG normiert die Rundfunkfreiheit, d. h. die Freiheit zur „Übermittlung von Gedankeninhalten – sei es Berichterstattung sei es Meinungsäußerung – durch physikalische, insbesondere elektromagnetische Wellen“[190].

aa) Schutzbereich

Der verfassungsrechtliche Rundfunkbegriff erfasst auch das Fernsehen.[191] Aus der Rundfunkfreiheit gemäß Art. 5 Abs. 1 S. 2 GG ergibt sich ein subjektives Recht auf Berichterstattung sowie auf die Verbreitung von Rundfunkprogrammen über verschiedene Übertragungswege, was aufgrund von Medienkonvergenz besondere Bedeutung hat.[192] Aus der Rundfunkfreiheit hergeleitet wird die Veranstalterfreiheit, die auf einfachgesetzlicher Ebene in § 26 Abs. 1 RStV verankert ist. Hiernach besitzen Rundfunkveranstalter eine subjektiv-rechtliche Rechtsposition im Hinblick auf chancengleichen Zugang zu der Veranstaltung von Rundfunk; sie haben daher grundsätzlich das Recht, Rundfunk jeder Art zu veranstalten. Wesentlicher Bestandteil der Rundfunkfreiheit ist zudem die Programmfreiheit im Sinne einer „umfassenden Programmgestaltungsfreiheit“[193],

---

188 *Herzog,* in: Maunz/Dürig, Art. 5 Abs. 1, 2 GG, Rn 50 ff.; *Fink,* in: Spindler/Schuster, Teil 1, C., Rn 1 f., 5.

189 *Schemmer,* in: Epping/Hillgruber, Art. 5, Rn 23; *Herzog,* in: Maunz/Dürig, Art. 5 Abs. 1, 2 GG, Rn 81 ff.

190 *Herzog,* in: Maunz/Dürig, Art. 5 Abs. 1, 2 GG, Rn 195.

191 *Schemmer,* in: Epping/Hillgruber, Art. 5, Rn 67; *Herzog,* in: Maunz/Dürig, Art. 5 Abs. 1, 2 GG, Rn 197, 200 ff.

192 BVerfG, Urteil v. 04.11.1986, 1 BvF 1/84, Juris, Rn 139; *dass.*, Urteil v. 05.02.1991, 1 BvF 1/85, Juris, Rn 410.

193 *Herzog,* in: Maunz/Dürig, Art. 5 Abs. 1, 2 GG, Rn 202, 236; vgl. hierzu auch *Schwartmann,* in: Schwartmann, 50 f.

weshalb Grundrechtsträger jedenfalls die Programmveranstalter – und nicht etwa die Landesmedienanstalten – sind.[194]

Grundsätzlich ist jedermann Träger der Rundfunkfreiheit.[195] Staatliche Stellen, Gebietskörperschaften und juristische Personen des öffentlichen Rechts sind jedoch nicht zu der Veranstaltung privaten Rundfunks zugelassen.[196] Mangels Grundrechtsfähigkeit können sie sich nicht auf das Grundrecht der Rundfunkfreiheit berufen.[197] Eine Beteiligung juristischer Personen des öffentlichen Rechts würde außerdem zu einer Umgehung der für den Anstaltsrundfunk geltenden besonderen gesetzlichen Zulassungsregeln führen.[198] Zudem muss der Rundfunk staatsfrei organisiert sein. Der Grundsatz der Staatsfreiheit ergibt sich bereits aus der konstituierenden Bedeutung von Meinungs- und Rundfunkfreiheit für den demokratischen Willensbildungsprozess sowie aus der Kontrollfunktion, welche die Medien gegenüber dem Staat besitzen. Der Staat ist daher nicht zur Rundfunkveranstaltung berechtigt und darf insbesondere keinen Einfluss auf die Programmgestaltung nehmen.[199] Politische Parteien können hingegen nur insoweit an der Beteiligung an privaten Rundfunkveranstaltern gehindert werden, als sie hierdurch Einfluss auf das Programm erlangen; ein vollständiger Ausschluss würde einen Verstoß gegen die Rundfunkfreiheit gemäß Art. 5 Abs. 1 S. 2 RStV darstellen.[200] Auch eine „publizistische Gewaltenteilung" in der Form, dass Pres-

---

194 BVerfG, Beschluss v. 20.02.1998, 1 BvR 661/94, ZUM 1998, 306 (309); *Ory,* ZUM 1998, 484 (485); *Degenhart,* ZUM 2011, 375 (375 ff.), mit weiterführenden Anmerkungen zu dem personellen Schutzbereich der Rundfunkfreiheit.

195 *Herzog,* in: Maunz/Dürig, Art. 5 Abs. 1, 2 GG, Rn 213.

196 BVerfG, Urteil v. 04.11.1986, 1 BvF 1/84, Juris, Rn 154 ff. – Niedersächsisches Landesrundfunkgesetz; *dass.*, Urteil v. 16.06.1981, 1 BvL 89/78, Juris, Rn 88, 119 – FRAG; *Herzog,* in: Maunz/Dürig, Art. 5 Abs. 1, 2 GG, Rn 214 b.

197 BVerfG, Urteil v. 04.11.1986, 1 BvF 1/84, Juris, Rn 154 ff. – Niedersächsisches Landesrundfunkgesetz; *dass.*, Urteil v. 16.06.1981, 1 BvL 89/78, Juris, Rn 88, 119 – FRAG; a. A. *Herzog,* in: Maunz/Dürig, Art. 5 Abs. 1, 2 GG, Rn 210.

198 BVerfG, Urteil v. 04.11.1986, 1 BvF 1/84, Juris, Rn 154 ff. – Niedersächsisches Landesrundfunkgesetz; *dass.*, Urteil v. 16.06.1981, 1 BvL 89/78, Juris, Rn 88, 119 – FRAG. Im Gegensatz zu der Liberalisierung der Regulierung des Privatrundfunks nehmen die staatlichen Eingriffe in den öffentlich-rechtlichen Rundfunk zu. Dies resultiert auch aus der Diskussion über die Vereinbarkeit der Finanzierung des deutschen öffentlich-rechtlichen Rundfunks mit dem europäischen Beihilfenrecht, vgl. hierzu *Krausnick,* ZUM 2007, 806 (807 ff.).

199 *Herzog,* in: Maunz/Dürig, Art. 5 Abs. 1, 2 GG, Rn 213 ff., mit vertiefenden Anmerkungen zu dem Grundsatz der Staatsfreiheit des Rundfunks. Die Bedeutung der Meinungsfreiheit und Staatsfreiheit der Medien für die Demokratie zeigt sich auch daran, dass nicht demokratisch legitimierte Regierungen die Medien üblicherweise beeinflussen, um ihre Macht zu erhalten und politische Ziele durchzusetzen, umfassend hierzu *Keller,* 9 ff.

200 BVerfG, Urteil v. 12.03.2008, 2 BvF 4/03, Juris, Rn 87 ff. – Hessisches Privatrundfunkgesetz; vertiefend hierzu Müller, AfP 2009, 433 ff.

seunternehmen grundsätzlich nicht zur Rundfunkveranstaltung zugelassen werden dürfen, wurde vom BVerfG als verfassungswidrig abgelehnt.[201] Hingegen untersagte das BVerfG aufgrund des Rechts auf chancengleichen Zugang zur Rundfunkveranstaltung, Presseunternehmen bei der Rundfunkveranstaltung zu privilegieren, um Verluste in Folge rückläufiger Werbeinnahmen auszugleichen.[202] Die Frage, ob Kabelnetzbetreiber zur Rundfunkveranstaltung berechtigt sind, was aufgrund der fortschreitenden Medienkonvergenz wohl bejaht werden sollte, wurde indes noch nicht entschieden.[203]

bb) Gesetzesvorbehalt zur Sicherung der Meinungsvielfalt

Auch die Rundfunkfreiheit dient dem Schutz freier individueller und öffentlicher Meinungsbildung. Zur Erreichung dieses Ziels bedarf es neben der Staatsfreiheit des Rundfunks einer positiven Rechtsordnung, die Meinungsvielfalt sichert.[204] Dieser Balanceakt zwischen dem Gebot der Staatsfreiheit und der verfassungsrechtlichen Verpflichtung des Gesetzgebers zur Schaffung einer positiven Rundfunkordnung führt zwangsläufig zu der Verwendung unbestimmter und daher auslegungsbedürftiger Rechtsbegriffe.[205] Medienkonzentration muss aber frühzeitig und effektiv entgegengewirkt werden, um keine irreversiblen Verzerrungen in Folge einseitiger Berichterstattung entstehen zu lassen.[206] Daher steht die Rundfunkfreiheit auch unter Gesetzesvorbehalt gemäß Art. 5 Abs. 2 GG, d. h. ein Eingriff in die Rundfunkfreiheit ist verfassungsrechtlich gerechtfertigt, wenn er parlamentarisch legitimiert und verhältnismäßig ist.[207] Aus Art. 5 Abs. 1 GG ergibt sich nach der Rechtsprechung des BVerfG der Auftrag an den Gesetzgeber, durch positivrechtliche Gesetzgebung die freie und individuelle Meinungsbildung als verfassungsrechtliches Schutzgut zu gewährleisten.[208] In diesem Zusammenhang ist sicherzustellen, „dass die Vielfalt der bestehenden Meinungen im Rundfunk in möglichster Breite und Vollständigkeit Ausdruck findet und

201 BVerfG, Urteil v. 04.11.1986, 1 BvF 1/84, Juris, Rn 139; *Herzog,* in: Maunz/Dürig, Art. 5 Abs. 1, 2 GG, Rn 241 b.

202 BVerfG, Urteil v. 04.11.1986, 1 BvF 1/84, Juris, Rn 176 ff.

203 Vgl. hierzu *Paschke,* Rn 263.

204 BVerfG, Urteil v. 16.06.1981, 1 BvL 89/78, Juris, Rn 85, 88 – FRAG; *dass.*, Urteil v. 04.11.1986, 1 BvF 1/84, Juris, Rn 90, 112, 132.

205 *Hepach,* ZUM 2007, 40 (46).

206 BVerfG, Urteil v. 04.11.1986, 1 BvF 1/84, Juris, Rn 106 – Niedersächsisches Landesrundfunkgesetz; *Peifer,* 36 ff.

207 BVerfG, Urteil v. 05.02.1991, 1 BvF 1/85, Juris, Rn 402, 467, 470, 472 – WDR; vgl. auch *Renck-Laufke,* ZUM 2006, 907 (914).

208 BVerfG, Urteil v. 16.06.1981, 1 BvL 89/78, Juris, Rn 85, 88 – FRAG; vgl. hierzu *Rossen,* 283 ff.

dass auf diese Weise umfassende Information geboten wird"[209]. Zwar ergibt sich das Gebot, Meinungsvielfalt zu schützen, nicht ausdrücklich aus dem Wortlaut des Art. 5 Abs. 1 GG; es ist aber aus dem Grundrecht auf Meinungsfreiheit herzuleiten. Dieses umfasst die Freiheit zur Meinungsbildung, für deren Verwirklichung Meinungsvielfalt eine Grundvoraussetzung ist.[210] Zum Schutz der Meinungsvielfalt bedarf es gerade im Bereich des Fernsehens besonderer Rechtsvorschriften, da der Fernsehsektor insbesondere aufgrund hoher Produktionskosten und Kapazitätsbeschränkungen von Anbieterkonzentration geprägt und das Fernsehen aufgrund seiner Breitenwirkung, Suggestivkraft und Aktualität erhebliche Auswirkungen auf das Meinungsbild des Zuschauers hat.[211] Einfachgesetzliche Regelungen sollen sicherstellen, dass vielfältige Meinungen im Rundfunk möglichst umfassend dargestellt werden und der Entstehung vorherrschender Meinungsmacht dadurch vorgebeugt wird. Grundlage der Vielfaltsicherung ist das Gesamtangebot aller Veranstalter.[212] Medienvielfalt kann nach Ansicht des BVerfG sowohl durch eine binnenpluralistische Organisation der Programmveranstalter als auch durch eine außenpluralistische Organisation der Programme erreicht werden. Die Wahl des Organisationsmodells für private Rundfunkveranstalter ist daher dem Gesetzgeber überlassen.[213]

2. Medienkonzentrationsrecht

Das deutsche Medienkonzentrationsrecht basiert auf dem Prinzip des kooperativen Föderalismus.[214] Hiernach besitzen zwar die einzelnen Bundesländer die Gesetzgebungskompetenz zum Erlass medienkonzentrationsrechtlicher Vorschriften; es bestehen aber Koordinations- und Kooperationsverpflichtungen, um bundesweit eine weitestgehend harmonische Rundfunkgesetzgebung zu gewährleisten. Vor allem die Sicherung der Meinungsvielfalt im bundesweiten Fernsehen bedarf eines einheitlichen Regelungswerks. Diesbezüglich sind neben materiell-rechtlichen auch organisations- und verfahrensrechtliche Vorgaben

---

209 BVerfG, Urteil v. 16.06.1981, 1 BvL 89/78, Juris, Rn 88.

210 Vertiefend hierzu *Paal,* 97 ff.

211 BVerfG, Urteil v. 28.02.1961, 2 BvG 1/60, Juris, Rn 184; vgl. auch *Schmid,* ZUM 2011, 457 (458), der darauf hinweist, dass der starke Einfluss des Fernsehens auf den Mediennutzer trotz zunehmender Medienkonvergenz bestehen bleibt.

212 BVerfG, Urteil v. 12.03.2008, 2 BvF 4/03, Juris, Rn 93; *Holznagel,* ZUM 2009, 620 (621).

213 BVerfG, Urteil v. 04.11.1986, 1 BvF 1/84, Juris, Rn 91; *dass.*, Urteil v. 05.02.1991, 1 BvF 1/85, Juris, Rn 438; kritisch hierzu *Herzog,* in: Maunz/Dürig, Art. 5 Abs. 1, 2 GG, Rn 235 f.

214 *Thaenert,* ZUM 2009, 131 (134); *Kreile,* NJW 1997, 1329.

notwendig, um einen einheitlichen Vielfaltstandard zu gewährleisten.[215] Der RStV ist ein föderativer Vertrag, den die für die Verhandlung über Staatsverträge der Länder zuständigen Regierungschefs der Bundesländer zur Regelung des bundesweiten Rundfunks geschlossen haben. Der Bund besitzt diesbezüglich keine Gesetzgebungskompetenz. Es handelt sich um eine besondere Form des zwischenstaatlichen Rechts, das weder dem Bundes- noch dem Landesrecht zuzuordnen ist und eine mit einem Völkervertrag vergleichbare Bindungswirkung entfaltet.[216] Der RStV wurde mehrfach durch Änderungsstaatsverträge geändert. Derzeit aktuell ist der RStV in der Fassung des fünfzehnten Staatsvertrags zur Änderung rundfunkrechtlicher Staatsverträge („RÄStV“), der im Januar 2013 in Kraft getreten ist.[217] Die Verträge werden durch die Regierungschefs der jeweiligen Bundesländer abgeschlossen und durch Zustimmung der Landtage Landesgesetze des jeweiligen Bundeslandes.[218] Die Zuständigkeit der Landesgesetzgeber für die Rundfunkgesetzgebung ergibt sich aus der Kulturhoheit der Länder, welcher der Rundfunk wegen seiner kulturellen Bedeutung zugeordnet wird, Art. 30, 70 Abs. 1 GG.[219] Nach § 1 Abs. 1 RStV gilt der RStV für die Veranstaltung und Verbreitung von Rundfunk in Deutschland in einem dualen Rundfunksystem. Von der Regelung erfasst wird (in Abgrenzung zum Mediendienstestaatsvertrag) die Ordnung des bundesweiten Rundfunks mit Darbietungscharakter, wobei hiermit eine gesteigerte Relevanz für die öffentliche und individuelle Meinungsbildung gemeint ist.[220] Durch den RStV soll Medienkonzentration und damit dominierender Einfluss auf die Meinungsbildung vorrangig im Bereich der privaten Rundfunkanbieter, die aufgrund ihrer Abhängigkeit von Werbefinanzierung und Einschaltquoten grundsätzlich anfälliger hierfür sind, durch interne Beschränkungen verhindert werden.[221] Das Verfahrensrecht umfasst der RStV nicht, weshalb die Länder diesen Bereich eigenständig regeln können. Die Länder haben sich auf ein bundesweit einheitliches Verfahren verständigt und die Kommission zur Ermittlung der Konzentration im Medienbereich („KEK“) gegründet.[222]

---

215 *Schuler-Harms,* in: Hahn/Vesting, § 35 RStV, Rn 1 ff.; 6 ff.

216 *Vesting,* in: Hahn/Vesting, § 1 RStV, Rn 2 ff.; *Dörr/Schwartmann,* 54; *KEK*, ZUM 2003, 904 (907 f.); *Schwartmann,* in: Schwartmann, 51.

217 *Gall/Schneider,* in: Hahn/Vesting, Rundfunkbeitragsstaatsvertrag, Vorb., Rn 52.

218 *Vesting,* in: Hahn/Vesting, § 1 RStV, Rn 5.

219 BVerfG, Urteil v. 28.02.1961, 2 BvG 1/60, 2 BvG 2/60, Juris, Rn 81 ff.; *Vesting,* in: Hahn/Vesting, § 1 RStV, Rn 9 ff.; *Radeck et al.*, in: Hahn/Vesting, § 12 RStV, Rn 20; *Niebler,* 99, 214, 296.

220 *Paschke,* Rn 584; *Gersdorf,* 75 f.

221 *Mestmäcker/Veelken*, in: Immenga/Mestmäcker, 3. Aufl., vor § 35 GWB, Rn 63; *Röß,* AfP 2010, 521.

222 *Engel*, 48; *Renck-Laufke,* ZUM 2000, 369.

Der RStV in seiner ursprünglichen Fassung war der „Staatsvertrag zur Neuordnung des Rundfunkwesens“, der 1987 in Kraft trat und die duale Rundfunkordnung für den öffentlich-rechtlichen und privaten Rundfunk einführte. Der Vertrag regelte u. a. einheitliche Mindestanforderungen an die Vielfaltsicherung durch die privaten Veranstalter bundesweiter Rundfunkprogramme. Nach der Wiedervereinigung Deutschlands trat 1992 der „Staatsvertrag über den Rundfunk im vereinten Deutschland“ in Kraft. Dieser Vertrag wurde seit seinem Inkrafttreten insbesondere aufgrund technischer Veränderungen und europarechtlicher Vorgaben häufig geändert. Der „Dritte Staatsvertrag zur Änderung rundfunkrechtlicher Staatsverträge (Dritter Rundfunkänderungsstaatsvertrag)“, der am 1. Januar 1997 in Kraft trat, brachte erhebliche Neuerungen im Bereich der Meinungsvielfaltsicherung, die aufgrund der wachsenden wirtschaftlichen Bedeutung des privaten Rundfunks notwendig geworden waren.[223] Zunächst sollte Meinungsvielfalt durch Beteiligungsbeschränkungen gesichert werden. Gemäß § 21 RStV 1991 durften Veranstalter höchstens zwei Fernsehprogramme bundesweit verbreiten; zudem sollte durch Beteiligungsgrenzen verhindert werden, dass einzelne natürliche oder juristische Personen zu viel Einfluss auf das Fernsehprogramm erlangen. Das Beteiligungsmodell erwies sich aber aufgrund zahlreicher Verflechtungen und gegenseitiger Beeinflussungen der Medienunternehmen als ineffektiv.[224] Es wurde zudem deutlich, dass das Modell der Medienkonvergenz und der gesteigerten Übertragungskapazitäten nicht gerecht wurde. Vielmehr kann nur ein auf Wettbewerb ausgerichtetes Regulierungskonzept Meinungsvielfalt dauerhaft sicherstellen. Das heute geltende Zuschaueranteilsmodell gemäß §§ 25 ff. RStV stellt daher nicht mehr auf den Veranstalter, sondern auf die erzielten Zuschauer- und Marktanteile ab.[225] Das im RStV verankerte Medienkonzentrationsrecht regelt gemäß § 39 S. 1 RStV allein bundesweit veranstalteten Rundfunk. Das medienkonzentrationsrechtliche Normengefüge basiert weitestgehend auf der rundfunkrechtlichen Rechtsprechung des BVerfG.[226]

223 *Gersdorf*, 19.

224 *Trute*, in: Hahn/Vesting, § 26 RStV, Rn 11 ff.; *Gounalakis/Zagouras*, 80; *Bretschneider*, 68 f.

225 *Gounalakis/Zagouras*, 81; *Bretschneider*, 69 ff.

226 Vgl. die Rundfunkurteile des BVerfG, insbesondere BVerfG, Urteil v. 16.06.1981, 1 BvL 89/78, BVerfGE 57, 295 – FRAG; *dass.*, Urteil v. 04.11.1986, 1 BvF 1/84, BVerfGE 73, 118 – Niedersächsisches Landesrundfunkgesetz.

a) Allgemeine Voraussetzungen der Meinungsvielfaltsicherung

§ 25 RStV konkretisiert die aus Art. 5 Abs. 1 GG abgeleitete Pflicht des Staates zur Sicherung der Meinungsvielfalt und bildet damit die definitorische Grundlage der Vielfaltsicherung.[227] Die medienkonzentrationsrechtlichen Vorschriften des RStV erfassen grundsätzlich nur den bundesweiten Privatrundfunk. Dennoch soll auch der öffentlich-rechtliche Rundfunk aufgrund seiner besonderen Bedeutung für die Meinungsvielfalt Gegenstand dieses Kapitels sein.

aa) Definition der Meinungsvielfalt

Der Begriff der Meinungsvielfalt lässt sich anhand des § 25 RStV nicht hinreichend konkret definieren. Die Norm ist sehr allgemein gehalten und erfasst trotz ihrer Allgemeinheit nicht alle relevanten Aspekte von Meinungsvielfalt. Es bedarf daher einer verfassungskonformen Auslegung des Begriffs. Meinungsvielfalt im bundesweit übertragenen privaten Rundfunk, den § 25 RStV ausschließlich erfasst, bedeutet nach Ansicht des BVerfG vor allem eine Ausgewogenheit des Programminhalts, der die vielfältigen Meinungen der Bürger widerspiegelt.[228] Auch das BVerfG umschreibt nur sehr weitläufig, was unter einer ausgewogenen Berichterstattung zu verstehen ist. Eine zu enge Definition würde wohl auch nicht der Vielfalt an relevanten Themen und Aspekten gerecht, die für die umfassende Meinungsbildung eines Bürgers in einem demokratischen Staat notwendig ist. Da sich der Begriff einer konkreten inhaltlichen Definition entzieht, erscheint es sinnvoll, Meinungsvielfalt vom Ziel des Gesetzes ausgehend zu erfassen.[229] Ziel der medienkonzentrationsrechtlichen Gesetzgebung ist zunächst die Erfüllung des verfassungsrechtlichen Auftrages zur Vielfaltsicherung. Ziel der Vielfaltsicherung wiederum ist, Meinungsfreiheit zu gewährleisten. Die Bildung einer freien Meinung setzt voraus, dass jeder Bürger möglichst ungehinderten Zugang zu Informationen und vertretenen Meinungen hat, um sich ein umfassendes Bild zu machen und so eine eigene Meinung zu bilden.[230] Eine eigene auf umfassenden Informationen beruhende Meinung ist Grundlage für die Teilnahme am demokratischen Willensbildungsprozess. Folglich setzt Meinungsvielfalt eine gleichgewichtige und unparteiische Übertragung sämtlicher Inhalte voraus, die für eine demokratische Willensbildung erforderlich sind. Es

227 *Gounalakis/Zagouras,* 73; *Paschke/Tacke,* in: Paschke et al., § 25, Rn 87 f., 90.

228 BVerfG, Urteil v. 04.11.1986, 1 BvF 1/84, Juris, Rn 92 – Niedersächsisches Landesrundfunkgesetz; *Gounalakis/Zagouras,* 76; *Rossen-Stadtfeld,* in: Hahn/Vesting, § 25 RStV, Rn 56 f.

229 *Paal,* 72 f.; *Gounalakis/Zagouras,* 77.

230 *Rossen-Stadtfeld,* in: Hahn/Vesting, § 25 RStV, Rn 2, 43; *Paal,* 73.

sollte ein ausgewogenes Verhältnis zwischen den übertragenen Meinungen bestehen, keine Meinung sollte dominieren und keine gesellschaftliche Gruppe im Vordergrund stehen; vielmehr sind auch Ansichten von Minderheiten darzustellen.[231] Zu berücksichtigen ist aber, dass die erforderliche Vielfalt an Meinungen und Informationen nicht durch jedes einzelne, sondern vielmehr durch die Gesamtheit aller Programme erzeugt werden muss.[232]

bb) Inhaltliche Programmanforderungen

Gemäß § 25 Abs. 1 S. 1 RStV ist der Programminhalt bundesweit übertragenen Fernsehprogramms so zu gestalten, dass Meinungsvielfalt „im Wesentlichen" dargestellt wird. Die gewählte Begrifflichkeit verdeutlicht, dass die Inhalte, die übertragen werden müssen, um Meinungsvielfalt zu erzeugen, nicht abschließend festgelegt werden können. Als wesentlich kann aber jedenfalls nur eine Meinung bewertet werden, die eine gewisse gesellschaftliche Bedeutung hat, was nicht voraussetzt, dass die Meinung auch von einer großen gesellschaftlichen Gruppe geteilt wird. Vielmehr sind auch ausdrücklich von Minderheiten vertretene Meinungen vom Schutzzweck der Norm erfasst, vgl. § 25 Abs. 1 S. 2 Hs. 2 RStV. Demnach ist die adjektivische Auflistung des zu schützenden Personenkreises in § 25 Abs. 1 S. 2 Hs. 1 RStV nicht abschließend, sondern beispielhaft zu verstehen.[233] Auch § 25 Abs. 2 RStV enthält keine konkreten Vorgaben für die Programmgestaltung, setzt aber ein allgemeines Ziel, das jedes einzelne Programm zu erreichen hat, um den gesetzlichen Anforderungen an Meinungsvielfalt gerecht zu werden.[234] Bei dieser Vorgabe handelt es sich letztlich um ein binnenpluralistisches Regulierungselement, das auf den Inhalt jedes einzelnen Programms abstellt. Ziel der Regelung ist neben der Sicherung von Meinungsvielfalt der Schutz der Programmveranstalter vor einem Verstoß eines einzelnen Programmveranstalters und einer daraus resultierenden Verschärfung der Vielfaltsanforderungen an die übrigen Programme aufgrund der gemeinsamen Verpflichtung nach § 25 Abs. 1 S. 1 RStV.[235] Da die Voraussetzungen ausreichender Meinungsvielfalt in § 25 RStV nur eine geringe Konkretisierung durch den Gesetzgeber erfahren haben, ist auch ein Verstoß gegen die gesetzlichen Vorgaben

231 *Gounalakis/Zagouras,* 77; *Paschke/Tacke,* in: Paschke et al., § 25, Rn 94; vertiefend hierzu auch *Helwig,* 12 ff., der Meinungsvielfalt von Pluralität abgrenzt.

232 *Paschke/Tacke,* in: Paschke et al., § 25, Rn 94.

233 *Paschke/Tacke,* in: Paschke et al., § 25, Rn 102 ff.

234 *Gounalakis/Zagouras,* 78.

235 *Paschke/Tacke,* in: Paschke et al., § 25, Rn 108 f.; *Paal,* 258 f., 290, der eine Mischung von außen- und binnenpluralistischen Regulierungselementen grundsätzlich als systemfremd ablehnt; zu weiteren binnenpluralistischen Regulierungsmechanismen des RStV *Peifer,* 35.

schwer feststellbar, zumal die Norm auch keine Rechtsfolgen an einen Verstoß knüpft.[236] Die Hervorhebung kultureller Programme in § 25 Abs. 3 RStV beruht wohl darauf, dass hieran kein breites Publikumsinteresse besteht und solche Programme daher eine besondere Rolle bei der Vielfaltsicherung einnehmen, indem sie die Interessen und Meinungen von Minderheiten besonders berücksichtigen.[237] Diese Vorgabe konkretisiert daher letztlich nur § 25 Abs. 1 S. 2 Hs. 2 RStV. Da aber auch die Definition des Begriffs „Kultur“ unklar und somit die Zuordnung eines Programms zum kulturellen Bereich häufig diffiziler ist, ist diese Konkretisierung – sofern sie überhaupt als solche anzusehen ist – nicht weiterführend und der Anwendungsbereich der Norm daher gering.

Ein wichtiger Aspekt der Vielfaltsicherung ist die Berücksichtigung regionaler Inhalte in Form sogenannter Regionalfensterprogramme (vgl. § 2 Abs. 2 Nr. 6 RStV) in den Programmen der beiden bundesweit reichweitenstärksten Fernsehprogramme gemäß § 25 Abs. 4 RStV.[238] Die Regelung galt ursprünglich nur für terrestrisch übertragene Programme, wurde aber im Rahmen des Siebten RÄStV an die technische Entwicklung angepasst und ist nunmehr zwingend insbesondere auch für digital übertragene Programme. Zur Sicherung der inhaltlichen Ausgewogenheit des Fernsehprogramms sind regionale Inhalte unerlässlich, da sie Ansichten und Interessen von Minderheiten mit Bezug zu einer bestimmten Region wiedergeben.[239] Die Veranstalter solcher Fensterprogramme müssen von dem Hauptprogrammveranstalter redaktionell unabhängig sein.[240] Fensterprogramme werden gemäß § 26 Abs. 2 S. 3 Hs. 1 RStV bei der Berechnung des Zuschaueranteils berücksichtigt und können auf Sendezeiten für unabhängige Dritte gemäß § 31 Abs. 2 S. 2 bis 3 RStV angerechnet werden. Um eine bundesweit einheitliche Umsetzung der vielfaltsichernden Maßnahme zu gewährleisten, haben die Landesmedienanstalten im Rahmen ihrer Kompetenz gemäß § 33 RStV 2005 die Fernsehfensterrichtlinie erlassen, die Vorgaben zur Finanzausstattung, redaktionellen Unabhängigkeit und Sendezeiten der Programme enthält.[241]

Im Übrigen sind die bundesweit verbreiteten Rundfunkprogramme zur Einhaltung der allgemeinen Programmgrundsätze gemäß § 41 RStV verpflichtet. Gemäß § 41 Abs. 2 RStV sollen Rundfunkvollprogramme im deutschsprachigen

---

236 *Gounalakis/Zagouras*, 78.

237 *Paschke/Tacke,* in: Paschke et al., § 25, Rn 112.

238 Vertiefend hierzu *Niebler,* 98 ff.

239 *Kümmel/Meyer-Burckhardt,* MMR 2005, 288 (290); *Janik,* AfP 2002, 104 (109, 114).

240 Vgl. hierzu *Niebler,* 253.

241 Gemeinsame Richtlinie der Landesmedienanstalten zur Sicherung der Meinungsvielfalt durch regionale Fenster in Fernsehvollprogrammen nach § 25 RStV (Fernsehfensterrichtlinie, FFR) v. 06.07.2005; zu der Rechtsnatur und Wirkung der FFR *Niebler,* 105 ff.

und europäischen Raum zudem mit einem angemessenen Anteil an Information, Kultur und Bildung zur Meinungsvielfaltsicherung beitragen.[242]

cc) Sicherstellung der Grundversorgung durch den öffentlich-rechtlichen Rundfunk

Den öffentlich-rechtlichen Rundfunkanstalten kommt im Rahmen des dualen Rundfunksystems eine besondere Aufgabe zu. Sie müssen durch ein inhaltlich umfassendes Programmangebot die Grundversorgung der Bevölkerung mit Informationen und Meinungen sicherstellen. Die öffentlich-rechtlichen Rundfunkanstalten sind demnach binnenpluralistisch organisiert.[243] Sie unterliegen einem umfassenden Programmauftrag gemäß § 11 Abs. 1 RStV, bei dessen Erfüllung sie gemäß § 11 Abs. 2 RStV insbesondere die Meinungsvielfalt zu berücksichtigen haben. Der Programmauftrag verpflichtet die öffentlich-rechtlichen Sender, dem Mediennutzer in objektiver und unparteiischer Weise ein umfassendes Bild aller relevanten Medieninhalte, die sowohl regionale als auch internationale Aspekte enthalten sollen, zu vermitteln. Neben Information, Bildung und Kultur ist auch die Unterhaltung des Zuschauers Bestandteil des Programmauftrages. Das Programm soll durch inhaltliche Ausgewogenheit zum Schutze der Meinungsvielfalt beitragen.

Unerlässliche Voraussetzung für die Erfüllung dieses Auftrages ist eine funktionsgerechte Finanzausstattung, zu deren Gewährleistung der Staat gemäß Art. 5 Abs. 1 Satz 2 GG i. V. m. § 12 Abs. 1 RStV verpflichtet ist. Die finanzielle Grundlage der öffentlich-rechtlichen Fernsehanstalten ist gemäß § 13 Abs. 1 S. 1 Hs. 2 RStV die Rundfunkgebühr; daneben sind gemäß § 13 Abs. 1 S. 1 Hs. 1 RStV auch Werbeeinnahmen zulässig. Dies ist nach Ansicht des BVerfG die geeignete Form der Finanzierung, da der öffentliche Rundfunk hierdurch von Einschaltquoten und Werbeaufträgen unabhängig ein Programm anbieten kann, das geeignet ist, den verfassungsrechtlichen Meinungsvielfaltstandard zu gewährleisten. Daneben seien auch andere Einnahmen, bspw. aus Werbung, zulässig, wobei wirtschaftsbezogene Werbung wegen ihrer Vielfalt beschränkenden Wirkung nicht die Haupteinnahmequelle sein darf.[244]

---

242 Nicht abschließende Erläuterungen der Begriffe Information, Kultur und Bildung enthalten § 2 Abs. 2 Nr. 15 bis 17 RStV.

243 *Rossen-Stadtfeld,* in: Hahn/Vesting, § 25 RStV, Rn 41; *Herzog,* in: Maunz/Dürig, Art. 5 Abs. 1, 2 GG, Rn 237a ff., 238 ff., mit vertiefenden Ausführungen zu dem Begriff der Grundversorgung.

244 BVerfG, Beschluss v. 06.10.1992, 1 BvR 1586/89, Juris, Rn 76 f.; *Gersdorf,* 152 f.; *Ricker/Schiwy,* 201 ff.

dd) Auftrag des privaten Rundfunks

Im privaten Rundfunk unterliegt die Vielfaltsicherung weniger strengen Kriterien als im Bereich des öffentlichen Rundfunks. Zwar sind die privaten Fernsehsender grundsätzlich auch an die programmatischen Grundsätze, denen der öffentlich-rechtliche Rundfunk unterliegt, gebunden; es werden aber geringere Anforderungen an die Einhaltung dieser Programmanforderungen gestellt. Ein gewisser Grundstandard an Programmvielfalt ist aber auch im privaten Rundfunk erforderlich und wird durch materielle, verfahrensrechtliche und organisatorische Regelungen sichergestellt.[245] Insofern ist auch der private Rundfunk verpflichtet, „ein Mindestmaß von inhaltlicher Ausgewogenheit, Sachlichkeit und gegenseitiger Achtung“[246] sicherzustellen. Der Gesetzgeber hat sich hinsichtlich der Veranstaltung bundesweiten privaten Fernsehens für das außenpluralistische Modell entschieden.[247] Verfahrensrechtlich sicherzustellen ist die Einhaltung dieser Programmgrundsätze durch eine staatliche Zugangsregulierung zur Durchführung privater Rundfunkprogramme, wobei die Chancengleichheit für die Bewerber im Rahmen eines eventuell erforderlichen Auswahlverfahrens gewahrt werden muss.[248] Bundesweite private Fernsehprogramme dürfen daher nur im Rahmen einer durch die Landesmedienanstalten zu erteilenden Zulassung veranstaltet werden, vgl. §§ 20a, 36 Abs. 1 S. 1, 2, Abs. 2 Nr. 1 RStV. Die Einhaltung der Programmgrundsätze wird zudem durch die Landesmedienanstalten und die KEK kontrolliert, § 36 Abs. 1 S. 3, Abs. 2 Nr. 7, Abs. 4 RStV. Im Gegensatz zum öffentlich-rechtlichen Rundfunk unterliegt das Privatfernsehen damit einer externen Kontrolle.[249] Es ist zudem organisatorisch sicherzustellen, dass in dem Fernsehprogramm alle „gesellschaftlich relevanten Kräfte zu Wort kommen“.[250] Dies kann im Rahmen des außenpluralistischen Modells insbesondere durch eine Vielzahl von Rundfunkveranstaltern erreicht werden.[251] Organisatorische Vorschriften in diesem Sinne enthält das Medienkonzentrationsrecht, das vorherrschende Meinungsmacht gemäß § 26 Abs. 1 RStV verbietet.

---

245 BVerfG, Urteil v. 04.11.1986, 1 BvF 1/84, Juris, Rn 90; *Herzog,* in: Maunz/Dürig, Art. 5 Abs. 1, 2 GG, Rn 229 f., 237c f.

246 BVerfG, Urteil v. 28.02.1961, 2 BvG 1/60, 2 BvG 2/60, Juris, Rn 186.

247 Vgl. *Herzog,* in: Maunz/Dürig, Art. 5 Abs. 1, 2 GG, Rn 234, 237, mit kritischen Anmerkungen zu den Auswirkungen von Außenpluralität und staatlicher Kontrolle auf die Veranstalterfreiheit *Herzog,* in: Maunz/Dürig, Art. 5 Abs. 1, 2 GG, Rn 234, 237.

248 BVerfG, Urteil v. 04.11.1986, 1 BvF 1/84, NJW 1987, 239 (240).

249 *Herzog,* in: Maunz/Dürig, Art. 5 Abs. 1, 2 GG, Rn 238.

250 BVerfG, Urteil v. 28.02.1961, 2 BvG 1/60, 2 BvG 2/60, Juris, Rn 185.

251 *Beckmann/Müller,* in: Hoeren/Sieber, Teil 10, Rn 116.

b) Besondere Voraussetzungen der Meinungsvielfaltsicherung

§ 26 RStV normiert zentrale Eingriffsbefugnisse zur Sicherung der Meinungsvielfalt im Sinne des § 25 RStV.[252]

aa) Außenpluralistische Meinungsvielfaltsicherung

Die Ausgewogenheit des privaten Fernsehprogramms soll vorrangig durch ein außenpluralistisches Regulierungsmodell sichergestellt werden. Der Gesetzgeber hat grundsätzlich keine Vorgaben für interne Strukturen und Sicherungsmaßnahmen gemacht.[253] Dies ist nach verfassungsrechtlichen Gesichtspunkten nicht zu beanstanden, sofern die gesetzlichen Vorgaben ausreichen, um den Verfassungsauftrag zur Vielfaltsicherung zu erfüllen.[254] Ziel des außenpluralistischen Modells ist die Vielfaltsicherung durch möglichst viele Anbieter und Informationsquellen sowie daraus resultierende Meinungskonkurrenz.[255] Entscheidend für die Meinungsvielfalt ist damit der „publizistische Wettbewerb, d. h. die geistig-publizistische Konkurrenz von Meinungen“[256]. Auch geringe Markteintrittsbarrieren insbesondere für Medienunternehmen, die Nischenprogramme anbieten, sichern Meinungsvielfalt.[257] Die Medien, insbesondere das Fernsehen wegen seiner Suggestivkraft und Breitenwirkung, werden als zu bedeutsam erachtet, um ausschließlich den Marktkräften überlassen zu werden.[258]

bb) Grundsatz der Veranstalterfreiheit

Gemäß § 26 Abs. 1 RStV gilt der Grundsatz der Veranstalterfreiheit. Ein Unternehmen darf im bundesweiten Fernsehen eine unbegrenzte Anzahl von Programmen senden, sofern es dadurch keine vorherrschende Meinungsmacht aufgrund von Zuschaueranteilen erlangt.[259] Auf der Grundlage der Veranstalterfreiheit besteht somit grundsätzlich ein Anspruch auf die Erteilung einer Zulassung

252 *Paschke/Tacke,* in: Paschke et al., § 25, Rn 95.

253 *Rossen-Stadtfeld,* in: Hahn/Vesting, § 25 RStV, Rn 6; *Paschke/Tacke,* in: Paschke et al., § 25, Rn 90.

254 BVerfG, Urteil v. 04.11.1986, 1 BvF 1/84, Juris, Rn 91 – Niedersächsisches Landesrundfunkgesetz.

255 BVerfG, Urteil v. 04.11.1986, 1 BvF 1/84, Juris, Rn 133 – Niedersächsisches Landesrundfunkgesetz; *Gounalakis/Zagouras*, 81.

256 *KEK*, 3. Medienkonzentrationsbericht, 35.

257 *KEK*, 3. Medienkonzentrationsbericht, 36.

258 BVerfG, Urteil v. 28.02.1961, 2 BvG 1/60, 2 BvG 2/60, Juris, Rn 184 – Deutschland Fernsehen; *Gounalakis/Zagouras,* 81; *Peifer,* 21.

259 *Paschke/Tacke,* in: Paschke et al., § 25, Rn 87.

zu der Veranstaltung bundesweiten Rundfunks, sofern kein Ablehnungsgrund gegeben ist. Ein Ablehnungsgrund kann sich insbesondere aus dem Verbot vorherrschender Meinungsmacht gemäß § 26 Abs. 1 RStV ergeben.[260]

cc) Verbot vorherrschender Meinungsmacht

Aus § 26 Abs. 1 RStV ergibt sich das Verbot vorherrschender Meinungsmacht. Gemäß § 26 Abs. 2 RStV gelten für die Annahme vorherrschender Meinungsmacht unterschiedliche Maßstäbe.

aaa) Grundsätze

Gemäß § 26 Abs. 2 Satz 1 RStV wird vorherrschende Meinungsmacht grundsätzlich vermutet, wenn die einem Unternehmen zurechenbaren Programme im Jahresdurchschnitt einen Zuschaueranteil von 30 % erreichen. Bei der Berechnung des Zuschaueranteils ist gemäß § 27 RStV auf sämtliche Programme des öffentlich-rechtlichen Rundfunks und solche des bundesweit empfangbaren privaten Rundfunks abzustellen. Ein Marktanteil von 25 % ist gemäß § 26 Abs. 2 S. 2 RStV für die Vermutung vorherrschender Meinungsmacht ausreichend, wenn ein Unternehmen auf einem medienrelevanten Markt eine marktbeherrschende Stellung besitzt (1. Alt.) oder eine Gesamtbeurteilung seiner Aktivitäten im Fernsehen und auf medienrelevanten verwandten Märkten ergibt, dass der dadurch erzielte Meinungseinfluss dem eines Unternehmens mit einem Zuschaueranteil von 30 % im Fernsehen entspricht (2. Alt.).[261] Auch crossmediale Verflechtungen sind somit bei der rundfunkrechtlichen Konzentrationskontrolle zu berücksichtigen, sofern sie sich auf die Meinungsmacht eines Fernsehveranstalters auswirken.[262] Entsprechen die relevanten Marktaktivitäten eines Medienunternehmens den Schwellenwerten des § 26 Abs. 2 RStV, wird vorherrschende Meinungsmacht grundsätzlich vermutet.[263] Zu berücksichtigen ist hierbei, dass ein Medienunternehmen auch dann vorherrschende Meinungsmacht besitzen

---

260 Vgl. hierzu *KEK*, 4. Medienkonzentrationsbericht, 407; *Trute,* in: Hahn/Vesting, § 26 RStV, Rn 24; *Paschke,* Rn 583; *Gersdorf,* 124 ff.; *Renck-Laufke,* ZUM 2000, 105 (107).

261 Zu dem Begriff des medienrelevanten verwandten Marktes *Peifer,* 56 ff.; *Bretschneider,* 72 ff.

262 *Holznagel/Grünwald,* in: Spindler/Schuster, § 26 RStV, Rn 14 ff., *Gounalakis/Zagouras,* 74 f.; *Hain/Wierny,* K&R 2012, 645 (648 f., 651); *Hain,* MMR 2000, 537 (540); nach *Gounalakis/Zagouras,* ZUM 2006, 716 (717), erfolgt die Medienkonzentrationskontrolle inzwischen aber faktisch medienübergreifend.

263 *Trute,* in: Hahn/Vesting, § 26 RStV, Rn 35; *Holznagel/Grünwald,* in: Spindler/Schuster, § 26 RStV, Rn 8; *Paal,* 261; *Schulz/Held,* 28.

kann, wenn auch ein Konkurrenzunternehmen erhebliche Marktmacht besitzt.[264] Die Folgen vorherrschender Meinungsmacht können gemäß § 26 Abs. 2 S. 3 RStV durch die Aufnahme von Regionalfensterprogrammen oder Drittsendezeiten in das Hauptprogramm abgewendet werden, wodurch es zu einem Abzug von Bonuspunkten von dem „tatsächlichen Zuschaueranteil" kommt.[265]

bbb) Bedeutung der Schwellenwerte gemäß § 26 Abs. 2 RStV

Es ist umstritten, ob § 26 Abs. 2 RStV als abschließende materielle Regelung aufzufassen ist, wonach vorherrschende Meinungsmacht nur unter den dort genannten Voraussetzungen angenommen oder ob auch bei Unterschreitung der Schwellenwerte des § 26 Abs. 2 RStV eine Gesamtwürdigung unter Rückgriff auf § 26 Abs. 1 RStV vorgenommen werden kann. Fraglich ist demnach, ob ein Unternehmen auch bei einem Zuschaueranteil von unter 25 % vorherrschende Meinungsmacht besitzen kann.[266] Diese Problematik wirkt sich unmittelbar auf die Prüfungskompetenz der KEK aus und ist daher von erheblicher praktischer Relevanz.[267] Im Jahr 2010 äußerte sich das BVerwG im Rahmen seiner Entscheidung über den geplanten Zusammenschluss Springer/P7S1 umfassend zu der Rechtsproblematik.[268] Springer hatte gegen die Versagung der für den Zusammenschluss mit P7S1 erforderlichen Unbedenklichkeitsbescheinigung durch die Bayerische Landeszentrale für Neue Medien („BLM") geklagt. Nachdem die Klage durch das VG München[269] abgewiesen und die Berufung hiergegen durch den BayVGH zurückgewiesen worden war, verwies das BVerwG[270] die Sache zurück an den BayVGH[271], der im Februar 2012 zu dem Ergebnis kam, dass die Versagung rechtswidrig war. Die hiergegen gerichtete Revision der BLM hat das

264 *KEK*, Beschluss v. 10.01.2006, KEK-293-1 bis -5, 103.

265 Umstritten ist, ob der „tasächliche Zuschaueranteil" der gemäß §§ 27, 36 Abs. 1 S. 4 RStV bestimmte (so BayVGH, Urteil v. 15.02.2012, 7 BV 11.285, MMR 2012, 489 (491 ff.)) oder der gemäß § 26 Abs. 2 Alt. 2 RStV unter Einbeziehung medienrelevanter verwandter Märkte ermittelte (so *KEK*, Beschluss v. 10.01.2006, KEK-293-1 bis -5, 77, 100 ff. – P7S1/Springer) ist. Vertiefend hierzu *Hain/Wierny*, K&R 2012, 645 (651 f.).

266 *Holznagel/Krone*, MMR 2005, 666 (667); *Paal*, 261.

267 *Gounalakis/Zagouras*, 83; *Hain*, MMR 2000, 537 (538); *Hepach*, ZUM 2007, 40 (43 f.); *Renck-Laufke*, ZUM 2006, 907 (911 ff.); *Paal*, 261.

268 BVerwG, Urteil v. 24.11.2010, 6 C 16.09, MMR 2011, 265 (267 ff.).

269 VG München, Urteil v. 08.11.2007, M 17 K 06.2675, MMR 2008, 427 (427 ff.).

270 BVerwG, Urteil v. 24.11.2010, 6 C 16.09, MMR 2011, 265 (265 ff.).

271 BayVGH, Urteil v. 15.02.2012, 7 BV 11.285, MMR 2012, 489 (489 ff.).

BVerwG wegen der grundsätzlichen Bedeutung der Sache zugelassen.[272] Auch wenn § 26 Abs. 2 RStV eine konkrete dogmatische Zuordnung im Rahmen des bundesverwaltungsgerichtlichen Urteils erfahren hat, ist die Frage, ob Meinungsvielfalt durch § 26 RStV ausreichend geschützt wird, hierdurch nicht beantwortet, wie diese Dissertation verdeutlichen wird.

(a) Quantitativer Ansatz – § 26 Abs. 2 RStV als abschließende Regelung

Eine Ansicht sieht § 26 Abs. 2 RStV als abschließende Regelung an, die einen Rückgriff auf § 26 Abs. 1 RStV verbietet. Nach dieser Ansicht[273] ist für die Konkretisierung des Begriffs der vorherrschenden Meinungsmacht allein § 26 Abs. 2 RStV maßgeblich. Der KEK stehe insoweit kein Beurteilungsspielraum zu; sie sei vielmehr an die Schwellenwerte der Norm gebunden und damit nicht zu einer darüber hinausgehenden Gesamtbetrachtung berechtigt. Der Schwellenwert in Höhe von 25 % gemäß § 26 Abs. 2 S. 2 RStV wird insofern als starre Untergrenze für die Einbeziehung verwandter medienrelevanter Märkte (bspw. Presse) in die konzentrationsrechtliche Beurteilung angesehen.[274]

(b) Qualitative Gesamtbetrachtung

Nach der Gegenansicht kann auch bei Unterschreitung der Schwellenwerte des § 26 Abs. 2 RStV eine Gesamtbetrachtung der für vorherrschende Meinungsmacht relevanten Kriterien im Rahmen von § 26 Abs. 1 RStV erfolgen.[275] Die Diskussion über die Struktur des § 26 RStV ist für die Beurteilung des Zusam-

272 *KEK*, Pressemitteilung vom 14.02.2013, abrufbar unter www.kek-online.de (Stand: 31.03.2013). Zu dem Zeitpunkt der Drucklegung dieser Dissertation war noch keine Enstcheidung über das Revisionsverfahren ergangen.

273 *KDLM*, Beschluss v. 07.11.1998, ZUM 1998, 1054 (1057); *Peifer*, 61 ff., 70 ff.; *Hepach*, ZUM 2007, 40 (44 ff.); *Bornemann*, ZUM 2006, 200 (202); *Bremer/Grünwald*, MMR 2009, 80 (83 f.).

274 *Bremer/Grünwald*, MMR 2009, 80 (83 f.), wonach die Annahme vorherrschender Meinungsmacht unterhalb der 25 %-Schwelle in Extremfällen denkbar ist, aber wohl einer Gesetzänderung bedarf.

275 *KEK*, Beschluss v. 10.01.2006, KEK-293-1 bis -5, 70 ff. – P7S1/Springer; *dies.*, Beschluss v. 03.02.1999, KEK-026, 20 ff. – Zulassungsantrag von PREMIERE für digitale Pay-TV-Programme; *dies.*, Beschluss v. 23.03.1999, KEK-003/036, 14 ff. – DSF/Kirch; *dies.*, 4. Medienkonzentrationsbericht, 378 ff.; *dies.*, 1. Medienkonzentrationsbericht, 362 f.

menschlusses Springer/P7S1 von besonderer Bedeutung.[276] Zu der Zulässigkeit einer qualitativen Gesamtbetrachtung werden die folgenden Ansichten vertreten:

(aa) Vermutung mit Leitbildcharakter

Nach dieser Ansicht[277] stellt § 26 Abs. 2 RStV eine Vermutung im Sinne einer Beweiserleichterung auf, die im Rahmen einer qualitativen Gesamtwürdigung nach § 26 Abs. 1 RStV zu berücksichtigen ist. Hiernach habe § 26 Abs. 2 RStV keinen eigenen materiellen Rechtsnormcharakter, weshalb eine Beurteilung nicht allein auf diese Vermutungsregel gestützt werden könne. Beurteilungsmaßstab sei vielmehr der unbestimmte Rechtsbegriff „vorherrschende Meinungsmacht" gemäß § 26 Abs. 1 RStV. Die Schwellenwerte des § 26 Abs. 2 RStV bildeten keine starre Untergrenze, seien aber als „gesetzgeberische Leitbilder" für die Konkretisierung vorherrschender Meinungsmacht heranzuziehen.[278] Dieser Ansicht zufolge hat die Norm keinen abschließenden Charakter, sodass eine Unbedenklichkeitserklärung auch dann versagt werden kann, wenn die Schwellenwerte nicht erreicht werden. „Vielmehr sind die quantitativen Messdaten in Beziehung zu setzen zu den qualitativen strukturellen Merkmalen des Veranstalters, welche die Stellung im Fernsehbereich und auf medienrelevanten Märkten kennzeichnen, und im Rahmen einer Gesamtbeurteilung abzuwägen."[279]

Dieser Ansicht folgend hatte die KEK in dem Verfahren Springer/P7S1 die Ausstellung einer Unbedenklichkeitserklärung verweigert, obwohl die Fusion

---

276 Vgl. BVerwG, Urteil v. 24.11.2010, 6 C 16.09, MMR 2011, 265 (267 ff.); VG München, Urteil v. 08.11.2007, M 17 K 06.2675, MMR 2008, 427; *KEK*, Beschluss v. 10.01.2006, KEK-293-1 bis -5, 70 ff. – P7S1/Springer.

277 VG München, Urteil v. 08.11.2007, M 17 K 06.2675, MMR 2008, 427 (427 ff.); *KEK*, Beschluss v. 10.01.2006, KEK-293-1 bis -5, 70 ff. – P7S1/Springer; *dies.*, 3. Medienkonzentrationsbericht, 377; *Trute,* in: Hahn/Vesting, § 26 RStV, Rn 37 f., 42 ff., 50 f.; *Rossen-Stadtfeld,* in: Hahn/Vesting, § 25 RStV, Rn 24; *Mestmäcker,* in: Immenga/Mestmäcker, 3. Aufl., vor § 35 GWB, Rn 105 f., 109 f.; *Rencke-Laufke*, ZUM 2006, 907 (911 ff.); *dies.*, ZUM 2000, 105 (107 f.); *Hain,* MMR 2000, 537 (539); *Paal,* 268 ff., 288; *Zagouras,* 267 ff.; *von Danwitz,* ZUM 2002, 769 (773); *Koch,* AfP 2007, 305 (312); *Podszun,* MMR 2008, 431 (432); *Dörr,* JuS 2012, 184 (186); so wohl auch *Bretschneider,* 86 ff.; siehe auch *Neft,* ZUM 1998, 458 (460, 462 f.), der aber davon ausgeht, dass bei einer erheblichen Abweichung von den Schwellenwerten vorherrschende Meinungsmacht nicht begründbar sei; dieser Ansicht schließt sich wohl auch *Röß,* AfP 2010, 521 (524), an, der aber grundsätzlich von der Notwendigkeit einer flexiblen Vielfaltsicherung ausgeht; auch *Reinlein,* 257 ff., die einen Leitbildcharakter der Norm als überflüssig ablehnt, indes von der Notwendigkeit einer verfassungskonformen Auslegung ausgeht, ist dieser Ansicht zuzuordnen.

278 *KEK*, Beschluss v. 10.01.2006, KEK-293-1 bis -5, 72, 77 ff.

279 *KEK*, Beschluss v. 03.02.1999, KEK-026, 24.

lediglich zu einem Zuschaueranteil von 22 % im Fernsehen geführt hätte.[280] Die KEK hatte vorherrschende Meinungsmacht dennoch mit der Begründung angenommen, dass die Springer-Medien einschließlich der Sat1-Gruppe eine so große Meinungsmacht bildeten wie ein Fernsehveranstalter mit einem Zuschaueranteil von 42 % im bundesweiten Fernsehen. Zu diesem Wert kam die KEK, indem sie dem Fernsehzuschaueranteil die Tätigkeiten auf verwandten medienrelevanten Märkten zurechnete.[281] Die KEK war der Meinung, die von der Gruppe in anderen Medienmärkten erzielten Marktanteile seien unter Berücksichtigung der Kriterien Breitenwirkung, Suggestivkraft und Aktualität auf einen gedachten Fernsehmarkt übertragbar, und kam somit zu dem Ergebnis, dass die crossmedial erzielte Meinungsmacht so erheblich sei wie die eines Fernsehveranstalters mit einem Zuschaueranteil von 42 %. Damit löste sich die KEK von dem in § 26 Abs. 2 S. 2 RStV vorgegebenen Schwellenwert von mindestens 25 % Fernsehzuschaueranteil. Dieser Ansicht nach kommt dieser Normabsatz nur dann zur Anwendung, wenn die dortigen Schwellenwerte auch erreicht werden. Ist dies nicht der Fall, kann auf § 26 Abs. 1 RStV zurück gegriffen und geprüft werden, ob die Voraussetzungen des unbestimmten Rechtsbegriffs „vorherrschende Meinungsmacht" vorliegen. § 26 Abs. 2 S. 2 RStV habe insofern nur eine Leitbildfunktion, die verdeutliche, dass der Fernsehzuschaueranteil entscheidend für die Beurteilung vorherrschender Meinungsmacht sei. Letztere könne sich aber auch aus einem Zusammenwirken von erheblichen Fernsehzuschaueranteilen und Tätigkeiten auf anderen medienrelevanten Märkten ergeben. In die Gesamtbeurteilung einbezogen werden nur solche Medienmärkte, welche Einfluss auf die öffentliche Meinungsbildung haben oder sich auf den Fernsehmarkt auswirken. Hierbei soll entscheidend sein, inwieweit der Einfluss des Mediums auf das Publikum mit der Beeinflussung durch das Fernsehen vor allem im Hinblick auf Breitenwirkung, Suggestivkraft und Aktualität vergleichbar ist. Tageszeitungen haben nach Beurteilung der KEK einen mit dem Fernsehen vergleichbaren Einfluss auf die Medienkonsumenten.[282]

(bb) Regelbeispiele mit Leitbildcharakter

Nach einer strengeren Ansicht, der sich insbesondere das BVerwG angeschlossen hat, sind die Schwellenwerte dogmatisch als Regelbeispiele mit Leitbildcha-

---

280 Zu der kartellrechtlichen Bewertung vgl. *Gounalakis/Zagouras,* NJW 2006, 1624 (1624 ff.).

281 Diese Umrechnung wurde vielfach kritisiert, vgl. bspw. *Holznagel/Grünwald,* in: Spindler/Schuster, § 26 RStV, Rn 17; *Schulz/Held,* 27 ff.; *Bremer/Grünwald,* MMR 2009, 80 (82 f.); *Podszun,* MMR 2008, 431 (432).

282 *KEK*, Beschluss v.10.01.2006, KEK-293-1 bis -5, 78 ff., 81, 85, 87 ff.

rakter einzuordnen.[283] Hiernach dienen die Vermutungsregeln des § 26 Abs. 2 RStV dem Nachweis des Vorliegens gewisser Tatsachen und sind daher nicht als materielle Rechtsnorm zu verstehen. Darüber hinaus seien sie aber als Regelbeispiele mit Leitbildcharakter aufzufassen, die zur Auslegung des § 26 Abs. 1 RStV als Generalklausel heranzuziehen seien.[284] Demnach sei die KEK berechtigt, auch im Falle der Unterschreitung der genannten Schwellenwerte bei Vorliegen gewichtiger Gründe eine Gesamtwürdigung im Rahmen von § 26 Abs. 1 RStV vorzunehmen und vorherrschende Meinungsmacht anzunehmen. Die KEK verfüge über einen über § 26 Abs. 2 RStV hinausgehenden Beurteilungsspielraum, der sich an dem – durch das BVerfG geprägten – Begriff der vorherrschenden Meinungsmacht zu orientieren und die Schwellenwerte des § 26 Abs. 2 RStV zu berücksichtigen habe. Hierzu führt das BVerwG aus: „Die indizielle Bedeutung der Regelbeispiele kann iRe. Gesamtabwägung nur kompensiert werden, wenn sich der Einzelfall aufgrund individueller Besonderheiten vom Normalfall so deutlich abhebt, dass ein Festhalten an der regelmäßig vorgesehenen Rechtsfolge unangemessen erscheint“[285]. Bei dieser Bewertung sei die sich aus den Vermutungsregeln ergebende Wertung des Gesetzgebers zu beachten und zu prüfen, ob – den Regelbeispielen gleichgewichtige – besondere Umstände vorliegen, die eine Versagung der Unbedenklichkeitserklärung trotz Unterschreitung der Schwellenwerte rechtfertigen. Sofern ein Versagungsgrund mit einem Regelbeispiel vergleichbar ist, dürfe keine eigene, d. h. vom Gesetzestext abweichende, Bewertung vorgenommen werden. Eine eigene Bewertung könne die KEK daher nur in solchen Fällen vornehmen, die Besonderheiten aufweisen, welche durch die gesetzliche Regelung nicht sinnvoll erfasst werden. § 26 Abs. 1 RStV erlaube demnach eine Gesamtabwägung auch bei Unterschreitung der Schwellenwerte, jedoch nur dann, wenn eine ausschließlich auf die Schwellenwerte abstellende Bewertung dem Gesetzesziel nicht gerecht würde.[286] In dem letzten Satz des Urteils geht das BVerwG noch weiter, indem es eine Gesamtabwägung nur für zulässig erachtet, sofern „die vom Gesetzgeber vorgegebene Eingriffsschwelle im Lichte der Ziele des Gesetzes offensichtlich unangemessen

---

283 BVerwG, Urteil v. 24.11.2010, 6 C 16.09, MMR 2011, 265 (267 ff.); *Holznagel/Krone,* MMR 2005, 666 (673); dieser Ansicht ist auch *Engel,* ZUM 2005, 776 (779), zuzuordnen, der aber anstelle von Regelbeispielen einen „bindenden Typus“ in § 26 Abs. 2 RStV sieht und eine Orientierung an dem Begriff „vorherrschende Meinungsmacht“ mangels ausreichender Bestimmtheit ablehnt.

284 BVerwG, Urteil v. 24.11.2010, 6 C 16.09, MMR 2011, 265 (267 ff.); *Holznagel/Krone,* MMR 2005, 666 (673).

285 BVerwG, Urteil v. 24.11.2010, 6 C 16.09, MMR 2011, 265 (268).

286 BVerwG, Urteil v. 24.11.2010, 6 C 16.09, MMR 2011, 265 (268 f.); *Holznagel/Krone,* MMR 2005, 666 (673).

ist“[287]. Hierbei nimmt das Gericht ausdrücklich Bezug auf den insbesondere von Holznagel vertretenen quantitativ-qualitativen Ansatz, der eine Gesamtbetrachtung im Rahmen von § 26 Abs. 1 RStV nur dann zulässt, „wenn die vom Gesetzgeber vorgegebene Eingriffsschwelle im Lichte verfassungsrechtlicher Erwägungen offensichtlich unangemessen ist“[288]. Als Beispiel eines solchen Ausnahmefalls wird der Erwerb aller bedeutenden dokumentarischen und informationsbezogenen Spartenkanäle eines Verlagshauses für bedeutende politische Wochenmagazine aufgeführt.[289] Zu berücksichtigen ist aber, dass das Gericht der KEK aufgrund ihres Sachverstands und der Unbestimmtheit des gesetzlichen Tatbestandes einen weiten Beurteilungsspielraum einräumt, der nur einer eingeschränkten gerichtlichen Überprüfbarkeit unterliegt.[290] Ob ein Rückgriff auf § 26 Abs. 1 RStV nach Ansicht des BVerwG nur möglich sein soll, wenn die Zuschaueranteile geringfügig unter den Schwellenwerten liegen, geht aus der Entscheidung nicht eindeutig hervor. Einen konkreten Wert für eine Geringfügigkeitsgrenze legt das BVerwG jedenfalls nicht fest, sodass auch die Beurteilung einer geringfügigen Unterschreitung in dem Ermessen der KEK liegen würde.[291] Anders beurteilt dies der BayVGH, nach dessen Ansicht ein Rückgriff auf § 26 Abs. 1 RStV nur in Betracht kommt, wenn die Schwellenwerte in ihrer Funktion als Regelbeispiele mit Leitbildcharakter geringfügig unterschritten werden, was jedenfalls bei einer Unterschreitung von mehr als 10 % nicht angenommen werden könne.[292] Die Beurteilung der Geringfügigkeit falle auch nicht in den Beurteilungsspielraum der KEK, da „die insoweit zu treffende Einschätzung [...] nicht der eigentlichen medienkonzentrationsrechtlichen Bewertung i. R. d. Prüfung zuzuordnen [ist], ob vorherrschende Meinungsmacht anzunehmen ist. Vielmehr handelt es sich [nach Ansicht des Gerichts] um eine im Vorfeld dieser Einschätzung vorzunehmende Prüfung, die gemäß Art. 19 Abs. 4 GG der uneingeschränkten gerichtlichen Kontrolle unterliegt“[293]. Im Hinblick auf die Entscheidung der KEK führt das Gericht weiter aus, dass diese rechtswidrig gewesen sei, da die Schwellenwerte nicht nur knapp unterschritten worden seien und zudem keine besonderen Umstände vorgelegen haben, die eine Annahme vorherrschen-

287 BVerwG, Urteil v. 24.11.2010, 6 C 16.09, MMR 2011, 265 (269).

288 *Holznagel/Krone,* MMR 2005, 666 (673).

289 *Holznagel/Krone,* MMR 2005, 666 (673).

290 BVerwG, Urteil v. 24.11.2010, 6 C 16.09, MMR 2011, 265 (268); so auch *Röß,* AfP 2010, 521 (526).

291 *Hain/Wierny,* K&R 2012, 645 (647 f.).

292 BayVGH, Urteil v. 15.02.2012, 7 BV 11.285, MMR 2012, 489 (493); kritisch hierzu *Hain/Wierny,* K&R 2012, 645 (647 ff.), mit einer detaillierten Bewertung des Urteils des BayVGH.

293 BayVGH, Urteil v. 15.02.2012, 7 BV 11.285, MMR 2012, 489 (492).

der Meinungsmacht unterhalb der Schwellenwerte gerechtfertigt hätten. Letzteres ergebe sich daraus, dass die marktbeherrschende Stellung Springers auf dem Markt für Straßenverkaufs- und Sonntagszeitungen, die Marktstellung auf anderen medienrelevanten verwandten Märkten sowie die im Verhältnis zu den übrigen Marktteilnehmern starke Stellung auf dem Pressemarkt nach der gesetzgeberischen Wertung bereits von den Regelbeispielen gemäß § 26 Abs. 2 S. 2 RStV erfasst seien. Zudem sei die Berechnung des Zuschaueranteils unter Einbeziehung der Anteile Springers auf den übrigen Märkten fehlerhaft, da der so ermittelte Zuschaueranteil nicht mit einer unter Einbeziehung des gesamten Medienmarktes zu ermittelnden Bezugsgröße verglichen wurde. Zudem habe die KEK bereits vor der Einbeziehung weiterer Medienmärkte und nicht erst im Rahmen der Gesamtabwägung einen Abzug von Bonuspunkten für Regionalfensterprogramme und Drittsendezeiten gemäß § 26 Abs. 2 S. 3 RStV von dem gemäß §§ 27, 36 Abs. 1 S. 4 RStV ermittelten Zuschaueranteil vornehmen müssen.[294]

(c) Diskussion

Vorherrschende Meinungsmacht kann auch unterhalb der Schwellenwerte des § 26 Abs. 2 RStV angenommen werden, da diese als Vermutung im Sinne einer Beweiserleichterung lediglich der Auslegung des § 26 Abs. 1 RStV, der als Generalklausel aufzufassen ist, dienen.[295] § 26 Abs. 1 RStV stellt hiernach einen eigenständigen Tatbestand dar, der als materielle Rechtsgrundlage für die Beurteilung vorherrschender Meinungsmacht anzusehen ist. Bei § 26 Abs. 2 RStV handelt es sich nicht um eine – § 26 Abs. 1 RStV gleichgestellte – materielle Rechtsvorschrift, sondern um eine – die Beweislast umkehrende – gesetzliche Vermutung.

(aa) § 26 Abs. 2 RStV als gesetzliche Vermutung

§ 26 Abs. 2 RStV stellt eine Tatsachenvermutung auf.[296] Wie sich aus § 292 ZPO ergibt, dienen Tatsachenvermutungen der Beweiserleichterung im Hinblick auf bestimmte Tatsachen. Vermutungen können aber keine materielle Rechtsgrundlage bieten, sondern dienen lediglich dem Nachweis von – in einer materiellen

294 BayVGH, Urteil v. 15.02.2012, 7 BV 11.285, MMR 2012, 489 (491 ff.); vertiefend hierzu *Hain/Wierny,* K&R 2012, 645 (651 f.).

295 Vgl. bspw. VG München, Urteil v. 08.11.2007, M 17 K 06.2675, MMR 2008, 427 (427 ff.); *KEK*, Beschluss v. 10.01.2006, KEK-293-1 bis -5, 70 ff. – P7S1/Springer; *dies*., 3. Medienkonzentrationsbericht, 377; *Rencke-Laufke*, ZUM 2006, 907 (911 ff.).

296 Vgl. weiterführend *Paal,* 268 f.

Rechtsgrundlage normierten – Tatsachen. Aufgrund der Eigenschaft als Beweislastregeln können die Schwellenwerte daher keine abschließende Bewertung vorherrschender Meinungsmacht vorgeben.[297]

Solche Vermutungsregelungen sind auch dem öffentlichen Recht bekannt, weshalb die Verwendung im Rahmen des RStV keine Besonderheit darstellt. Daher ist nicht ersichtlich, wieso der Begriff „Vermutung" im Rahmen einer öffentlich-rechtlichen Norm eine völlig andere Auslegung erfahren soll.[298] Hätte der Gesetzgeber den Begriff anders als im Zivilrecht verstanden wissen wollen, hätte er eine andere Begrifflichkeit und keinen eindeutig anders belegten Rechtsbegriff gewählt. Dass der Gesetzgeber das Problem nicht erkannt haben soll, ist fernliegend, da es sich um einen gängigen Rechtsbegriff handelt und dieser im Hinblick auf die 30 %-Grenze in § 26 Abs. 2 S. 1 RStV nach der amtlichen Begründung auch entsprechend seiner zivilprozessrechtlichen Bedeutung verstanden werden sollte.[299] § 26 Abs. 2 RStV stellt daher – wie § 19 Abs. 3 Gesetz gegen Wettbewerbsbeschränkungen („GWB") – eine objektive Beweislastregel dar.[300] Hiergegen spricht auch nicht, dass eine Vermutung im Verwaltungsverfahren naturgemäß erst nach der Gesamtwürdigung der Tatsachen und bei Vorliegen eines *non liquet* zur Anwendung kommt.[301] Erst wenn der Sachverhalt entsprechend dem Amtsermittlungsgrundsatz gemäß § 24 BVwVfG oder § 86 Abs. 1 VwGO vollständig ermittelt ist und es zu einem *non liquet* kommt, kann sich die Vermutung im Sinne einer Beweislastumkehr auswirken.[302] Daher müssen auch die vorherrschende Meinungsmacht begründenden Tatsachen im Sinne des Amtsermittlungsgrundsatzes umfassend ermittelt werden, wenn auch eine Mitwirkungspflicht des Antragstellers nach § 21 RStV besteht.[303] Insofern ist richtig, dass Vermutungen im Verwaltungsverfahren andere Auswirkungen als

297 *Hain/Wierny,* K&R 2012, 645 (646 f.); *Hain,* MMR 2000, 537 (539); *Reinlein,* 257 f.; 264 ff.

298 BVerwG, Urteil v. 24.11.2010, 6 C 16.09, MMR 2011, 265 (267); siehe auch *Schuster/Ruhle,* in: Geppert et al., § 28 TKG, Rn 82; a. A. *Holznagel/Krone,* MMR 2005, 666 (668 ff.); *Engel,* ZUM 2005, 776 (781).

299 *Hartstein et al.,* Begründung zum Dritten RÄStV, A 2.1, 11.

300 *Trute,* in: Hahn/Vesting, § 26 RStV, Rn 37; *Reinlein,* 266; a. A. *Peifer,* 77, vgl. zu der Rechtsnatur von § 19 Abs. 3 GWB *Schuster/Ruhle,* in: Geppert et al., § 28 TKG, Rn 81 f.

301 BVerwG, Urteil v. 24.11.2010, 6 C 16.09, MMR 2011, 265 (267); a. A. *Holznagel/Krone,* MMR 2005, 666 (668).

302 BVerwG, Urteil v. 24.11.2010, 6 C 16.09, MMR 2011, 265 (267); *Trute,* in: Hahn/Vesting, § 26 RStV, Rn 36 f.; *Schuster/Ruhle,* in: Geppert et al., § 28 TKG, Rn 82; *Reinlein,* 264 ff.

303 *Renck-Laufke,* ZUM 2000, 105 (108 f.); *Trute,* in: Hahn/Vesting, § 26 RStV, Rn 28, 36 f.; *Reinlein,* 265 f.; a. A. *Gounalakis/Zagouras,* AfP 2006, 93 (94 ff.), die davon ausgehen, dass der *non liquet*-Grundsatz hinsichtlich § 26 Abs. 2 RStV aufgrund des gesetzgeberischen Willens und eines Vergleichs mit § 19 Abs. 3 GWB zu durchbrechen und § 292 ZPO analog anzuwenden ist.

im Zivilprozess haben. Insbesondere kommt auch keine Widerlegung der Vermutung durch das vorherrschende Meinungsmacht besitzende Unternehmen in Betracht, da bereits alle relevanten Tatsachen im Amtsermittlungsverfahren ermittelt und bewertet wurden.[304]

Dieser Unterschied zwingt aber nicht zu einer anderen Bewertung von § 26 RStV. In diesem Zusammenhang ist zu berücksichtigen, dass das Verwaltungsverfahrensrecht keine Auswirkungen auf die Beweislast haben kann, da es diesbezüglich keine Regelungen enthält. Zu wessen Lasten die fehlende Beweisbarkeit von Tatsachen geht und wer die materielle Beweislast trägt, bestimmt das materielle Recht.[305] § 26 Abs. 2 RStV ist insofern eine die materielle Beweislast regelnde Rechtsnorm. Der Amtsermittlungsgrundsatz bewahrt die Verfahrensbeteiligten somit nicht davor, einen Eingriff in ihre Grundrechte im Falle eines *non liquet* erdulden zu müssen.

Diesem Normverständnis kann auch nicht entgegen gehalten werden, dass Vermutungen häufig an offensichtliche oder leicht feststellbare Tatsachen geknüpft sind, worum es sich bei Zuschaueranteilen gerade nicht handelt, weshalb der Regelungsgegenstand des § 26 Abs. 2 RStV zu komplex sei, um als Beweiserleichterung zu dienen.[306] Dies liegt in der Natur des Zuschaueranteilsmodells, da Zuschaueranteile die einzigen Tatsachen sind, an welche dieses Konzept anknüpft. Vermutungen lassen grundsätzlich den Beweis des Gegenteils zu, weshalb der Schwellenwert nicht als starre Untergrenze verstanden werden kann. Zudem dienen Vermutungen lediglich der Beweiserleichterung, ersetzen aber nicht die Beweiserbringung; die einer Vermutung zugrunde liegenden Tatsachen könnten daher grundsätzlich auch ohne die Vermutung bewiesen werden. Daher knüpfen Vermutungen auch immer an eine Grundnorm – § 26 Abs. 1 RStV – an, weshalb § 26 Abs. 2 RStV nicht als abschließende Regelung qualifiziert werden kann.[307]

(bb) § 26 Abs. 2 RStV als gesetzliches Leitbild

Über ihre Eigenschaft als Beweislastregelung hinausgehend wollte der Gesetzgeber die Schwellenwerte gemäß § 26 Abs. 2 RStV aber als „gesetzgeberische Leitbilder“ für die Konkretisierung vorherrschender Meinungsmacht verstanden

---

304 Vertiefend hierzu *Schuster/Ruhle,* in: Geppert et al., § 28 TKG, Rn 83; *Möschel,* in: Immenga/Mestmäcker, § 19 GWB, Rn 96; vgl. auch *Engel,* ZUM 2005, 776 (781).

305 BVerwG, Urteil v. 28.03.1974, V C 27.73, Juris, Rn 5; *Heßhaus,* in: Bader/Ronellenfitsch, § 24, Rn 15 f.; a. A. *Engel,* ZUM 2005, 776 (777).

306 So *Holznagel/Krone,* MMR 2005, 666 (668).

307 BVerwG, Urteil v. 24.11.2010, 6 C 16.09, MMR 2011, 265 (267); *Dawin,* in: Schoch et al., § 108 VwGO, Rn 110; *Gounalakis/Zagouras,* 90.

wissen.[308] Der Leitbildcharakter misst der Vorschrift insofern eine über – lediglich beweisrechtlich relevante – Vermutungen hinausgehende Bedeutung bei, als eine die Schwellenwerte gänzlich unberücksichtigt lassende Entscheidung durch die KEK unzulässig ist und eine von den Vorgaben des § 26 Abs. 2 RStV abweichende Beurteilung einer besonderen Begründung bedarf. Das Bedürfnis einer besonderen Begründung ergibt sich daraus, dass eine Vermutung eine „auf der Erfahrung beruhende Beweiserleichterung im Verfahren" ist, welche „einen Sachverhalt, der nach dem regelmäßigem Verlauf der Dinge gegeben ist" annimmt.[309]

Insofern kann die Medienkonzentrationskontrolle durch die KEK auch nicht als maßstabslos bezeichnet werden.[310] Die Schwellenwerte bilden als gesetzliche Leitbilder einen konkreten Maßstab für die Bewertung vorherrschender Meinungsmacht, von dem nicht ohne Weiteres abgewichen werden kann. Inwiefern eine Loslösung von der Begrifflichkeit vorherrschende Meinungsmacht und eine Bewertung allein anhand eines Vergleichs zwischen dem konkreten Fall und den von § 26 Abs. 2 RStV erfassten Konstellationen der Normbestimmtheit sowie einer verfassungsgemäßen Medienkonzentrationskontrolle zuträglich sein sollen, ist nicht ersichtlich. Die Schwellenwerte als eigenständigen Typus zu qualifizieren, führt nicht weiter.[311]

(cc) Gesetzeswortlaut

Das Verständnis der Norm als Vermutung mit Leitbildcharakter ist auch von der gebotenen Auslegung des Gesetzes gedeckt. Zwar darf die Auslegung einer Norm nicht mit dem Wortlaut in Widerspruch stehen.[312] Der Wortlaut der Norm zwingt aber nicht zu der Annahme, § 26 Abs. 2 RStV enthalte eine abschließende materielle Regelung für die Bewertung vorherrschender Meinungsmacht. Zwar verweist § 26 Abs. 1 RStV auf § 26 Abs. 2 RStV („nach Maßgabe der nachfolgenden Bestimmungen"). Wie sich aber schon aus dem Plural der Begrifflichkeit „nachfolgenden Bestimmungen" ergibt, sind neben § 26 Abs. 2 RStV auch die folgenden konzentrationsrechtlichen Bestimmungen gemäß §§ 27 ff. RStV gemeint und damit für die konzentrationsrechtliche Bewertung heranzuziehen.[313] § 26 Abs. 1 RStV verweist also nicht nur auf § 26 Abs. 2 RStV und weist diesem demnach keine ausschließliche Bedeutung zu. Vielmehr ist die

308 *KEK*, Beschluss v. 10.01.2006, KEK-293-1 bis -5, 72, 77 ff.; *Paal,* 268 ff., 288.
309 VG München, Urteil v. 08.11.2007, M 17 K 06.2675, MMR 2008, 427 (428).
310 So aber *Engel,* ZUM 2005, 776 (778).
311 So aber *Engel,* ZUM 2005, 776 (779).
312 BVerfG, Beschluss v. 21.12.1977, 1 BvL 1/75, Juris, Rn 98.
313 BVerwG, Urteil v. 24.11.2010, 6 C 16.09, MMR 2011, 265 (267).

Formulierung „nach Maßgabe“ so zu verstehen, dass die Schwellenwerte sowie die folgenden konzentrationsrechtlichen Vorschriften für eine Gesamtbeurteilung vorherrschender Meinungsmacht im Rahmen von § 26 Abs. 1 RStV maßgeblich zu berücksichtigen sind. Der Wortlaut macht somit deutlich, dass die Schwellenwerte als Vermutungen mit Leitbildcharakter zu qualifizieren sind. Dass die gewählte Begrifflichkeit § 26 Abs. 2 RStV darüber hinaus eine besondere Bedeutung dahingehend beimessen soll, dass es sich um einen abschließenden materiellen Tatbestand handelt, ist indes nicht ersichtlich.[314] Hätte der Gesetzgeber dem Wortlaut eine so erhebliche Bedeutung beimessen wollen, wäre auch § 26 Abs. 2 RStV eindeutig formuliert und insbesondere nicht der – eine andere rechtliche Bedeutung aufweisende – Begriff „vermutet“ gewählt bzw. der Wortlaut der Norm im Rahmen des Sechsten RÄStV auch in dieser Hinsicht geändert worden.[315] Der Wortlaut steht daher einer Auslegung, wonach eine Gesamtbewertung vorherrschender Meinungsmacht unter Berücksichtigung der Schwellenwerte vorzunehmen ist, nicht entgegen. Ob die Schwellenwerte aber darüber hinaus als Regelbeispiele aufzufassen sind, erscheint fraglich.[316] Der Wortlaut der Norm gibt für diese Auslegung jedenfalls nichts her; vielmehr werden Regelbeispiele zumeist mit der Formulierung „in der Regel“[317] und nicht mit dem Begriff „vermutet“ eingeleitet. Die Schwellenwerte sind daher in Anlehnung an § 19 Abs. 3 GWB als gesetzliche Vermutungen zu qualifizieren.[318] Dies ergibt sich insbesondere daraus, dass die Medienkonzentrationskontrolle an das Kartellrechtsverfahren angelehnt ist.[319] Hierauf weist schon die ähnliche Wortwahl in § 26 RStV und § 19 GWB hin; beide Normen erwähnen eine „marktbeherrschenden Stellung“. Auch der Begriff „vorherrschende Meinungsmacht“ in § 26 Abs. 1 RStV weist eine Nähe zu dieser Formulierung auf. Darüber hinaus sind § 19 Abs. 3 GWB und § 26 Abs. 2 RStV ähnlich formuliert; insbesondere wurde in beiden Normen der Begriff „vermutet“ verwendet. Die Gesetze verfolgen zudem im Grundsatz vergleichbare Ziele; beide Gesetze wollen marktbeherr-

---

314 *KEK*, 4. Medienkonzentrationsbericht, 362; *Hain/Wierny,* K&R 2012, 645 (647); a. A. *Peifer,* 70; *Holznagel/Krone,* MMR 2005, 666 (668 f.); *Bornemann,* ZUM 2006, 200 (202); *Engel,* ZUM 2005, 776 (778 f.).

315 *Gounalakis/Zagouras,* 88; *dies.,* AfP 2006, 93 (102); *Hain/Wierny,* K&R 2012, 645 (647); dies bestätigen auch *Holznagel/Krone,* MMR 2005, 666 (672 f.); in diese Richtung argumentiert auch *Reinlein,* 260.

316 So aber BVerwG, Urteil v. 24.11.2010, 6 C 16.09, MMR 2011, 265 (268).

317 Vgl. § 48 Abs. 2 S. 2 BVwVfG, § 243 Abs. 1 S. 2 StGB; siehe auch BGH, Urteil v. 13.01.1987, 1 StR 654/86, NJW 1987, 2450.

318 Zu dem kartellrechtlichen Vermutungstatbestand vgl. *Götting,* in: Loewenheim et al., § 19 GWB, Rn 47 ff.; *Möschel,* in: Immenga/Mestmäcker, § 19 GWB, Rn 92 f.

319 *Peifer,* 59 f.; *Schwartmann,* in: Krautscheid/Schwartmann, 11 (17); *Koch,* AfP 2007, 305 (313); *Bretschneider,* 75 f.

schende Stellungen von Unternehmen – wenn auch aus teilweise verschiedenen Gründen – verhindern. Teilweise haben kartell- und konzentrationsrechtliches Verfahren auch dieselben Anknüpfungspunkte, bspw. können sich Zuschaueranteile auch auf das kartellrechtliche Verfahren auswirken.[320] Wurde aber § 26 RStV in Anlehnung an § 19 GWB formuliert, ist nicht ersichtlich, weshalb die Schwellenwerte des § 26 Abs. 2 RStV als Regelbeispiele und nicht – wie der Wortlaut sowie der Bezug zu § 19 Abs. 3 GWB nahelegen – als Vermutung aufzufassen sein sollen. Es besteht auch kein Bedürfnis die Schwellenwerte als Regelbeispiele zu bewerten, da auch Vermutungen konkrete Vorgaben zur Ausfüllung eines Grundtatbestandes enthalten können. Dementsprechend dienen die Vermutungstatbestände des § 19 GWB den Behörden als „Richtgröße“ oder „Aufgreifkriterien“.[321] Demzufolge sind sie Schwellenwerte des § 26 Abs. 2 RStV als Vermutungen und nicht als Regelbeispiele zu qualifizieren.[322]

(dd) Gesetzessystematik

Eine andere Bewertung ergibt sich auch nicht aus der gesetzlichen Systematik. Zwar verweisen § 26 Abs. 4 S. 1 Nr. 1 und Nr. 2 RStV ausschließlich auf § 26 Abs. 2 RStV. Hierdurch könnte der Gesetzgeber zum Ausdruck gebracht haben, dass bei einem Unternehmen mit vorherrschender Meinungsmacht diese allein dadurch beseitigt werden kann, dass der zurechenbare Zuschaueranteil bzw. die Marktstellung auf medienrelevanten Märkten unter die Schwellenwerte gesenkt wird. Daher könnte anzunehmen sein, es komme allein auf diese Schwellenwerte und damit nicht auf eine Gesamtabwägung nach § 26 Abs. 1 RStV an.[323] Jedoch ist zu beachten, dass § 26 Abs. 3 und Abs. 4 Nr. 3 RStV keine solche Konkretisierung enthalten, sondern generell auf vorherrschende Meinungsmacht abstellen.[324] Dies gilt im Übrigen auch für § 26 Abs. 4 RStV. Denn hätte der Gesetzgeber vorherrschende Meinungsmacht allein durch die Schwellenwerte definiert wissen wollen, hätte er dem Begriff „vorherrschende Meinungsmacht“ die Formulierung „nach Absatz 2“ angefügt. In den Nummerierungen Nr. 1 bis 3 des § 26 Abs. 4 RStV wollte der Gesetzgeber lediglich Beispiele geben, wie vorherrschender Meinungsmacht begegnet werden kann. Aus § 26 Abs. 4 Nr. 3 RStV ergibt sich zudem, dass die Folgen vorherrschender Meinungsmacht auch bei Überschreiten der Schwellenwerte abgewendet werden können, indem vielfaltsi-

---

320 *Koch,* AfP 2007, 305 (313).

321 *Möschel,* in: Immenga/Mestmäcker, § 19 GWB, Rn 93.

322 So im Ergebnis auch *Hain/Wierny,* K&R 2012, 645 (646 f.).

323 So *Peifer,* 62; *Grünwald,* MMR 2011, 269; *Holznagel/Krone,* MMR 2005, 666 (669); *Engel,* ZUM 2005, 776 (779); *Grünwald,* MMR 2011, 269.

324 BVerwG, Urteil v. 24.11.2010, 6 C 16.09, MMR 2011, 265 (267).

chernde Maßnahmen im Sinne der §§ 30 bis 32 RStV ergriffen werden, bspw. durch Errichtung eines Programmbeirates, der trotz hoher Zuschaueranteile ein breites Meinungsspektrum gewährleisten kann. Dies weist ebenfalls darauf hin, dass den Schwellenwerten keine ausschließliche Bedeutung zuzumessen ist. Die insoweit unglückliche Gesetzessystematik bedarf einer Auslegung nach Sinn und Zweck der Norm, die sich vor allem an dem erkennbaren gesetzgeberischen Willen zu orientieren hat.[325]

(ee) Gesetzgeberischer Wille

Durch die Festlegung der Schwellenwerte in § 26 Abs. 2 RStV wollte der Gesetzgeber lediglich Vorgaben machen, die eine Orientierungshilfe für die Beurteilung vorherrschender Meinungsmacht bieten und die Beweisführung diesbezüglich erleichtern. Dies bestätigt auch die amtliche Begründung zu § 26 Abs. 2 S. 1 RStV. Hiernach kann das betroffene Medienunternehmen trotz eines Zuschaueranteils von 30 % den Nachweis erbringen, dass vorherrschende Meinungsmacht nicht vorliegt. Umgekehrt kann die KEK auch bei Unterschreiten der Schwellenwerte vorherrschende Meinungsmacht annehmen, wobei gesteigerte Anforderungen an den Beweis der zu dieser Bewertung führenden Umstände gestellt werden.[326] Zwar wird vertreten, dass die Gesetzesänderung durch den Sechsten RÄStV darauf hindeute, dass das Verhältnis der Absätze 1 und 2 des § 26 RStV dahingehend verändert werden sollte, dass Abs. 2 eine von Abs. 1 unabhängige, abschließende Regelung enthält.[327] Durch diese Gesetzesänderung wurden die Voraussetzungen einer geringfügigen Unterschreitung des Zuschaueranteils durch die 25 %-Grenze und damit der unbestimmte Rechtsbegriff der Geringfügigkeit durch einen konkret messbaren Wert ersetzt.[328] Dass sich hierdurch die gesetzliche Systematik ändern sollte, ist aber der amtlichen Begründung zu der Gesetzesänderung nicht zu entnehmen. Vielmehr sollte die gesetzliche Neuregelung das Zuschaueranteilsmodell lediglich modifizieren und in

---

325 BVerfG, Beschluss v. 21.12.1977, 1 BvL 1/75, Juris, Rn 98; *Gounalakis/Zagouras,* 87; *Paal,* 268; *Reinlein,* 260 f.; *Bretschneider,* 86; so auch *Hepach,* ZUM 2007, 40 (45 f.), der jedoch aufgrund der Gesetzessystematik einen anderen als den hier ermittelten gesetzgeberischen Willen annimmt; allgemein zu der Gesetzesauslegung *Säcker,* in: Münchener Kommentar, Einl., Rn 115 ff.

326 *Hartstein et al.,* Begründung zum Dritten RÄStV, A 2.1, 11; *Holznagel/Grünwald,* in: Spindler/Schuster, § 26 RStV, Rn 10 f.; *Hain/Wierny,* K&R 2012, 645 (647); *Neft,* ZUM 1998, 458 (460).

327 *Bremer/Grünwald,* MMR 2009, 80 (81); *Peifer,* 62 ff.; *Bornemann,* ZUM 2006, 200 (202); *Engel,* ZUM 2005, 776 (782).

328 Vgl. *Holznagel/Grünwald,* in: Spindler/Schuster, § 26 RStV, Rn 13; *Reinlein,* 259; *Schulz/Held,* 25; *Janik,* AfP 2002, 104 (110).

Kontinuität mit der vorherigen Regelung fortführen. So wird in der Gesetzesbegründung ausdrücklich darauf hingewiesen, dass § 26 Abs. 2 S. 1 RStV von der Gesetzesänderung unberührt bleibt, weshalb diesbezüglich weiterhin die obige Gesetzesbegründung gültig ist.[329] Warum § 26 Abs. 2 S. 2 RStV diesbezüglich einer völlig anderen Wertung als § 26 Abs. 2 S. 1 RStV unterliegen soll, ist nicht ersichtlich. Dass sich die gesetzliche Wertung nicht ändern sollte, ergibt sich auch daraus, dass das in § 26 Abs. 2 RStV geregelte Zuschaueranteilsmodell keinen weiteren Änderungen unterzogen werden sollte und sich die amtliche Begründung ausdrücklich zu diesem Modell bekennt.[330] Durch die Neufassung des § 26 Abs. 2 S. 2 RStV wird damit nur der im Rahmen der Gesamtabwägung des § 26 Abs. 1 RStV relevante Einzelaspekt der Höhe des Zuschaueranteils konkretisiert.

(ff) Verfassungsrecht

Dieses Normverständnis entspricht auch den verfassungsrechtlichen Vorgaben, wonach eine effektive Konzentrationskontrolle im Rahmen einer positiven Rechtsordnung zu gewährleisten ist.[331]

(aaa) Verfassungskonforme Auslegung

So handelt es sich bei dem Begriff der vorherrschenden Meinungsmacht um einen unbestimmten Rechtsbegriff, der seinen Ursprung in der Rechtsprechung des BVerfG hat und aufgrund der Betroffenheit der grundrechtlich geschützten Meinungs- und Rundfunkfreiheit gemäß Art. 5 Abs. 1 GG verfassungskonform auszulegen ist.[332] Wie diese Auslegung zu erfolgen hat, wird durch die Rechtsprechung des BVerfG vorgegeben. Hiernach sind die jeweiligen Umstände zu berücksichtigen, und es ist eine am Einzelfall orientierte, wertende Betrachtung

---

329 *KEK*, Beschluss v. 10.01.2006, KEK-293-1 bis -5, 70 ff. – P7S1/Springer; *Gounalakis/Zagouras*, 89; *Hain/Wierny*, K&R 2012, 645 (647).

330 *Hartstein et al.*, Begründung zum Dritten RÄStV, A 2.1, 10; BVerwG, Urteil v. 24.11.2010, 6 C 16.09, MMR 2011, 265 (267 f.); a. A. *Bornemann*, ZUM 2006, 200 (202).

331 BVerfG, Urteil v. 16.06.1981, Juris, Rn 85, 88 – FRAG; BVerfG, Urteil v. 04.11.1986, 1 BvF 1/84, Juris, Rn 106 – Niedersächsisches Landesrundfunkgesetz; *KEK*, 4. Medienkonzentrationsbericht, 362.

332 BVerfG, Urteil v. 16.06.1981, 1 BvL 89/78, Juris, Rn 88, 94 – FRAG; *dass.*, Urteil v. 04.11.1986, 1 BvF 1/84, Juris, Rn 179 – Niedersächsisches Landesrundfunkgesetz; VG München, Urteil v. 08.11.2007, M 17 K 06.2675, MMR 2008, 427 (429); *Hain*, MMR 2000, 537 (539 f.); *Reinlein*, 261 ff.; *Bretschneider*, 87 ff.; nach der Ansicht von *Gounalakis/Zagouras*, ZUM 2006, 716 (717), erschwert die mangelnde Transparenz des § 26 RStV die notwendige verfassungskonforme Auslegung.

im Lichte von Rundfunk- und Meinungsfreiheit vorzunehmen.[333] Diese Rechtsprechung fordert im Spannungsfeld von Meinungs- und Rundfunkfreiheit eine Einzelfall bezogene Gesamtbetrachtung, weshalb eine Anwendung des § 26 Abs. 2 RStV als abschließende Norm und damit ein ausschließliches Abstellen auf die dort genannten Schwellenwerte verfassungswidrig wären. Allein das Zuschaueranteilsmodell wäre demnach unzureichend, um die verfassungsrechtlich vorgeschriebene Medienvielfaltskontrolle zu gewährleisten.[334] Zumal insbesondere auch aus vertikalen Verflechtungen, die im Rahmen einer zuschaueranteilsbezogenen Bewertung aber nicht berücksichtigt werden, vorherrschende Meinungsmacht entstehen kann.[335] Daher fordern auch das BVerfG und die KEK eine Medienkonzentrationsgesetzgebung, die intermediäre Verflechtungen, insbesondere zwischen Rundfunk, Presse und Internet, berücksichtigt und verhindert, sofern negative Folgen für Meinungsvielfalt zu befürchten sind.[336] In diesem Zusammenhang ist zu berücksichtigen, dass bspw. die Nutzung von Internetfernsehen sowie nichtdeutschsprachigem Programm (vgl. § 27 Abs. 1 S. 1 RStV) derzeit noch nicht in die Messung der Zuschaueranteile einbezogen werden und die Daten über Zuschaueranteile, insbesondere im Hinblick auf Drittfensterprogramme, unvollständig sind. Auch die „Außer-Haus-Nutzung" des Fernsehens bspw. in öffentlichen Einrichtungen sowie die Fernsehnutzung durch Nicht-EU-Ausländer werden nicht erfasst.[337] Daher kann die Feststellung, dass ein Unternehmen die Schwellenwerte erreicht, auf unvollständiger Tatsachengrundlage beruhen, was sich wiederum nachteilig auf die juristische Beurteilbarkeit eines Falles auswirken kann. Darüber hinaus steht nicht fest, dass ein

---

333 BVerfG, Urteil v. 16.06.1981, 1 BvL 89/78, Juris, Rn 88 – FRAG; *dass.*, Urteil v. 04.11.1986, 1 BvF 1/84, Juris, Rn 163 – Niedersächsisches Landesrundfunkgesetz.

334 BVerwG, Urteil v. 24.11.2010, 6 C 16/09, MMR 2011, 265 (268); VG München, Urteil v. 08.11.2007, M 17 K 06.2675, MMR 2008, 427 (428 f.); *KEK*, 4. Medienkonzentrationsbericht, 362; Beschluss v. 21.09.1999, KEK-040, 31 f.; *Trute*, in: Hahn/Vesting, § 26 RStV, Rn 38; *Mestmäcker,* in: Immenga/Mestmäcker, 3. Aufl., vor § 35 GWB, Rn 105; *Hain/ Wierny,* K&R 2012, 645 (646, 648); *Dörr,* JuS 2012, 184 (186); *Gounalakis/Zagouras,* AfP 2006, 93 (102 f.); *Hain,* MMR 2000, 537 (539 ff.); *Paal,* 269; *Podszun,* MMR 2008, 431 (432); *Bretschneider,* 93 f.; so wohl auch *Röß,* AfP 2010, 521 (526 f.).

335 *Peifer,* 56; *Paal,* 269 f; *Schmid/Kitz,* ZUM 2009, 739 (742); *Gounalakis/Zagouras,* 87, 90; *Bretschneider,* 93.

336 BVerfG, Urteil v. 04.11.1986, 1 BvF 1/84, Juris, Rn 139: „Demgemäß erfordert die verfassungsrechtliche Gewährleistung freier Meinungsbildung gesetzliche Vorkehrungen auch dagegen, daß vorherrschende Meinungsmacht sich aus einer Kombination der Einflüsse in Rundfunk und Presse ergibt."; *KEK*, 4. Medienkonzentrationsbericht, 386 ff.; vgl. zu den vergleichbaren Auswirkungen von Presse und Fernsehen *KEK*, Beschluss v. 10.01.2006, KEK-293-1 bis -5, 88 ff. – P7S1/Springer.

337 Siehe hierzu *KEK*, 4. Medienkonzentrationsbericht, 393 ff.; zu der Messbarkeit von Meinungsmacht vgl. *Paal,* 80 ff.; *Peifer,* 28 f.

Zuschaueranteil von mehr als 30 % tatsächlich die verfassungsrechtlich unerwünschten Folgen für Meinungsfreiheit und Meinungsvielfalt hat.[338] Hierdurch wird deutlich, dass Fernsehzuschaueranteile nicht alleiniges Kriterium für eine verfassungsmäßige Vielfaltskontrolle sein können.[339] Vielmehr wird diesem gesetzgeberischen Ziel „nur ein Normverständnis gerecht, das eine Konzentrationskontrolle auch außerhalb der Zuschaueranteilsgrenzen des § 26 Abs. 2 RStV für zulässig hält“[340]. Zwar ist der Gesetzgeber in der gesetzgeberischen Gestaltung der Vielfaltsicherung grundsätzlich frei; der verfassungsrechtliche Auftrag, Meinungsvielfalt umfassend sicherzustellen, muss aber erfüllt werden.[341] Selbst wenn der Wortlaut der Norm nur so zu verstehen wäre, dass allein die Schwellenwerte ausschlaggebend sind, wäre die Norm demnach verfassungskonform dahingehend auszulegen, dass eine Gesamtbetrachtung dennoch zulässig und geboten ist.[342]

Vor diesem verfassungsrechtlichen Hintergrund ist auch eine Medienkonzentrationskontrolle unzureichend, die nur in Ausnahmefällen und bei offensichtlich unzureichenden Resultaten vorherrschende Meinungsmacht und deren gesetzliche Folgen auch im Falle der Abweichung von den gesetzlichen Schwellenwerten annimmt. Diese Ansicht lässt keinen Spielraum für eine effektive Vielfaltskontrolle, die sich insbesondere auf intermediäre Verflechtungen zu erstrecken und erhebliche Aktivitäten auf anderen medienrelevanten Märkten zu berücksichtigen hat.[343] Vor allem das Beispiel, wonach eine Verflechtung zwischen politischen Magazinen und informationsbezogenen Spartenkanälen als Ausnahmekonstellation im Rahmen von § 26 Abs. 2 RStV in Betracht kommt, verdeutlicht, dass dieser Ansatz Meinungsvielfalt bei der Beurteilung intermediärer Verflechtungen auf ein Minimum reduziert.[344] Zwar sind Spartenprogramme besonders wichtig, um auch Meinungen und Interessen von Minderheiten zu bedienen, und politische Magazine haben große Relevanz für den demokratischen Willensbildungsprozess; jedoch wird verkannt, dass insbesondere auch bloße Unterhaltungsmedien eine erhebliche Meinungsbildungsrelevanz besit-

338 *Koch,* AfP 2007, 305 (313); *Renck-Laufke,* ZUM 2000, 105 (109).

339 *Renck-Laufke,* ZUM 2000, 105 (109); *Podszun,* MMR 2008, 431 (432).

340 BVerwG, Urteil v. 24.11.2010, 6 C 16/09, MMR 2011, 265 (268).

341 BVerfG, Urteil v. 16.06.1981, 1 BvL 89/78, Juris, Rn 89 ff., Rn 92 – FRAG; *Hepach,* ZUM 2007, 40 (45).

342 VG München, Urteil v. 08.11.2007, M 17 K 06.2675, MMR 2008, 427 (429); *KEK,* 4. Medienkonzentrationsbericht, 362 f.; a. A. *Hepach,* ZUM 2007, 40 (44 f.); *Bornemann,* ZUM 2006, 200 (202); *Engel,* ZUM 2005, 776 (778).

343 *Gounalakis/Zagouras,* 86, mit weiterführenden Anmerkungen; *dies.*, AfP 2006, 93 (102 f.); *Paal,* 269; a. A. *Engel,* ZUM 2005, 776 (779); *Holznagel/Krone,* MMR 2005, 666 (673).

344 Siehe *Holznagel/Krone,* MMR 2005, 666 (673).

zen.[345] Auch nicht gefolgt werden kann dem Ansatz, der eine umfassende Berücksichtigung anderer relevanter Medienaktivitäten nur bei geringfügiger Abweichung von den Schwellenwerten des § 26 Abs. 2 RStV zulässt.[346] Diese Bewertungsansätze sind für einen verfassungsgemäßen Schutz der Meinungsvielfalt auch dann nicht ausreichend, wenn der KEK ein Beurteilungsspielraum hinsichtlich der Voraussetzungen vorherrschender Meinungsmacht eingeräumt wird.[347] Zwar würde sich der Beurteilungsspielraum der KEK hierbei auch auf die offensichtliche Unangemessenheit eines Resultats und – entgegen der Ansicht des BayVGH[348] – auch auf die Voraussetzungen einer geringfügigen Unterschreitung beziehen, die somit im Sinne einer umfassenden Vielfaltskontrolle durch die KEK beurteilt werden könnten.[349] Hierbei müsste sich die KEK aber an „allgemein gültige Bewertungsmaßstäbe"[350] halten. Für die Sicherung der Meinungsvielfalt wäre es aber unzureichend, wenn nur Konstellationen von der Fernsehkonzentrationskontrolle erfasst würden, die bei Anwendung der Schwellenwerte zu – bei allgemein gültiger Bewertung – offensichtlich unangemessenen Resultaten führten. Auch das BVerwG weist darauf hin, dass es im Hinblick auf die Rundfunkfreiheit unverhältnismäßig und nicht im Sinne der gesetzlichen Regelung wäre, Unternehmen, welche die 25 % Grenze zwar erreichen, aber nur auf einem medienrelevanten Markt vorherrschend sind, die Unbedenklichkeitserklärung zu versagen, während Unternehmen, welche den Schwellenwert knapp nicht erreichen, dafür aber auf mehreren medienrelevanten Märkten vorherrschende Meinungsmacht besitzen, einen Anspruch auf die Unbedenklichkeitserklärung hätten.[351] Vor dem Hintergrund fortschreitender Medienkonvergenz kann aber nicht die Nähe zu den Schwellenwerten des § 26 Abs. 2 RStV entscheidend für die Berücksichtigung crossmedialer Aktivitäten sein. Sofern es eine effektive Vielfaltskontrolle gebietet, von den Schwellenwerten abzuweichen, sollte eine Gesamtabwägung vielmehr nach dem Grundsatz erfolgen, dass erhebliche Aktivitäten auf einem medienrelevanten verwandten Markt eine ebenso erhebliche

345 Vertiefend hierzu *Gounalakis/Zagouras,* 90 f.

346 So aber BayVGH, Urteil v. 15.02.2012, 7 BV 11.285, MMR 2012, 489 (491 ff.); *Engel,* ZUM 2005, 776 (779).

347 Vgl. ausführlich hierzu *Hain/Wierny,* K&R 2012, 645 (647 ff.); a. A. *Bremer/Grünwald,* MMR 2009, 80 (81 f.); *Holznagel/Grünwald,* in: Spindler/Schuster, § 35 RStV, Rn 17, und *Grünwald,* MMR 2011, 269, die einen Beurteilungsspielraum der KEK ablehnen.

348 BayVGH, Urteil v. 15.02.2012, 7 BV 11.285, MMR 2012, 489 (491 ff.).

349 *KEK,* 14. Jahresbericht, 80.

350 BVerwG, Urteil v. 24.11.2010, 6 C 16/09, MMR 2011, 265 (268).

351 BVerfG, Urteil v. 04.11.1986, 1 BvF 1/84, Juris, Rn 139 f.; BVerwG, Urteil v. 24.11.2010, 6 C 16.09, MMR 2011, 265 (268); *Trute,* in Hahn/Vesting, § 26 RStV, Rn 38.

Abweichung von den Schwellenwerten rechtfertigen.[352] Hierbei würden crossmediale Aktivitäten angemessen berücksichtigt. Die KEK besitzt auch die Kompetenz für eine crossmediale Vielfaltskontrolle, jedenfalls soweit Auswirkungen auf das Fernsehen bestehen. Dies ergibt sich bereits daraus, dass medienrelevante verwandte Märkte gemäß § 26 Abs. 2 S. 2 RStV in die Bewertung einzubeziehen sind.[353]

(bbb) Wesentlichkeitstheorie und Bestimmtheitsgrundsatz

Dass § 26 Abs. 2 RStV über seine Bedeutung als Beweislastregel hinaus auch als gesetzliches Leitbild zu berücksichtigen ist, folgt schon aus der Pflicht des Staates zur gesetzlichen Ausgestaltung der Rundfunkfreiheit. Diese Gesetzgebung muss insbesondere dem aus dem Rechtsstaatsprinzip gemäß Art. 20 Abs. 3 GG abgeleiteten Wesentlichkeitsgrundsatz entsprechen. Nach diesem Grundsatz hat der Gesetzgeber das für die Grundrechtsausübung Wesentliche gesetzlich zu regeln und in Übereinstimmung mit dem Prinzip der Gesetzesmäßigkeit der Verwaltung nicht dem Entscheidungsspielraum der Exekutive zu überlassen.[354] Der Gesetzgeber ist gehalten, unbestimmte Rechtsbegriffe wie vorherrschende Meinungsmacht derart zu konkretisieren, dass die Verfahrensbeteiligten ihre Entscheidungen danach ausrichten können, wodurch eine weitestgehend einheitliche Rechtspraxis gewährleistet und Rechtsunsicherheit vermieden werden sollen. Dadurch soll auch die von Art. 3 GG geforderte Gleichbehandlung der betroffenen Unternehmen im behördlichen Verfahren sichergestellt werden.[355] Problematisch ist, wie konkret und detailliert ein Gesetz ausgestaltet sein muss, um dem Parlamentsvorbehalt und damit dem Wesentlichkeitsprinzip zu genügen. So wird insbesondere im Hinblick auf den Begriff vorherrschende Meinungsmacht vertreten, dieser sei zu unbestimmt, um eine verfassungsgemäße Konzentrationskontrolle zu gewährleisten, weshalb allein die konkret formulierten Schwellenwerte als Maßstab dienen könnten.[356] Dem ist entgegenzuhalten, dass

352 VG München, Urteil v. 08.11.2007, M 17 K 06.2675, in: MMR 2008, 427 (429); *KEK*, 3. Medienkonzentrationsbericht, 377; *Gounalakis/Zagouras,* 88, 90; *dies.*, AfP 2006, 93 (103); *Zagouras,* 269; *Bretschneider,* 94.

353 VG München, Urteil v. 08.11.2007, M 17 K 06.2675, MMR 2008, 427 (428); a. A. *Bremer/Grünwald,* MMR 2009, 80 (82).

354 BVerfG, Urteil v. 16.06.1981, 1 BvL 89/78, Juris, Rn 89 – FRAG*;* *dass.*, Urteil v. 06.12.1972, 1 BvR 230/70, 1 BvR 95/71, Juris, Rn 104 – Hessische Förderschule; *dass.*, Urteil v. 05.08.1966, 1 BvF 1/61, Juris, Rn 24 – Sammlungsgesetz; *Herzog/Grzeszick,* in: Maunz/Dürig, Art. 20 GG, Rn 106 f.; *Herdegen,* in: Maunz/Dürig, Art. 79 GG, Rn 146, 148; *Schwartmann,* in: Krautscheid/Schwartmann, 11 (12 f.); *Peifer,* 67, 71 f.

355 Vgl. *Herzog,* NJW 1999, 25 (26).

356 *Hepach,* ZUM 2007, 40 (46); *Engel,* ZUM 2005, 776 (779).

der Parlamentsvorbehalt nicht überstrapaziert werden sollte und insbesondere nicht zur Folge haben darf, dass verfassungsrechtliche Vorgaben, wie die Gewährleistung von Meinungsfreiheit durch eine effektive Konzentrationskontrolle, letztlich missachtet werden.[357] In diesem Zusammenhang ist zu beachten, dass auch die Reichweite des Wesentlichkeitsgrundsatzes, insbesondere die Festlegung, was wesentlich ist, nicht eindeutig ist.[358] Zwar hat das BVerfG festgestellt, dass wesentlich und damit regelungsbedürftig ist, was für die Grundrechtsausübung wesentlich ist.[359] Was letztlich für die Verwirklichung der Grundrechte wesentlich ist, ist aber wiederum Auslegungsfrage und damit anhand des Einzelfalls zu entscheiden.[360]

Aus dem Rechtsstaatsprinzip wird auch das Gebot der Gesetzesbestimmtheit hergeleitet, wonach ein Gesetz nicht beliebig formuliert sein darf, sondern so konkret sein muss, dass die Gesetzesanwender, insbesondere die Exekutive, sowie die Adressaten des Gesetzes die Rechtslage nachvollziehen können.[361] Zunächst ist festzuhalten, dass § 26 RStV zwar nicht eindeutig formuliert ist, aber dennoch hinreichende Bestimmtheit aufweist. Dies ergibt sich daraus, dass der Wortlaut der Norm einer verfassungskonformen Auslegung, wie bereits dargelegt, nicht entgegen steht.[362] Lässt der Wortlaut aber eine verfassungskonforme Auslegung zu, kann nicht aus dem Umstand, dass diese tatsächlich notwendig ist, hergeleitet werden, dass die Norm zu unbestimmt ist. Bestimmtheit bedeutet gerade nicht, dass die Norm so bestimmt wie möglich sein muss; vielmehr ist ausreichend, dass die Norm hinreichend bestimmt ist. Daher verletzt eine Norm weder wegen der Verwendung unbestimmter Rechtsbegriffe noch aufgrund ihrer Auslegungsbedürftigkeit den Bestimmtheitsgrundsatz.[363]

Eine zu strikte Anwendung der dargelegten Grundsätze würde dazu führen, dass ein Gesetz, das dem Schutze eines Verfassungsrechts dient, nicht verfassungskonform ausgelegt, sondern insbesondere unter Berufung auf den Wortlaut zu eng angewendet wird und dadurch dem verfassungsrechtlichen Grundgedanken zuwiderläuft.[364] Im Hinblick auf die Bewertung vorherrschender Meinungs-

---

357 Vgl. auch *Reinlein,* 262.

358 *Herzog,* NJW 1999, 25 (26).

359 BVerfG, Beschluss v. 21.12.1977, 1 BvL 1/75, 1 BvR 147/75, Juris, Rn 92.

360 *Herzog/Grzeszick,* in: Maunz/Dürig, Art. 20 GG, Rn 107.

361 BVerfG, Urteil v. 06.12.1972, 1 BvR 230/70, 1 BvR 95/71, Juris, Rn 104; *dass.*, Urteil v. 05.08.1966, 1 BvF 1/61, Juris, Rn 24; *dass.*, Beschluss v. 09.05.1989, 1 BvL 35/86, Juris, Rn 13 f.

362 Siehe B. III. 2. b) cc) bbb) (c) (cc); a. A. *Peifer,* 72 f.; allgemein zu der verfassungskonformen Auslegung *Grzeszick,* in: Maunz/Dürig, Art. 20 GG, Rn 62.

363 BVerfG, Beschluss v. 09.05.1989, 1 BvL 35/86, Juris, Rn 17; *Grzeszick,* in: Maunz/Dürig, Art. 20 GG, Rn 62, so im Ergebnis auch *Hain/Wierny,* K&R 2012, 645 (646).

364 *Herzog/Grzeszick,* in: Maunz/Dürig, Art. 20 GG, Rn 105; *Herzog,* NJW 1999, 25 (26).

macht ist zu beachten, dass die tatsächlichen Auswirkungen von Zuschaueranteilen auf die Meinungsvielfalt nicht zweifelsfrei feststehen und von unterschiedlichen Faktoren abhängen.[365] Insofern bedarf es einer flexiblen Regelung, die eine Berücksichtigung der dem jeweiligen Einzelfall zugrunde liegenden Umstände über Zuschaueranteile hinaus ermöglicht. Der Wortlaut einer Norm muss dem Bedarf nach flexibler Anwendung Rechnung tragen und darf daher nicht zu eng formuliert sein; es muss vielmehr Raum für eine einzelfallbezogene Normanwendung geben.[366] Dies führt zwangsläufig zu einem Konflikt mit dem Bestimmtheitsgrundsatz, der gerade erfordert, dass eine Norm hinreichend klar formuliert ist.[367] Dieser Konflikt muss aber zugunsten einer deutungsoffenen Formulierung gelöst werden, da vorrangiges Ziel von Gesetzesanwendung immer die Verwirklichung der Grundrechte ist. Demgegenüber sind andere Verfassungsprinzipien nachrangig. Der Bestimmtheitsgrundsatz wird demnach durch die Notwendigkeit, eine Vielzahl regelungsbedürftiger Sachverhalte zu erfassen, begrenzt. Das Interesse des Normadressaten an rechtlicher Klarheit ist insofern sekundär.[368]

Zu berücksichtigen ist jedoch, dass Gesetze, die staatliche Eingriffe in die Grundrechte des Bürgers normieren, einen gesteigerten Grad an Bestimmtheit aufweisen müssen.[369] Daher würde eine Auslegung, die eine von den Schwellenwerten unabhängige Gesamtbetrachtung zulässt, dazu führen, dass die Norm keine ausreichende Klarheit besitzt, um dem Bestimmtheitsgrundsatz zu genügen. Dann wäre vorherrschende Meinungsmacht ein inhaltlich unzureichend konkretisierter Begriff, der weder bestimmt noch bestimmbar wäre.[370] Werden die Schwellenwerte hingegen richtigerweise als gesetzliche Leitbilder herangezogen, die dementsprechend bei der Gesamtbeurteilung vorherrschender Meinungsmacht gemäß § 26 Abs. 1 RStV zu berücksichtigen sind, genügt die Norm dem Bestimmtheitsgebot. Durch die Schwellenwerte hat der Gesetzgeber nämlich wesentliche Vorgaben für die Bewertung vorherrschender Meinungsmacht gemacht, die ausdrücklich in dem Wortlaut des Gesetzes zum Ausdruck kommen. Für die von der Regelung Betroffenen besteht daher ausreichende Klarheit,

---

365 *Schulz/Held*, 24 f., 40 ff., mit Vorschlägen für eine effektivere Medienkonzentrationskontrolle.

366 *KEK*, 4. Medienkonzentrationsbericht, 386; *Herzog/Grzeszick*, in: Maunz/Dürig, Art. 20 GG, Rn 107; *Grzeszick*, in: Maunz/Dürig, Art. 20 GG, Rn 59; *Podszun*, MMR 2008, 431 (432); *Reinlein*, 262; *Röß*, AfP 2010, 521 (528).

367 *Krautscheid*, in: Krautscheid/Schwartmann, 3 (5).

368 *KEK*, 4. Medienkonzentrationsbericht, 386 ff.; *Grzeszick*, in: Maunz/Dürig, Art. 20 GG, Rn 65; *Gounalakis/Zagouras*, 92; *Podszun*, MMR 2008, 431 (432); *Bretschneider*, 88 ff.

369 *Grzeszick*, in: Maunz/Dürig, Art. 20 GG, Rn 65.

370 Vgl. *Engel*, ZUM 2005, 776 (779).

ob sie vorherrschende Meinungsmacht besitzen.[371] Dass sich ein Medienunternehmen nicht allein an den Schwellenwerten orientieren kann, widerspricht nicht dem Prinzip der Rechtsklarheit.[372] Der Bestimmtheitsgrundsatz erfordert nicht, dass ein Gesetz so formuliert ist, dass der Normadressat mit absoluter Sicherheit weiß, ob er von der Regelung betroffen ist.[373] Daher besteht ausreichende Rechtssicherheit, wenn ein Unternehmen erkennen kann, dass es sich im Bereich der für vorherrschende Meinungsmacht relevanten Zuschaueranteile bewegt. Dass neben Fernsehzuschaueranteilen auch andere Faktoren, insbesondere Aktivitäten auf verwandten Medienmärkten, herangezogen werden können, ergibt sich hinreichend klar aus dem Wortlaut der Norm.

Gerade aus dem Zusammenwirken verschiedener Medienaktivitäten unterstützt durch Medienkonvergenz resultiert die erhebliche Zunahme von Medienkonzentration. Der Gesetzgeber verfolgte mit der Verwendung des unbestimmten Rechtsbegriffs der vorherrschenden Meinungsmacht auch ein legitimes Ziel, indem er Einzelfälle erfassen wollte, sodass relevante Konstellationen einer behördlichen oder gerichtlichen Lösung zugeführt werden können und dadurch Meinungsvielfalt umfassend geschützt wird. Wie der Gesetzgeber legitime Ziele gesetzlich umsetzt, liegt in seinem Ermessen; sein Gestaltungsspielraum wird allein durch die Verfassung begrenzt.[374] Aus Sicht des Gesetzgebers war die generalklauselartige Ausgestaltung des § 26 Abs. 1 RStV in Verbindung mit den Leitbildern des § 26 Abs. 2 RStV notwendige Voraussetzung für eine verfassungsgemäße Sicherung der Meinungsvielfalt. Eine strikte Orientierung an den Schwellenwerten des § 26 Abs. 2 RStV würde der stetigen, schnellen und unaufhaltsamen Entwicklung der Medienmärkte nicht gerecht. So ist die Möglichkeit zur flexiblen Gesetzesanwendung und damit die generalklauselartige Ausformung einer so zentralen Norm wie § 26 RStV insbesondere aufgrund der zunehmenden Medienkonvergenz unumgänglich, damit auf der einen Seite Behörden, Gerichte sowie der Gesetzgeber und auf der anderen Seite Unternehmen in der Lage sind, mit der technischen Entwicklung Schritt zu halten und sich den Gegebenheiten anzupassen. Vor diesem Hintergrund erscheint zweifelhaft, ob die Qualifizierung der Schwellenwerte als Regelbeispiele – jedenfalls in der Auslegung, die sie durch den BayVGH erfahren – überhaupt verfassungsgemäß

371 *Hain/Wierny,* K&R 2012, 645 (646); a. A. *Peifer,* 72 f.; *Gounalakis/Zagouras,* ZUM 2006, 716 (717); *Bremer/Grünwald,* MMR 2009, 80 (80 ff.), die die bestehende Rechtsunsicherheit aber weitestgehend auf die aktuelle Rechtsprechung zu § 26 RStV und die Anwendung der Norm durch die KEK zurückführen.

372 Zu dem Grundsatz der Rechtsklarheit vgl. *Grzeszick,* in: Maunz/Dürig, Art. 20 GG, Rn 53.

373 BVerfG, Beschluss v. 09.05.1989, 1 BvL 35/86, Juris, Rn 17.

374 BVerfG, Beschluss v. 09.05.1989, 1 BvL 35/86, Juris, Rn 17; *KEK,* 4. Medienkonzentrationsbericht, 387; *Bretschneider,* 90 ff.

ist. Sollten Konstellationen wie die starken, teilweise marktbeherrschenden Stellungen Springers auf dem Presse- und Rundfunkmarkt sowie auf anderen medienrelevanten verwandten Märkten – wie durch den BayVGH vertreten – von § 26 Abs. 2 Satz 2 RStV umfasst und eine abweichende Gesamtbewertung in solchen Fällen generell ausgeschlossen sein, würde dies der zum Schutz der Meinungsvielfalt gebotenen flexiblen Gesetzesanwendung entgegenstehen.[375] Aufgrund der vielfältigen intermediären Verflechtungen bedarf es einer Einzelfall orientierten Bewertung. So betont das BVerfG: „Gefährdungen der Erreichung des der Rundfunkordnung insgesamt verfassungsrechtlich vorgegebenen Vielfaltzirkels entstehen auch infolge der Entwicklung der Medienmärkte und insbesondere des erheblichen Konzentrationsdrucks im Bereich privatwirtschaftlichen Rundfunks. Rundfunk wird nicht nur durch herkömmlich ausgerichtete Medienunternehmen veranstaltet und verbreitet. Zunehmend werden im Rundfunkbereich auch andere Unternehmen, neuerdings etwa Kapitalgesellschaften unter maßgeblicher Beteiligung von internationalen Finanzinvestoren tätig. Auch engagieren sich Telekommunikationsunternehmen als Betreiber von Plattformen für Rundfunkprogramme. Der Prozess horizontaler und vertikaler Verflechtung auf den Medienmärkten schreitet voran [...].“[376]

(gg) Ergebnis

§ 26 RStV erlaubt daher eine Gesamtbetrachtung vorherrschender Meinungsmacht unter Berücksichtigung der Schwellenwerte als Vermutung mit Leitbildcharakter. Wortlaut und Systematik der Norm lassen eine verfassungskonforme Auslegung dahingehend zu, dass eine Gesamtbetrachtung der intermediären Aktivitäten eines Unternehmens im Hinblick auf vorherrschende Meinungsmacht im Rahmen von § 26 Abs. 1 RStV zulässig ist. Die Schwellenwerte gemäß § 26 Abs. 2 RStV sind als gesetzliche Leitbilder und damit als „Richtgrößen“ bei der Gesamtwürdigung zu berücksichtigen. Vorherrschende Meinungsmacht kann daher auch bei einer unterhalb der festgelegten Zuschaueranteile liegenden Marktstellung eines Fernsehunternehmens angenommen werden, wobei jedoch die Wertung des Gesetzgebers zu berücksichtigen ist. Bei der Beurteilung, ob Aktivitäten auf medienrelevanten verwandten Märkten so erheblich sind, dass eine Orientierung an den Schwellenwerten nicht ausreichend ist, um die verfassungsrechtlich gebotene Verhinderung von Meinungsmacht zu gewährleisten, steht der KEK ein nur begrenzt gerichtlich überprüfbarer Ermessenspielraum zu.

---

375 *Hain/Wierny*, K&R 2012, 645 (649 f.).

376 BVerfG, Urteil v. 11.09.2007, 1 BvR 2270/05, ZUM 2007, 712 (721 f.).

dd) Meinungsvielfaltsicherung unterhalb der Grenze vorherrschender Meinungsmacht

Erreichen ein Vollprogramm gemäß § 2 Abs. 2 Nr. 3 RStV oder ein Spartenprogramm gemäß § 2 Abs. 2 Nr. 4 RStV mit dem Schwerpunkt Information einen Zuschaueranteil von 10 %, ist der Programmveranstalter gemäß § 26 Abs. 5 S. 1 RStV verpflichtet, unabhängigen Dritten Sendezeit unter den Voraussetzungen des § 31 RStV einzuräumen. Dies gilt gemäß § 26 Abs. 5 S. 2 RStV auch für den Veranstalter des zuschaueranteilstärksten Programms eines Unternehmens, das mit den ihm zurechenbaren Programmen einen Zuschaueranteil von 20 % erreicht. Der relevante Zuschaueranteil bezieht sich hierbei auf das jeweilige Programm und nicht wie im Rahmen von § 26 Abs. 2 RStV auf sämtliche zurechenbare Programme. Die Regelung verdeutlicht, dass der Gesetzgeber auch unterhalb der Voraussetzungen vorherrschender Meinungsmacht Maßnahmen zur Sicherung der Meinungsvielfalt für notwendig erachtete. Dass ein Zuschaueranteil von 10 % für vielfaltsichernde Maßnahmen in Bezug auf Spartenprogramme ausreicht, resultiert aus der Bedeutung, welche Spartenprogramme mit überwiegend informativen Inhalten für den demokratischen Meinungsbildungsprozess haben.[377] Wird innerhalb der sechsmonatigen Frist des § 26 Abs. 5 S. 1 RStV keine den Vorgaben des § 31 RStV entsprechende Sendezeit eingeräumt, widerruft die zuständige Landesmedienanstalt gemäß § 26 Abs. 5 S. 3 RStV die Zulassung.

c) Folgen vorherrschender Meinungsmacht

Im Falle vorherrschender Meinungsmacht muss ein Unternehmen erhebliche Einschränkungen seiner unternehmerischen Gestaltungsfreiheit hinnehmen.

aa) Beschränkung externen Unternehmenswachstums

Besitzt ein Unternehmen vorherrschende Meinungsmacht, sind seine Expansionsmöglichkeiten gemäß § 26 Abs. 3 RStV beschränkt. Der Erlass von Unbedenklichkeitserklärungen für weitere Beteiligungen an Programmveranstaltern gemäß § 29 RStV sowie die Erteilung von Zulassungen für weitere Programme gemäß 20 Abs. 1 RStV kommen in dieser Situation nicht in Betracht. Auch eine Verlängerung von bereits erteilten Zulassungen ist ausgeschlossen.[378] Diese

377 *Trute,* in: Hahn/Vesting, § 26 RStV, Rn 74.

378 *Bretschneider,* 81; *Trute,* in: Hahn/Vesting, § 26 RStV, Rn 52 f., vertiefend zu der Problematik einer befristeten Zulassung.

Maßnahmen setzen voraus, dass die medienkonzentrationsrechtlichen Vorschriften eingehalten werden und vor allem keine vorherrschende Meinungsmacht gemäß § 26 Abs. 1, 2 RStV vorliegt.[379] Eine Unbedenklichkeitserklärung, welche die Landesmedienanstalt aufgrund eines gemäß § 35 Abs. 9 S. 5 RStV bindenden Beschlusses der KEK erteilt, ist gemäß § 29 S. 3 RStV Voraussetzung für eine Veränderung der Beteiligungsverhältnisse bspw. durch den Zusammenschluss mit einem anderen Unternehmen. Werden die Beteiligungsverhältnisse ohne eine zuvor erteilte Unbedenklichkeitserklärung verändert, führt dies gemäß § 29 S. 4 Hs. 1 RStV zu einem Widerruf der Zulassung.

bb) Beseitigung vorherrschender Meinungsmacht

Neben einer Beschränkung externen Unternehmenswachstums zur Verhinderung einer weiteren Verstärkung vorherrschender Meinungsmacht bedarf es der Beseitigung bereits entstandener vorherrschender Meinungsmacht, um den rechtmäßigen Zustand wiederherzustellen. Dementsprechend kann die KEK gemäß § 26 Abs. 4 RStV dem betroffenen Unternehmen vielfaltsichernde Maßnahmen vorschlagen und bei deren Nichtbefolgung gemäß § 26 Abs. 4 S. 3 RStV Zulassungen dem Unternehmen zuzurechnender Programme widerrufen.[380] Als Maßnahmen in Betracht kommen gemäß § 26 Abs. 4 S. 1 Nr. 1 RStV eine Reduktion der Zuschaueranteile durch die Aufgabe von Beteiligungen an Fernsehveranstaltern bei vorherrschender Meinungsmacht im Sinne des § 26 Abs. 2 S. 1 RStV, gemäß § 26 Abs. 4 S. 1 Nr. 2 RStV eine Verminderung der Marktstellung auf medienrelevanten verwandten Märkten sowie eine Aufgabe entsprechender Beteiligungen im Falle vorherrschender Meinungsmacht im Sinne von § 26 Abs. 2 S. 2 RStV oder gemäß § 26 Abs. 4 S. 1 Nr. 3 RStV vielfaltsichernde Maßnahmen nach §§ 30 bis 32 RStV. Die Maßnahmen sind gleichwertig und kumulativ anwendbar.[381]

In dem Verfahren Springer/P7S1 schlug die KEK vor, dass Springer auf den Erwerb der zuschaueranteilstarken Sender Sat1 oder ProSieben verzichten sollte, um die Entstehung vorherrschender Meinungsmacht zu verhindern und die Erteilung einer Unbedenklichkeitserklärung zu ermöglichen, was Springer indes ablehnte.[382]

379 *Holznagel/Grünwald,* in: Spindler/Schuster, § 29 RStV, Rn 10, 11.

380 *Trute,* in: Hahn/Vesting, § 26 RStV, Rn 57 ff.

381 *Trute,* in: Hahn/Vesting, § 26 RStV, Rn 57, 63.

382 *KEK*, Beschluss v. 10.01.2006, KEK-293-1 bis -5, 104.

cc) Meinungsvielfaltsicherung gemäß §§ 30 ff. RStV

Ein Unternehmen, das mit den ihm zurechenbaren Programmen vorherrschende Meinungsmacht erlangt, kann gemäß § 26 Abs. 4 Nr. 3 RStV vielfaltsichernde Maßnahmen ergreifen. Als vielfaltsichernde Maßnahmen kommen gemäß § 30 RStV die Einräumung von Sendezeiten für unabhängige Dritte sowie die Einrichtung eines Programmbeirats in Betracht.

aaa) Sendezeit für unabhängige Dritte

Die Einrichtung von Sendezeit für unabhängige Dritte richtet sich nach § 31 RStV. Um den vielfaltsichernden Zweck zu erfüllen, ist der Programmauftrag eines solchen Fensterprogramms auf Kultur, Bildung und Information ausgerichtet. Zudem ist der Veranstalter an die konkreten Vorgaben hinsichtlich Dauer und Uhrzeit des Programms gemäß § 31 Abs. 2 RStV gebunden. Regionalfensterprogramme im Sinne des § 2 Abs. 2 Nr. 6 RStV können unter den Voraussetzungen des § 31 Abs. 2 S. 2 bis S. 4 RStV auf Drittsendezeiten angerechnet werden. Die Verpflichtung zur Einrichtung von Drittsendezeiten ist ein Instrument der präventiven Meinungsvielfaltkontrolle.[383] Es handelt sich um ein binnenpluralistisches Regulierungselement, das bestimmte Programmveranstalter zu vielfältigen Programminhalten verpflichtet. Zugleich gibt es Veranstaltern, die vorherrschende Meinungsmacht besitzen oder deren Zuschaueranteile nahe der Grenzwerte des § 26 Abs. 2 S. 1, 2 RStV liegen, die Möglichkeit, einen Widerruf der Programmzulassung gemäß § 26 Abs. 4 S. 1 Nr. 3, S. 3 RStV zu verhindern.

Wichtige Voraussetzung dafür, dass Drittsendezeiten eine vielfaltsichernde Wirkung entfalten können, ist die rechtliche und redaktionelle Unabhängigkeit des Fensterprogrammanbieters, § 31 Abs. 1 S. 2, Abs. 3 RStV. Die Auswahl des unabhängigen Fensterprogrammveranstalters erfolgt nach dem in § 31 Abs. 4 RStV geregelten Verfahren. Zur Wahrung der Programmautonomie des Hauptveranstalters soll die Auswahlentscheidung möglichst mit dessen Zustimmung getroffen werden, § 31 Abs. 4 S. 3 RStV. Die weitere Ausgestaltung der Verpflichtung nach § 31 RStV ist Gegenstand einer Richtlinie der Landesmedienanstalten.[384]

---

383 *Flechsig,* in: Hahn/Vesting, § 31 RStV, Rn 2.

384 Gemeinsame Richtlinie der Landesmedienanstalten über die Sendezeit für unabhängige Dritte nach § 31 RStV (Drittsendezeitrichtlinie – DSZR) v. 16.12.1997.

bbb) Einrichtung eines Programmbeirats

Gemäß § 32 Abs. 1 S. 2 RStV soll der Programmbeirat durch Vorschläge und Anregungen zur Sicherung der Meinungsvielfalt und Pluralität des Programms beitragen. Hierdurch kann auch trotz hoher Zuschaueranteile ein breites Meinungsspektrum gewährleistet werden, sofern der Beirat entsprechend den gesetzlichen Vorgaben errichtet wird. Ein Programmbeirat mit vielfaltsichernder Wirkung muss gemäß § 32 Abs. 2 S. 2 RStV so zusammengesetzt sein, dass die relevanten gesellschaftlichen Meinungen vertreten sind. Gemäß § 32 Abs. 3 RStV besteht eine Unterrichtungs- und Anhörungspflicht des Veranstalters gegenüber dem Programmbeirat. Wesentliche Änderungen des Programms sind mit dem Programmbeirat zu besprechen. Der Veranstalter ist nicht an die Bewertung des Programmbeirats gebunden. Einige Entscheidungen des Veranstalters bedürfen indes gemäß § 32 Abs. 5 RStV der Zustimmung durch den Programmbeirat.[385] Die Kriterien des § 32 RStV sind in einer Richtlinie näher konkretisiert.[386]

§ 32 RStV besitzt jedoch kaum praktische Relevanz.[387] In dem Verfahren Springer/P7S1 lehnte die KEK die Einrichtung eines Programmbeirats als im Hinblick auf vorherrschende Meinungsmacht unzureichende Maßnahme ab. Begründet wurde dies damit, dass diesem „keine Mitentscheidungs- oder Vetorechte in Personal-, Programminhalts- oder Budgetfragen eingeräumt"[388] worden wären. Stattdessen verlangte die KEK binnenpluralistische Vielfaltsicherungsmaßnahmen.[389] Hierdurch wird deutlich, dass ein Programmbeirat mit geringen Eingriffsbefugnissen keine ausreichende Effektivität besitzt.[390] Ein mächtiger Programmbeirat wird hingegen häufig als zu starker Eingriff in die Veranstalterfreiheit abgelehnt.[391]

---

385 *Holznagel/Grünwald,* in: Spindler/Schuster, § 32 RStV, Rn 10 f., 15 f.

386 Gemeinsame Richtlinie der Landesmedienanstalten über die Berufung, Zusammensetzung und Verfahrensweise von Programmbeiräten nach § 32 RStV (Programmbeiratsrichtlinie – PBR) v. 16.12.1997.

387 *Holznagel/Grünwald,* in: Spindler/Schuster, § 32 RStV, Rn 2.

388 *KEK*, Beschluss v. 10.01.2006, KEK-293-1 bis -5, 105 f.

389 *KEK*, Beschluss v. 10.01.2006, KEK-293-1 bis -5, 67 f., 105 f.

390 VG München, Urteil v. 08.11.2007, M 17 K 06.2675, MMR 2008, 427 (431); *Holznagel/Grünwald,* in: Spindler/Schuster, § 32 RStV, Rn 5; *Podszun,* MMR 2008, 431 (432).

391 *Holznagel/Grünwald,* in: Spindler/Schuster, § 32 RStV, Rn 9; *Podszun,* MMR 2008, 431 (432); *Müller,* MMR 2006, 125 (126).

d) Beurteilung der Marktstellung eines Unternehmens

Die Prüfung vorherrschender Meinungsmacht erfordert eine Analyse der Stellung des Unternehmens auf dem bundesweiten Fernsehmarkt. Dafür müssen zunächst die Zuschaueranteile der durch das Unternehmen angebotenen Programme ermittelt sowie Programme im Sinne von § 28 RStV hinzugerechnet werden.

aa) Berechnung der Zuschaueranteile gemäß § 27 RStV

Die für die Bewertung vorherrschender Meinungsmacht gemäß § 26 RStV relevanten Zuschaueranteile der jeweiligen Programme ermitteln gemäß § 27 RStV die Landesmedienanstalten durch die KEK unter Mitwirkung der betroffenen Unternehmen (vgl. 27 Abs. 3 RStV). Die Zuschaueranteile werden anhand der Einschaltquoten gemessen und in Prozentsätzen ausgedrückt. In die Berechnung einbezogen werden sowohl öffentliche-rechtliche als auch bundesweit ausgestrahlte private Fernsehprogramme. Gegenstand der Bewertung sind aber gemäß § 27 Abs. 1 S. 1 RStV nur deutschsprachige Programme. Letzteres kann zu Verzerrungen führen, da der Bewertung nicht die tatsächliche Struktur der deutschen Fernsehlandschaft zu Grunde gelegt wird. Obwohl insbesondere im Wege des Internetfernsehens unproblematisch Fernsehprogramme aus dem Ausland empfangen werden können, werden die Zuschaueranteile solcher Programme nicht in die Bewertung einbezogen.[392] Auch nicht erfasst werden die Fernsehnutzung durch Nicht-EU-Ausländer sowie die „Außer-Haus-Nutzung“ des Fernsehens bspw. in öffentlichen Einrichtungen.[393] Zudem benachteiligt die Fokussierung auf deutschsprachige Programme Unternehmen, die überwiegend national tätig sind, da die Verstärkung von Marktmacht, die eine internationale Tätigkeit bspw. aufgrund von Synergieeffekten bei der Produktion von Medieninhalten zur Folge hat, bei der Beurteilung vorherrschender Meinungsmacht unberücksichtigt bleibt.[394]

bb) Zurechnung von Programmen gemäß § 28 RStV

Gemäß § 28 RStV sind sowohl unternehmenseigene Fernsehproduktionen als auch mittelbare und unmittelbare Beteiligungen an Produktionsgesellschaften in die Bewertung der Marktstellung eines Unternehmens einzubeziehen. Dies be-

---

392 *Gounalakis/Zagouras,* ZUM 2006, 716 (721 f.).

393 Vgl. hierzu *KEK*, 4. Medienkonzentrationsbericht, 393 ff.

394 *Gounalakis/Zagouras,* ZUM 2006, 716 (721 f.).

ruht darauf, dass es letztlich nicht darauf ankommt, wer ein Programm produziert oder überträgt; relevant ist allein der Einfluss auf die Programminhalte, da diese wiederum entscheidend für die Meinungsbildung sind. Daher werden auch nicht nur Beteiligungen an Unternehmen, sondern auch hiermit vergleichbare rechtliche oder wirtschaftliche Beherrschungen von Programmanbietern sowie anderweitige Einflussnahmen auf Programme berücksichtigt, vgl. § 28 Abs. 2 RStV. Auch solche Verflechtungen sowie Beziehungen zu Angehörigen, die dieselben Interessen verfolgen (vgl. § 28 Abs. 4 RStV), können sich erheblich auf die Markt- und Meinungsmacht eines Unternehmens auswirken.[395] Dass ein Unternehmen seinen Sitz im Ausland hat, ist für die Zurechnung gemäß § 28 Abs. 3 RStV unerheblich.[396]

cc) Anzeigepflicht

Um die Verteilung der Zuschaueranteile zu kontrollieren und vorherrschende Meinungsmacht erst gar nicht entstehen zu lassen, unterliegen die Unternehmen gemäß § 29 RStV einer Transparenzverpflichtung. Hiernach sind Veränderungen von Beteiligungsverhältnissen und anderen Einflüssen im Vorhinein anzuzeigen und durch eine von der KEK zu erteilende Unbedenklichkeitserklärung zu bestätigen. Eine Unbedenklichkeitserklärung ist zu erteilen, sofern die veränderten Beteiligungsverhältnisse zulassungsfähig sind, § 29 S. 3 RStV. Durch Erlass einer Richtlinie im Sinne von § 29 S. 5 RStV hat die KEK bestimmte geringfügige Beteiligungsveränderungen von der Anzeigepflicht befreit.[397]

e) Programmzulassung

Gemäß § 20 Abs. 1 S. 1 RStV ist der Zugang zu den Rundfunkmärkten für private Veranstalter an eine Zulassung geknüpft.[398]

---

395 BVerfG, Urteil v. 04.11.1986, 1 BvF 1/84, Juris, Rn 133; *KEK*, 3. Medienkonzentrationsbericht, 37 ff.; *Trute,* in: Hahn/Vesting, § 28 RStV, Rn 17 ff.; *Holznagel,* ZUM 2009, 620 (621); *Röß,* AfP 2010, 521.

396 Vgl. *Trute,* in: Hahn/Vesting, § 28 RStV, Rn 16; *Gounalakis/Zagouras,* ZUM 2006, 716 (722).

397 Vgl. *KEK*, Richtlinie nach § 29 Satz 5 Rundfunkstaatsvertrag (RStV) zur Ausnahme von der Anmeldepflicht bei Veränderung von Beteiligungsverhältnissen, abrufbar unter www.kek-online.de (Stand: 31.03.2013).

398 Vgl. hierzu *Holznagel/Nolden,* in: Hoeren/Sieber, Teil 5, Rn 97; *Bornemann*, ZUM 2010, 146.

aa) Hintergrund

Private Rundfunkveranstalter unterliegen einer Zulassungspflicht in Form eines präventiven Verbots mit Erlaubnisvorbehalt. Die Zulässigkeit von Rundfunkveranstaltung ist grundsätzlich von einer behördlichen Lizenzerteilung abhängig (Lizenzmodell).[399] Sinn und Zweck der Lizenzierung ist, vorhandene Frequenzen in einem ausgewogenen Verhältnis auf verschiedene Programmveranstalter zu verteilen und dadurch eine Angebotsvielfalt sicherzustellen. Die Lizenzierung wurde insbesondere aufgrund der Frequenzknappheit eingeführt. Das Problem der Frequenzknappheit tritt aber aufgrund von Medienkonvergenz und Digitalisierung zunehmend in den Hintergrund.[400] Daher dient die Lizenz inzwischen vorrangig der Durchsetzung medienkonzentrationsrechtlicher Vorschriften sowie dem Schutz der Meinungsfreiheit.[401] Mit einer Lizenz können sowohl technische als auch inhaltliche Bedingungen verbunden werden. Die Lizenzierung der privaten Rundfunkveranstaltung stellt einen Eingriff in die Rundfunk- und Meinungsfreiheit dar, weshalb die Erteilung einer Lizenz im Rahmen eines behördlichen Verfahrens erfolgt.[402]

bb) Verfahren

Vor dem Verfahren der Lizenzvergabe wird im Bereich des terrestrischen Rundfunks eine frequenzplanerische Entscheidung auf Bundesebene über die Art der Frequenznutzung getroffen.[403] Im Rahmen der bundesrechtlichen Frequenzplanung entscheidet sich, welche Übertragungskapazitäten der öffentlich-rechtliche Rundfunk nutzen kann; im Hinblick auf den privaten Rundfunk wird lediglich der Gesamtumfang der zur Verfügung gestellten Frequenzen geregelt. Durch die Lizenzerteilung erfolgt schließlich die Verteilung der Frequenzen auf die einzelnen privaten Rundfunkveranstalter. Die Lizenz stellt eine „höchstpersönliche Rechtsposition“ dar und ist daher grundsätzlich nicht übertragbar.[404] Zudem bezieht sich die Lizenz auf das jeweilige Programm, weshalb ein Veranstalter für die Veranstaltung verschiedener Programme mehrerer Lizenzen bedarf.[405]

---

399 *Holznagel/Kibele,* in: Spindler/Schuster, § 20 RStV, Rn 1; *Paschke,* Rn 568, 576; *KEK,* ZUM 2003, 904 (905).

400 *Herzog,* in: Maunz/Dürig, Art. 5 Abs. 1, 2 GG, Rn 222 ff.

401 *Holznagel,* ZUM 1999, 425 (426); *Hochrangige Gruppe für audiovisuelle Politik,* 27.

402 VG Regensburg, Urteil v. 23.03.1998, RN 5 K 96.01299, MMR 1998, 557 ff.; *Lehr,* in: Münchener Anwaltshandbuch, § 23, Rn 52.

403 *Holznagel,* ZUM 1999, 425 (427); *Schulz/Wasner,* ZUM 1999, 513 ff.

404 *KEK,* ZUM 2003, 904 (909 f.).

405 *Holznagel/Kibele,* in: Spindler/Schuster, § 20 RStV, Rn 3.

Grundsätzlich benötigt ein Programmveranstalter auch mehrere Lizenzen, sofern er ein Programm über weitere Mediendienste übertragen möchte und es sich bei diesen Diensten um elektronische Informations- und Kommunikationsdienste im Sinne von § 20 Abs. 2 RStV handelt, die dem Rundfunk zuzuordnen sind. Ob Mediendienste dem Rundfunk zuzuordnen sind, entscheidet gemäß § 36 Abs. 2 Nr. 8 Hs. 1 RStV die Kommission für Zulassung und Aufsicht („ZAK"). Entscheidend für die Bewertung ist die Meinungsbildungsrelevanz eines Mediendienstes. Hierbei sind insbesondere Suggestivkraft und Breitenwirkung des jeweiligen Mediums zu berücksichtigen; relevant sind in diesem Zusammenhang die inhaltliche Ausgestaltung eines Programms, das Nutzerverhalten und die Empfangsmöglichkeiten.[406] Internetfernsehen kann demnach abhängig von der Bild- und Tonqualität als dem Rundfunk zuzuordnender Informations- und Kommunikationsdienst qualifiziert werden.[407] Dasselbe gilt für Fernsehen auf Abruf, an dem „eine unbestimmte Vielzahl von Zuschauern oder Hörern beteiligt"[408] sind und das damit eine mit dem Rundfunk gleichzusetzende Breitenwirkung aufweist.[409] Um Rechtssicherheit zu erlangen, können Rundfunkveranstalter gemäß § 20 Abs. 2 S. 3 RStV einen Antrag auf rundfunkrechtliche Unbedenklichkeit stellen. Die Unbedenklichkeitserklärung enthält dann zugleich die Bestätigung, dass der Dienst nicht dem Rundfunk zuzuordnen ist und damit zulassungsfrei betrieben werden kann.[410]

Das Lizenzvergabeverfahren ist Ländersache; die Lizenz wird von der jeweils zuständigen Landesmedienanstalt erteilt. Die Lizenzvergabekriterien ergeben sich aus den Landesmedien- und Landesrundfunkgesetzen, vgl. § 20 Abs. 1 S. 2 RStV. Wird der Rundfunk bundesweit veranstaltet, findet sich eine Sonderregelung in § 20a RStV. Zu beachten ist, dass §§ 21 bis 39 RStV auch nur auf bundesweit verbreitetes Fernsehen anwendbar sind, § 39 S. 1 RStV. Das Verfahren beginnt mit einer öffentlichen Ausschreibung der freien Lizenz. Gemäß § 21 RStV unterliegen die Bewerber Mitwirkungspflichten, bspw. müssen die Antragsunterlagen vollständig eingereicht und erforderliche Auskünfte erteilt wer-

406 *DLM*, Drittes Strukturpapier zur Unterscheidung von Rundfunk und Mediendiensten, 9 f.; *Holznagel/Kibele,* in: Spindler/Schuster, § 20 RStV, Rn 10 f.; *Bumke/Schulz,* in: Hahn/Vesting, § 20 RStV, Rn 63.

407 *Schulz,* in: Hahn/Vesting, § 2, Rn 66; *Castendyk/Böttcher*, MMR 2008, 13 (16 f.); so wohl auch *Bumke/Schulz,* in: Hahn/Vesting, § 20 RStV, Rn 65–68, die Internetfernsehen als Grenzfall ansehen.

408 BVerfG, Beschluss v. 24.03.1987, 1 BvR 147/86, 1, BvR 478/86, NJW 1987, 2987 (2994).

409 *Schemmer,* in: Epping/Hillgruber, Art. 5, Rn 66 f.; *Castendyk/Böttcher*, MMR 2008, 13 (16); so wohl auch *Bumke/Schulz,* in: Hahn/Vesting, § 20 RStV, Rn 65–68, die Fernsehen auf Abruf als Grenzfall ansehen.

410 *Bumke/Schulz,* in: Hahn/Vesting, § 20 RStV, Rn 99 ff.; *Holznagel/Kibele,* in: Spindler/Schuster, § 20 RStV, Rn 15.

den. Kommt ein Bewerber seinen Mitwirkungspflichten nicht nach, wird der Antrag gemäß § 21 Abs. 5 RStV abgelehnt. Zur Erfüllung ihrer Verpflichtungen aus §§ 26 bis 34 RStV besitzt die zuständige Landesmedienanstalt gemäß § 22 RStV Ermittlungsbefugnisse und Auskunftsansprüche. Gemäß § 22 Abs. 4, 7, 8 RStV besteht ein an einen richterlichen Durchsuchungsbeschluss geknüpftes Durchsuchungsrecht für die Geschäftsräume der an dem Verfahren beteiligten Unternehmen. Durch diese Befugnisse, die erheblich in die Rechte der betroffenen Unternehmen eingreifen, sollen die Landesmedienanstalten in die Lage versetzt werden, ihre Amtsermittlungspflichten ordnungsgemäß zu erfüllen.[411]

Sowohl die Lizenz als auch die Ablehnung eines Zulassungsantrags sind Verwaltungsakte, gegen die ein Beschwerter die üblichen Rechtsmittel einlegen kann. Eine Anhörung der einzelnen Bewerber ist nicht vorgeschrieben. Die Vergabeentscheidung ist grundsätzlich zu begründen und öffentlich bekannt zu geben, damit die unterlegenen Bewerber die Möglichkeit haben, eine Konkurrentenabwehrklage zu erheben.[412] Zuständig für den Erlass der Lizenzen zur bundesweiten Rundfunkveranstaltung ist gemäß §§ 35 Abs. 1, 2 Nr. 1, 36 Abs. 2 Nr. 1 RStV die ZAK als Organ der jeweils zuständigen Landesmedienanstalt. Das Lizenzvergabeverfahren für bundesweit ausgestrahlte Fernsehprogramme wurde demnach zentralisiert.

cc) Persönliche Zulassungsvoraussetzungen

Zu der Veranstaltung von privatem bundesweiten Rundfunk zugelassen werden können natürliche und juristische Personen, welche die Voraussetzungen des § 20 a Abs. 1 RStV erfüllen.

Lizenzen dürfen gemäß § 20 a Abs. 1 Nr. 5 RStV insbesondere nur an Personen erteilt werden, die ihren Wohnsitz oder Sitz in Deutschland, einem sonstigen EU-Mitgliedstaat oder einem anderen Vertragsstaat des Europäischen Wirtschaftsraumes („EWR“) haben. Gemäß § 20 a Abs. 3 S. 1 RStV sind juristische Personen des öffentlichen Rechts und deren Organe grundsätzlich von der Lizenzerteilung ausgeschlossen. Öffentlich-rechtliche Rundfunkanstalten dürfen keinen Privatrundfunk veranstalten, da sonst die für den Anstaltsrundfunk geltenden besonderen gesetzlichen Zulassungsregeln umgangen würden.[413] Politische Parteien dürfen zwar an einer Einflussnahme auf das Programm gehindert, aber

---

411 *Holznagel/Krone,* in: Spindler/Schuster, § 22 RStV, Rn 3.

412 VG Regensburg, Urteil v. 23.03.1998, RN 5 K 96.01299, in: MMR 1998, 556 (557 ff.); *Holznagel/Kibele,* in: Spindler/Schuster, § 20 RStV, Rn 5; *Lehr,* in: Münchener Anwaltshandbuch, § 23, Rn 52.

413 BVerfG, Urteil v. 04.11.1986, 1 BvF 1/84, Juris, Rn 154 ff. – Niedersächsisches Landesrundfunkgesetz; BVerfG, Urteil v. 16.06.1981, 1 BvL 89/78, Juris, Rn 88, 119 – FRAG;

nicht vollständig von der Veranstaltung privaten Rundfunks ausgeschlossen werden und sind daher grundsätzlich lizenzberechtigt.[414] Vor diesem Hintergrund ist § 20 a Abs. 3 S. 1 RStV im Hinblick auf den Ausschluss politischer Parteien von der Lizenzerteilung wohl verfassungswidrig.[415] Einer Sonderregelung aus Gründen der Pluralismussicherung bedarf die Zulassung einer Aktiengesellschaft als privatem Rundfunkveranstalter. Gemäß § 20 a Abs. 2 S. 2 RStV darf eine Aktiengesellschaft nur dann eine Lizenz erhalten, wenn sie ausschließlich Namensaktien bzw. stimmrechtslose Vorzugsaktien vergibt. Hierdurch soll verhindert werden, dass Beteiligungsverhältnisse unklar sind oder verschleiert werden und dadurch eine Konzentration von Meinungsmacht entsteht.[416] Durch § 20 a Abs. 3 RStV soll eine Transparenz der Beteiligungsverhältnisse im Falle einer Konzernzugehörigkeit des Beteiligungsunternehmens sichergestellt werden. Die Vorschrift wird jedoch als ineffektiv kritisiert.[417] Darüber hinaus wird die fehlende Regelung zu Beteiligungen von Fondsgesellschaften als problematisch angesehen.[418]

dd) Sachliche Zulassungsvoraussetzungen

Die Erteilung einer Lizenz ist auch an sachliche Zulassungsvoraussetzungen geknüpft.

aaa) Bundesweites Fernsehen

Sachliches Kriterium für die Erteilung einer Lizenz für bundesweites Privatfernsehen ist insbesondere die Einhaltung der rundfunkrechtlichen Konzentrationsregelungen gemäß §§ 25 ff. RStV. Demnach kann ein Veranstalter Lizenzen für eine unbegrenzte Anzahl von Programmen erhalten, sofern er keine vorherrschende Meinungsmacht erlangt, § 26 Abs. 1 RStV.[419]

---

414 BVerfG, Urteil v. 12.03.2008, 2 BvF 4/03, Juris, Rn 87 ff. – Hessisches Privatrundfunkgesetz; vertiefend hierzu Müller, AfP 2009, 433 (433 ff.); siehe auch oben B. III. 1. b) aa).

415 Zu der Verfassungswidrigkeit entsprechender landesrechtlicher Vorschriften *Reffken,* NVwZ 2008, 857 (860).

416 *Hartstein et al.,* Begründung zum Dritten RÄStV, A 2.8, 7.

417 *Ritlewski*, ZUM 2008, 403; *Paschke,* Rn 581.

418 Vgl. bspw. *Ritlewski*, ZUM 2008, 403, zu der Beteiligung der Fondgesellschaften KKR und Permira an P7S1.

419 *Holznagel,* ZUM 1999, 425 (426).

bbb) Lokalfernsehen

Die Zulassungsvoraussetzungen für das nicht von dem RStV erfasste Lokalfernsehen ergeben sich aus den Landesmedien- und Landesrundfunkgesetzen. Die Landesgesetze basieren auf unterschiedlichen Regulierungsmodellen, den außenpluralistischen und binnenpluralistischen Modellen der Vielfaltsicherung. Nach dem außenpluralistischen Modell soll Meinungsvielfalt durch Programmvielfalt und nach dem binnenpluralistischen Modell, das bspw. in Nordrhein-Westfalen zur Anwendung kommt, durch Angebotsvielfalt jedes einzelnen Programms gesichert werden. Der Zulassungserteilung geht ein an qualitative Kriterien geknüpftes Auswahlverfahren voraus.[420] Nach sämtlichen Landesmediengesetzen, bspw. § 9 Abs. 2 Hessisches Privatrundfunkgesetz oder § 14 Abs. 1 Landesmediengesetz Nordrhein-Westfalen („LMG NRW"), sollen die privaten Rundfunkveranstalter vorrangig eine Lizenz erhalten, bei denen davon auszugehen ist, dass sie weitestgehende Meinungsvielfalt gewährleisten. Kriterien hierfür sind nach den Gesetzen insbesondere die Zusammensetzung der Anbietergemeinschaft, der Einfluss der Redaktion auf die Programmgestaltung, die Verteilung der Programmanteile auf die Thematiken Information, Bildung, Beratung und Unterhaltung, das Verhältnis von Eigen- und Auftragsproduktionen sowie das medienwirtschaftliche Engagement des Veranstalters.[421] Im Hinblick auf intermediäre Verflechtungen gehen die Landesgesetze einen Mittelweg, indem sie insbesondere die Rundfunkveranstaltung durch marktbeherrschende und damit auflagenstarke Zeitungsunternehmen in ihrem Verbreitungsgebiet untersagen oder nur unter vielfaltsichernden Auflagen zulassen. In diesem Zusammenhang ist aber die Neuregelung des LMG NRW zu berücksichtigen. Der Landesgesetzgeber hat die Regulierung des lokalen Rundfunks an das Regulierungsmodell des RStV angelehnt, indem er in § 33 Abs. 2 RStV ausdrücklich auf das Verbot vorherrschender Meinungsmacht, das bereits unmittelbar aus der verfassungsrechtlich geschützten Meinungsfreiheit herzuleiten ist, Bezug genommen hat. Im Zuge dessen wurden auch die Vorgaben für eine Beteiligung von Presseunternehmen an der Veranstaltung privaten Rundfunks gelockert.[422] Nach der vorigen Regelung waren Presseunternehmen mit einer marktbeherrschenden Stellung grundsätzlich von der Rundfunkveranstaltung ausgeschlossen, vgl. § 33 Abs. 3 LMG NRW alte Fassung. Die Neuregelung enthält hingegen detaillierte Vorgaben für zulässige Verflechtungen zwischen Presse und Rund-

---

420 *Holznagel/Nolden,* in: Hoeren/Sieber, Teil 5, Rn 97.

421 *Gersdorf,* 131 f.

422 Vgl. vertiefend hierzu *Holznagel,* ZUM 2009, 620 (622 ff.); *Krautscheid,* MMR 2010, 1 (1 f.).

funk, vgl. § 33 Abs. 4 i. V. m. §§ 33a ff. LMG NRW. Vergleichbare Änderungen wurden auch in anderen Bundesländern vorgenommen.[423]

ee) Rechtsfolgen der Nichteinhaltung der Lizenzvorgaben

Für den Fall des Verstoßes eines Lizenzinhabers gegen die Vorschriften des RStV sieht § 38 Abs. 2 RStV verschiedene Maßnahmen vor. In Betracht kommen Beanstandung und Untersagung sowie Rücknahme und Widerruf der Lizenz. Lagen die notwendigen Voraussetzungen für die Lizenzerteilung von vorneherein nicht vor, führt dies zu einer Rücknahme der Lizenz gemäß § 38 Abs. 3 Nr. 1 RStV. Eine Lizenz wird widerrufen, wenn die für ihre Vergabe relevanten Voraussetzungen gemäß § 20 a RStV nachträglich weggefallen sind, § 38 Abs. 4 Nr. 1 a RStV, oder wiederholt schwerwiegend gegen den RStV oder den Jugendmedienschutzstaatsvertrag verstoßen wurde, § 38 Abs. 4 Nr. 1 b RStV. Im Falle wiederholter und schwerwiegender Gesetzesverstöße erfüllt der Veranstalter zudem nicht die Voraussetzung des § 20a Abs. 1 Nr. 6 RStV, weshalb die Lizenz auch gemäß § 38 Abs. 4 Nr. 1 a RStV zu widerrufen ist. Zur Wahrung der Verhältnismäßigkeit kann der Widerruf erst nach der Setzung einer angemessenen Frist erfolgen, innerhalb derer der Lizenzinhaber Gelegenheit erhält, den Lizenzmangel zu beheben. Bei Widerruf und Rücknahme handelt es sich um gebundene Entscheidungen, d. h. den Landesmedienanstalten steht kein Ermessen zu. Gemäß § 38 Abs. 5 S. 1 RStV besteht kein Schadensersatzanspruch für in Folge von Widerruf oder Rücknahme erlittene Vermögensnachteile, wobei es irrelevant ist, ob der Veranstalter schutzwürdig ist.[424]

Die Veranstaltung bundesweiten Rundfunks ohne Zulassung ist gemäß § 49 Abs. 1 S. 1 Nr. 17 RStV eine Ordnungswidrigkeit, die gemäß § 49 Abs. 2 RStV mit einer Geldbuße von bis zu 500.000 Euro geahndet werden kann. Veranstalter können zudem gemäß § 49 Abs. 4 RStV verpflichtet werden, das Ordnungswidrigkeitsverfahren abschließende, rechtskräftige Entscheidungen in ihrem Rundfunkprogramm zu veröffentlichen, wobei die Landesmedienanstalten Inhalt und Zeitpunkt der Veröffentlichung bestimmen. Diese Verpflichtung soll als zusätzliche Sanktion sowie der Information der Öffentlichkeit dienen und darüber hinaus abschreckende Wirkung entfalten.[425]

---

423 Vgl. bspw. § 6 Abs. 2 Landesmediengesetz Niedersachsen.

424 *Holznagel,* in: Spindler/Schuster, § 38 RStV, Rn 13 f., 20.

425 *Holznagel/Krone,* in: Spindler/Schuster, § 49 RStV, Rn 56.

3. Medienkartellrecht

Die deutsche Fusionskontrolle findet uneingeschränkte Anwendung auf Medienzusammenschlüsse. Ein spezielles Medienkartellrecht mit medienspezifischen Vorgaben gibt es grundsätzlich nicht.[426]

a) Allgemeine Voraussetzungen der Medienfusionskontrolle

Gemäß § 19 GWB sind marktbeherrschende Stellungen von Unternehmen verboten.[427] Dieses Verbot wird im Rahmen der Fusionskontrolle gemäß § 36 Abs. 1 GWB durchgesetzt, indem Zusammenschlüsse von Unternehmen, welche die Entstehung oder Verstärkung einer marktbeherrschenden Stellung erwarten lassen, grundsätzlich durch das BKartA zu untersagen sind.

Einen im Kontext dieser Dissertation besonders relevanten Fusionstatbestand bilden crossmediale bzw. konglomerate Medienzusammenschlüsse wie die Springer/P7S1-Fusion. Diese können zu einer marktbeherrschenden Stellung des fusionierten Medienunternehmens führen, die gemäß § 36 Abs. 1 RStV durch das BKartA zu untersagen ist. Zwar verändern sich die Marktstellungen der Unternehmen auf den einzelnen Märkten durch einen solchen Zusammenschluss nicht, da die fusionierenden Unternehmen auf verschiedenen Medienmärkten tätig sind. Aus der Präsenz eines fusionierten Unternehmens auf verschiedenen Medienplattformen resultieren aber Synergieeffekte, die starke Marktstellungen auf den jeweiligen Medienmärkten begünstigen.[428] Die Erfassung der aus crossmedialen Zusammenschlüssen resultierenden Marktmacht stellt jedoch eine besondere Herausforderung dar, da die Auswirkungen solcher Zusammenschlüsse schwer feststellbar sind.[429] Bereits die Marktabgrenzung ist problematisch. Aufgrund von Medienkonvergenz sind Medieninhalte über jedes Medium zu erlangen. Auch die Übertragungsform ist nicht mehr an eine bestimmte Plattform gebunden. Vielmehr werden Fernsehprogramme und Zeitungsartikel unproblematisch über das Internet übertragen. Daher stellt sich die Frage, ob Medien im Hinblick auf die Übertragung von Inhalten aus Sicht der Konsumenten austauschbar sind. Eine funktionale Austauschbarkeit im kartellrechtlichen Sinne ist aufgrund von Qualitätsunterschieden und unterschiedlichen Verwendungseigen-

426 *Steger,* WuW 2010, 282.

427 Zu der geplanten Reform des Kartellrechts durch das Achte Gesetz zur Änderung des GWB (BT-Drs. 17/9852) siehe *Alexander,* WuW 2012, 1025 (1025 ff.).

428 *Gounalakis/Zagouras,* AfP 2006, 93.

429 *Steger,* WuW 2010, 282 (282 ff.).

schaften wohl derzeit noch abzulehnen.[430] Die Konvergenz der Mediendienste wird aber fortschreiten und insbesondere im Bereich der Informationsbeschaffung zu einer weitgehenden Austauschbarkeit der Mediendienste aus der Verbraucherperspektive führen. Das Kartellrecht steht daher vor der Herausforderung, sich an die Konvergenzentwicklung und die damit einhergehenden Veränderungen auf den Medienmärkten anzupassen. Bereits in der Springer/P7S1-Entscheidung mussten das BKartA und der BGH neue Kriterien für die kartellrechtliche Beurteilung konglomerater Medienzusammenschlüsse entwickeln, um eine sachgerechte Marktabgrenzung durchführen zu können. In diesem Zusammenhang wurden insbesondere die Auswirkungen crossmedialer Werbung auf die marktbeherrschende Stellung Springers auf dem bundesweiten Lesermarkt für Straßenverkaufszeitungen in die Untersagungsentscheidung einbezogen. Nach Ansicht des BKartA und des BGH hätte die dem Springer-Verlag angehörende Bild-Zeitung durch gezielte Werbung und Berichterstattung die Marktpräsenz von P7S1-Programmen erheblich steigern können, wodurch wiederum die Attraktivität der Werbeplätze dieser Sender infolge höherer Zuschaueranteile gestiegen wäre. Potentielle crossmediale Auswirkungen des Zusammenschlusses trugen demnach maßgeblich zu der Untersagungsentscheidung bei und sind daher von besonderer Bedeutung für die Medienfusionskontrolle.[431] Auch der Einfluss des Internets auf die klassischen Medien findet Berücksichtigung in kartellrechtlichen Verfahren.[432] Presse und Internet als einheitlichen Markt zu betrachten, lehnt das BKartA derzeit jedoch ab.[433]

Die Prüfungskompetenz des BKartA erstreckt sich ausschließlich auf die Auswirkungen eines Zusammenschlusses auf den Wettbewerb. Aspekte, die nicht ökonomischer Natur sind, dürfen bei der Bewertung nicht berücksichtigt werden. Der Schutz der Meinungsvielfalt spielt daher bei der kartellrechtlichen

430 *Steger,* WuW 2010, 282 (285 f.); zur funktionellen Austauschbarkeit siehe *Wagemann,* in: Wiedemann, § 16, Rn 23 ff., 32, § 23, Rn 8 f.

431 BGH, Beschluss v. 08.06.2010, KVR 4/09, MMR 2011, 60 (63); *BKartA*, Beschluss v. 19.01.2006, B6-92202-Fa-103/05, 39 f.; *Steger,* WuW 2010, 282 (286 ff.); *Podszun,* MMR 2007, 761 (762, 765).

432 Siehe hierzu bspw. die Untersagung einer gemeinsamen Online-Videoplattform von RTL und P7S1, die das BKartA mit einer hieraus resultierenden Verstärkung des Duopols der Sender auf dem Fernsehwerbemarkt begründete, BKartA, Beschluss v. 17.03.2011, B6-94/10, BeckRS 2012, 01190, Rn 46 ff., 65 ff., 136 f., 171 f., 228 f. Zu dem durch Medienkonvergenz beeinflussten liberaleren Ansatz des BKartA bezüglich der Zentralvermarktung medialer Rechte an der Fußball Bundesliga siehe *Frey*, GRUR-Prax 2012, 365 ff.

433 Vgl. *Bünder/Steltzner* (Interview mit Kartellamtspräsident Mundt), in: F.A.Z. v. 25.11.2011, Nr. 275, 13.

Untersagung keine Rolle und ist allein Gegenstand der medienkonzentrationsrechtlichen Überprüfung durch die KEK.[434]

b) Konkrete Voraussetzungen der Medienfusionskontrolle

Da es in Deutschland kein spezielles Medienkartellrecht gibt, werden Zusammenschlüsse unter der Beteiligung von Medienunternehmen nur dann von der kartellrechtlichen Fusionskontrolle erfasst, wenn die allgemeinen Voraussetzungen vorliegen. Um eine präventive Kontrolle relevanter Zusammenschlüsse zu ermöglichen, besteht eine Anmeldepflicht gemäß § 39 GWB. Die Anmeldung muss gemäß § 39 Abs. 3 Nr. 3, 4 i. V. m. Abs. 5 GWB insbesondere Angaben zu den Marktanteilen und Umsatzerlösen der beteiligten Unternehmen enthalten. Gemäß § 37 GWB kann ein kartellrechtlich relevanter Zusammenschluss im Falle eines Vermögens-, Kontroll- oder Anteilserwerbs an einem Unternehmen vorliegen. Ein Zusammenschlusses ist kartellrechtlich relevant, wenn die Umsatzgrenzen gemäß §§ 35 Abs. 1 i. V. m. 38 GWB erreicht sind und keine Einschränkung gemäß § 35 Abs. 2 GWB einschlägig ist. Zu beachten ist die medienspezifische Regelung in § 38 Abs. 2 GWB. Hiernach wird das Zwanzigfache der tatsächlich erzielten Umsatzerlöse angesetzt, um eine Zusammenschlusskontrolle auch im Bereich regionaler Rundfunk- und Presseaktivitäten zu ermöglichen.[435]

Ein Zusammenschluss kann nur im Rahmen eines formalisierten Verfahrens gemäß § 40 GWB untersagt werden. Die Einleitung des Hauptprüfverfahrens ist dem Unternehmen, das einen geplanten Zusammenschluss angemeldet hat, fristgemäß mitzuteilen, § 40 Abs. 1 GWB. Das BKartA muss eine Untersagungsentscheidung innerhalb von vier Monaten treffen und dem betroffenen Unternehmen mitteilen; anderenfalls gilt die Fusion gemäß § 40 Abs. 2 GWB als genehmigt. Während der Prüfung durch das BKartA darf ein Zusammenschluss grundsätzlich nicht vollzogen werden, § 40 Abs. 1, 2 GWB.

IV. Medienaufsicht

Die Organisationsstruktur der deutschen Medienkonzentrationskontrolle ist grundsätzlich föderal geprägt. Im Rahmen des Zehnten RÄStV wurde die deutsche Medienaufsicht umgestaltet. Die Zuständigkeiten im Mediensektor sind nun

434 *Podszun,* MMR 2007, 761 (762).

435 *Mestmäcker/Veelken,* in: Immenga/Mestmäcker, § 38 GWB, Rn 27, 33.

auf die Landesmedienanstalten, die sich der ZAK, der KEK, der Gremienvorsitzendenkonferenz („GVK“) sowie der Kommission für Jugendmedienschutz („KJM“) zur Erfüllung ihrer Aufgaben bedienen, und auf das BKartA, das für die kartellrechtliche Beaufsichtigung des Mediensektors zuständig ist, verteilt.

Die Aufteilung der Zuständigkeiten auf verschiedene Behörden und Organe birgt Konfliktpotential. In diesem Zusammenhang kam es bereits zu erheblichen Kompetenzstreitigkeiten, bspw. zwischen der Konferenz der Direktoren der Landesmedienanstalten („KDLM“) und der KEK über die Prüfungskompetenz der KEK hinsichtlich § 26 RStV. Im Folgenden soll nur auf die für die Sicherung der Meinungsvielfalt relevanten Behörden eingegangen werden.

1. Landesmedienanstalten

Aufgrund der Zuständigkeit der Bundesländer für die Regulierung der Medien gibt es in Deutschland vierzehn Landesmedienanstalten.[436] Die Landesmedienanstalten sind für Zulassung und Aufsicht der privaten Rundfunkanstalten zuständig. Als unabhängige juristische Personen des öffentlichen Rechts sind sie nicht Bestandteil der Staatsverwaltung, sondern staatsfrei organisiert. Zwecks Garantie ihrer staatlichen Unabhängigkeit verwalten sich die Anstalten selbst und sind finanziell autonom. Der Hintergrund besteht darin, dass der durch die Landesmedienanstalten kontrollierte gesellschaftliche Kommunikationsprozess eng mit dem Demokratieprinzip verflochten ist und daher staatlich unabhängig stattfinden muss.[437] Der Staat darf keinen entscheidenden Einfluss auf Auswahl, Inhalt oder Ausgestaltung des Programms durch den Veranstalter haben. Der Veranstalter muss hinsichtlich der Programmgestaltung unabhängig sein. Aufgrund der Veranstalterfreiheit ist der Staat zu keiner – auch nur mittelbaren – Beeinflussung des Programms berechtigt; dies betrifft insbesondere auch die Zuteilung von Sendefrequenzen.[438] Die Zulassung und Kontrolle der privaten Rundfunkanbieter müssen daher von einer nicht-staatlichen Organisation wahrgenommen

---

436 Für die Bundesländer Berlin und Brandenburg sowie Hamburg und Schleswig-Holstein ist jeweils eine Landesmedienanstalt zuständig (*Holznagel/Nolden,* in: Hoeren/Sieber, Teil 5, Rn 156).

437 Vgl. hierzu *Competition Commission*, ITV/BSkyB, 67 f., 5.9: „*We recognized the link between media plurality and the democratic process. This is consistent with the views of Parliament when introducing the plurality provisions as part of the Act.* [...] *The underlying principle is that it would be dangerous for any person to control too much of the media because of his or her ability to influence opinions and set the political agenda.*“

438 BVerfG, Urteil v. 16.06.1981, 1 BvL 89/78, Juris, Rn 88 ff.; *Paschke,* Rn 237, 579; *Gersdorf,* 131 f.; *Lehrke*, 39 ff.

werden. Die Landesmedienanstalten spielen daher für die Meinungsvielfalt eine zentrale Rolle. Bei jeder Zulassungsentscheidung müssen sie eine Prognose vornehmen, welchen Einfluss die Zulassung des jeweiligen Rundfunkanbieters auf die Medienlandschaft hat und wie sich die Zulassung auf die Meinungsvielfalt auswirkt. Die Kontrolle durch die Landesmedienanstalten ist für die Sicherung der Meinungsvielfalt unerlässlich. Ohne eine Zulassung durch die Landesmedienanstalten mangelte es den privaten Rundfunksendern an verfassungsrechtlicher Legitimation.[439] Gemäß § 35 Abs. 1 RStV obliegen die Aufgaben gemäß § 36 RStV der zuständigen Landesmedienanstalt. Diese trifft auch die Entscheidungen und ist somit das nach außen auftretende Organ.[440] Zur Erfüllung ihrer Aufgaben bedienen sich die Landesmedienanstalten der (Wander-)Organe des § 35 Abs. 2 RStV, deren Entscheidungen gemäß § 35 Abs. 9 S. 5 RStV bindend sind.[441] Die Landesmedienanstalten haben für die Organe eine gemeinsame Geschäftsstelle zu bilden, § 35 Abs. 7 Hs. 1 RStV.[442]

Um eine bundesweit einheitliche Anwendung der gesetzlichen Vorschriften zu ermöglichen, stimmen sich die Landesmedienanstalten zudem in Arbeitsgemeinschaften ab, zu deren Gründung sie aufgrund ihres Selbstverwaltungsrechts berechtigt sind.[443]

2. Kommission für Zulassung und Aufsicht

Die ZAK wurde durch den Zehnten RÄStV eingeführt, um die Regulierung privaten bundesweiten Rundfunks einheitlicher und effektiver zu gestalten.[444] Als Organ der Landesmedienanstalten ist die ZAK gemäß §§ 35 Abs. 1, 2 Nr. 1, 36 Abs. 2 Nr. 1, 7 RStV insbesondere für das Zulassungsverfahren und die Beaufsichtigung bundesweit verbreiteten Rundfunks zuständig. Damit sich die Zuständigkeiten von ZAK und KEK nicht überschneiden, ist die ZAK gemäß § 36 Abs. 2 Nr. 7 i. V. m. Abs. 4 RStV nur insoweit für die Beaufsichtigung privater Rundfunkveranstalter zuständig, als es nicht um Fragen der Meinungsvielfaltsicherung im bundesweiten Fernsehen geht. Mitglieder der ZAK sind gemäß § 35 Abs. 3 S. 1 RStV die gesetzlichen Vertreter der Landesmedienanstalten. Zu be-

439 *Gersdorf,* 164.

440 *Gröpl,* ZUM 2009, 21 (22).

441 *Holznagel/Grünwald,* in: Spindler/Schuster, § 35 RStV, Rn 5; *Gröpl,* ZUM 2009, 21 (22).

442 Vertiefend hierzu *Gröpl,* ZUM 2009, 21 (23 ff.).

443 *Holznagel/Kibele,* in: Spindler/Schuster, Präambel, Rn 7; *Gröpl,* ZUM 2009, 21 (26 ff.), mit vertiefenden Hinweisen zu dem Verhältnis zwischen den Arbeitsgemeinschaften der Landesmedienanstalten und der neugegründeten ZAK.

444 *Gröpl,* ZUM 2009, 21 (22).

rücksichtigen ist aber, dass sich die gesetzliche Kompetenzverteilung durch die Einrichtung der ZAK nicht verändert hat. Vielmehr obliegen die Aufgaben weiterhin gemäß § 35 Abs. 1 S. 1 RStV der jeweils zuständigen Landesmedienanstalt.[445]

3. Kommission zur Ermittlung der Konzentration im Medienbereich

Im Rahmen der Reform des RStV im Jahre 1997 wurde die KEK eingeführt und die Konzentrationskontrolle des bundesweiten Rundfunks zentralisiert. Vor allem das medienkonzentrationsrechtliche Aufsichtssystem bundesweiten Fernsehens ist somit inzwischen einheitlich organisiert.[446]

a) Organisation und Funktion

Die KEK ist ein für alle Landesmedienanstalten zuständiges Organ, das die Bundesländer gegründet haben, um eine bundesweit einheitliche konzentrationsrechtliche Beurteilung bundesweiten Fernsehens zu gewährleisten. Die KEK ist als Organ der Landesmedienanstalten (vgl. § 35 Abs. 2 S. 1 Nr. 3, S. 2 RStV) gemäß § 36 Abs. 1 S. 1 RStV für die Sicherung der Meinungsvielfalt zuständig. Die KEK ist kein nach außen in Erscheinung tretendes Entscheidungsorgan, sondern in den Entscheidungsprozess der Landesmedienanstalten eingebunden. Sie ist daher nicht befugt, gegenüber Medienunternehmen unmittelbar tätig zu werden.[447] Dennoch ist die KEK gemäß § 35 Abs. 8 S. 1 RStV nicht weisungsgebunden und ihre Entscheidungen sind gemäß § 36 Abs. 4 S. 1 RStV im Hinblick auf „Fragestellungen der Sicherung von Meinungsvielfalt im Zusammenhang mit der bundesweiten Veranstaltung von Fernsehprogrammen“ abschließend; die Landesmedienanstalten sind insofern an die konzentrationsrechtliche Beurteilung der KEK gebunden.[448] Die KEK ist das wichtigste Beschlussorgan im Bereich der Medienkonzentrationskontrolle. Sie trägt durch staatliche Unabhängigkeit, die sich insbesondere in der Zusammensetzung ihres Gremiums gemäß § 35 Abs. 5 S. 3 RStV zeigt, dem Grundsatz der Staatsferne der Medien Rechnung, der gerade in der Medienkonzentrationskontrolle von besonderer Bedeutung ist.[449] Zudem ist die KEK besser als die Landesmedienanstalten geeignet, stand-

445 Vgl. hierzu *Brocker,* in: Schwartmann, 97 f.

446 *Holznagel/Nolden,* in: Hoeren/Sieber, Teil 5, Rn 157.

447 *Neft,* ZUM 1999, 97 (100).

448 BVerwG, Urteil v. 24.11.2010, MMR 2011, 265; *Renck-Laufke,* ZUM 2000, 369 f.

449 *KEK,* 14. Jahresbericht, 5; *Holznagel/Grünwald,* in: Spindler/Schuster, § 35 RStV, Rn 13.

ortunabhängige Entscheidungen zu treffen.[450] Die KEK setzt sich gemäß § 35 Abs. 5 RStV aus sechs Sachverständigen, sechs Vertretern der Landesmedienanstalten sowie zwei sachverständigen Ersatzmitgliedern zusammen.[451] Die Ersatzmitglieder nehmen gemäß § 2 Abs. 4 Geschäftsordnung der KEK grundsätzlich an den Sitzungen teil, sind aber gemäß § 3 Abs. 1 Geschäftsordnung der KEK nur dann zur Beschlussfassung berechtigt, wenn ein Mitglied verhindert ist.[452]

b) Befugnisse und Pflichten

Die Zuständigkeit der KEK als Organ der Landesmedienanstalten umfasst gemäß § 36 Abs. 4 RStV die Prüfung von nach § 20 a RStV medienkonzentrationsrechtlich relevanten Kriterien für die Zulassungen oder Änderungen von Zulassungen bundesweiten Fernsehprogramms, die Erteilung von Unbedenklichkeitserklärungen gemäß §§ 26 Abs. 3, 29 S. 3 RStV sowie Entscheidungen im Sinne von § 26 Abs. 4 RStV. Der KEK werden auch Zulassungsverlängerungsanträge zwecks Erteilung von Unbedenklichkeitserklärungen vorgelegt.[453] Zudem ermittelt die KEK gemäß § 36 Abs. 4 S. 3 RStV die Zuschaueranteile. Die KEK ist weiterhin gemäß § 26 Abs. 6 RStV verpflichtet, im Dreijahresrhythmus über Medienkonzentration und Entwicklungen in der Meinungsvielfaltsicherung zu berichten. Hierbei sollen neben horizontalen und crossmedialen vor allem auch grenzüberschreitende Unternehmensverflechtungen bewertet werden, vgl. § 26 Abs. 6 Nr. 1 bis Nr. 3 RStV. In diesem Zusammenhang soll auch die Effektivität der medienkonzentrationsrechtsrechtlichen Vorschriften überprüft werden. Aus Gründen der Transparenz veröffentlicht die KEK zudem eine jährliche Programmliste gemäß § 26 Abs. 7 RStV.

Bei der Auswahl der Regionalfensterprogrammveranstalter gemäß § 25 Abs. 4 RStV sowie der Fensterprogrammveranstalter gemäß § 31 Abs. 4 RStV besitzt die KEK hingegen kein Mitbestimmungsrecht. Gemäß § 36 Abs. 5 S. 2 RStV ist die KEK aber in den Entscheidungsprozess einzubeziehen, um eine standortunabhängige Entscheidungsfindung zu gewährleisten.[454] Obwohl es um die Ausstrahlung von Fensterprogrammen im bundesweiten Fernsehen geht, sind die für die Zulassung regionaler Angebote zuständigen Organe der jeweiligen

---

450 *KEK*, 14. Jahresbericht, 5; *Neft*, ZUM 1999, 97.

451 Vgl. hierzu *Brocker,* in: Schwartmann, 97 f.

452 *Holznagel/Grünwald,* in: Spindler/Schuster, § 35 RStV, Rn 12.

453 *KEK*, 3. Medienkonzentrationsbericht, 368 f.; *Holznagel/Grünwald,* in: Spindler/Schuster, § 35 RStV, Rn 6, § 36 RStV, Rn 7.

454 *KEK*, Beschluss v. 09.06.2009, KEK-560, 4 f.

Landesmedienanstalt gemäß § 36 Abs. 5 S. 1 RStV abschließend entscheidungsbefugt und insofern nicht an die Bewertung der KEK gebunden.[455]

Um eine weitestgehende Transparenz des privaten Mediensektors und der Verteilung von Meinungsmacht zu gewährleisten, erstellt die KEK zudem Jahresberichte und Medienkonzentrationsberichte. In diesen Berichten wird die Entwicklung von Medienkonzentration im Privatfernsehen und auf medienrelevanten Märkten analysiert. Seit April 2011 betreibt die KEK zudem eine Fernsehsenderdatenbank, auf der sämtliche bundesweit veranstalteten Fernsehsender dargestellt werden.[456]

c) Verfahren

Für medienkonzentrationsrechtliche Bewertungen nach dem RStV ist grundsätzlich die KEK zuständig. Zwar werden Anträge bundesweiter Veranstalter gemäß § 36 Abs. 2 RStV von der ZAK bearbeitet. § 36 Abs. 4 S. 2 RStV stellt jedoch klar, dass die Prüfung der für die Sicherung der Meinungsvielfalt relevanten Kriterien der KEK obliegt. Auf der Grundlage einer Bewertung ihres gesetzlichen Vertreters hat die zuständige Landesmedienanstalt der KEK Verfahren gemäß § 36 Abs. 2 Nr. 1 RStV sowie sämtliche medienkonzentrationsrechtlich relevanten Sachverhalte unverzüglich vorzulegen, § 37 Abs. 1, 3 RStV. Vorlagepflichtig sind indes nur solche Anträge, welche zugleich die außerhalb der Prüfungskompetenz der KEK liegenden Voraussetzungen erfüllen.[457]

Da die Landesmedienanstalten gemäß § 35 Abs. 9 S. 5 RStV grundsätzlich an die Entscheidungen der KEK gebunden sind, musste die zuständige Landesmedienanstalt ursprünglich die KDLM konsultieren, sofern sie von einer konzentrationsrechtlichen Bewertung der KEK abweichen wollte. Dieser Verfahrensschritt ist durch die Abschaffung der KDLM durch den Zehnten RÄStV entfallen. Stattdessen wurden sechs Vertreter der Landesmedienanstalten in das Gremium der KEK aufgenommen, vgl. § 35 Abs. 5 Nr. 2 RStV.[458]

Abstimmungen in dem Gremium werden gemäß § 35 Abs. 9 S. 1 RStV i. V. m. § 5 Abs. 1 Geschäftsordnung der KEK durch Mehrheitsbeschluss entschieden. Im Falle von Stimmgleichheit entscheidet der gemäß § 35 Abs. 5 S. 7 RStV aus den Gremiumsmitgliedern zu wählende Vorsitzende, § 35 Abs. 9 S. 2 RStV. Die bindenden Beschlüsse sind durch die KEK zu begründen und

---

455 *Holznagel/Grünwald,* in: Spindler/Schuster, § 36 RStV, Rn 10.
456 *KEK*, 14. Jahresbericht, 4, 6.
457 *Holznagel/Grünwald,* in: Spindler/Schuster, § 37 RStV, Rn 3.
458 *Brocker,* in: Schwartmann, 97 f.; *Gröpl,* ZUM 2009, 21 (22 f.).

werden durch die Landesmedienanstalten vollzogen, vgl. § 35 Abs. 9 S. 3, 4, 6 RStV.

Zur Erfüllung ihrer Aufgaben stehen der KEK gemäß § 37 Abs. 4 RStV die Ermittlungsbefugnisse aus §§ 21, 22 RStV unmittelbar zu. Diese durch den Zehnten RÄStV eingeführte Verbesserung der Rechtsposition der KEK führt dazu, dass die Unternehmen gegenüber der KEK zur Mitwirkung verpflichtet sind.[459]

Die Entscheidungen der KEK sind nicht selbstständig, sondern nur im Rahmen der abschließenden Entscheidung der zuständigen Landesmedienanstalt anfechtbar, weshalb sich Klagen auch gegen Letztere zu richten haben.[460] Eines Vorverfahrens bedarf es gemäß § 68 Abs. 1 S. 2 Alt. 1 VwGO i. V. m. § 37 Abs. 5 RStV nicht.

4. Bundeskartellamt

Gemäß § 36 Abs. 1 GWB ist das BKartA für die Untersagung wettbewerbswidriger Zusammenschlüsse zuständig. Die Behörde entscheidet gemäß § 51 Abs. 2 S. 1 GWB durch Beschlussabteilungen. Für Medien ist die 6. Beschlussabteilung des BKartA zuständig.[461] Gemäß § 53 Abs. 1 S. 1 GWB hat das BKartA im Zweijahresrhythmus einen Tätigkeitsbericht zu verfassen, der Angaben zu Lage und Entwicklung in seinem Aufgabenbereich enthält. Der Bericht muss über die allgemeine Wettbewerbssituation informieren und eine Analyse der relevanten Märkte enthalten.[462] Um eine effektive Kontrolle sicherzustellen, sind Zusammenschlüsse dem BKartA gemäß § 39 Abs. 6 GWB unverzüglich anzuzeigen.

V. Reform

Betrachtet man den oben dargestellten Meinungsstreit im Hinblick auf § 26 RStV wird der Reformbedarf in der Medienkonzentrationskontrolle evident.[463]

---

459 *Holznagel/Grünwald,* in: Spindler/Schuster, § 37 RStV, Rn 6 f.

460 BVerwG, Urteil v. 24.11.2010, 6 C 16.09, MMR 2011, 265; *Renck-Laufke,* ZUM 2000, 369 (369 f.).

461 Siehe *BKartA,* Organisationsplan v. 21.09.2011, abrufbar unter www.bundeskartellamt.de (Stand: 31.03.2013).

462 *Klaue,* in: Immenga/Mestmäcker, § 53 GWB, Rn 1.

463 *Brautmeier,* promedia 2013, 26 (27 f.); *Schulz/Held,* 63; *Bremer/Grünwald,* MMR 2009, 80 (80 f., 83 f.); *Paal,* JZ 2010, 647 (653).

1. Reform des materiellen Medienregulierungsrechts

Für eine Reform des Medienkonzentrationsrechts gibt es mehrere Optionen, die teilweise auch schon Gegenstand des einleitenden Teils dieser Dissertation waren. So wurde bereits dargelegt, warum eine Abschaffung des Medienkonzentrationsrechts und die Sicherung der Meinungsvielfalt allein anhand des Kartellrechts nicht in Betracht kommen.[464] Die Ziele von GWB und RStV unterscheiden sich grundsätzlich. So betrifft der RStV besonders sensible Verfassungswerte wie das Recht auf Meinungsfreiheit, weshalb die Meinungsvielfaltskontrolle eine besondere Verantwortung gegenüber der demokratischen Grundordnung trägt. Hingegen hat das GWB allein den ökonomischen Wettbewerb im Blick. Das Gesetz bezweckt die Gewährleistung freien Wettbewerbs insbesondere durch Verhinderung marktbeherrschender Stellungen, die den Wettbewerbszielen entgegenstehen.[465] Die vorherrschende Meinungsmacht eines Unternehmens muss daher noch keine kartellrechtliche Relevanz aufweisen. Daher ist das Kartellrecht ungeeignet, Meinungsvielfalt umfassend zu schützen.

In Betracht kommt damit nur eine Reform des Medienkonzentrationsrechts.[466] Dies setzt eine parlamentarische Gesetzesänderung voraus. Eine Konkretisierung des § 26 RStV seitens der Landesmedienanstalten in Form einer Richtlinie kann mangels einer entsprechenden Kompetenz nicht erfolgen.[467]

Auch wenn nach der hier vertretenen Ansicht nicht von einer Verfassungswidrigkeit des § 26 RStV – etwa mangels hinreichender Normbestimmtheit – auszugehen ist, sind letzte Zweifel vor dem Hintergrund des seit Jahren andauernden Meinungsstreits insbesondere hinsichtlich der Bestimmtheit und rechtlichen Klarheit der Norm auszuräumen.[468] Der Gesetzgeber ist zudem verpflichtet, eine Medienkonzentrationskontrolle zu gewährleisten, die den verfassungsrechtlichen Anforderungen an die Gewährleistung von Meinungsfreiheit und -vielfalt entspricht. Konkrete Vorgaben, die zugleich ein ausreichendes Maß an Flexibilität bezüglich der Normanwendung gewährleisten, liegen im Interesse von Mei-

---

464 Vgl. hierzu A. III. 3. und 4.

465 *Immenga/Mestmäcker* in: dies., Einl., Rn 1 f.; *Gounalakis/Zagouras,* ZUM 2006, 716 (722 f.); *Röß,* AfP 2010, 521 (526).

466 Eine Reform des Rundfunkstaatsvertrages ist für Sommer 2014 geplant; ein erster Entwurf eines RÄStV mit einer Neuregelung des Medienkonzentrationsrechts soll im Sommer 2013 vorliegen, vgl. hierzu *Kreuzer/Müller-Terpitz,* promedia 12/2012, 27.

467 Siehe § 33 RStV, in dem § 26 RStV nicht genannt ist; vertiefend zu gemeinsamen Richtlinien der Landesmedienanstalten *Oberländer,* ZUM 2001, 487 ff.

468 *Gounalakis/Zagouras,* ZUM 2006, 716 (717); mehr Rechtsklarheit vor allem hinsichtlich der Anwendung des § 26 RStV fordern auch *Bremer/Grünwald,* MMR 2009, 80 (83), und *Schwartmann,* in: Krautscheid/Schwartmann, 11 (12).

nungsfreiheit und -vielfalt, da sie eine effektive Medienkonzentrationskontrolle ermöglichen.[469] Eine klarstellende Reform des § 26 RStV würde zudem die Wettbewerbsfähigkeit des deutschen Mediensektors steigern, da eine eindeutige Rechtslage Investitionsanreize schafft, die sich wiederum in wirtschaftlichem Wachstum niederschlagen.

a) Crossmedialer Regulierungsansatz

Eine dementsprechende Gesetzgebung hat vor allem die technischen Entwicklungen im Hinblick auf Medienkonvergenz sowie die grenzüberschreitende Natur der Medien zu berücksichtigen. Die Auswirkungen transnationaler Medienzusammenschlüsse lässt der RStV bisher grundsätzlich unberücksichtigt. Aufgrund von Medienkonvergenz und der daraus folgenden Notwendigkeit einer medienübergreifenden Gesamtbetrachtung sollte zudem das Fernsehen nicht im Mittelpunkt der Betrachtung stehen.[470]

Die verhältnismäßig strenge Regulierung des Fernsehens wird ohnehin durch die Verwendung anderer Mediendienste umgangen, die weniger streng oder gar nicht reguliert sind. Dies wird am Beispiel des Hybridfernsehens besonders deutlich. Sofern Inhalte nicht im Rahmen des Fernsehprogramms übertragen werden dürfen, konsumiert der Nutzer diese Inhalte stattdessen über ein weniger reguliertes Medium, vor allem das Internet, das inzwischen sogar parallel zu dem üblichen Fernsehprogramm auf dem Fernsehbildschirm geöffnet werden kann. Es macht im Ergebnis somit keinen Unterschied, ob das Fernsehprogramm reguliert ist oder nicht. Grundsätzlich bedarf es daher einer technologieübergreifenden oder technologieunabhängigen Medienregulierung.[471] In diesem Sinne fordert auch die Rahmenrichtlinie aus 2002 einen technologieneutralen Regulierungsansatz, wonach keine bestimmte Technologie vorgegeben oder deren Verwendung gefördert werden soll.[472] Diesen Ansatz verfolgt die AVMD-RL auf europäischer Ebene; allerdings werden viele relevante Aspekte nicht von der Richtlinie erfasst; bspw. sind Betreiber von Internetportalen, die jedoch erheb-

469 *Gounalakis/Zagouras,* ZUM 2006, 716 (717).

470 *Paal/Hennemann,* ZRP 2010, 40 (42 f.); *Paal,* JZ 2010, 647 (652); *Schmid/Kitz,* ZUM 2009, 739 (742, 744); *Gounalakis/Zagouras,* ZUM 2006, 716 (718 f.); *Röß,* AfP 2010, 521 (526 ff.); a. A. *Kreuzer/Müller-Terpitz,* promedia 12/2012, 27 ff.

471 *Schmid,* ZUM 2011, 457 (458 f., 461); *Wagner,* ZUM 2011, 462 (463); *Kammerevert,* promedia 4/2013, 13 f.

472 Vgl. Erwägungsgrund Nr. 18 Rahmenrichtlinie; *Carlton et al.*, in: Getting the Deal Through, 466.

lichen Einfluss insbesondere auf das Hybridfernsehen haben, weiterhin von Regulierung ausgenommen.[473]

Im Rahmen des derzeitigen Medienkonzentrationsrechts ist der „Verwandtschaftsgrad" eines Mediums im Verhältnis zum Fernsehen für die Berücksichtigung als medienrelevanter verwandter Markt gemäß § 26 Abs. 2 S. 2 RStV entscheidend.[474] Die Gefahr für die Meinungsvielfalt geht inzwischen aber nicht mehr vorrangig von marktbeherrschenden Stellungen in einzelnen Mediensektoren aus. Eine Gefährdung stellt vielmehr die crossmediale Präsenz großer Medienunternehmen dar. Diese gibt Unternehmen die Möglichkeit, Mediennutzer in vielfältiger Weise auf allen relevanten Plattformen zu beeinflussen. Vor diesem Hintergrund bedarf es Kriterien, die eine konkrete und transparente Erfassung crossmedialer Meinungsmacht ermöglichen, um Meinungsvielfalt umfassend zu schützen.[475] Da es aufgrund von Medienkonvergenz nicht mehr auf die Übertragungsform ankommt, weil Inhalte über jede Plattform übertragen werden können, kann Medienregulierung nur auf einen technologieneutralen Ansatz gestützt werden. Meinungsmacht sollte daher nicht – wie bisher im Rahmen von § 26 Abs. 2 S. 2 RStV – nur in Bezug auf das Medium Fernsehen bewertet werden. Eine Marktstellung auf einem Medienmarkt sollte vielmehr dann für die Bewertung vorherrschender Meinungsmacht relevant sein, wenn sie das Unternehmen in die Lage versetzt, die öffentliche Meinungsbildung zu beeinflussen. Die Bewertung sollte unabhängig davon erfolgen, ob diese Marktstellung Auswirkungen auf den Fernsehmarkt hat oder das Meinungsmacht ausübende Unternehmen ein Fernsehveranstalter ist.[476] Zwar besitzt das Fernsehen weiterhin den größten Einfluss auf die Meinungsbildung. Dies resultiert aus seiner besonderen Suggestivkraft, d. h. seiner Fähigkeit, auf die öffentliche Meinungsbildung einzuwirken.[477] Diese Suggestivkraft zeigt sich bspw. daran, dass Mediennutzer Fernsehnachrichten eine besondere Glaubwürdigkeit attestieren. Daher ist das Fernsehen auch weiterhin in besonderem Maße bei der Beurteilung vorherrschender Meinungsmacht zu berücksichtigen.[478] Jedoch ist Fernsehen nicht das einzige Medium, das relevanten Einfluss auf die öffentliche Meinungsbildung hat. Dies wird bereits dadurch deutlich, dass Mediennutzer auch Zeitungen und Hörfunk einen hohen Stellenwert für die Bildung einer umfassenden und demokratischen Mei-

473 *Wagner,* ZUM 2011, 462 (464); siehe hierzu auch *Kammerevert,* promedia 4/2013, 13 (13 f.).

474 *KEK*, Beschluss v. 10.01.2006, KEK-293-1 bis -5, 81; *dies.*, 14. Jahresbericht, 6; *dies.*, 4. Medienkonzentrationsbericht, 378.

475 *Schmid/Kitz,* ZUM 2009, 739 (741 ff.); *Gounalakis/Zagouras,* ZUM 2006, 716 (719 f.).

476 *Schmid/Kitz,* ZUM 2009, 739 (741 ff.); *Krautscheid,* in: Krautscheid/Schwartmann, 3 (6).

477 *Bretschneider,* 79 f.

478 *Medienpädagogischer Forschungsverbund Südwest,* 23 ff.; *Ecke,* 19, 27, 33; *Bentele,* 238.

nung einräumen.[479] Auch die Bedeutung des Internets für die Meinungsbildung nimmt rasant zu. Vor allem Nachrichtenportale haben eine erhebliche Bedeutung für den Mediennutzer.[480] Der moderne Mediennutzer bildet sich seine Meinung anhand von Informationen, die er auf verschiedenen Medienplattformen erlangt. Dieser Nachfrage entsprechend agieren Medienunternehmen zunehmend crossmedial und wirken so auf die Meinungsbildung ein.[481] Daher sollten sämtliche Medien unter Berücksichtigung ihres Gewichts für die Meinungsbildung in die Bewertung einbezogen werden.[482] Der „Verwandtschaftsgrad“ im Verhältnis zum Fernsehen sollte hingegen unbeachtlich sein. Sofern sektorspezifische Regulierungsmaßnahmen notwendig sind, dürfen diese keinesfalls in einem Widerspruch zu den Regulierungsregimen anderer Mediendienste stehen.[483]

Zu beachten ist außerdem, dass ein starres Regulierungsregime nicht zukunftsfähig ist und sich im Übrigen auch nicht gegen die Regulierungsregime anderer Nationalstaaten durchsetzen könnte, sofern es zu einer Vereinheitlichung des Medienkonzentrationsrechts auf europäischer Ebene kommen sollte. Die Zukunfts- und Konkurrenzfähigkeit einer Rechtsordnung ist aber in Zeiten zunehmender Marktintegration und Rechtsvereinheitlichung insbesondere im Bereich des besonders dynamischen Mediensektors unabdingbare Voraussetzung für ihr Bestehen.

Dass das aktuelle Medienkonzentrationsrecht dieser Entwicklung nicht gerecht wird, zeigt bereits die amtliche Begründung des Dritten RÄStV. Hiernach werden als medienrelevante verwandte Märkte insbesondere Presse und Hörfunk, aber nicht das Internet genannt.[484] Vor diesem Hintergrund weist auch der aktuelle Koalitionsvertrag auf die Reformbedürftigkeit des Medienkonzentrationsrechts hin.[485]

---

479 *Bentele,* 236 ff., der aber darauf hinweist, dass Nutzer üblicherweise dem von ihnen meistgenutzten Medium die größte Glaubwürdigkeit attestieren.

480 *Ecke*, 20, 23 f., 33 f.; *KEK*, 4. Medienkonzentrationsbericht, 44 ff.

481 *KEK*, 4. Medienkonzentrationsbericht, 49 ff.

482 *Hasebrink,* promedia 12/2011, 22 (24); *Schmid/Kitz,* ZUM 2009, 739 (744).

483 *Wheeler*, Canadian Journal of Communication 2001.

484 *Hartstein et al.,* Begründung zum Dritten RÄStV, A 2.1, 11.

485 *CDU/CSU/FDP*, Koalitionsvertrag v. 26.10.2009, 105: „Die Medien- und Kommunikationsordnung muss gemeinsam mit den Ländern weiter an die veränderten technischen und wirtschaftlichen Gegebenheiten angepasst werden. [...] Im Interesse der Erhaltung der Meinungs- und Pressevielfalt sind das Medienkonzentrations- und das Pressekartellrecht zu überprüfen.“

b) Reformvorschlag der KEK

Die KEK unterbreitete im Rahmen des 4. Medienkonzentrationsberichts aus Oktober 2010 einen konkreten Reformvorschlag.[486]

Danach sollen die Vermutung vorherrschender Meinungsmacht bei einem Fernsehzuschaueranteil von 30 % und damit das Zuschaueranteilsmodell beibehalten werden. Die 25 %-Grenze des § 26 Abs. 2 S. 2 RStV soll hingegen gestrichen und durch eine Gesamtbeurteilung der Unternehmensaktivitäten im Fernsehen und auf medienrelevanten verwandten Märkten ersetzt werden. Führt diese Gesamtbeurteilung zu dem Ergebnis, dass die Stellung des Unternehmens auf dem gesamten Medienmarkt einem Fernsehzuschaueranteil von 30 % entspricht, kann vorherrschende Meinungsmacht auch bei Unterschreitung der 30 %-Grenze angenommen werden. Durch die ausdrückliche Begrifflichkeit „Gesamtbeurteilung" wird der obige Meinungsstreit in Bezug auf § 26 Abs. 1, 2 RStV dahingehend klargestellt, dass sich die Prüfungskompetenz der KEK auf eine Gesamtbewertung aller relevanten Medienaktivitäten eines Unternehmens erstreckt, unabhängig von einem auf dem Fernsehmarkt erzielten Zuschaueranteil des Unternehmens.[487]

Darüber hinaus sollen konkrete Fallgruppen in den Gesetzestext aufgenommen werden, die üblicherweise zu einem besonderen Einfluss eines Unternehmens auf die Meinungsbildung beitragen. Als Fallgruppen werden Verflechtungen zwischen Fernsehen und Tageszeitungen sowie zwischen Fernsehen und Hörfunk vorgeschlagen. Ein konkreter Faktor für die Bewertung der Marktstellung eines Unternehmens im Internet soll nicht festgelegt werden; die Relevanz eines Internetangebots für die öffentliche Meinungsbildung soll vielmehr im jeweiligen Einzelfall ermittelt werden.[488]

Zudem soll sich der Gesetzgeber in Anlehnung an die in dem Verfahren Springer/P7S1 von der KEK angewandte Methode[489] auf Faktoren festlegen, die für die Umrechnung der Marktstellungen auf anderen relevanten Medienmärkten in Fernsehzuschaueranteile herangezogen werden. Hierdurch soll dem Bestimmtheitsgrundsatz Rechnung getragen werden.[490]

---

486 Vgl. *KEK*, 4. Medienkonzentrationsbericht, 386 f.

487 *KEK*, 4. Medienkonzentrationsbericht, 386 f.

488 *KEK*, 4. Medienkonzentrationsbericht, 387 f.

489 Vgl. *KEK*, Beschluss v. 10.01.2006, KEK-293-1 bis -5, 87 ff.

490 *KEK*, 4. Medienkonzentrationsbericht, 387 f.

c) Bewertung

Der Reformvorschlag der KEK deckt grundsätzlich den im Hinblick auf § 2 RStV bestehenden Konkretisierungsbedarf. Eine Erfassung konkreter Fallkonstellation, wie die KEK vorschlägt, erscheint jedoch nicht sinnvoll, da es aufgrund der rasanten technischen Entwicklungen keine typischen Konstellationen im engen Sinne mehr geben wird. Zu jeder Zeit kann eine technische Neuheit entwickelt werden, die bei entsprechender Resonanz der Verbraucher schnell eine erhebliche Marktpräsenz entwickeln und sich so auf die Verteilung der Marktmacht auswirken kann.

Die Konkretisierung einzelner Fallgruppen macht zudem keinen Sinn, wenn das Internet als wichtiger meinungsbeeinflussender Faktor nicht einbezogen wird. Bewertet man das Internet anhand der für die Meinungsbildung relevanten Kriterien Suggestivkraft, Breitenwirkung und Aktualität, wird sein erhebliches Meinungsbildungspotential deutlich. Dieses resultiert aus der enormen Reichweite und weiten Verbreitung des Internets (83 % der deutschen Bevölkerung haben Zugang zum Internet), sowie aus der gesteigerten Glaubwürdigkeit und der Aktualität des Internets (Informationen können ohne Zeitverzögerung bspw. über Internetportale, soziale Netzwerke oder Messenger Systeme verbreitet werden).[491] Auch die Suggestivkraft über das Internet übertragener audiovisueller Inhalte entspricht vor allem aufgrund der verbesserten Bildqualität inzwischen der des Fernsehens. Die Suggestivkraft wird auch dadurch gesteigert, dass das Internet eine über die Darstellungskraft des Fernsehens hinausgehende Vielfalt an Darstellungsmöglichkeiten bietet. Daher ist auch das Internet als medienrelevanter verwandter Markt zu qualifizieren und seinem Gewicht für die Meinungsbildung entsprechend in die Bewertung vorherrschender Meinungsmacht einzubeziehen.[492]

Zudem erscheint fraglich, ob eine gesetzliche Fixierung der vielfach kritisierten Berechnungsmethode der KEK im Springer/P7S1-Beschluss medienpolitisch umsetzbar und gewollt ist.

Die Abschaffung der 25 %-Grenze ist vor dem Hintergrund des erheblichen Einflusses medienrelevanter verwandter Märkte auf die Meinungsbildung sinnvoll. Diese Märkte sind auch unabhängig von der Stellung eines Unternehmens

---

491 *KEK*, 14. Jahresbericht, 96 f.; *Ecke*, 15 ff. Informationen aus dem Internet besitzen aus Sicht der Mediennutzer jedoch eine geringere Glaubwürdigkeit als solche, die durch Zeitungen oder Fernsehprogramme vermittelt werden. Dies resultiert wohl daraus, dass Informationen im Internet häufig von Nutzern verbreitet werden (sog. *user generated content*) und daher nicht „professionell recherchiert" sind, vgl. *KEK*, 4. Medienkonzentrationsbericht, 384. Zu der Verbreitung des Internets in Deutschland siehe B. II.

492 *KEK*, 4. Medienkonzentrationsbericht, 42, 380.

auf dem Fernsehmarkt zu berücksichtigen. Zumal dieser Schwellenwert bisher keine besondere Beachtung fand, sondern vielmehr eine Bewertung medienrelevanter verwandter Märkte auch unterhalb eines Fernsehzuschaueranteils von 25 % vorgenommen wurde.[493] Auch der Schwellenwert von 30 % sollte abgeschafft bzw. erheblich gesenkt werden. Ein Fernsehzuschaueranteil in dieser Höhe ist zumindest durch nicht marktführende Medienunternehmen kaum zu erreichen, insbesondere weil gemäß § 27 Abs. 1 S. 1 RStV auch die Zuschaueranteile öffentlich-rechtlicher Sender in die Berechnung einbezogen werden.[494]

Letztlich wird der Reformvorschlag der KEK der technischen Entwicklung nicht gerecht und stellt nur einen Fortschritt im Hinblick auf die Rechtssicherheit und -klarheit dar. Es erscheint ohnehin fraglich, ob der gegenwärtige Regulierungsansatz, der berücksichtigt, an welcher Stelle der Einfluss eines Unternehmens auf ein Medium aufhört und auf ein anderes Medium beginnt, im Hinblick auf Medienkonvergenz überhaupt noch geeignet ist, Meinungsmacht zu erfassen. So handelt es sich bei den Medieninhalten, die in digitalisierter Form über die verschiedenen Mediendienste Fernsehen, Radio und Internet übertragen werden, um Dateneinheiten, die grundsätzlich auch durch Datenschutzgesetze erfasst werden.[495] Eine Regulierung, die an unterschiedliche Begriffe oder Sektoren anknüpft, ist daher ineffektiv und führt zudem zu Wettbewerbsverzerrungen auf den Medienmärkten.[496]

Um die Regulierung der technischen Entwicklung und dem Nutzungsverhalten der Verbraucher anzupassen, wird daher vorgeschlagen, von einer Begriffs- zu einer Gefährdungsregulierung überzugehen. Hiernach soll das Gesetz die Gefährdung durch vorherrschende „Meinungsmacht abstrakt definieren“ anstatt auf die jeweilige Übertragungsform abzustellen.[497] Zu beachten ist, dass hierdurch auch Verflechtungen zwischen Unternehmen, die kein Fernsehen veranstalten, regulatorisch erfasst würden. Grundsätzlich ist diesem Vorschlag insofern zuzustimmen, als er sich von der Übertragungsform löst. Eine abstrakte Definition und Ausrichtung allein an einer Gefährdungslage bringt den Vorteil, dass das Gesetz in seiner Anwendung sehr flexibel und damit anpassungsfähig ist.[498] Ein Nachteil besteht jedoch darin, dass auch diese gesetzliche Neuregelung wieder dem Vorwurf mangelnder Konkretheit ausgesetzt wäre.[499]

---

493 Vgl. *KEK,* Beschluss v. 10.01.2006, KEK-293-1 bis -5, 85.

494 *Schwartmann,* in: Schwartmann, 105; *Peifer,* 55; *Gounalakis/Zagouras,* ZUM 2006, 716 (720); *Dörr,* NJW 1997, 1341 (1345).

495 *Binder,* in: Hahn/Vesting, 2. Aufl., § 19 RStV, Rn 20; *Gounalakis,* AfP 2004, 394.

496 *Schmid/Kitz,* ZUM 2009, 739 (739 ff.); *Paal,* 291; *Becker,* ZUM 2011, 449.

497 *Schmid/Kitz,* ZUM 2009, 739 (744).

498 *Schmid/Kitz,* ZUM 2009, 739 (744).

499 Vgl. *Hepach,* ZUM 2007, 40 (46); *Engel,* ZUM 2005, 776 (779).

Zur Gewährleistung von Rechtssicherheit und -klarheit erscheint daher die verbindliche Einführung einer konkreten Methode zur Bewertung crossmedialer Marktmacht eines Unternehmens vorzugswürdig. Die Methode müsste eindeutig und transparent sein, sodass auch die Medienunternehmen ihre Marktstellung jederzeit einschätzen und rechtlich bewerten können. Im Falle der Normierung einer solchen Methode besteht aber wiederum die Gefahr, dass sich das Gesetz aufgrund fortschreitender technischer Entwicklungen als nicht zukunftsfähig erweist. Dieser bereits oben diskutierte Zielkonflikt ist zugunsten eines flexiblen und deutungsoffenen Regulierungsansatzes zu entscheiden.[500] Dieser sollte unabhängig von der jeweiligen Übertragungsform auf die durch vorherrschende Meinungsmacht verursachte Gefahr für die öffentliche Meinungsbildung abstellen. Eine Unterscheidung nach den einzelnen Medien sollte erst bei Bewertung des tatsächlichen Einflusses einer Markstellung auf die Meinungsbildung erfolgen, der durchaus je nach Übertragungsform unterschiedlich sein kann. Der fortschreitenden Konvergenz der Medien wird demnach nur ein Regulierungssystem gerecht, dass sich im Rahmen eines technologieneutralen Ansatzes von unterschiedlichen Regulierungsansätzen für einzelne Medien löst. Die Novellierung der Medienregulierung sollte daher vorrangig auf eine Erfassung crossmedialer Sachverhalte ausgerichtet sein und sich von einer Regulierung, die auf ein bestimmtes Medium fokussiert ist, lösen. Auf welchem Medienmarkt ein Unternehmen relevante Meinungsmacht ausübt, sollte nur insofern entscheidend sein, als das „Meinungsbildungsgewicht" des jeweiligen Mediums zu berücksichtigen ist.[501] Das „Meinungsbildungsgewicht" eines Mediums ist entsprechend dem Vorschlag der KEK anhand der Kriterien Suggestivkraft, Breitenwirkung und Aktualität zu bestimmen.[502] Inwiefern ein Medium diese Kriterien erfüllt, ist aus der Perspektive der Mediennutzer, die anhand regelmäßiger Meinungsumfragen zu ermitteln ist, zu analysieren.[503] Bisher stellt das Medienkonzentrationsrecht allein auf die Breitenwirkung ab, indem es sich gemäß § 26 Abs. 2 S. 1, 2 RStV an Zuschaueranteilen orientiert. Entscheidend für die Bewertung von Medien sind aber auch die Relevanz der Medieninhalte für die Meinungsbildung sowie eine aktuelle und regelmäßige Verbreitung. Diese Kriterien können Zeitungen, Hörfunk und Internet in gleichem Maße wie das Fernsehen erfüllen. Die derzeitige Regelung geht aber davon aus, dass allein das Fernsehen einen erheblichen Einfluss auf die Meinungsbildung hat und andere Medien allenfalls durch eine

---

500 Vgl. hierzu B. III. 2. b) cc) bbb) (c) (ff) (bbb).

501 *KEK*, 4. Medienkonzentrationsbericht, 386; *Hasebrink*, promedia 12/2011, 22 (24).

502 Siehe *KEK*, 4. Medienkonzentrationsbericht, 387.

503 *Hasebrink*, promedia 12/2011, 22 (24).

Steigerung über Fernsehen vermittelter Meinungsmacht auf den Nutzer einwirken.[504]

Neben qualitativen Bewertungskriterien bedarf es demnach eines quantitativen Ansatzes, der die Meinungsbildungsrelevanz eines Mediums und die daraus resultierende Meinungsmacht anhand konkreter Messwerte bestimmt. Diesbezüglich sollte auf das Modell der BLM zurück gegriffen werden. Dieses Modell schlägt ein Vorgehen in fünf Schritten vor. Zunächst sollen die Mediendienste festgelegt werden, die überhaupt für die Meinungsbildung relevant sind, wobei es sich nach Ansicht der BLM insbesondere um „Fernsehen, Zeitungen, Zeitschriften, Hörfunk und Internet" handelt. Weiterhin sind die „Reichweiten der meinungsrelevanten Medien auf Basis anerkannter und regelmäßiger Reichweitenstudien wie Media Analyse und GFK-Meter" zu ermitteln. Diese Ergebnisse sind auf einheitliche Messwerte zu übertragen, um eine Vergleichbarkeit der verschiedenen Mediendienste herzustellen. Desweiteren soll durch Marktforschung eine empirische Grundlage für die Beurteilung des Meinungsbildungsgewichts der einzelnen Medien geschaffen werden. Zuletzt sollen Schwellenwerte unter Berücksichtigung der jeweiligen Meinungsbildungsrelevanz eines Mediums festgelegt werden. Eine besondere Schwierigkeit des Modells liegt nach Einschätzung der BLM in der Festlegung einheitlicher Messwerte zum Vergleich der Reichweiten der einzelnen Medien. Entscheidend soll in diesem Zusammenhang nicht die mögliche Reichweite sein, die ein Medium erzielen kann, sondern vielmehr die tatsächliche Reichweite, die durch die Nutzung des Mediums belegt wird. Darüber hinaus müssen die Werte zur Verrechnung geeignet sein. Die Wertung des Gesetzes, dass jeglicher Inhalt unabhängig davon, ob er aus Nachrichten oder Unterhaltung besteht, grundsätzlich für die Meinungsbildung relevant ist, sollt nach Ansicht der BLM aufrechterhalten bleiben und auf die Beurteilung aller Medienmärkte bis auf das Internet übertragen werden. Dies ergibt sich schon daraus, dass die angewandten Kriterien möglichst objektiver Natur sein und daher bestenfalls keine subjektiven Wertungen enthalten sollen. Das Internet soll nach dem Modell der BLM von der inhaltsübergreifenden Beurteilung ausgenommen werden, da es neben der Mediennutzung zahlreiche andere Nutzungsmöglichkeiten bietet und daher auch Inhalte überträgt, die für die Meinungsbildung irrelevant sind. Die BLM hat bereits durch eine Studie prozentuale Werte zur Bestimmung des Meinungsbildungsgewichts der einzelnen Medien ermittelt und kam auf der Grundlage von Verbraucherumfragen zu dem Ergebnis, dass das Fernsehen ein Meinungsbildungsgewicht von 40 %, Zeitungen von 25 %, Internet und Radio von jeweils 15 % und Zeitschriften von 5 % besitzen. Diese Studie kann regelmäßig durchgeführt werden, wodurch das Modell anpas-

---

504 *Schmid/Kitz,* ZUM 2009, 739 (744).

sungs- und damit zukunftsfähig wird. Dadurch könnte es auch den betroffenen Unternehmen eine rechtssichere Grundlage zur Ermittlung ihrer Meinungsmacht bieten. Die BLM ist zudem der Ansicht, dass kein Medienunternehmen „mehr als ein Sechstel am gesamten Meinungsmarkt erhalten können" soll.[505]

Sofern neben der quantitativen Analyse im Einzelfall auch eine qualitative Bewertung bspw. der Auswirkungen eines konkreten Inhalts auf die Meinungsbildung notwendig sein sollte, können Rechtssicherheit und eine Gleichbehandlung der Unternehmen gewährleistet werden, indem eine Richtlinienkompetenz als Grundlage für eine verwaltungsinterne Konkretisierung der qualitativen Bewertungskriterien geschaffen wird. Eine regelmäßige Verwaltungspraxis auf der Grundlage einer Verwaltungsrichtlinie in Verbindung mit dem Gleichbehandlungsgrundsatz gemäß Art. 3 Abs. 1 GG führt zu einer Selbstbindung der Verwaltung und entfaltet dadurch Außenwirkung.[506]

Dieser zukunftsfähige Regulierungsansatz sollte den Unternehmen hinreichende Rechtssicherheit bieten und zugleich eine ausreichende Erfassung crossmedialer Meinungsmacht ermöglichen.

2. Reform der Medienaufsicht

Es bedarf außerdem einer Reform der Behördenstrukturen. Die deutschen Regulierungsbehörden können aufgrund ihrer föderalen Organisation und einer Vielzahl zuständiger Entscheidungsträger nicht mit der technischen Entwicklung mithalten. Dies belegt die zunehmende Verlagerung von Entscheidungsprozessen auf länderübergreifende Gremien wie ZAK und KEK. Hierdurch wird die Problematik unterschiedlicher Zuständigkeiten aber nicht behoben, sondern nur verlagert.[507]

---

505 *BLM*, 30 ff. Bei der Studie handelt es sich um *Ecke*, Relevanz der Medien für die Meinungsbildung. Die BLM erklärte zudem im Rahmen einer Pressemitteilung vom 24.10.2012 (abrufbar unter www.blm.de, Stand: 31.03.2013), dass der Grad der Medienvielfalt regelmäßig anhand von Reichweitenstudien ermittelt wird und eine erste Datenauswertung zu dem Ergebnis geführt habe, dass der deutsche Medienmarkt durch ARD (22,2 %), Bertelsmann (14,2 %), P7S1 (8,9 %), Springer (8,4 %) und ZDF (7,5 %) sowie zehn weitere Medienunternehmen mit einem Marktanteil von jeweils mindestens 1 % und insgesamt 17 % geprägt sei, weshalb die BLM dem deutschen Markt einen verhältnismäßig hohen Grad an Medienvielfalt bescheinigt.

506 *Flechsig*, in: Hahn/Vesting, § 33 RStV, Rn 1.

507 *Brocker*, in: Schwartmann, 97; *Schwartmann*, in: ders., 9.

a) Abschaffung der föderalen Struktur der Rundfunkregulierung

Die föderale Struktur der Rundfunkregulierung sollte abgeschafft und durch die Errichtung einer zentralen Regulierungsbehörde ersetzt werden. Nur durch eine Zentralisierung der Handlungsbefugnisse kann sich die deutsche Medienwirtschaft international durchsetzen.[508] Die Medienkontrolle muss einheitlich sein und darf keinen standortpolitischen Erwägungen unterliegen, um sich in einem europäischen Regulierungsrahmen durchsetzen zu können. Einheitliche Rechtsvorschriften und Kompetenzen sind unerlässlich, um Investitionsanreize zu schaffen und den Medienstandort Deutschland zu stärken. Die technischen Entwicklungen haben trotz der Sprachbarrieren zu einer Internationalisierung der Medien geführt. So können bspw. durch Internetfernsehen internationale Fernsehprogramme und Filme in verschiedenen Sprachen in Deutschland konsumiert werden. Zudem sind auch die Inhalte deutschen Fernsehprogramms häufig nicht von der deutschen Kultur, sondern international geprägt. Aufgrund dieser Entwicklung spielt die nationale Identität bei der Übertragung von Medieninhalten inzwischen eine untergeordnete Rolle. Verliert aber bereits die nationale Identität an Bedeutung, bedürfen regionale Inhalte erst recht keiner Absicherung durch eine föderale Aufsicht. Zwar tragen insbesondere regionale Programminhalte zur Meinungsvielfalt bei. Es ist jedoch nicht ersichtlich, wieso diese Programme betreffende Verwaltungsverfahren nicht zentral durch eine Behörde durchgeführt werden sollen. Vor diesem Hintergrund macht eine föderalistische Medienregulierung keinen Sinn. Dies belegen auch die Gründungen der bundesweit zuständigen Organe wie ZAK und KEK sowie der Arbeitsgemeinschaft der Landesmedienanstalten in der Bundesrepublik Deutschland („ALM"). Hinzu kommt die allgemeine Tendenz, dass Kompetenzen auf die EU verlagert werden. Dies wirkt sich auch auf die europaweit tätigen Medienunternehmen aus und setzt die nationalen Gesetzgeber zunehmend unter Druck. Eine zentrale Regulierungsbehörde, die für sämtliche Medien, insbesondere auch für Telemedien zuständig ist, könnte zudem flexibler und effektiver handeln und vor allem intermediäre Verflechtungen besser kontrollieren.[509] Daher sollten die vierzehn Landesmedienanstalten abgeschafft und durch eine zentrale Stelle ersetzt werden. Dies wäre auch verfassungsrechtlich zulässig.[510]

---

508 Vgl. *Wilms*, ZRP 2004, 150, der Föderalismus als generell reformbedürftig bezeichnet.

509 *Deutsches Digitalinstitut*, 1 f.; *Brinkmann*, ZUM 2013, 193 (196); im Ergebnis wohl auch *Kreuzer*, promedia 4/2013, 10 (11).

510 Vgl. *Gröpl*, ZUM 2009, 21 (22), der eine Zusammenlegung der Landesmedienanstalten zu einer Medienanstalt der Länder für verfassungsrechtlich zulässig hält.

b) Möglichkeit einer Kompetenzübertragung auf den Bund

Als Alternative zu einer Abschaffung der föderalen Verwaltungsstrukturen kommt möglicherweise eine Kompetenzübertragung durch die Länder auf den Bund in Betracht. Die Bundesländer sind gemäß Art. 30, 70 GG Träger der Kulturhoheit und sind damit auch für die Regulierung des Rundfunks zuständig.[511] Die Rundfunkregulierung unterliegt grundsätzlich einer dezentralen Organisation, die in Form der Landesmedienanstalten umgesetzt wird.[512] Zu beachten ist, dass die Zuständigkeiten von Bund und Ländern Gegenstand einer strikten grundgesetzlichen Regelung gemäß Art. 70 ff. GG sind.[513] Die Kompetenzverteilung knüpft an konkret abgegrenzte Regelungsbereiche an. So regelt Art. 73 Abs. 1 Nr. 7 Alt. 2 GG eine ausschließliche Gesetzgebungskompetenz des Bundes für Telekommunikation. Zwar erfasst diese Vorschrift grundsätzlich nur die Telekommunikation ermöglichende Sendetechnik, weshalb die Kompetenz für die Rundfunkregulierung weiterhin bei den Ländern liegt.[514] Aus dem Wortlaut des Art. 73 Abs. 1 Nr. 7 Alt. 2 GG ergibt sich dies indes nicht. Hiernach ist der Bund für „Telekommunikation" zuständig. In Folge von Medienkonvergenz ist aber keine klare (begriffliche) Abgrenzung von Telekommunikation und Rundfunk mehr möglich. Die technische Entwicklung und ein damit einhergehendes verändertes Begriffsverständnis wirken sich aber nicht auf die verfassungsrechtliche Kompetenzverteilung aus.[515]

Die Kompetenzverteilung wird dem dynamischen Mediensektor jedoch nicht gerecht und ist ein Hindernis für eine effektive Regulierung des Rundfunks. Dies belegen die zahlreichen Kompetenzstreitigkeiten zwischen Bund und Ländern.[516] Daher wird vorgeschlagen, die Gesetzgebungs- und Aufsichtskompetenzen der Länder in Bezug auf Rundfunkregulierung im Rahmen eines Bund-Länder-Vertrages auf den Bund zu übertragen.[517] Dieser Vorschlag übersieht indes, dass die Länder ausschließliche Gesetzgebungskompetenzen grundsätzlich nicht auf den Bund übertragen können. Art. 70 Abs. 1 GG entfaltet insofern eine Sperrwirkung. Diese besteht im Gegensatz zu der Sperrwirkung im Bereich konkurrie-

---

511 BVerfG, Urteil v. 28.02.1961, 2 BvG 1/60, 2 BvG 2/60, Juris, Rn 81 ff.; *Vesting,* in: Hahn/Vesting, § 1 RStV, Rn 9 ff.; *Niebler,* 99, 214, 296.

512 *Niebler,* 296.

513 *Uhle,* in: Maunz/Dürig, Art. 70 GG, Rn 154.

514 *Seiler,* in: Epping/Hillgruber, Art. 73, Rn 33; *Binder,* in: Hahn/Vesting, § 50 RStV, Rn 17 f.

515 *Binder,* in: Hahn/Vesting, § 50 RStV, Rn 23.

516 *Ladeur,* ZUM 1998, 261 (261 ff., 269), vertiefend zu der Kompetenzproblematik.

517 *Deutsches Digitalinstitut,* 1; in diese Richtung geht auch der Vorschlag von *Röß,* AfP 2010, 521 (527), der aber aufgrund einer Verletzung des Bundesstaatsprinzips und der notwendigen Zustimmung der Länder an der Umsetzbarkeit zweifelt.

render Gesetzgebung auch dann, wenn die Länder in dem von ihrer Kompetenz umfassten Bereich untätig bleiben. Ein trotz dieser Sperrwirkung erlassenes Bundesgesetz wäre verfassungswidrig und damit gemäß Art. 70 Abs. 1 GG nichtig.[518] Aufgrund der Sperrwirkung können die Länder den Bund auch nicht ermächtigen, von ihrer Gesetzgebungskompetenz Gebrauch zu machen.[519] Dies belegt ein Umkehrschluss aus Art. 71 GG, wonach im Bereich der ausschließlichen Gesetzgebungskompetenz des Bundes eine Ermächtigung der Länder durch den Bund zulässig ist.[520] Daher ist der Abschluss eines entsprechenden Bund-Länder-Vertrages unzulässig. Die Einrichtung einer gemeinsamen Behörde von Bund und Ländern scheitert an dem verfassungsrechtlichen Verbot der Mischverwaltung, wonach eine gemeinsame Aufgabenerfüllung grundsätzlich unzulässig ist.[521]

c) Zulässigkeit einer dynamischen Verweisung

In Betracht kommt aber der Erlass eines Landesgesetzes, das eine „dynamische Verweisung" auf ein Bundesgesetz normiert. Hierbei wäre aufgrund eines Verweises auf das jeweils aktuelle Bundesgesetz eine bundesgesetzliche Regelung in einem von einer Länderkompetenz erfassten Bereich möglich, ohne dass Kompetenzen auf den Bund übertragen werden müssten.[522] Solche Verweisungen sind grundsätzlich zulässig. Eine Norm muss keinen eigenen materiell-rechtlichen Tatbestand enthalten.[523] Durch eine Verweisung wird auch nicht die verfassungsrechtliche Kompetenzverteilung umgangen, da es sich ja gerade nicht um eine Kompetenzübertragung, sondern um „lediglich die *materielle Inanspruchnahme der Gestaltungsmöglichkeiten,* die mit der Gesetzgebungsbefugnis grundsätzlich verbunden sind", handelt.[524] Falls auch diesbezüglich keine Einigung zu erzielen sein sollte, ist zumindest eine verstärkte Kooperation der zuständigen Behörden sowie eine Bündelung und effektivere Nutzung der behördlichen Kompetenzen erforderlich.[525]

---

518 *Uhle,* in: Maunz/Dürig, Art. 70 GG, Rn 151 ff.

519 BVerfG, Urteil v. 04.03.1975, 2 BvF 1/72, Juris, Rn 32; *dass.*, Urteil v. 23.10.1951, 2 BvG 1/51, Juris, Rn 30; *Uhle,* in: Maunz/Dürig, Art. 70 GG, Rn 154.

520 *Uhle,* in: Maunz/Dürig, Art. 70 GG, Rn 154.

521 *Schuler-Harms,* in: Hahn/Vesting, § 35 RStV, Rn 27; *Röß,* AfP 2010, 521 (527).

522 *Uhle,* in: Maunz/Dürig, Art. 70 GG, Rn 155.

523 BVerfG, Urteil v. 15.07.1969, 2 BvF 1/64, Juris, Rn 109 ff.

524 *Uhle,* in: Maunz/Dürig, Art. 70 GG, Rn 155.

525 *Röß,* AfP 2010, 521 (527).

C. Die Regelung in Großbritannien

Gegenstand dieses Teils der Dissertation sind das britische Medienkonzentrationsrecht und Medienkartellrecht. Die Kodifikation eines speziellen Medienkartellrechts ist eine Besonderheit des britischen Medienrechts. Daher ist das britische Kartellrecht ein wesentlicher Bestandteil der Dissertation. Um einen Vergleich mit dem deutschen Medienverfassungsrecht zu ermöglichen, wird auch kurz auf die verfassungsrechtlichen Vorgaben des britischen Rechtssystems eingegangen.

I. Rundfunksystem

Der britische Fernsehmarkt ist durch ein duales Rundfunksystem geprägt, das indes keine klare Trennung zwischen öffentlich- und privatrechtlichem Fernsehen vornimmt. Der öffentlich-rechtliche Rundfunk spielt in Großbritannien traditionell eine große Rolle.[526] Die ersten Fernsehsender Großbritanniens waren öffentlich-rechtlicher Natur und gehörten zur *BBC*. Mitte der fünfziger Jahre wurden Wettbewerb und damit kommerzielles Privatfernsehen (*independent television, „ITV“*, das im Gesetz als *Channel 3* bezeichnet wird) im britischen Fernsehsektor zugelassen.[527] In Großbritannien verbreiteten sich die neuen Technologien aber deutlich langsamer als erwartet. So waren 1997 nur etwas mehr als ein Viertel der Haushalte mit Kabel- oder Satellitenanschluss ausgestattet, weshalb vielen Mediennutzern nur wenige Fernsehsender zur Verfügung standen. Somit war dieser Markt weiterhin von Angebotsknappheit und geringem Wettbewerb geprägt.[528]

Eine Besonderheit des britischen Rundfunksystems besteht darin, dass auch private Fernsehsender an den öffentlich-rechtlichen Auftrag gebunden sind.[529] Dieser Auftrag besteht vorwiegend aus Information, Erziehung und Unterhal-

526 *OSI*, 330, 332.
527 *KEK*, 3. Medienkonzentrationsbericht, 411.
528 *J.P.Morgan*, 11.
529 *OSI*, 330.

tung.[530] Die Sender werden daher auch als *public service broadcasters* bezeichnet.[531] *Public service broadcasters* sind die privaten *Channel 3*[532] und *Channel 5*[533] sowie der Sender *Channel 4,* der zwar im Eigentum des Staates steht, aber durch Werbung finanziert wird.[534] Die öffentlich-rechtlichen Verpflichtungen der Privatsender sind jedoch von deutlich geringerem Umfang als die der *BBC*.[535]

Neben diesen Sendern gibt es in Großbritannien eine Vielzahl an privaten Fernsehsendern, die über Kabel oder Satellit übertragen werden und keiner Bindung an den öffentlichen Auftrag unterliegen wie bspw. *British Sky Broadcasting („BSkyB")*.[536]

Der einzige öffentlich-rechtliche Sender in Großbritannien, der den öffentlichen Auftrag vollumfänglich zu erfüllen verpflichtet ist, ist daher die *BBC*.[537] Sie reguliert sich im Rahmen der *Royal Charter* auf der Grundlage eines Vertrages mit dem Kulturminister aus dem Jahr 2006 selbst. Internes Kontrollgremium ist der *BBC Trust*.[538] Der Sender wird durch Rundfunkgebühren finanziert, zu deren

530 Vgl. *BBC*, § 5 Royal Charter: „[...] *the BBC promotes its Public Purposes: the BBC's mission to inform, educate and entertain* [...]".

531 *Carey et al.*, 239.

532 *Channel 3* ist die gesetzliche Bezeichnung für *ITV* (*Independent Television*), einem Zusammenschluss mehrerer kommerzieller Regionalfernsehsender, die 1955 als erstes kommerzielles Fernsehen in Großbritannien zugelassen wurden; vgl. hierzu *Carey et al.*, 239 f.; *KEK*, 1. Medienkonzentrationsbericht, 387 f. Der Zusammenschluss der *Channel* 3-Veranstalter mit den größten Zuschaueranteilen, Granada und Carlton, zu dem Medienkonzern *ITV Plc.* hat 2003 zu einer öffentlichen Diskussion über freien Wettbewerb und den Schutz der Anbietervielfalt geführt. Die Fusion wurde unter Auflagen zugelassen, vertiefend hierzu *Carey et al.*, 240.

533 *Channel 5* ist einer der marktbeherrschenden werbefinanzierten Privatfernsehsender Großbritanniens. Der Sender stand zwischenzeitlich im Eigentum der RTL Group, die ihn aber 2010 an einen britischen Medieninvestor verkaufte (vgl. *KEK*, 1. Medienkonzentrationsbericht, 388; *dies.*, 3. Medienkonzentrationsbericht, 412; *Carey et al.*, 240).

534 Vgl. www.channel4.com/info/corporate/about (Stand: 31.03.2013); siehe auch *KEK*, 1. Medienkonzentrationsbericht, 387 f.; *dies.*, 3. Medienkonzentrationsbericht, 412; *Ofcom*, Licensing of Channel 3 and Channel 5, 2011, 9.

535 *Ofcom*, Measuring media plurality, 6/2012, 17, 4.20 ff., vertiefend zu den öffentlich-rechtlichen Verpflichtungen der *public service broadcasters*.

536 *Jarren/Weber*, 147; *Carey et al.*, 241.

537 Die *BBC* betreibt die Sender *BBC One, BBC Two, BBC Three, BBC Four, BBC HD, CBBC, BBC News Channel* und *BBC Parliament*, vgl. hierzu www.bbc.co.uk/tv/d (Stand: 31.03.2013) und *Jarren/Weber*, 147 f., mit Informationen zu den einzelnen Programmen der *BBC*.

538 *Woldt*, MP 5/2002, 202 (203); *Carey et al.*, 239; *Jarren/Weber*, 148; *Hilger*, MMR 2006, XI (XVI); vertiefend zu der Debatte über die Erneuerung der *Royal Charter* 2006 siehe auch *OSI*, 332 ff. Das *Board of Governors*, das erhebliche Kompetenzen und Mitbestimmungsrechte im

Zahlung alle britischen Haushalte mit einem Fernsehempfangsgerät verpflichtet sind.[539] Das Finanzierungsmodell der *BBC* war das erste seiner Art und damit Vorbild für die Finanzierung anderer europäischer öffentlich-rechtlicher Sender.[540] Die *BBC* ist durch ihre Tochtergesellschaft *BBC Worldwide*, deren Fernsehprogramm dem privaten Rundfunk zuzuordnen ist, in erheblichem Umfang kommerziell tätig. *BBC Worldwide* finanziert sich aus Werbung und vermarktet vor allem die internationalen Programme der *BBC*.[541] Zudem verkauft die Gesellschaft die Programmrechte zahlreicher erfolgreicher Fernsehsendungen. Die kommerzielle Expansion der *BBC* wird aber aufgrund der engen Verflechtung zwischen *BBC Worldwide* und der gebührenfinanzierten *BBC* zunehmend kritisch beurteilt.[542]

Die britischen Fernsehsender sind verhältnismäßig frei von staatlicher Regulierung. Zur Gewährleistung eines freien und demokratischen Meinungsbildungsprozesses sind die Rundfunkveranstalter jedoch an Richtlinien gebunden, die in Ergänzung zu den gesetzlichen Vorschriften ihre Unabhängigkeit und Unparteilichkeit gewährleisten sollen. Die *BBC* unterliegt zudem einer besonderen Kontrolle durch das Parlament und ist diesem gegenüber zu der Erstattung eines Jahresberichts verpflichtet, der zu veröffentlichen ist.[543] Die *BBC* ist daher trotz ihrer Unabhängigkeit rechenschaftspflichtig.[544] Auch wenn wichtige Fernsehsender wie *Channel 4* im Eigentum der Regierung stehen und die *BBC* durch das Parlament kontrolliert wird, sind die Medien in Großbritannien weitestgehend staatlich unabhängig.

Hinblick auf die Unternehmensführung der *BBC* besaß, wurde im Zuge der Überarbeitung der *Royal Charter* abgeschafft, *Carey et al.*, 239; zu der früheren Struktur der *BBC* siehe *Woldt*, MP 5/2002, 202 (203). Der Vertrag ist abrufbar unter www.bbc.co.uk (Stand: 31.03.2013).

539 *Carey et al.*, 239; *OSI*, 62; *Woldt*, MP 5/2002, 202 (203 ff.), vertiefend zu Organisation, Rechtsgrundlage und Entwicklung der *BBC*.

540 *KEK*, 1. Medienkonzentrationsbericht, 386; *Jarren/Weber*, 147.

541 *Jarren/Weber*, 147 f.

542 Siehe bspw. *Fenton*, Patten backs expansion of BBC Worldwide, in: Financial Times v. 15.09.2011.

543 Vgl. *BBC*, Art. 45 Royal Charter:
„*(1)* [...] *An annual report and statement of accounts in relation to the BBC* [...] *must be prepared.* [...]
(10) The Trust must then transmit the report and accounts [...] *to the Secretary of State, who must then lay the report and accounts before Our United Kingdom Parliament. When this has been done, the BBC must publish the report and accounts.* [...]"

544 *Woldt*, MP 5/2002, 202 (203); *OSI*, 330.

II. Marktsituation und Regulierungsziele

Der Fernsehmarkt Großbritanniens ist einer der größten und dynamischsten Fernsehmärkte Europas. Die gebührenfinanzierte *BBC*, das kommerzielle *ITV* Netzwerk und der Bezahlfernsehsender *BSkyB*, der zudem mit einer marktbeherrschenden Stellung des Unternehmens auf dem Zeitungsmarkt verknüpft ist, prägen den britischen Fernsehmarkt.[545] Es besteht ein starker Wettbewerb zwischen terrestrischem Fernsehen, Satelliten- und Kabeldiensten, die viele Fernsehsender anbieten, und digitalem terrestrischem Fernsehen (*Digital terrestrial television, „DTT"*), das eine kleinere Anzahl frei empfänglicher Sender anbietet.[546]

Das Land ist führend im Bereich des digitalen Fernsehens.[547] Vor allem politische Themen und Ansichten werden über sämtliche Mediendienste verbreitet. Traditionelle Zeitungen traten jedoch in den letzten Jahren durch die Verbreitung des Internets in den Hintergrund.[548] Diese Entwicklung wird sich voraussichtlich durch die zunehmende Verbreitung von Tabletcomputern, die aufgrund ihres Formats unkomplizierter als ein Buch oder eine Zeitung verwendet werden können, verstärken, wenn auch derzeit noch vor allem in London und der häufig genutzten U-Bahn eine große Anzahl kostenloser Zeitungen und Zeitschriften zur Informationsbeschaffung sowie zu Unterhaltungszwecken genutzt wird.[549] Die britische Bevölkerung ist hinsichtlich der Nutzung neuer Medien fortschrittlich. So nutzten im Juni 2012 etwa 52,7 Millionen Menschen in Großbritannien und damit knapp 84 % der britischen Bevölkerung das Internet.[550] Laut einer Studie des *Boston Consulting Group* aus 2010 erwirtschaftet Großbritannien circa 7 % seines Bruttoinlandsprodukts im Internet. Der Studie zu Folge ist Großbritannien weltweit führend im Internethandel.[551]

Die britische Medienlandschaft ist durch eine große und weiter wachsende Anzahl verschiedener und vielfach global tätiger Medienunternehmen gekennzeichnet, die vielfach ihren Sitz im Ausland, insbesondere in den USA, haben.[552]

---

545 *Curran et al.*, EJC 2009, Vol. 24, 5 (8); *Collins*, 2.2.3.1.

546 *Ofcom*, PSB Report 2010, 3; *KEK*, 1. Medienkonzentrationsbericht, 386 ff.; *OSI*, 331; *Carey et al.*, 241; *Humphreys*, 166, 169 f.

547 *OSI*, 330.

548 Zeitungen unterliegen in Großbritannien aufgrund ihrer Bedeutung für die Meinungsbildung nicht der Umsatzsteuer, vgl. *Goldberg et al.*, 12.

549 Vgl. hierzu *House of Commons*, Future for local and regional media, Vierter Bericht, 60, Nr. 224 f.

550 Vgl. Internet World Stats, abrufbar unter www.internetworldstats.com (Stand: 31.03.2013).

551 Vgl. *Boston Consulting Group*, 5, 9 ff.

552 *Christophers*, 5; *Humphreys*, 211.

Zwar sind die britischen Mediennutzer vornehmlich an der Ausstrahlung britischer Fernsehproduktionen interessiert.[553] Vor allem wegen der fehlenden Sprachbarriere sind amerikanische Serien aber fester Bestandteil des britischen Fernsehprogramms. Insgesamt ist das Angebot auf dem britischen Fernsehmarkt jedoch innovativ, hochwertig und vielfältig, nicht zuletzt wohl aufgrund der Bindung der Privatsender an den öffentlich-rechtlichen Auftrag.[554] Da es sich aber letztlich nur bei der öffentlich-rechtlichen *BBC* nicht um einen kommerziellen Sender handelt, sind die britischen Massenmedien grundsätzlich marktgesteuert.[555] Vor allem kleinere, regional tätige Fernseh- und Zeitungsunternehmen können mit der rasanten technischen Entwicklung nicht mithalten und sich der Konkurrenz durch große Medienunternehmen nicht widersetzen. Ein zunehmendes Problem sind auch Zugangsbeschränkungen für Verbraucher durch marktbeherrschende Medienunternehmen. So sind bspw. einige Online-Artikel der *News Corporation* („*NewsCorp*"), eines der weltgrößten und einflussreichsten Medienunternehmen, in dessen Eigentum unter anderem *The Times*, eine einflussreiche britische Tageszeitung, steht, seit 2010 nur gegen Entgelt erhältlich.

Diese Marktsituation ist das Ergebnis eines Richtungswechsels in der britischen Medienregulierung in den neunziger Jahren, der insbesondere in dem *Green Paper on media ownership* der britischen Regierung aus 1995 deutlich wird.[556] Dieser Liberalisierungsprozess wurde auf europäischer Ebene durch das „Grünbuch der Europäischen Kommission zur Konvergenz der Branchen Telekommunikation, Medien und Informationstechnologie und ihren ordnungspolitischen Auswirkungen" aus 1997 bestätigt.[557] Im Rahmen dieses Grünbuchs wurden die Medienkonvergenz und ihre Auswirkungen auf das bestehende ordnungspolitische Umfeld der Branchen Telekommunikation, Medien und Informationstechnologie analysiert.[558] Hierauf folgte eine europaweite Diskussion, die sich in Großbritannien in einer Reihe von Beratungen konkretisierte. Als erstes Resultat dieser Beratungen entstand im Dezember 2000 ein *White Paper* der Regierung, wonach das vorrangige medienpolitische Ziel der Verbraucherschutz

---

553 *OSI*, 332; *Collins*, 2.2.3.1.

554 *OSI*, 330; *Ofcom*, Licensing of Channel 3 and Channel 5, 2011, 12.

555 Vgl. *Christophers*, 8.

556 Vgl. hierzu *Goldberg*, IRIS 1995, Nr. 6, 13; *OSI*, 330; *KEK*, 1. Medienkonzentrationsbericht, 390 f.

557 *EU-Kommission*, Grünbuch zur Konvergenz der Branchen Telekommunikation, Medien und Informationstechnologie und ihren ordnungspolitischen Auswirkungen – Ein Schritt in Richtung Informationsgesellschaft, KOM (1997) 0623.

558 *Gibbons*, in: Current Law Statutes 2003, 21–13; siehe auch die Zusammenfassung unter http://europa.eu/legislation_summaries/information_society/l24165_de.htm (Stand: 31.03. 2013).

durch offene und sich durch Wettbewerb selbstregulierende Märkte ist.[559] Die Beratungen der Regierung wurden auf der Grundlage des *White Paper* fortgeführt und resultierten im November 2002 in der *Communications Bill*[560], die im Rahmen des *Puttnam Reports*[561] durch ein gemeinsames Komitee beider Parlamentskammern (*House of Commons* und *House of Lords*) nochmals modifiziert wurde. Erst nach den Beratungen dieses Komitees wurden abschließende Vorschläge zur Reform der Medieneigentumsregulierung und der Fusionskontrolle im Hinblick auf Zusammenschlüsse unter der Beteiligung von Zeitungsunternehmen fertiggestellt. Das Ergebnis war einer der meist diskutierten Gesetzesvorschläge, über die das Parlament jemals zu entscheiden hatte.[562] In diesem Zusammenhang formulierte die Regierung insbesondere folgende Regulierungsziele: die Sicherstellung eines umfassenden Zugangs zu einer großen Auswahl vielfältiger Mediendienste von höchster Qualität, den britischen Medienmarkt zu dem dynamischsten und wettbewerbsfähigsten Kommunikations- und Medienmarkt der Welt zu machen sowie die Sicherstellung des Schutzes von Bürgern und Konsumenten.[563] Dieser Zielsetzung entsprechend wurde 2003 der CA2003 erlassen.[564]

Im britischen Rundfunksektor findet seit einigen Jahren ein Prozess der Zentralisierung und Privatisierung statt.[565] Es entstehen vermehrt große Medienkonzerne, was zu einer Zentralisierung der Produktion und Übertragung von Medieninhalten führt. Die Konzentration von Medieneigentum auf dem britischen

---

559 *Jarren/Weber,* 149; *Humphreys,* 193.

560 Eine *bill* ist ein neuer Gesetzes- oder Gesetzesänderungsvorschlag, der dem Parlament zur Debatte vorgelegt wird. *Bills* werden entweder dem *House of Commons* oder dem *House of Lords* zur Prüfung, Diskussion oder Abänderung vorgelegt. Sofern beide Häuser dem Inhalt der *bill* zustimmen, wird sie der Queen zwecks Zustimmung vorgelegt. Durch die Zustimmung wird die *bill* zu einem Parlamentsakt und damit zu einem Gesetz. Es gibt verschiedene Arten von *bills,* die durch die Regierung, einzelne Parlamentsmitglieder oder Lords sowie von Privatleuten oder Organisationen vorgelegt werden können (vgl. hierzu www.parliament.uk/about/how/laws/bills, Stand: 31.03.2013). Die *Communications Bill* ist abrufbar unter www.publications.parliament.uk (Stand: 31.03.2013).

561 Der Bericht ist nach dem Vorsitzenden des Komitees, Lord Puttnam, benannt und abrufbar unter www.publications.parliament.uk (Stand: 31.03.2013).

562 *Gibbons,* in: Current Law Statutes 2003, 21–13.

563 *House of Lords/House of Commons*, Draft Communications Bill, Volume I-Report, 5: „[...] *to make the United Kingdom 'home to the most dynamic and competitive communications and media market in the world'; to 'ensure universal access to a choice of diverse services of the highest quality'; and to 'ensure that citizens and consumers are safeguarded.*", abrufbar unter www.publications.parliament.uk (Stand: 31.03.2013).

564 Vgl. hierzu *Bretschneider,* 120 ff.

565 *OSI*, 336: *Humphreys,* 204 ff.; 214 f.; kritisch hierzu auch *Bretschneider,* ZUM 2010, 418 (421 f.).

Markt ist vor allem durch die Vormachtstellungen der *BBC* in Fernsehen und Radio, des globalen Medienkonzerns *NewsCorp* auf dem Zeitungs- und Fernsehmarkt und des Privatfernsehsenders *ITV Plc* auf dem Fernsehmarkt geprägt.[566] Diese Zentralisierung zeigt sich auch in der quasi-gerichtlichen und gesetzgeberischen Kontrolle der britischen Regulierungsbehörde *Office of Communications* („Ofcom") über private Fernsehunternehmen und in gewissem Maß über die *BBC*.[567] Trotz des britischen Trends zu Deregulierung und Liberalisierung stehen Pluralismus und Vielfalt aber weiterhin als wichtige medienpolitische Ziele im Vordergrund der Medieneigentumsregulierung.[568] Die Medienregulierung wird als notwendig und der Wettbewerb allein als unzureichend zum Schutz der Meinungsvielfalt erachtet. Dementsprechend hebt Ofcom die Notwendigkeit hervor, Ausgewogenheit herzustellen zwischen der Sicherstellung eines ausreichenden Maßes an Meinungsvielfalt als Grundlage der Demokratie auf der einen Seite und der Freiheit für Unternehmen zu expandieren, innovieren und investieren auf der anderen Seite. Auch von Letzterem profitieren Mediennutzer, indem eine Basis für die Sendung hochwertigerer und kreativerer Programme sowie für eine gesteigerte Risikobereitschaft geschaffen wird.[569] Das Kartellrecht spielt daher in Großbritannien eine wichtige Rolle für die Sicherung von Meinungsvielfalt. Ein Grund hierfür ist die technische Entwicklung, die zu der Einsicht führte, dass eine zu strenge Regulierung des Fernsehens aufgrund von Medienkonvergenz und der Zugänglichkeit sämtlicher Inhalte über das kaum regulierte Internet nicht zukunftsfähig ist. Zudem sollte vor dem Hintergrund, dass sich das anwendbare Recht aufgrund des Herkunftslandprinzips nach dem Standort des Satellitenlinks richtet, Großbritannien als Medienstandort attraktiver und der Umgehung nationaler Gesetze durch Rundfunkanbieter damit entgegen gewirkt werden. Letztere nutzten vermehrt Frequenzen und Satellitenverbindungen, sogenannte *Uplinks*, aus Ländern mit liberaleren Rundfunkgesetzten.[570] Zwar sind alle europäischen

---

566 *Collins*, 2.2.3.1.

567 *Crock*, 305.

568 Vgl. *Competition Commission*, BSkyB/ITV, 66 ff.; *OSI*, 330; *Compendium*, 4.2.6.

569 *Ofcom*, Review of media ownership rules, 2006, 2: „*The MO rules* [media ownership rules] *are designed to strike a balance between ensuring a degree of plurality on the one hand and providing freedom to companies to expand, innovate and invest on the other. The first is vital for democracy since plurality of ownership helps to ensure that citizens have access to a variety of sources of news, information and opinion. The second can also benefit citizens and consumers by providing a basis for delivering higher quality programmes, greater creativity and more risk-taking.*"

570 Vgl. *EU-Kommission,* Mitteilung über die Zukunft der europäischen Regulierungspolitik im audiovisuellen Bereich, KOM (2003) 784, 16 f.; *Ofcom*, TLCS Guidance, 15; *Buckley et al.*, 229. Diese Problematik wurde aber inzwischen entschärft, indem Rundfunkveranstalter unter bestimmten Voraussetzungen, insbesondere bei missbräuchlicher Rechtsumgehung, dem

Länder bei Ihrer Gesetzgebung an Unionsrecht gebunden; aufgrund von verschiedenen Interpretations- und Umsetzungsmöglichkeiten, welche die AVMD-RL nationalen Gesetzgebern und Behörden bietet, bestehen aber teilweise erhebliche Unterschiede zwischen den nationalen Regulierungsregimen.[571]

Weniger eine gesetzlich regulierte als vielmehr eine sich durch Wettbewerb selbstregulierende Medienlandschaft erschien den Briten unter diesen Umständen geeignet, einen zukunfts- und wettbewerbsfähigen Medienmarkt zu gewährleisten.[572] Der britische Deregulierungsprozess ist daher nicht wie in anderen europäischen Staaten durch europäische Vorgaben erzwungen, sondern basiert vielmehr auf einer medienpolitischen Zielsetzung, die von Vertrauen in die regulierenden Kräfte des Marktes geprägt ist. Um die Regulierung der Medien an den technologischen Fortschritt und die damit einhergehenden Veränderungen auf den Medienmärkten anzupassen, wurden im Rahmen des CA2003 insbesondere die crossmediale Medieneigentumsregulierung erheblich liberalisiert und eine spezielle Medienfusionskontrolle in den *Enterprise Act 2002* („EA2002") eingefügt.[573] Indessen sollte *public service broadcasting* (*PSB*) erhalten bleiben, um einen Grundstandard gesellschaftlicher Wertevermittlung durch die Medien zu gewährleisten.[574]

Bereits zu dem Zeitpunkt war dem britischen Parlament bewusst, dass eine weitere Flexibilisierung des Medienkonzentrationsrechts notwendig sein würde, um der technischen Entwicklung im Mediensektor gerecht zu werden und die Wettbewerbsfähigkeit des britischen Medienmarkts zu erhalten.[575] Dementsprechend beschäftigen sich aktuelle Gesetzesvorhaben neben einer erneuten Überarbeitung des CA2003 vor allem mit der Digitalisierung, die erheblichen

---

Rundfunkrecht des Empfängerstaates unterliegen, vgl. *Engel/Seelmann-Eggebert,* in: Dauses, 28. Ergänzungslieferung, Kapitel E.V., 79 f. Zudem gibt es nationale Rechtsvorschriften, die eine Umgehung verhindern; so kann bspw. in Deutschland gemäß § 20 Abs. 4 RStV die Zulassung eines Fernsehveranstalters versagt oder widerrufen werden, sofern der Veranstalter die Zulassung nur beantragt, um andere nationale Bestimmungen zu umgehen.

571 *McGonagle/van Loon,* IRIS Spezial 2002, 8. Die Errichtung einer Zweigniederlassung in einem gesetzlich liberaleren EU-Mitgliedstaat stellt aber nicht per se einen Missbrauch der Niederlassungsfreiheit dar, vgl. hierzu EuGH, Urteil v. 09.03.1999, Rs. C-212–97, NJW 1999, 2027 (2028), Rn 26 f. – Centros.

572 *Doyle/Vick,* Convergence 2005, Nr. 11, 75 (77).

573 *Ofcom,* Report on Media Ownership Rules, 2009, 13; *OSI*, 330; *Bretschneider,* 127.

574 *Doyle/Vick,* Convergence 2005, Nr. 11, 75 (77).

575 *Ofcom,* Report on Media Ownership Rules, 2009, 13, 2.15: *„Parliament anticipated that in the future, further changes to the media ownership rules would be required as digital media grew. Changes in technology and behaviour could challenge the need to have the rules at all or could mean that their further relaxation is appropriate.*", vgl. hierzu *OSI*, 332.

Einfluss auf die britische Wirtschaft und Gesellschaft hat.[576] Wichtige Ziele sind zudem, der gesamten Bevölkerung einen modernen und schnellen Internetzugang zu ermöglichen sowie den Empfang mobilen Internets zu verbessern.[577]

Eine aktuelle Problematik ist auch die Sicherung der Meinungsvielfalt auf regionalen Medienmärkten. Vornehmlich regional agierende Medienunternehmen leiden unter dem Wettbewerbsdruck großer multimedialer Konzerne sowie unter erheblichen Finanzeinbußen aufgrund sinkender Werbeinnahmen. Vor allem die Produktion regionaler Nachrichteninhalte, die für die Meinungsvielfalt von besonderem Wert sind, wird zunehmend unrentabel. Daher wurde in den letzten Jahren eine Liberalisierung der Fusionskontrollvorschriften im Hinblick auf Zusammenschlüsse kleinerer und regional agierender Medienfusionen diskutiert. Nach Ansicht des für die Medienregulierung zuständigen Kulturministers muss diesen Unternehmen die Entwicklung neuer Geschäftsmodelle erleichtert werden, damit sie im Wettbewerb um die Nutzung moderner Technologien mithalten können.[578] Der Ausschuss des britischen Unterhauses für Kultur, Medien und Sport schlug die Abschaffung der Sektor spezifischen Regulierung im Bereich regionaler Medienmärkte vor.[579] Diesem Vorschlag entsprechend schaffte der britische Gesetzgeber die medienkonzentrationsrechtliche Regulierung regionaler Medienmärkte im Rahmen der *Media Ownership Order 2011* vollständig ab.[580] Zusammenschlüsse unter Beteiligung regionaler Medien-

576 Das aktuellste Gesetz in diesem Zusammenhang ist der DEA2010, vgl. hierzu A. III. 2.

577 *BIS*, 21, 24, 27 ff., 47 ff., 226 ff.

578 *House of Lords,* The future of investigative journalism, 18 f., 22.

579 *House of Commons,* Future for local and regional media, 21, Nr. 57: „*The evidence we have heard from local media groups about the need to modify the merger regime and cross-media ownership rules is persuasive. We welcome the recommendations made by Ofcom in their report to the Secretary of State on media cross-ownership rules, and urge the Government to implement them.* ***However we believe more far-reaching reform is needed. In order for local newspapers to survive in a changing economic and technological world, they need to be regarded as competitors in a multi-media landscape.*** *Despite the evidence given by the Office of Fair Trading, we believe that the current media merger regime does not fully reflect this. We recommend that the Government re-examine the arrangement by carrying out a consultation on a possible multi-media merger regime.*“ [Hervorhebung nachträglich eingefügt].

580 *Rawlings,* Sitzung des *House of Lords* v. 09.06.2011, Column 403: „[...] *this draft order will remove all the current local cross-media ownership rules-local, not national. Under the deregulated regime to be created by the draft order before the House today, local newspapers, radio companies and owners of Channel 3 licences, subject to competition law, will be able to consolidate, reduce costs and build successful businesses that could otherwise face the possibility of closure.*“, abrufbar unter www.publications.parliament.uk (Stand: 31.03.2013). Das Gesetz ist abrufbar unter www.legislation.gov.uk (Stand: 31.03.2013).

unternehmen stehen aber weiterhin unter der Kontrolle des Medienkartellrechts.[581]

III. Rechtsquellen der Medienregulierung in Großbritannien

Die Regulierung der Medien ist in Großbritannien Gegenstand von medienkonzentrations- und kartellrechtlichen Vorschriften. Eine Besonderheit besteht darin, dass das britische Kartellrecht spezielle Vorschriften zur Medienfusionskontrolle enthält und daher in Großbritannien von einem eigenständigen Medienkartellrecht gesprochen werden kann. Der britische Gesetzgeber hat dem Kartellrecht somit eine wichtige Rolle bei dem Schutz der Meinungsvielfalt eingeräumt. Medienkartell- und Medienkonzentrationsrecht sind grundsätzlich parallel auf Zusammenschlüsse von Medienunternehmen anwendbar.[582] Die Überprüfung relevanter Zusammenschlüsse erfolgt im Rahmen von Beratungen und Konsultationen der zuständigen Regulierungs- und Kartellbehörden.[583] Ein Medienverfassungsrecht gibt es hingegen in Großbritannien nicht, wenn auch verfassungsrechtliche Grundsätze, die aber keinen entscheidenden Einfluss auf das Medienrecht haben. Im Folgenden werden die Rechtsquellen der britischen Medienregulierung dargestellt.

1. Medienverfassungsrecht

In Großbritannien gibt es keine einheitliche, kodifizierte Verfassung nach deutschem Verständnis.[584] Dennoch gibt es verfassungsrechtliche Prinzipien, die sich insbesondere aus Gesetzen, verfassungsrechtlichen Dokumenten, Gerichtsurteilen sowie aus dem gesellschaftlichen und politischen Diskurs ergeben.[585] Bedeutendste Grundlage der britischen Grundrechte (*Civil Liberties*) ist das *common law*. Medienrechtlich relevant sind insbesondere die durch das *common law*

---

581 Vgl. *Rawlings,* Sitzung des *House of Lords* v. 09.06.2011, Column 403: „*The Secretary of State, too, retains the capacity to intervene in media mergers on plurality grounds where a merger could give rise to public interest concerns.*“, abrufbar unter www.publications.parliament.uk (Stand: 31.03.2013).

582 *Ofcom,* Report on media ownership rules, 2009, 14.

583 Vgl. bspw. *Ofcom,* Guidance for the public interest test for media mergers, 4.

584 *Holznagel,* 109; *Begrich,* HanseLR 2007, 121 (122); *KEK,* 3. Medienkonzentrationsbericht, 412.

585 *Begrich,* HanseLR 2007, 121 (141 f.).

geschützte Meinungs-, Informations- und Pressefreiheit.[586] Diese Grundrechte sind jedoch nicht fest verfassungsrechtlich verankert; kennzeichnend für das *common law* ist vielmehr eine politische Gestaltungsfreiheit, die das britische Parlament ermächtigt, die verfassungsrechtlichen Grundsätze jederzeit durch einen Mehrheitsbeschluss zu modifizieren oder aufzuheben.[587] Es gibt zudem kein oberstes Verfassungsgericht, das die Verfassung gegen politische Einflussnahme schützt. Der Gesetzgeber ist somit nicht an die Verfassung gebunden und daher auch nicht verfassungsrechtlich verpflichtet, Gesetze zum Schutz der Grundrechte zu erlassen.[588]

Zu beachten ist aber, dass der nationale Gesetzgeber in gewissem Umfang an Unionsrecht und die EMRK, die in Art. 10 Abs. 1 das Grundrecht auf freie Meinungsäußerung garantiert, gebunden ist.[589] Der Auftrag zum Schutz der Meinungsvielfalt ergibt sich zudem mittelbar aus § 12 Abs. 4 Human Rights Act 1998. In dieser Norm ist die Meinungsfreiheit als Menschenrecht auf nationaler Ebene verankert: „*The court must have particular regard to the importance of the Convention right to freedom of expression* […].“ Auch diese Vorschrift richtet sich aber nicht an den Gesetzgeber, sondern an die Rechtsprechung. Menschenrechte spielen naturgemäß eine wichtige Rolle im Medienrecht.[590] Die Gerichte sind daher zum Schutz von Meinungsfreiheit, wofür Medienvielfalt eine Grundvoraussetzung ist, angehalten. Mangels einer Bindung des Gesetzgebers ist das britische Verfassungsrecht für die Sicherung der Meinungsvielfalt von untergeordneter Bedeutung; Meinungs- und Rundfunkfreiheit genießen nur einen geringen verfassungsrechtlichen Schutz.[591]

2. Medienkonzentrationsrecht

Das britische Medienkonzentrationsrecht basiert auf verschiedenen Gesetzen. Besondere relevant und daher Gegenstand dieser Dissertation sind der *Communications Act 2003* („CA2003“), der *Broadcasting Act 1990* („BA 1990“), der *Broadcasting Act 1996* („BA 1996“) sowie der *Digital Economy Act*

586 *KEK*, 1. Medienkonzentrationsbericht, 388; *Holznagel,* 109.

587 *Sydow,* 17 ff., 29 ff.; 43 ff.; *Begrich,* HanseLR 2007, 121 (128); *Bretschneider,* ZUM 2010, 418 (422).

588 *KEK*, 1. Medienkonzentrationsbericht, 389.

589 Vgl. hierzu *Begrich,* HanseLR 2007, 121 (138 ff.); *KEK*, 1. Medienkonzentrationsbericht, 389.

590 *Goldberg et al.*, 15; *KEK*, 3. Medienkonzentrationsbericht, 412.

591 *KEK*, 1. Medienkonzentrationsbericht, 389, 427; a. A. *Bretschneider,* ZUM 2010, 418 (421 f.).

(„DEA2010“).[592] Der CA2003 ist das Ergebnis einer umfassenden Überarbeitung des gesetzlichen Regulierungsregimes des britischen Kommunikationssektors im Hinblick auf technologische und ökonomische Entwicklungen. Grundsätzliches Anliegen des Gesetzes ist, im Wege eines gemäß Art. 8 Abs. 1 Rahmenrichtlinie vorgegebenen technologieneutralen Ansatzes die Regulierung des Medien- und Kommunikationssektors an die technischen Entwicklungen anzupassen.[593] Der CA2003 diente auch der Umsetzung der EU-Richtlinien zur Regulierung der elektronischen Kommunikation und Dienstleistungen.[594] Die gesetzliche Neuregelung bedeutete eine Abkehr von der Lizenzierung als Markteintrittsbarriere und die Gewährleistung eines grundsätzlich freien Marktzugangs, zu dessen Regulierung die Lizenz dient. Ziel der Gesetzesänderungen, die sowohl verfahrens- als auch materiellrechtlicher Natur waren, war eine weitreichende Deregulierung und Liberalisierung. Durch den CA2003 wurde das zuvor normierte Zuschaueranteilsmodell, wonach der gesetzlich zulässige Zuschaueranteil eines Medienunternehmens bei 15 % lag, abgeschafft und durch einzelne crossmediale Regulierungsvorschriften sowie ein spezielles Medienkartellrecht ersetzt.[595] Daneben sieht das Gesetz Ofcom als einzige Regulierungsbehörde für den britischen Medienmarkt vor und verpflichtet die Behörde, die Interessen der Bürger und Verbraucher in Bezug auf die relevanten Medienmärkte zu fördern, was vorwiegend durch die Förderung von Wettbewerb erfolgen soll.[596] Das Gesetz enthält zudem zahlreiche Normen, die es Ofcom und dem Kulturminister ermöglichen, eigene detaillierte Regulierungsvorschriften und -richtlinien zu erlassen, um die Medienregulierung jederzeit an die technische Entwicklung anzupassen. Medienaktivitäten werden demnach nicht nur aufgrund von Parlamentsgesetzen kontrolliert, sondern auch anhand von Richtlinien (*guidelines*) und Vorgaben, die vorwiegend von Ofcom und den Vorgängerbehörden sowie dem *Departments of Culture, Media and Sport* („DCMS“) und dem *Departments of Trade and*

---

592 Die Gesetze sind abrufbar unter www.legislation.gov.uk (Stand: 31.03.2013).

593 *Gibbons,* in: Current Law Statutes 2003, 21–13; *Carlton et al.*, in: Getting the Deal Through, 466; *OSI*, 330; *Brisby,* CTLR 2006, 12 (4), 114 (118).

594 Hierbei handelt es sich um RL 2002/21/EG (Rahmenrichtlinie); RL2002/19/EG (Zugangsrichtlinie); RL2002/20/EG v. 07.03.2002 über die Genehmigung elektronischer Kommunikationsnetze und -dienste (Genehmigungsrichtlinie), Abl. L 108 v. 24.04.2002, 21 ff.; RL2002/22/EG v. 07.03.2002 über den Universaldienst und Nutzerrechte bei elektronischen Kommunikationsnetzen und -diensten (Universaldienstrichtlinie), Abl. L 108 v. 24.04.2002, 51 ff., und RL2002/58/EG v. 12.07.2002 über die Verarbeitung personenbezogener Daten und den Schutz der Privatsphäre in der elektronischen Kommunikation (Datenschutzrichtlinie für elektronische Kommunikation), Abl. L 201 v. 31.07.2002, 37 ff.

595 *KEK*, 3. Medienkonzentrationsbericht, 412; *Schulz/Held,* 48; *Bretschneider,* ZUM 2010, 418 (422).

596 *Doyle/Vick,* Convergence 2005, Nr. 11, 75 (76 f.); *Collins,* 2.2.3.1 f.; *Crock,* 305.

Industry („DTI") formuliert wurden. Weitere wichtige Hinweise, insbesondere zu dem europarechtlichen und politischen Hintergrund der britischen Medienregulierung, enthalten auch die *Explanatory Notes* zu den jeweiligen Gesetzen.[597]

Zu berücksichtigen ist, dass der CA2003 die vorigen Regulierungsgesetze zwar erheblich modifiziert, aber nicht abgeschafft hat. BA1990 und BA1996 sind somit weiterhin in Kraft.[598] Durch den BA1990 wurde Anfang der neunziger Jahre ein völlig neues Regulierungsrecht für das Privatfernsehen in Großbritannien eingeführt. Ziele des Gesetzes wie auch der darauffolgenden Medienregulierungsgesetze waren die Einführung einer liberaleren Regulierung elektronischer Medien und die Anpassung an die technologische Entwicklung. Mehr Wettbewerb und weniger staatliche Kontrolle sollten zu größerer Angebotsvielfalt und Auswahl für Verbraucher führen.[599] Zwar hatten die Regulierungsbehörden auch im Rahmen des BA1990 weitgehende Entscheidungsbefugnisse, diese waren aber konkreter formuliert und unterlagen einer stärkeren gerichtlichen Kontrolle.[600] Technologischer Hintergrund dieses Gesetzes war allerdings die analoge Fernsehübertragung.[601] Insbesondere aufgrund der Digitalisierung bedurfte der BA1990 daher einer Ergänzung und Modifizierung, die durch den BA1996 erfolgte.[602] Zu dem Zeitpunkt des Inkrafttretens des BA1996 stand bereits fest, dass die Zukunft in der digitalen Datenübertragung liegen würde, weshalb die gesetzliche Regelung an die Digitalisierung angepasst wurde.[603] Durch den BA1996 wurde zudem das später durch den CA2003 wieder abgeschaffte Zuschaueranteilsmodell in das britische Medienkonzentrationsrecht eingeführt und die Begrenzung auf eine bestimmte Anzahl an Lizenzen pro Veranstalter aufgehoben. Außerdem wurde die Regulierung intermediärer Medienverflechtungen liberalisiert.[604] Eine weitere Liberalisierung der Rundfunkregulierung, insbesondere in Bezug auf die Lizenzierung von *Channel 3*- und *Channel 5*-Programmen, erfolgte durch den DEA2010.[605]

---

597 *Gibbons,* in: Current Law Statutes 2003, 21–13. Sofern relevant wird auf die *Explanatory Notes* in den Fußnoten näher eingegangen.

598 *Gibbons,* in: Current Law Statutes 2003, 21–13; *Competition Commission,* ITV/BskyB, 17, 2.18: „*The regulatory framework for DTT is set out in Part 1 of the Broadcasting Act 1996 (as amended by CA 2003).*"; siehe hierzu auch *Carlton et al.*, in: Getting the Deal Through, 466.

599 *Humphreys,* 185, 193; vertiefend zu dem Hintergrund und Inhalt des BA1990 *Bretschneider,* 116 ff.

600 *Gibbons*, in: Current Law Statutes 1990, 42–8/9.

601 *Reville,* 163.

602 *KEK*, 1. Medienkonzentrationsbericht, 390 f.; vertiefend hierzu *Bretschneider,* 118 ff.

603 Siehe Teil I und II BA1996.

604 *KEK*, 1. Medienkonzentrationsbericht, 391 ff., mit vertiefenden Hinweisen zu dem früher geltenden Regulierungsmodell.

605 *Carlton et al.*, in: Getting the Deal Through, 466 (477).

a) Allgemeine Voraussetzungen der Meinungsvielfaltsicherung

Das Regulierungsregime des CA2003 stellt sehr allgemeine Anforderungen an die Veranstaltung von Rundfunk. Hierdurch soll dem Ansatz des Gesetzes Rechnung getragen werden, die Regulierung insbesondere von Fernsehprogrammen an die Konvergenzentwicklung anzupassen. Die allgemeinen Regulierungsvorschriften für Rundfunkdienste gemäß §§ 263 ff. CA2003 enthalten grundsätzliche Inhaltsvorgaben und differenzieren nur falls erforderlich nach der jeweiligen Übertragungsform. Die regulatorischen Anforderungen an den Rundfunk sind an die Regulierungsvorschriften über elektronische Kommunikationsdienste gemäß §§ 32 ff. CA2003 angelehnt.[606] Um eine einheitliche Anwendung der Vorschriften zu gewährleisten, wurde die Zuständigkeit der Regulierungsbehörde Ofcom auf elektronische Kommunikationsdienste erstreckt.[607]

Die Kriterien der §§ 263 ff. CA2003 sind nicht abschließend, sondern stellen lediglich Grundvoraussetzungen dar, die alle Rundfunkveranstalter erfüllen müssen. Gemäß § 263 Abs. 6 CA2003 ist Ofcom daher ausdrücklich berechtigt, den Rundfunkveranstaltern im Zuge der Vergabe von Rundfunklizenzen weitere Verpflichtungen aufzuerlegen. Zusätzlich zu dem statistischen und faktenbezogenen Rundfunkbericht gemäß § 358 CA2003 hat Ofcom mindestens alle fünf Jahre einen Bericht über die Einhaltung dieser lizenzrechtlichen Vorgaben zu verfassen, § 264 Abs. 1 bis 3 CA2003.[608]

In Großbritannien ergibt sich der Programmauftrag aus den einfachgesetzlichen Vorschriften. Jeder Fernsehsehsender ist zunächst an den allgemeinen Programmauftrag gemäß § 319 CA2003 gebunden.[609] Für den Schutz der Mei-

606 *Gibbons,* in: Current Law Statutes 2003, 21–278/279.

607 Vgl. §§ 33 ff. CA2003.

608 *Gibbons,* in: Current Law Statutes 2003, 21–282.

609 § 319 Abs. 2 CA2003:
„The standards objectives are
(a) that persons under the age of eighteen are protected;
(b) that material likely to encourage or to incite the commission of crime or to lead to disorder is not included in television and radio services;
(c) that news included in television and radio services is presented with due impartiality and that the impartiality requirements of section 320 are complied with;
(d) that news included in television and radio services is reported with due accuracy;
(e) that the proper degree of responsibility is exercised with respect to the content of programmes which are religious programmes;
(f) that generally accepted standards are applied to the contents of television and radio services so as to provide adequate protection for members of the public from the inclusion in such services of offensive and harmful material;
(g) that advertising that contravenes the prohibition on political advertising set out in section 321(2) is not included in television or radio services;

nungsvielfalt relevante Aspekte des Programmauftrages sind insbesondere die Objektivität und der Wahrheitsgehalt der Nachrichtenberichterstattung sowie das grundsätzliche Verbot von politischer Werbung.

Public service broadcasters sind zudem zur Erfüllung bzw. Berücksichtigung des öffentlichen Auftrages (*fulfilment of the public service remit*) verpflichtet. Der öffentliche Auftrag besteht gemäß § 264 Abs. 6 a) CA2003 aus Information, Erziehung und Unterhaltung und betrifft vorrangig inhaltliche Programmanforderungen.[610] Der Zweck von *public service broadcasting* ist die Sicherstellung hochwertigen Fernsehprogramms, das den Interessen und Vorlieben verschiedener Zuschauergruppen entspricht, umfassende und zuverlässige Nachrichten sendet sowie die Lebensgewohnheiten und Anliegen unterschiedlicher Bevölkerungsgruppen widerspiegelt.[611] Es ist eine Besonderheit des britischen Medienrechts, dass auch private Fernsehveranstalter an den öffentlichen Auftrag gebunden sind. Hieran wurde auch im Rahmen der Liberalisierung der Medienregulierung festgehalten.[612] Zu beachten ist jedoch, dass die Sender in unterschiedlichem Maße zur Erfüllung des öffentlichen Auftrages verpflichtet sind.

aa) Sicherstellung der Grundversorgung durch die *BBC*

Die öffentlich-rechtliche *BBC* als nicht lizenzierter, sondern sich durch den *BBC Trust* selbstregulierender Sender ist zur Sicherstellung der Grundversorgung der Bevölkerung mit Informationen und Unterhaltung verpflichtet. Der Sender ist damit vollumfänglich an den öffentlichen Auftrag gebunden. Zentrale Elemente des öffentlichen Auftrages sind gemäß § 264 Abs. 4 CA2003 Themenvielfalt und damit eine ausgewogene Berichterstattung und Programmgestaltung. Gemäß § 264 Abs. 5 CA2003 soll dies auf die in § 264 Abs. 6 CA2003 konkretisierte

---

(h) that the inclusion of advertising which may be misleading, harmful or offensive in television and radio services is prevented;
(i) that the international obligations of the United Kingdom with respect to advertising included in television and radio services are complied with;
(j) that the unsuitable sponsorship of programmes included in television and radio services is prevented;
(k) that there is no undue discrimination between advertisers who seek to have advertisements included in television and radio services; and
(l) that there is no use of techniques which exploit the possibility of conveying a message to viewers or listeners, or of otherwise influencing their minds, without their being aware, or fully aware, of what has occurred."

610 Siehe auch *BBC*, § 5 Royal Charter: „[...] *the BBC promotes its Public Purposes: the BBC's mission to inform, educate and entertain* [...]".

611 *Ofcom*, Licensing of Channel 3 and Channel 5, 2011, 1.

612 *OSI*, 330.

Art und Weise erreicht werden, nämlich durch die Gewährleistung von Meinungs- und Kulturvielfalt, die Ausstrahlung mehrerer (auch regionaler) Nachrichtensendungen, die Erfassung von Sport- und Freizeit- sowie wissenschaftlicher, religiöser und sozialer Interessen, die Sendung von Programmen für Kinder und Jugendliche, Berichte über Minderheiten und deren Leben in Großbritannien sowie ein nach Ofcoms Ermessen ausreichendes Maß an Sendungen mit internationalen Inhalten.

Aufgrund ihres Selbstverwaltungsrechts ist die *BBC* zudem zu einer eigenständigen Konkretisierung ihres öffentlichen Auftrags berechtigt. Aufgrund dessen fühlt sich die *BBC* zu der Unterstützung der Bürgerschaft und Zivilgesellschaft, der Förderung von Bildung und Erziehung sowie von Kreativität und Kultur, der Repräsentation Großbritanniens und seiner einzelnen Regionen und Gemeinden sowie zu der Vermittlung zwischen Großbritannien und der Welt verpflichtet. Die britische Gesellschaft soll die Vorteile der neuen Medien und Technologien nutzen und eine Führungsrolle bei dem Wechsel von analoger zu digitaler Fernsehübertragung einnehmen.[613] Die *BBC* sieht außerdem das Angebot von Unterhaltungsprogrammen als von ihrem Auftrag umfasst an.[614] Der Programmauftrag der *BBC* ist damit sehr umfassend.

---

613 Siehe *BBC*, § 4 Royal Charter:
„*The Public Purposes of the BBC are as follows—*
(a) sustaining citizenship and civil society;
(b) promoting education and learning;
(c) stimulating creativity and cultural excellence;
(d) representing the UK, its nations, regions and communities;2
(e) bringing the UK to the world and the world to the UK;
(f) in promoting its other purposes, helping to deliver to the public the benefit of emerging communications technologies and services and, in addition, taking a leading role in the switchover to digital television."
BBC, § 5 Royal Charter: „*How the BBC promotes its Public Purposes: the BBC's mission to inform, educate and entertain*
(1) The BBC's main activities should be the promotion of its Public Purposes through the provision of output which consists of information, education and entertainment, supplied by means of [...].
(a) television, radio and online services;
(b) similar or related services which make output generally available and which may be in forms or by means of technologies which either have not previously been used by the BBC or which have yet to be developed."

614 Vgl. *Hilger*, MMR 2006, XI (XVI).

bb) Öffentlicher Auftrag der *public service broadcasters*

Die lizenzierten öffentlich-rechtlichen Sender (*Channel 4*) unterliegen einem allgemeineren öffentlichen Programmauftrag. Gemäß § 265 Abs. 3 CA2003 müssen sie eine große Bandbreite hochwertiger und vielfältiger Programme senden.[615] Diese sollen sowohl inhaltlich als auch in Bezug auf das Programmformat innovativ, experimentell, kreativ und unverwechselbar sein, die Geschmäcker und Interessen einer kulturell vielfältigen Gesellschaft bedienen und einen erheblichen Anteil an Bildungsprogrammen enthalten. Die lizenzierten öffentlichen Sender unterliegen damit zwar nicht unmittelbar den strengen Verpflichtungen des § 264 Abs. 4 bis 6 CA2003. Ihr Auftrag wird aber durch diese Vorgaben insofern mittelbar beeinflusst, als sie im Rahmen eines selbstregulatorischen Ansatzes gemäß § 266 CA2003 einen jährlichen Bericht über die Erfüllung des öffentlichen Auftrages (*statement of programme policy*) verfassen müssen. Bei der Berichterstattung müssen sich die Sender gemäß § 266 Abs. 5 CA2003 an die Vorgaben Ofcoms halten, die wiederum die Einhaltung der Verpflichtungen und Ziele nach § 264 Abs. 4 und 6 CA2003 umfassen. Im Verhältnis zu den früher geltenden detaillierten Lizenzvorgaben des BA1990 stellt diese Berichterstattungspflicht gegenüber Ofcom jedoch eine erhebliche Liberalisierung dar.[616]

Auch die privaten Fernsehsender (*Channel 3* und *5*) sind an den öffentlichen Auftrag gebunden.[617] Aus § 265 CA2003 wird indes deutlich, dass der Anspruch an die Privatsender deutlich geringer ist als der öffentliche Auftrag des im Eigentum des Staates stehenden *Channel 4*.[618] So besteht der öffentliche Auftrag ge-

---

615 § 265 Abs. 3 CA2003: „*The public service remit for Channel 4 is the provision of a broad range of high quality and diverse programming which, in particular—*

(a) demonstrates innovation, experiment and creativity in the form and content of programmes;

(b) appeals to the tastes and interests of a culturally diverse society;

(c) makes a significant contribution to meeting the need for the licensed public service channels to include programmes of an educational nature and other programmes of educative value; and

(d) exhibits a distinctive character."

616 *Gibbons*, in: Current Law Statutes 2003, 21–282, 284.

617 Die privaten Fernsehsender fallen in § 264 CA2003 unter den Begriff „*relevant television services*", vgl. § 264 Abs. 11 (c) CA2003.

618 § 265 Abs. 1, 2 CA2003: „*Public service remits of licensed providers*

(1) The regulatory regime for every licensed public service channel, and for the public teletext service, includes a condition requiring the provider of the channel or service to fulfil the public service remit for that channel or service.

(2) The public service remit—

(a) for every Channel 3 service, and

mäß § 265 Abs. 2 CA2003 für Privatsender darin, qualitativ hochwertige und vielfältige Programme, insbesondere auch nationale und regionale Nachrichten, zu senden.[619] Dennoch stellt die Bindung an den öffentlichen Auftrag eine nicht unerhebliche Belastung für die Sender dar. Zwar bieten die Lizenzen zur Kompensation der strengen Lizenzanforderungen Vorteile bspw. hinsichtlich der Übertragungskapazitäten und Positionierungen in elektronischen Programmführern. Diese Vorteile haben sich aber inzwischen aufgrund der technologischen Entwicklung relativiert. Vor allem die Übertragungskapazitäten sind heute kein vorrangiges Problem mehr; für die Veranstalter belastend sind vielmehr die Produktionskosten von Fernsehprogramminhalten, die gerade bei der Produktion regionaler Inhalte unverhältnismäßig sind, weil aufgrund geringerer Zuschaueranteile keine ausreichende Kompensation durch Werbeinnahmen erfolgt.[620] Da sich die *public service broadcasters* durch Werbung finanzieren, sind sie auch nur bedingt in der Lage, sich den Vorlieben der breiten Masse der Fernsehzuschauer zu entziehen; zumal die Sender überwiegend börsennotiert sind oder im Eigentum eines börsennotierten Unternehmens stehen und daher gegenüber ihren Aktionären zu Gewinnerzielung verpflichtet sind. Dies gilt vor allem für die Sender *Channel 3* und *Channel 5*. Der Sender *Channel 4* steht zwar im Eigentum des Staates, wird aber durch Werbung finanziert und ist insofern auch an die Vorlieben der breiten Bevölkerung gebunden.[621] Daher kompensieren die mit *Channel 3*- und *Channel 5*-Lizenzen verbundenen Vorteile nicht die wirtschaftlichen Nachteile, weshalb die Programmveranstaltung für *public service broadcasters* häufig nicht rentabel ist. Vor diesem Hintergrund wehren sich die Sender zunehmend gegen die Bindung an den öffentlichen Programmauftrag; das *Channel 3*-Netzwerk drohte sogar die Produktion regionaler Nachrichtensendung einzustellen.[622] Ofcom befürchtet, dass sich die Sender mangels Wirtschaftlich-

(b) for Channel 5,
is the provision of a range of high quality and diverse programming."

619 Die Bezeichnung *Channel 3 Service* beschreibt gemäß § 362 CA2003 i. V. m. §§ 71, 14 BA1990 einen Fernsehsender, der Bestandteil des *Channel 3* – Netzwerks ist. Hierbei handelt es sich um eine Gruppe privater Fernsehsender, die auf der Grundlage von § 14 BA1990 durch die damalige Regulierungsbehörde (*Independent Television Commission,* vgl. §§ 1, 14 BA1990) gegründet und regional organisiert und lizenziert wurde.

620 *Ofcom*, Licensing of Channel 3 and Channel 5, 2012, 2, 7, 35; *Ofcom*, Licensing of Channel 3 and Channel 5, 2011, 1, 24 f.

621 Vgl. www.channel4.com/info/corporate/about (Stand: 31.03.2013); siehe auch *KEK*, 1. Medienkonzentrationsbericht, 387 f.

622 Vgl. hierzu *Sweney,* in: The Guardian v. 02.09.2011: „*However, broadcasters such as ITV* [Channel 3] *have vigorously lobbied, and Ofcom has concurred, that the value of the PSB licences are less than the cost of delivering PSB programming that is often expensive to make and delivers low audiences. The PSBs have already moved to cut back on some of their*

keit des *public service broadcasting* zu rein kommerziellen Fernsehsendern wandeln könnten.[623]

Es ist daher zu erwarten, dass die Bindung der privaten Sender an den öffentlichen Auftrag in Großbritannien gelockert wird und sich die Verpflichtungen von öffentlich-rechtlichen und privaten Fernsehsendern zukünftig deutlicher unterscheiden werden. Dies würde jedenfalls dem allgemeinen Deregulierungs- und Liberalisierungstrend entsprechen.[624] Ofcom unterbreitete seit 2011 in zwei Berichten an den Kulturminister verschiedene Vorschläge im Hinblick auf die Erneuerung der bis Dezember 2014 gültigen *Channel 3*-Lizenzen. Ein Vorschlag Ofcoms geht dahin, eine Verlängerung der *Channel 3*-Lizenzen mit der notwendigen Zustimmung des Parlaments abzulehnen und die Lizenzen im Rahmen des noch darzulegenden Verfahrens nach dem BA1990 neu auszuschreiben.[625] Im Zusammenhang mit einem solchen Ausschreibungsverfahren erhofft sich die Regulierungsbehörde neue konzeptionelle Vorschläge seitens der Lizenzbewerber bezüglich einer zukunftsfähigen Gestaltung von *public service broadcasting.*[626] Daneben zieht Ofcom in Betracht, die Lizenzen für *Channel 3* und *5* bis zum Erlass des geplanten Gesetzesvorschlages für ein modifiziertes Medienregulierungsrecht zu verlängern, um dem Gesetzgeber die Möglichkeit zu geben,

---

obligations – under former executive chairman Michael Grade ITV threatened to pull out of regional news altogether – despite the sanctions at Ofcom's disposal to punish licence breaches."

623 *Ofcom*, Licensing of Channel 3 and Channel 5, 2011, 30: „*Our findings in the PSB Review made clear that, for ITV plc, the costs of PSB status would outweigh its tangible benefits before the initial licence expiry date in 2014. This coupled with uncertainty about the possible benefits of PSB status in the future may again lead ITV plc and/or Channel 5 to consider becoming a fully commercial UK-wide broadcaster.*"

624 So auch *OSI*, 330, 332 f.

625 *Ofcom*, Licensing of Channel 3 and Channel 5, 2011, 28: „*The Secretary of State could, subject to affirmative resolution by Parliament, issue an order blocking licence renewal. Ofcom would then seek to award the vacant licences.*"

626 Siehe *Ofcom*, Licensing of Channel 3 and Channel 5, 2011, 29: „*It is equally possible, however, that a new award process may serve to reinvigorate the existing commercial PSB model, by encouraging potential licensees to develop innovative approaches to the delivery of public service objectives.*"; *Ofcom*, Licensing of Channel 3 and Channel 5, 2012, 3: „*Re-auctioning would open up the licensing process to competitive examination and could establish a more accurate value for the licences. 1.18 In the case of Channel 3, it offers the potential to reinvigorate the existing Channel 3 model. Re-auctioning could test whether potential bidders – including the current licensees – would be able to bring forward alternative models of PSB delivery. An auction would also offer an opportunity to restructure the licensing map to reflect more accurately national and regional identities within the UK. 1.19 In the case of Channel 5, it would clarify whether a new bidder could offer a more significant commitment to original content production or important areas of public service content than the current licence holder.*"

auch die Vorschriften bezüglich *public service broadcasting* an die neue Marktsituation anpassen zu können.[627] Im Falle der derzeit geplanten Verlängerung der Lizenzen um 10 Jahre kann nach Ansicht Ofcoms mangels ausreichender Sanktions- und Durchsetzungsbefugnisse nicht sichergestellt werden, dass die Sender den öffentlichen Auftrag weiterhin erfüllen, sofern es nicht zu einer dahingehenden Vereinbarung zwischen Regulierungsbehörden und Lizenznehmern kommt.[628] Insgesamt steht Ofcom einer Reduzierung der öffentlichen Auftragspflichten von *Channel 3* und *5* skeptisch gegenüber, da *public service broadcasting* nach Ansicht der Behörde von besonderer Bedeutung für die Produktion hochwertigen und vielfältigen Programms ist und den Sendern trotz der technologischen Entwicklung und einem veränderten Nutzerverhalten eine Schlüsselrolle bei der Erfüllung des öffentlichen Programmauftrages zukommt.[629]

b) Besondere Voraussetzungen der Meinungsvielfaltsicherung

Meinungsvielfalt wird in Großbritannien auch durch außenpluralistische Regulierungsvorschriften sichergestellt. Anbietervielfalt soll durch eine Beschränkung crossmedialer Medieneigentumsverflechtungen erreicht werden. Zwar wurden eine Vielzahl von Medieneigentums- und Lizenzbeschränkungen, insbesondere das komplizierte Regulierungsregime bezüglich crossmedialer Verflechtungen, durch die §§ 348 ff. CA2003, die eine beträchtliche Liberalisierung der Medieneigentumsregulierung enthalten, aufgehoben.[630] So können inzwischen zugleich Medieneigentumsanteile an *Channel 3*- und *Channel 5*-Diensten gehalten werden. Das britische Regulierungsrecht enthält jedoch weiterhin konkrete medienkonzentrationsrechtliche Vorgaben, vor allem in Bezug auf crossmediale Medienverflechtungen zwischen *Channel 3* und der Presse.[631] Die Schwellenwerte bezüglich *Channel 3* (sog. 20/20 Regel) sind Gegenstand von *Schedule* („Sch.")

627 *Ofcom*, Licensing of Channel 3 and Channel 5, 2011, 30: „*The final option open to the Secretary of State would be to extend the current licences to allow for a full consideration of the public service broadcasting regime in the next Communications Bill.*"

628 *Ofcom*, Licensing of Channel 3 and Channel 5, 2011, 28.

629 Siehe *Ofcom*, Licensing of Channel 3 and Channel 5, 2012, 7: „*The purposes of PSB are designed to secure the delivery of a wide and balanced range of high quality programmes which meet the needs and satisfy the interests of as many different audiences as practicable.*"; 83: „*Despite significant changes in technology and evolving patterns of consumer consumption since the PSB purposes defined under the 2003 Act came into force, the commercial public service broadcasters continue to play a key role in delivering public service programming and supporting the UK content production industry.*"

630 *Gibbons,* in: Current Law Statutes 2003, 21–355; *Collins,* 2.2.3.2.

631 Vgl. hierzu *KEK*, 3. Medienkonzentrationsbericht, 405 f.

14 CA2003.[632] Demnach darf jemand, der bereits mehr als 20 % des nationalen Zeitungsmarktes beherrscht, nicht mehr als 20 % der Anteile an einem Medienunternehmen besitzen, das Inhaber einer *Channel 3*-Lizenz ist, Sch. 14 Teil 2 Abs. 1 CA2003.[633] Zudem erhält jemand, der bereits 20 % des regionalen Zeitungsmarktes beherrscht, keine regionale *Channel 3*-Lizenz in demselben Gebiet, Sch. 14 Teil 1 CA2003.[634] Hierdurch soll eine Eigentumskonzentration in regionalen Medienmärkten verhindert werden. Der Kulturminister ist aber im Rahmen von Sch. 14 CA2003 befugt, bspw. durch den Erlass von Richtlinien modifizierend und deregulierend tätig zu werden.

c) Programmzulassung

Die Veranstaltung von Rundfunk ist in Großbritannien grundsätzlich an eine Lizenz geknüpft.

aa) Liberalisierung

Die Lizenzvorschriften wurden im Rahmen des CA2003 erheblich gelockert.[635] Die übliche Lizenz für kommerzielle Fernsehsender wurde durch eine neue Li-

---

632 Siehe hierzu *Ofcom*, Measuring media pluralism, 6/2012, 14 f., 4.16; *Schulz/Held*, 48 f.; *KEK*, 3. Medienkonzentrationsbericht, 412 ff., mit einer konkreten Beschreibung der aktuellen Medieneigentumsbeschränkungen.

633 Vgl. Sch. 14 Teil 2 CA2003: „*Restrictions on participation*
(1) A person who is
(a) the proprietor of a national newspaper which for the time being has a national market share of 20 per cent. or more, or
(b) the proprietor of national newspapers which for the time being together have a national market share of 20 per cent. or more, is not to be a participant with more than a 20 per cent. interest in a body corporate which is the holder of a licence to provide a Channel 3 service.
[...]"

634 Vgl. Sch. 14 Teil 1 CA2003: „*Ban on newspaper proprietors holding Channel 3 licences*
(1) A person is not to hold a licence to provide a Channel 3 service if—
(a) he runs a national newspaper which for the time being has a national market share of 20 per cent. or more; or
(b) he runs national newspapers which for the time being together have a national market share of 20 per cent. or more.
(2) A person is not to hold a licence to provide a regional Channel 3 service if—
(a) he runs a local newspaper which for the time being has a local market share of 20 per cent. or more in the coverage area of the service; or
(b) he runs local newspapers which for the time being together have a local market share of 20 per cent. or more in that coverage area.[...]"

635 *Gibbons*, in: Current Law Statutes 2003, 21–13.

zenz ersetzt, die für sogenannte *television licensable content* services *(„TLCS“)* erteilt wird.[636] Der Begriff wird in § 232 CA2003 näher erläutert und umfasst insbesondere lineare Fernsehprogramme und elektronische Programmführer, die über Satellit, Kabel oder Internet von der Öffentlichkeit empfangen werden können.[637] Erfasst werden grundsätzlich linear übertragene Programme, die nicht unter die Ausnahmevorschrift des § 233 CA2003 fallen.[638] Die Lizenz dient der Lizenzierung rein kommerzieller Fernsehsender, wozu *Channel 3, 4* und 5-Dienste als *public service broadcasters* nicht gehören.[639] Auch Kabelnetzwerke können eine umfassende Genehmigung unabhängig von dem jeweils übertragenen Dienst erhalten.[640] Die Definition soll flexibel und dadurch zukunftsfähig sein, indem sie keine konkrete Beschreibung von Diensten enthält, die infolge der technischen Entwicklung irrelevant werden könnten.

Die nach der früheren Regelung gesondert erteilten Lizenzen für Satellit (vgl. § 43 Abs. 1 BA1990) und andere lizenzfähige Programmdienste (vgl. § 46 Abs. 1 BA1990) gelten als neue Lizenzen fort, § 240 Abs. 3 CA2003. Die Grundvoraussetzungen für die Lizenzvergabe gemäß § 3 BA1990 sind durch Ofcom anzupassen, um sicherzustellen, dass die umgewandelten Lizenzen den neuen Anforderungen des § 263 CA2003 genügen.[641]

Gemäß §§ 234, 244, 361 Abs. 7, 8 CA2003 ist der Kulturminister zudem befugt, die regulatorischen Normen unter Einbeziehung des Parlaments anzupassen, sofern dies insbesondere im Hinblick auf die technische Entwicklung

---

636 §§ 233, 248 CA2003 enthalten eine Legaldefinition. Zu *TLCS* siehe auch *Gibbons,* in: Current Law Statutes 2003, 21–251.

637 Vgl. *Ofcom*, TLCS Guidance, 11: „*TLCS licences are for services made available using either satellite, an electronic communications network (such as cable or the internet), or a radio multiplex.* [...] *As general guidance, a TLCS is a service broadcast from a satellite, distributed using an electronic communications network (including services broadcast over the internet), or a service made available by means of a radio multiplex, which meets two basic criteria:*
a. The service consists of, or has as its principal purpose the provision of, 'television programmes or electronic programme guides', or both. 'Television programmes' includes conventional programmes, advertisements, text and still and moving images, as well as any ancillary services (like subtitling, audio-description or interactive programme enhancements) associated with them. 'Electronic programme guides' are services that consist of the listing or promotion of programmes and programme services and provide access to them.
b. The service is 'available for reception by members of the public' as defined in section 361 of the Communications Act, which expressly excludes on-demand programme services.“

638 Siehe hierzu *Ofcom*, TLCS Guidance, 11 f.

639 *Ofcom*, TLCS Guidance, 12.

640 *Gibbons,* in: Current Law Statutes 2003, 21–251.

641 *Gibbons,* in: Current Law Statutes 2003, 21–258.

erforderlich ist.[642] Dies kann gemäß § 234 Abs. 1 (c) CA2003 insbesondere der Fall sein, wenn auf einen über verschiedene Mediendienste übertragenen Inhalt unterschiedliche Regulierungsvorschriften anwendbar sind. Besonders deutlich wurde der Wille des Gesetzgebers zur Anpassung der Regulierungsvorschriften an die Konvergenzentwicklung durch die Abschaffung der Lizenzierung regionaler Kabelnetzbetreiber gemäß § 213 CA2003.[643] Hierdurch wurde die bisherige Praxis der Regulierungsbehörde[644], Lizenzen für örtliche Übertragungsdienste faktisch auf bloße Anfrage anstatt anhand eines wettbewerbsrechtlichen Vergabeverfahrens zu erteilen, kodifiziert, worin eine erhebliche Deregulierung liegt.[645] Wie bereits dargelegt, bestehen zudem keine Lizenzbeschränkungen mehr im Hinblick auf Unternehmen, die keine Niederlassung innerhalb des EWR haben, vgl. § 348 CA2003.

bb) Hintergrund

Im Rahmen der Lizenzvergabe hat Ofcom als zuständige Behörde die Möglichkeit, die Rundfunkveranstalter den Vorgaben der Rundfunkgesetze (insbesondere BA1990, BA1996, CA2003 und DEA2010) und der behördlichen Richtlinien zu unterwerfen. Die diesbezüglich relevanten Angaben der Lizenznehmer in dem Lizenzantrag bilden die Grundlage der Lizenzvergabe und werden als Lizenzbedingungen vertraglich fixiert. Die Lizenz ist somit die rechtliche Grundlage für Sanktionen und ein Beleg für die Kriterien der Lizenzvergabe. Die Behörde ist im Rahmen ihrer gesetzlichen Befugnisse auch berechtigt, Anleitungen und Hinweise bezüglich der Lizenzbedingungen zu geben und kann dadurch auch nach der Lizenzvergabe noch auf neue (technische) Entwicklungen reagieren und auf Grundlage der Lizenz geeignete Maßnahmen ergreifen. Gemäß § 4 Abs. 5 BA1996 ist die Behörde auch berechtigt, auf die Lizenzausübung bezogene Informationen anzufordern.[646]

cc) Verfahren

Ofcom vergibt verschiedene Lizenzen (insbesondere für *Channel 3*- und *Channel 5*-Programme) nach dem BA1990. Die Lizenzen werden gemäß § 235

642 Siehe bspw. *Ofcom*, TLCS Guidance, 12: „[...] *a TLCS is not a service which is* [...] *(if the Secretary of State makes an order under section 244 of the Communications Act) a local digital television service.*"

643 Die Lizenzierung regionaler Kabelnetzwerke war bisher in §§ 73 ff. BA1990 geregelt.

644 Bis zum Erlass des CA2003 war dies die *Independent Television Commission (ITC).*

645 *Gibbons,* in: Current Law Statutes 2003, 21–16/229.

646 *Gibbons,* in: Current Law Statutes 1996, 55–11/12.

Abs. 1 CA2003 auf der Grundlage von §§ 3 ff. BA1990 vergeben, jedoch im Rahmen eines durch § 235 CA2003 reformierten Verfahrens. Die Lizenzierung linearer Fernsehprogramme bleibt somit erhalten. Zusätzlich benötigt jeder Dienst eine weitere Lizenz, wobei mehrere Programme, die über denselben Dienst übertragen werden, auf der Grundlage einer Lizenz veranstaltet werden dürfen.[647] Es gibt verschiedene Arten von Lizenzen. Die Vergabe von *Channel* 3- und *Channel 5*-Lizenzen wurde durch den DEA2010 liberalisiert.[648]

Die Vergabe von *Channel 3*-Lizenzen erfolgt im Rahmen eines Versteigerungsverfahrens gemäß §§ 15 ff. BA1990.[649] Ein Vorteil dieses Verfahrens ist, dass die Regulierungsbehörde weniger Einfluss auf die Lizenzvergabe hat. Eine Lizenz wird gemäß § 16 BA1990 aber nur an solche Bewerber vergeben, die bestimmte Voraussetzungen erfüllen (*quality threshold*). Im Anschluss an die Veröffentlichung einer *notice* gemäß § 15 Abs. 1 BA1990 müssen die Interessenten daher eine Lizenzbewerbung einreichen. Das Verfahren bildet somit einen Mittelweg zwischen einem reinen Versteigerungsverfahren und einem Vergabeverfahren, bei dem die Regulierungsbehörde persönliche und sachliche Zulassungsvoraussetzungen festlegen kann.[650]

Die Lizenzübertragung im Rahmen des Analog-Digital-Wechsels erfolgte indes nicht anhand eines Versteigerungsverfahrens (vgl. § 215 Abs. 3 CA2003), sondern in Form eines Lizenzvergabeverfahrens gemäß §§ 3 ff. BA1990 unter den weiteren Voraussetzungen der §§ 214 ff. CA2003, die wiederum durch §§ 24 ff. DEA2010 modifiziert wurden. Hiernach muss Ofcom *Channel 3*- und *Channel 5*-Sendern die Möglichkeit geben, ihre alten durch neue digitale Lizenzen zu ersetzen, § 215 CA2003, bzw. eine Erneuerung der alten Lizenzen zu beantragen, § 216 CA2003.[651] Wie bereits dargelegt, kann das Versteigerungsverfahren aber wieder zur Anwendung gelangen, sofern anstelle einer Verlängerung eine Neuausschreibung der *Channel 3*-Lizenzen erfolgen sollte.[652]

dd) Persönliche Zulassungsvoraussetzungen

Die persönlichen Zulassungsvoraussetzungen ergeben sich zunächst aus dem BA1990 in seiner durch BA1996 und CA2003 veränderten Fassung. Hiernach kann Ofcom die Lizenzvergabe ablehnen, sofern es sich bei dem Antragsteller

647 *Gibbons,* in: Current Law Statutes 2003, 21–251/254.

648 *Carlton et al.*, in: Getting the Deal Through, 466 (477).

649 *Holznagel/Nolden,* in: Hoeren/Sieber, Teil 5, Rn 97; *Binmore et al.*, 1.

650 *Gibbons,* in: Current Law Statutes 1990, 42–27.

651 Weiterführend hierzu *Gibbons,* in: Current Law Statutes 2003, 21–234; zu der Gebührenberechnung bei Lizenzverlängerungen siehe *Binmore et al.,* 1 ff.

652 Vgl. hierzu C. III. 2. a) bb).

um eine „*disqualified person*" oder nicht um eine „*fit and proper person*" im Sinne von § 3 Abs. 3 a) BA1990 i. V. m. § 235 Abs. 3 a) CA2003 handelt.[653] Der Antragsteller ist verpflichtet, die notwendigen Informationen für die Beurteilung seiner Lizenzberechtigung zur Verfügung zu stellen. Enthält ein Bewerber Ofcom Informationen absichtlich vor, kann ihm die Lizenzberechtigung für einen gewissen Zeitraum gerichtlich abgesprochen werden.[654]

Von der Lizenzvergabe ausgeschlossen sind grundsätzlich Kommunen, politische und religiöse Institutionen sowie Werbeagenturen. Dies gilt auch für Unternehmen, die unter der Kontrolle einer dieser Einrichtungen stehen. Unter bestimmten Voraussetzungen kann eine solche Kontrolle bereits bei einer Beteiligung von weniger als 50 % angenommen werden.[655] Im Hinblick auf Werbeagenturen ist ein Unternehmen bereits dann nicht lizenzberechtigt, wenn seine Beteiligung mehr als 5 % beträgt.[656] Diese Antragsteller gelten somit als „*disqualified persons*", weshalb Ofcom entsprechende Lizenzanträge ablehnen kann.

Zu beachten ist in diesem Zusammenhang die Neuregelung des CA2003, wodurch die Lizenzbeschränkungen gelockert wurden. Hiernach sind Kommunalbehörden unter der engen Voraussetzung lizenzberechtigt oder zur Beteiligung an einem Lizenzinhaber berechtigt, dass die Lizenz ausschließlich zur Erfüllung ihres gesetzlichen Auftrages verwendet wird.[657] Auch Religionsgemeinschaften sind hinsichtlich mancher Lizenzen lizenzberechtigt oder dürfen sich an solchen Lizenzinhabern beteiligen.[658] Daneben gibt es keine Beschränkungen mehr in Bezug auf die Lizenzberechtigung ausländischer Medienunternehmen; Beschränkungen der Lizenzvergabe aufgrund des BA1990, die es Unternehmen mit Sitz außerhalb des EWR untersagten, Rundfunklizenzen zu beantragen, wurden durch den CA2003 abgeschafft.[659] Indes kann der Kulturminister Ofcom unter engen Voraussetzungen anweisen, einem ausländischen Unternehmen das

---

653 Siehe § 235 Abs. 3 a) CA2003: „*Where an application is made to Ofcom in accordance with subsection (2) for a licence to provide a television licensable content service, Ofcom are entitled to refuse the application only if— (a) they are required to do so by section 3(3) of the 1990 Act (licences to be held only by* ***fit and proper persons****)* [...]." [Hervorhebung nachträglich eingefügt].

654 *Ofcom*, TLCS Guidance, 12 f.

655 *Ofcom*, TLCS Guidance, 12 f. Im Gegensatz hierzu kann in einem Fusionsverfahren Kontrolle über ein Unternehmen gemäß § 26 EA2002 erst ab einer Beteiligung von 50 % angenommen werden, vgl. hierzu *DTI*, 34.

656 *Ofcom*, TLCS Guidance, 12 f.

657 *Carlton et al.*, in: Getting the Deal Through, 466 (475); *Ofcom*, TLCS Guidance, 12 f.

658 *Ofcom*, TLCS Guidance, 12 f.; *Collins*, 2.2.3.3.; siehe zu den Voraussetzungen einer Lizenzberechtigung von Religionsgemeinschaften *Ofcom*, Guidance for religious bodies.

659 *Collins*, 2.2.3.2 f.

Angebot von Mediendiensten in Großbritannien im Interesse der nationalen Sicherheit zu untersagen.[660]

Welche Voraussetzungen jemand erfüllen muss, um „*fit and proper*" und damit für die Lizenzvergabe geeignet zu sein, ergibt sich nicht aus dem Gesetz und steht somit im Ermessen Ofcoms. Hinweise, wann Ofcom einen Antragsteller nicht als geeigneten Lizenznehmer ansieht, enthält die *Change of Control Notification Form,* mit der Lizenznehmer bspw. Änderungen der Unternehmensstruktur gegenüber Ofcom anzeigen.[661] Hierbei ist anzugeben, ob ein Gesellschafter des lizenzberechtigten Unternehmens bereits strafrechtlich in Erscheinung getreten ist. Das Dokument verdeutlicht indes auch, dass dies nicht zwangsläufig zu einer Disqualifikation führt, sondern es auf die Umstände des Einzelfalls ankommt.[662] Daneben wird entscheidend sein, ob jemand nach Ofcoms Bewertung gewillt und geeignet ist, die britischen Rundfunkgesetze einzuhalten, was auch anhand der früheren Rundfunkveranstaltung des Lizenznehmers beurteilt werden kann.[663]

Darüber hinaus sind die medienkonzentrationsrechtlichen Vorschriften einzuhalten. Im Falle einer gesetzeswidrigen Konzentration von Medieneigentum ist der Lizenzantrag des Medienunternehmens abzulehnen.[664] Die Rechtsgrundlage für die Ablehnung eines Lizenzantrages bilden §§ 5, 88 BA1990, §§ 5, 44 BA1996 i. V. m. § 350 Abs. 2, Sch. 14 CA2003.[665]

ee) Sachliche Zulassungsvoraussetzungen

Die Lizenzerteilung ist an sachliche Zulassungsvoraussetzungen geknüpft, die sich nach den einzelnen Lizenzarten unterscheiden.

aaa) *Television Licensable Content Services*

Die Erteilung einer *TLCS*-Lizenz setzt zunächst voraus, dass es sich bei dem Dienst, für den die Lizenz beantragt wird, überhaupt um einen *TLC*-Dienst han-

660 *Carlton et al.*, in: Getting the Deal Through, 466 (467).

661 Das Dokument ist abrufbar unter www.licensing.ofcom.org.uk (Stand: 31.03.2013).

662 Siehe Ziffer 1.7. der *Change of Control Notification Form:* „[...] *A director or shareholder who has a criminal record will not necessarily be prevented from holding a licence. This will depend on all the circumstances of the licensee as a whole.* [...]".

663 Vgl. hierzu *Choueka et al.,* BSkyB bid: What does Ofcom's 'fit and proper' test mean? The panel's verdict, in: The Guardian v. 07.07.2011.

664 *Ofcom,* TLCS Guidance, 19.

665 §§ 5, 88 BA1990 und §§ 5, 44 BA1996 verweisen seit der Modifikation durch § 350 Abs. 2 CA2003 auf Sch. 14 CA2003.

delt.[666] Da die Lizenzen an den Dienst und nicht an den Anbieter geknüpft sind, benötigt ein Lizenznehmer für jeden von ihm angebotenen *TLC*-Dienst eine gesonderte Lizenz.[667] Es bestehen keine Beschränkungen hinsichtlich der Anzahl zulässiger Lizenzen. Eine Lizenz kann zudem mit Ofcoms Zustimmung auf einen anderen Lizenznehmer übertragen werden.[668]

Der Lizenznehmer muss die Programmstandards erfüllen, die in den Richtlinien Ofcoms festgelegt sind. Darüber hinaus können Veranstalter von Fernsehprogrammen mit einer bestimmten Reichweite verpflichtet werden, ihr Programm durch das Angebot von Untertiteln, Audiodeskription und Gebärdensprache auch Behinderten zugänglich zu machen. Zudem muss der gesamte Inhalt eines lizenzierten Programms aufgenommen, sechzig Tage bereitgehalten und Ofcom gegebenenfalls zur Verfügung gestellt werden. Darüber hinaus ist der Lizenznehmer verpflichtet, Informationen bspw. über Veränderungen der Gesellschaftsstruktur, die für Maßnahmen in Zusammenhang mit der Lizenz relevant sein können, Ofcom mitzuteilen. Ofcom kann Lizenznehmern zudem Verpflichtungen zur Gewährleistung eines fairen und effektiven Wettbewerbs auferlegen.[669]

bbb) *Channel 3* und *Channel 5*

Channel 3- und *Channel 5*-Programmveranstalter unterliegen aufgrund ihrer Bindung an den öffentlichen Auftrag gemäß § 264 CA2003 besonderen Lizenzanforderungen.[670]

Lizenzen für den Programmservice *Channel 3* beziehen sich auf die jeweilige Region, in der das Programm ausgestrahlt werden soll, und gelten nur für einen bestimmten Zeitraum, derzeit zehn Jahre.[671] Daher gibt es fünfzehn verschiedene regionale *Channel 3*-Lizenznehmer.[672] In Folge der föderalen Organisation dürfen *Channel 3*-Lizenzen gemäß § 291 CA2003 nur unter den Bedingungen erteilt werden, dass sich der Lizenznehmer in ein Netzwerk integriert und die Bildung von Netzwerken fördert, die den Voraussetzungen von Sch. 11 CA2003 genügen

666 Siehe hierzu C. III. 2. c) aa).

667 § 235 Abs. 4 CA2003: „*The provision of more than one television licensable content service shall require a separate licence under Part 1 of the 1990 Act to be granted and held in respect of each service.*“; vgl. hierzu *Ofcom*, Guidance regarding the licensing position of TLCS, 4 ff.

668 *Ofcom*, TLCS Guidance, 12, 19.

669 *Ofcom*, TLCS Guidance, 16 ff.

670 *Ofcom*, Licensing of Channel 3 and Channel 5, 2011, 1.

671 *Carey et al.*, 240.

672 Siehe *Ofcom*, Channel 3 (ITV), abrufbar unter http://licensing.ofcom.org.uk (Stand: 31.03. 2013); vgl. hierzu auch *KEK*, 3. Medienkonzentrationsbericht, 411.

und von Ofcom zugelassen wurden (*approved networking arrangements,* vgl. § 291 Abs. 2 CA2003).[673] Ofcom besitzt diesbezüglich auch Durchsetzungsbefugnisse.[674] So kann die Behörde den Inhabern von *Channel 3*-Lizenzen unter den Voraussetzungen des § 292 Abs. 4 CA2003 aus ihrer Sicht geeignete Netzwerkverpflichtungen auferlegen. Voraussetzung hierfür ist, dass die Lizenzinhaber innerhalb einer von Ofcom gemäß § 292 Abs. 2, 3 CA2003 zu bestimmenden Frist keine derartigen Netzwerkvereinbarungen getroffen und der Behörde dargelegt haben. Die Lizenznehmer können sich gegen die Entscheidungen Ofcoms gemäß § 294 Abs. 2 i. V. m. Sch. 11 Teil 9 CA2003 zu Wehr setzen, indem sie Berufung bei dem *Competition Appeal Tribunal* (vgl. Sch. 11 Teile 9 und 15 CA2003 i. V. m. § 12 EA2002) einlegen.[675] Durch die Verpflichtung zur Netzwerkintegration soll sichergestellt werden, dass *Channel 3*-Dienste eine möglichst große Reichweite erzielen und dadurch in nahezu allen Regionen des Vereinigten Königreichs ihren Auftrag zur Sicherung der Meinungsvielfalt erfüllen. Durch eine gemeinsame Programmgestaltung im Rahmen der Netzwerke sollen zudem Produktionskosten gesenkt und die Veranstaltung regionaler Programme damit wirtschaftlich rentabel werden.[676] Ofcom muss sowohl die freiwilligen als auch die auferlegten Netzwerkvereinbarungen regelmäßig überprüfen, § 293 CA2003.

Zudem sind die Inhaber von *Channel 3*-Lizenzen verpflichtet, Ofcom geplante Maßnahmen anzuzeigen, die zu einem Kontrollwechsel führen könnten. In einem solchen Fall prüft Ofcom, inwiefern der Kontrollwechsel die Qualität und den regionalen Charakter des Senders beeinflusst, und passt die Lizenzbedingungen

673 Vgl. § 291 CA2003: „*(1) The regulatory regime for every regional Channel 3 service includes the conditions that Ofcom consider appropriate for securing that the licence holder does all that he can to ensure that approved networking arrangements are in force*
(a) the licence holder is providing the licensed service; and
(b) no networking arrangements imposed by Ofcom under section 292 are in force.
(2) In this section „approved networking arrangements" means networking arrangements which are for the time being approved by Ofcom in accordance with Schedule 11. [...]"; siehe hierzu *Ofcom*, Licensing of Channel 3 and Channel 5, 2011, 23 f.

674 *Carey et al.*, 239.

675 Vgl. Sch. 11 Teil 9 Abs. 1 CA2003: „*A person holding a regional Channel 3 licence may appeal to the Tribunal against the following decisions by Ofcom*
(a) a decision on how to dispose of an application for the approval of arrangements or modifications;
(b) a decision to impose arrangements or to modify imposed arrangements; or
(c) a decision to propose modifications following a review under section 293. [...]"

676 Vgl. *Ofcom*, Licensing of Channel 3 and Channel 5, 2011, 18: „*Structural obligations which applied specifically to the Channel 3 licensees, known as the networking arrangements,* [...] *as well as the terms included in all PSB licences designed to secure the widest possible level of coverage for the UK's main public service channels:* [...]", 23.

gegebenenfalls an.[677] Darüber hinaus sind *Channel 3*-Lizenzinhaber gemäß § 31A BA1990, § 372 Abs. 2 CA2003 verpflichtet, sich vertraglich auf einen gemeinsamen Veranstalter zu einigen, der eine den Anforderungen des § 31 Abs. 2 BA1990 entsprechende Nachrichtensendung gestaltet und sendet. Die Vorschrift, wonach die Regulierungsbehörde den Nachrichtensender festlegte (§ 32 BA1990), wurde gemäß § 280 Abs. 10 CA2003 aufgehoben und durch ein neues vergleichbares Regulierungssystem ersetzt. Hiernach können die Rundfunkveranstalter den gemeinsamen Nachrichtenveranstalter zwar gemäß § 280 CA2003 selbst festlegen.[678] Der Nachrichtenveranstalter muss aber die Voraussetzungen des § 281 CA2003 erfüllen, was wiederum durch Ofcom geprüft wird.[679] Nicht geeignet für die Ausstrahlung von Nachrichten sind gemäß § 281 Abs. 2 CA2003 Anbieter, die gemäß Sch. 2 Teil 2 BA1990 von der Beantragung einer *Channel 3*-Lizenz ausgeschlossen sind oder durch deren Auswahl eine unzulässige intermediären Verflechtung im Sinne von Sch. 14 Teil 1 CA2003 entstehen würde. Im Zuge dieser Änderungen wurden auch die Medieneigentumsbeschränkungen gemäß § 32 Abs. 8 bis 10 BA1996 in Bezug auf Nachrichtensender aufgehoben. Die Neuregelung des § 281 CA2003 ist insofern deutlich liberaler.[680]

---

677 *Collins,* 2.2.3.3.

678 Vgl. § 280 Abs. 2 CA2003: „*The conditions imposed under this section must include a condition requiring the holder of a regional Channel 3 licence to do all that he can to ensure—*
(a) that arrangements for the appointment of a single body corporate as the appointed news provider are maintained between all the holders of regional Channel 3 licences; and
(b) that, at all times while he is providing a regional Channel 3 service, there is in force an appointment made in accordance with those arrangements."

679 Vgl. § 281 CA2003: „*Disqualification from appointment as news provider*
(1) The regulatory regime for every regional Channel 3 service includes the conditions that Ofcom consider appropriate for securing—
(a) that a body is not appointed as the appointed news provider if it falls within subsection (2); and
(b) that the appointment of a body as the appointed news provider ceases to have effect if it becomes a body falling within that subsection.
(2) A body falls within this subsection if—
(a) it is a disqualified person under Part 2 of Schedule 2 to the 1990 Act in relation to a Channel 3 licence; or
(b) there would be a contravention of Part 1 of Schedule 14 to this Act (whether by that body or by another person) if that body held a licence to provide a Channel 3 service, or held a licence to provide such a service for a particular area for which such a service is provided."

680 *Gibbons,* in: Current Law Statutes 2003, 21–301/302/357.

ccc) *Channel 4*

Channel 4 soll nahezu auf dem gesamten Gebiet des Vereinigten Königreichs (England, Schottland, Nordirland und Wales) ausgestrahlt werden. Wales ist indes ausgenommen, da der walisische Sender *S4C* den Informationsbedarf in dieser Region abdeckt.[681]

Durch den DEA2010 wurden der Programmauftrag und damit die Bedingungen für *Channel 4*-Lizenzen neu ausgestaltet. Die Lizenzen für *Channel 4* enthalten besondere Bedingungen, die von den üblichen Lizenzvorgaben der Ofcom-Richtlinien abweichen. Der Sender unterliegt einer engeren Bindung an den öffentlichen Programmauftrag.[682] Gemäß § 20 DEA2010 i. V. m. § 198A CA2003 müssen Programme, die aufgrund einer *Channel 4*-Lizenz veranstaltet werden, vielfältig und qualitativ hochwertig sein und den Interessen einer kulturell diversifizierten Gesellschaft gerecht werden.[683] Die Zuschauer sollen durch das Programm gut informiert und motiviert sein, als Mitglied der Gesellschaft am Meinungsbildungsprozess teilzunehmen. Insbesondere Mindermeinungen sollen im Vordergrund stehen, um gesellschaftliche Debatten anzuregen. Das Programm soll inhaltlich zudem so gestaltet sein, dass es eine Ergänzung zu dem Programm von *Channel 3* darstellt. Gefordert wird somit ein Informations- und Unterhaltungsprogramm, das Zuschauerinteressen und -vorlieben umfasst, die nicht schon durch *Channel 3* bedient werden. Darüber hinaus soll *Channel 4* im Hinblick auf Programminhalt und -format innovativ und experimentell sein. Der

---

681 Vgl. hierzu www.s4c.co.uk (Stand: 31.03.2013).

682 *Carlton et al.*, in: Getting the Deal Through, 466 (477).

683 § 22 DEA2010: „*Functions of C4C in relation to media content*
(1) Before section 199 of the Communications Act 2003 insert
198A C4C's [Channel 4's] *functions in relation to media content*
(1) C4C must participate in
(a) the making of a broad range of relevant media content of high quality that, taken as a whole, appeals to the tastes and interests of a culturally diverse society,
(b) the making of high quality films intended to be shown to the general public at the cinema in the United Kingdom, and
(c) the broadcasting and distribution of such content and films.
(2) C4C must, in particular, participate in—
(a) the making of relevant media content that consists of news and current affairs,
(b) the making of relevant media content that appeals to the tastes and interests of older children and young adults,
(c) the broadcasting or distribution by means of electronic communications networks of feature films that reflect cultural activity in the United Kingdom (including third party films), and
(d) the broadcasting or distribution of relevant media content by means of a range of different types of electronic communications networks."

Sender soll zudem ein umfangreiches Bildungsprogramm anbieten.[684] Gemäß § 198B CA2003 i. V. m. § 23 DEA2010, § 266 CA2003 sind die Veranstalter außerdem verpflichtet, regelmäßige Berichte über die Programmstrategie (*statement of programme policy*) und inhaltliche Ausrichtung des Senders (*media content policy*) zu verfassen.[685] Daneben ist der Sender an die allgemeinen Lizenzvorgaben gebunden.

Die Erneuerung von *Channel 4*-Lizenzen ist nicht gesetzlich geregelt. Es bedarf auch keiner Überprüfung der wirtschaftlichen Nachhaltigkeit des im Eigentum des Staates stehenden Senders. Daher ist die Lizenzerneuerung, sofern der Sender die Lizenzbedingungen weiterhin erfüllt, ein rein formeller Akt.[686]

ff) Rechtsfolgen der Nichteinhaltung der Lizenzvorgaben

Hält sich ein Lizenzinhaber nicht an die in der Lizenz und in § 319 CA2003 festgelegten Programmstandards, kann Ofcom den Sender verpflichten, eine Stellungnahme zu veröffentlichen, die geeignet ist, den Verstoß gegen die Programmstandards zu beheben, und Ofcoms Untersuchungsergebnis wiedergibt. Bevor Ofcom eine diesbezügliche Anordnung erteilt, muss dem Lizenznehmer die Möglichkeit zu einer Stellungnahme gegenüber Ofcom gegeben werden, § 236 Abs. 4 CA2003. Darüber hinaus kann Ofcom auch die Ausstrahlung eines Programms untersagen, § 236 Abs. 6 CA2003. Gemäß § 237 CA2003 kann zudem eine Geldbuße verhängt werden, die in Bezug auf den Verstoß und verursachten Schaden verhältnismäßig sein muss und nicht höher sein darf als 250.000,00 GBP oder 5 % des in der letzten Abrechnungsperiode erwirtschafteten *qualifying revenue*.[687] Unter bestimmten Voraussetzungen kann eine Lizenz auch zeitweilig aufgehoben werden.[688] Ofcom kann die Lizenzen mancher Sender auch entziehen, sofern der Lizenznehmer die persönlichen Lizenzvergabevoraussetzungen nicht mehr erfüllt.[689] Dies ist insbesondere der Fall, wenn die medienkonzentrationsrechtlichen Vorgaben aufgrund eines Kontrollwechsels

---

684 *Ofcom*, Channel 4 Licence, Ziffer 7, abrufbar unter http://licensing.ofcom.org.uk (Stand: 31.03.2013).

685 Vgl. *Channel* 4, Jahresbericht 2010, abrufbar unter www.channel4.com (Stand: 31.03.2013).

686 *Ofcom*, Licensing of Channel 3 and Channel 5, 2011, 9.

687 *Ofcom*, Procedures for the consideration of statutory sanctions in breaches of broadcast licences, 1.11. Die Voraussetzungen für Bußgeldzahlungen sind in den gemäß § 392 CA2003 von Ofcom zu erlassenen Richtlinien (*Penalty Guidelines*) geregelt.

688 *Ofcom*, Procedures for the consideration of statutory sanctions in breaches of broadcast licences, 1.11.

689 Dies gilt nicht für die Sender *BBC* und *S4C*, da diese nicht durch Ofcom lizenziert werden, sowie für den im Staatseigentum stehenden Sender *Channel 4*, vgl. *Ofcom*, Procedures for the consideration of statutory sanctions in breaches of broadcast licences, 1.11.

nicht mehr eingehalten werden oder der Lizenznehmer zu einer „*disqualified person*“ wird oder keine „*fit and proper person*“ mehr ist.[690]

3. Medienkartellrecht

Das Medienkartellrecht ist Gegenstand des EA2002, ein Parlamentsgesetz aus 2002, durch welches das britische Kartellrecht erheblich reformiert wurde. Vor allem wurde der zuvor bei der Kontrolle kartellrechtlich relevanter Zusammenschlüsse angewandte *public interest test* durch eine ökonomisch ausgerichtete Prüfung ersetzt. Im Rahmen des neuen Tests wird geprüft, ob eine Fusion den Wettbewerb erheblich beeinträchtigt (*substantial lessing of competition*, „*SLC*“). Trotz dieser Fokussierung auf den Wettbewerb kann die Wettbewerbsbehörde auch aus einer Fusion resultierende relevante Verbrauchervorteile (*relevant customer benefits*) berücksichtigen, um eine den Wettbewerb beeinträchtigende Fusion zuzulassen.[691]

Zudem wurde die Rolle des Kulturministers im Fusionskontrollverfahren durch das Gesetz vollkommen modifiziert. Dieser trifft nun grundsätzlich nicht mehr die abschließenden Entscheidungen; die meisten Entscheidungen werden vielmehr durch die Wettbewerbskommission (*Competition Commission*, „Wettbewerbskommission“) auf Empfehlung der britischen Kartellbehörde (*Office of Fair Trading*, „Oft“) ohne den Kulturminister getroffen. Eine Ausnahme besteht für sogenannte *public interest cases*, d. h. Zusammenschlüsse, die das öffentliche Interesse betreffen. Der EA2002 enthält insofern eine Sonderregelung.[692] Bei Erlass des Gesetzes bestand ein öffentliches Interesse nur in Fällen, welche die nationale Sicherheit betrafen. Durch den CA2003 wurden auch Medienfusionen und damit das öffentliche Interesse an Meinungsvielfalt in den EA2002 eingefügt.[693]

§§ 373 ff. CA2003 bilden die gesetzliche Grundlage für die Neuregelung in § 58A EA2002 und normieren ein spezielles Medienkartellrecht, das insbesondere auch crossmediale Medienfusionen erfasst. Hierdurch sollten die Vorschriften des *Fair Trading Act 1973* in Bezug auf Zusammenschlüsse von Presse und

690 *Ofcom*, TLCS Guidance, 19.

691 *BKartA*, Das Untersagungskriterium in der Fusionskontrolle, 1, 11 ff.; *MacCulloch*, in: Current Law Statutes 2002, 40–10; *Bretschneider*, 111 f.; *Sommerhoff*, 25 f.

692 Siehe §§ 42 ff. EA2002; vgl. hierzu *Sommerhoff*, 26.

693 Siehe hierzu § 58 Abs. 2 a) bis 2 c) EA2002 sowie § 58A EA2002; vgl. auch *Sommerhoff*, 26.

Rundfunk in die allgemeine Fusionskontrolle integriert werden.[694] Es entstand ein umfassendes System zur Medienfusionskontrolle, das an die allgemeine Fusionskontrolle angelehnt ist. Die Anlehnung der Medienregulierung an die Regulierung anderer Märkte verdeutlicht, dass der Mediensektor keine absolute Sonderrolle mehr einnehmen soll. Durch den CA2003 verlagerte sich die staatliche Überwachung der Medien von einer *ex ante*- auf eine *ex post*-Kontrolle, indem die Medienkonzentrationsvorschriften gelockert und im Gegenzug ein strengeres Medienkartellrecht eingeführt wurden. Nunmehr können Medienaktivitäten zwar medienkonzentrationsrechtlich unbedenklich, aber kartellrechtlich unzulässig sein.[695] Das erst 2002 erheblich reformierte System der Fusionskontrolle sollte aber bestehen bleiben und nur im Hinblick auf Medienfusionen ergänzt und modifiziert werden. Hierzu wurden insbesondere die Regelungen zu *special public interest*-Fällen um bestimmte Medienzusammenschlüsse ergänzt. Ziel des Gesetzes war eine Liberalisierung der Medienregulierung, insbesondere der Medienkonzentrationsvorschriften.[696]

a) Allgemeine Voraussetzungen der Medienfusionskontrolle

Die Medienfusionskontrolle erfasst nur Fusionen an denen ein Medienunternehmen im Sinne des § 58A Abs. 1 EA2002 beteiligt ist.[697] Hiernach ist ein Unternehmen ein Medienunternehmen, dessen Angebot zumindest auch Rundfunk umfasst. Bei crossmedialen Zusammenschlüssen erstreckt sich der Begriff gemäß § 58A Abs. 2 EA2002 auch auf Presseunternehmen, sofern es darum geht, welche Aspekte des öffentlichen Interesses gemäß § 58 Abs. 2C (a) EA2002 in dem jeweiligen Fall zu berücksichtigen sind.[698] Eine kartellrechtlich relevante Medienfusion kann damit auch unterhalb der üblichen Umsatzgrenzen vorliegen, wenn mindestens eines der Unternehmen Rundfunk anbietet und die übrigen Voraussetzungen vorliegen, insbesondere das öffentliche Interesse betroffen ist. Medienfusionen können aber nicht nur unterhalb der Umsatzgrenzen bei Vorliegen eines öffentlichen Interesses, sondern auch bei Erreichen der Umsatzgrenzen

---

694 *Sommerhoff,* 26; vgl. zu der früheren Struktur des britischen Kartellrechts *KEK*, 1. Medienkonzentrationsbericht, 390.

695 *DTI*, 15; *Collins*, 2.2.3.2.

696 *Gibbons*, in: Current Law Statutes 2003, 21–383; *Sommerhoff*, 26.

697 § 58A Abs. 1 EA2002: „*For the purposes of section 58 and this section an enterprise is a media enterprise if it consists in or involves broadcasting.*“

698 § 58A Abs. 2 EA2002: „*In the case of a merger situation in which at least one of the enterprises ceasing to be distinct consists in or involves broadcasting, the references in section 58(2C)(a) or this section to media enterprises include references to newspaper enterprises.*“; vgl. hierzu *DTI*, 31; *Bretschneider*, 134 ff.

trotz fehlenden öffentlichen Interesses der Fusionskontrolle unterliegen. Eine Fusion unter Beteiligung eines Medienunternehmens ist demnach auch dann gemäß § 23 EA2002 kartellrechtlich relevant, wenn kein öffentliches Interesse betroffen ist, das übernommene Unternehmen aber einen Jahresumsatz von mindestens 70 Millionen GBP macht oder die Fusion dazu führt, dass das fusionierte Unternehmen an 25 % aller Warenlieferungen oder Dienstleistungen innerhalb Großbritanniens oder eines beträchtlichen Landesteils gemäß § 23 Abs. 2 (b) i. V. m. Abs. 3, 4 EA2002 beteiligt ist (*relevant merger situation*).[699] In einem solchen Fall hat zunächst das Oft im Rahmen seiner Funktionen, insbesondere innerhalb seiner Kompetenzen im Bereich der Fusionskontrolle, Informationen einzuholen und fortlaufend zu untersuchen. Sofern das Oft der Ansicht ist, dass eine Fusion den Wettbewerb erheblich beeinträchtigt, hat es die Information an die Wettbewerbskommission zur weiteren Untersuchung weiterzuleiten.[700]

---

699 § 23 Abs. 1 bis 4 EA2002: „*Relevant merger situations*
(1) For the purposes of this Part, a relevant merger situation has been created if—
(a) two or more enterprises have ceased to be distinct enterprises at a time or in circumstances falling within section 24; and
(b) the value of the turnover in the United Kingdom of the enterprise being taken over exceeds £70 million.
(2) For the purposes of this Part, a relevant merger situation has also been created if—
(a) two or more enterprises have ceased to be distinct enterprises at a time or in circumstances falling within section 24; and
(b) as a result, one or both of the conditions mentioned in subsections (3) and (4) below prevails or prevails to a greater extent.
(3) The condition mentioned in this subsection is that, in relation to the supply of goods of any description, at least one-quarter of all the goods of that description which are supplied in the United Kingdom, or in a substantial part of the United Kingdom—
(a) are supplied by one and the same person or are supplied to one and the same person; or
(b) are supplied by the persons by whom the enterprises concerned are carried on, or are supplied to those persons.
(4) The condition mentioned in this subsection is that, in relation to the supply of services of any description, the supply of services of that description in the United Kingdom, or in a substantial part of the United Kingdom, is to the extent of at least one-quarter—
(a) supply by one and the same person, or supply for one and the same person; or
(b) supply by the persons by whom the enterprises concerned are carried on, or supply for those persons."
Vgl. hierzu *Parr et al.*, 481 ff.; *Bretschneider,* 130 ff.; *Sommerhoff,* 26.

700 Leitlinien für die Fusionskontrolle finden sich in den „Merger Assessment Guidelines" der Wettbewerbskommission und des Oft aus September 2010 sowie den „Merger Procedural Guidelines" der Wettbewerbskommission aus Oktober 2012, abrufbar unter www.competition-commission.org.uk (Stand: 31.03.2013); *Bretschneider,* 109 f.; *Sommerhoff,* 26 f.

Aufgrund der Integration des Medienkartellrechts in die übrigen Fusionskontrollvorschriften müssen Medienfusionen nicht mehr notifiziert werden. Die Notifikation einer geplanten Fusion oder ein informeller Hinweis an die zuständigen Behörden macht aber vor dem Hintergrund Sinn, dass vorab geprüft werden kann, ob das Vorhaben kartellrechtlich zulässig bzw. eine behördliche Untersagung wahrscheinlich ist. Eine informelle Behördenkonsultation kommt aber nur unter besonderen Umständen in Betracht. Solche Umstände liegen nach Ansicht des Kulturministers vor bei Medienzusammenschlüssen, die vor der gesetzlichen Neuregelung medienkonzentrationsrechtlich relevant waren.[701]

b) Besondere Voraussetzungen der Medienfusionskontrolle

Um von der medienrechtlichen Fusionskontrolle erfasst zu sein, muss ein Zusammenschluss weitere Voraussetzungen erfüllen.

aa) *Public interest test*

Gemäß § 42 EA2002[702] besitzt der Kulturminister bei bestimmten Fusionen, die sich auf das öffentliche Interesse (*public interest*) auswirken, besondere Eingriffsbefugnisse.

Wann ein relevantes öffentliches Interesse betroffen ist, ergibt sich gemäß § 42 Abs. 3 EA2002 aus §§ 58 f. EA2002. Ein besonderes öffentliches Interesse im Bereich der Medien (*media public interest consideration*) besteht gemäß § 58 Abs. 2A und 2B EA2002 vor allem an dem Wahrheitsgehalt von Zeitunginformationen sowie an Meinungsfreiheit und -vielfalt in Zeitungen. Gemäß § 58 Abs. 2C EA2002 kommen weitere hauptsächlich rundfunkbezogene Aspekte des öffentlichen Interesses hinzu.[703] Gegenstand des öffentlichen Interesses sind

---

701 *DTI*, 15 ff.; *Bretschneider*, 109, 123 f.

702 § 42 Abs. 2 EA2002: „*The Secretary of State may give a notice to the Oft (in this Part „an intervention notice") if he believes that it is or may be the case that one or more than one* ***public interest consideration*** *is relevant to a consideration of the relevant merger situation concerned.*"
§ 42 Abs. 3 EA2002: „*For the purposes of this Part a public interest consideration is a consideration which, at the time of the giving of the intervention notice concerned, is* ***specified in section 58*** *or is not so specified but, in the opinion of the Secretary of State, ought to be so specified.*" [Hervorhebungen nachträglich eingefügt].

703 § 58 Abs. 2C EA2002: „*The following are specified in this section—*
(a) the need, in relation to every different audience in the United Kingdom or in a particular area or locality of the United Kingdom, for there to be a ***sufficient plurality of persons with control of the media enterprises*** *serving that audience;*

demnach eine Vielfalt an Medienunternehmen, eine große Bandbreite an qualitativ hochwertigen und inhaltlich vielfältigen Fernsehprogrammen sowie das Vorhandensein möglichst vieler Medienproduzenten, die sich an die Programmgrundsätze des § 319 CA2003 (bspw. Unparteilichkeit, Wahrheitsgehalt von Nachrichten und Jugendschutz) halten.[704] Der *public interest test* dient daher vorrangig dem Schutz des öffentlichen Interesses an Meinungsvielfalt. Im Rahmen des Tests prüfen die Behörden, ob sich ein Zusammenschluss derart auf die Struktur des relevanten Medienmarktes auswirkt, dass die Vielfalt an vertretenen Meinungen reduziert wird. Neben dem öffentlichen Interesse an externer Pluralität in Form von Anbietervielfalt wird im Rahmen des *public interest test* somit auch das öffentliche Interesse an interner Pluralität, also inhaltlicher Programmvielfalt, geschützt.[705] Hierbei kommt es nicht nur auf die Anzahl, sondern auch auf die inhaltliche Vielfalt vertretener Ansichten sowie auf das Angebot an Publikationsmitteln an. Bei der Bewertung der Auswirkungen eines Zusammenschlusses auf die Meinungsvielfalt sind auch Kriterien wie Zumutbarkeit und Umsetzbarkeit auf Unternehmerseite zu berücksichtigen; so kann ein Zusammenschluss bspw. wegen der erheblichen Kosten, die durch die Produktion von Medieninhalten entstehen, für Medienunternehmen wirtschaftlich notwendig sein. Entscheidend sind in diesem Zusammenhang auch die Größe des Medienmarktes und die Effektivität des Wettbewerbs, dem die fusionierenden Unternehmen ausgesetzt sind. Von Bedeutung sind zudem nicht nur die Anzahl der vorhandenen Medienunternehmen, sondern vor allem die Zuschaueranteile, die ein Veranstalter mit seinen Programmen im Verhältnis zu anderen Veranstaltern erzielt.[706]

Nach dem Ansatz der Wettbewerbskommission ist eine qualitative Bewertung der Auswirkungen erforderlich, die ein Zusammenschluss auf die Anbietervielfalt in dem jeweils betroffenen Medienmarkt hat. Hierbei soll es nicht auf die konkrete Anzahl der auf dem Markt vertretenen Medieneigentümer ankommen;

(b) the need for the ***availability throughout the United Kingdom of a wide range of broadcasting*** *which (taken as a whole) is both of high quality and calculated to appeal to a wide variety of tastes and interests; and*

(c) the need for persons carrying on media enterprises, and for those with control of such enterprises, to have a genuine commitment to the attainment in relation to broadcasting of the standards objectives set out in section 319 of the Communications Act 2003.“ [Hervorhebungen nachträglich eingefügt].

704 *KEK*, 3. Medienkonzentrationsbericht, 415; *Schulz/Held*, 49; *Sommerhoff*, 27.

705 Vgl. § 58 Abs. 2C (b) EA2002: „[...] *the need for the availability throughout the United Kingdom of a wide range of broadcasting which (taken as a whole) is both of high quality and calculated to appeal to a wide variety of tastes and interests* [...].“; weiterführend hierzu *DTI*, 34 f.

706 *DTI*, 25, 33.

vielmehr soll die Vielfältigkeit der vermittelten Inhalte vor und nach dem Zusammenschluss zu vergleichen und qualitativ zu bewerten sein, ob die Medieneigentumsvielfalt nach dem Zusammenschluss noch ausreicht, um diese Inhaltsvielfalt zu gewährleisten. Entscheidend soll in diesem Zusammenhang sein, inwiefern sich die Kontrolle über die auf dem Markt vertretenen Informationen und Ansichten durch den Zusammenschluss ändert. Dies ist sowohl anhand der internen Unternehmensstruktur als auch in Bezug auf die externen Marktstrukturen zu beurteilen.[707] Ob die betroffenen Märkte ein ausreichendes Maß an Meinungsvielfalt bieten, wird im Falle crossmedialer Zusammenschlüsse marktübergreifend geprüft.[708] Inwiefern der Kulturminister die jeweiligen Zuschauer- und Nutzeranteile hierbei crossmedial betrachtet, ist ihm überlassen.[709] Dies wirkt sich insofern aus, als das Bestehen einer ausreichenden Anbietervielfalt in Bezug auf die jeweils bediente Nutzergruppe zu bewerten ist.[710]

Auch wenn der *public interest test* im Rahmen des Fusionskontrollverfahrens geregelt ist, hat er einen anderen Fokus als der *SLC*-Test. Ein Zusammenschluss kann aus kartellrechtlich-ökonomischer Perspektive unproblematisch sein, wenn er zu keiner Medieneigentumskonzentration führt, aber zugleich das öffentliche

---

707 *Competition Commission,* BSkyB/ITV, 12: „*The media public interest consideration specified by the Secretary of State in the intervention notice was the need, in relation to every different audience, for there to be a sufficiency of plurality of persons with control of the media enterprises serving that audience.*", 68 f.: "*Whilst recognizing that it would not be sufficient for plurality purposes to rely on a single provider (for example, the BBC),* ***we do not consider it necessary to take a view on precisely how many owners would constitute a 'sufficient' level of plurality of persons****. Rather, we have looked* ***qualitatively*** *at sufficiency. We have considered sufficiency by reference to the current levels of plurality, having regard to any change in plurality that arises as a result of the acquisition. Moreover, in considering the sufficiency of persons with control of media enterprises, we have regard to the implications of the level of control exercised for the range of information and views available. We considered this in relation to both internal and external plurality.*" [Hervorhebungen nachträglich eingefügt].

708 Vgl. *DTI*, 31: „[...] *plurality can be considered across a wide range of newspaper and media audiences, which may include readership, and shares held by an enterprise through ownership of broadcasting and newspaper enterprises may be aggregated for the purpose of making the assessment of sufficiency of plurality.*"

709 Vgl. *DTI*, 33: „*In particular, she can define an audience: as any one of the audiences served by that enterprise, taking them separately; as all of the audiences served by that enterprise, taking them together; as a number of those audiences taken together in such group as the Secretary of State considers appropriate; or as any part of any of these audiences. This enables the Secretary of State to treat different audiences as separate or group them together. The audience could, therefore, include cross media coverage and could include newspaper readership.*"

710 Vgl. § 58 Abs. 2C (a) EA2002: „*sufficient plurality of persons with control of the media enterprises serving that audience*"; vgl. hierzu auch *DTI*, 33.

Interesse verletzen, das sich gemäß § 58 Abs. 2C (c) EA2002 auch auf die Einhaltung inhaltlicher Programmstandards erstreckt.[711] Da ein Anbietermangel aber grundsätzlich auch den Wettbewerb auf dem Markt reduziert, fördern kartellrechtliche Markteingriffe zur Sicherung der Anbietervielfalt zumeist auch die Meinungsvielfalt. Daher umfasst das öffentliche Interesse gemäß § 58 Abs. 2C (a) EA2002 auch eine ausreichende Anbietervielfalt (*sufficient plurality of persons with control of the media enterprises*). Eine Beeinträchtigung des öffentlichen Interesses kann durch positive ökonomische Folgen eines Zusammenschlusses, insbesondere in Form von Verbrauchervorteilen, ausgeglichen werden.[712]

Zu berücksichtigen ist, dass der *public interest test* ein vornehmlich ökonomisch und medienpolitisch geprägtes Verfahren ist und keine konkreten rechtlichen Kriterien enthält. Daher stehen dem Kulturminister und den beteiligten Behörden bei der Beurteilung kartellrechtlich relevanter Medienfusionen weitreichende Entscheidungsspielräume zu. Dies ist insofern vorteilhaft, als die Regulierungsbehörden in der Lage sind, flexibel auf Veränderungen der Medienmärkte zu reagieren und geeignete Maßnahmen zur Verhinderung von Marktkonzentration zu ergreifen. Zudem werden Medienunternehmen nur dann durch die Untersagung eines Zusammenschlusses in ihrer wirtschaftlichen Handlungsfreiheit eingeschränkt, wenn dieser aus Behördensicht die Informations- und Meinungspluralität beeinträchtigen würde.[713] Die einzelnen Aspekte des Tests, bspw. wann ein Zusammenschluss das öffentliche Interesse an Meinungsvielfalt gefährdet und inwiefern die öffentliche Meinungsbildung durch die Marktmacht eines fusionierten Medienunternehmens beeinträchtigt wird, sind jedoch schwierig zu überprüfen und zu belegen.[714] Ein Nachteil des britischen Medienkartellrechts besteht daher in der geringen Rechtssicherheit. Medienunternehmen dürfte es häufig schwer fallen zu beurteilen, ob ihre unternehmerischen Aktivitäten dem öffentlichen Interesse an Meinungsvielfalt im Ergebnis zuwiderlaufen, zumal die Entscheidung darüber im Ermessen der Behörden steht.[715]

---

711 Vgl. hierzu *House of Commons/Regulatory Reform Committee*, 223.

712 *DTI*, 31 f.

713 *KEK*, 3. Medienkonzentrationsbericht, 406; *Schulz/Held*, 49; *Bretschneider*, 114, 139 f.

714 Vgl. hierzu bspw. *Clement-Jones*, Sitzung des *House of Lords* v. 09.06.2011, Column 407: *„Finally, the question in all our minds is the definition of the public interest in these circumstances. If we are relying on general competition rules to make sure that we have plurality of local media, what is the public interest? What considerations will the Secretary of State, who now of course has all the powers of competition intervention necessary, take into account when looking at what is regarded as „sufficient plurality" in these circumstances* [...].", abrufbar unter www.publications.parliament.uk (Stand: 31.03.2013).

715 *KEK*, 3. Medienkonzentrationsbericht, 406; *Sommerhoff*, 27.

bb) Verfahren in *public interest cases*

Der Kulturminister ist grundsätzlich berechtigt, Zusammenschlüsse unter Beteiligung eines Medienunternehmens im Hinblick darauf zu untersuchen, ob das öffentliche Interesse durch das Vorhaben beeinträchtigt wird. Bei seiner Bewertung hat der Minister sämtliche zur Verfügung stehende Informationen sowie relevante Behörden- und Gerichtsentscheidungen zu berücksichtigen. Gelangt er bereits zu Beginn des Verfahrens zu der Ansicht, dass das öffentliche Interesse durch einen geplanten Zusammenschluss nicht betroffen ist, erlässt er keine *intervention notice,* sondern übergibt den Fall gemäß § 56 EA2002 dem Oft, das die übliche kartellrechtliche Überprüfung ohne Mitwirkung des Kulturministers vornimmt.[716]

Sind hingegen ein oder mehrere Grundsätze, die gemäß § 375 CA2003 Gegenstand des öffentlichen Interesses sind, nach Ansicht des Kulturministers durch eine Medienfusion beeinträchtigt, ist er gemäß § 42 Abs. 2 EA2002 befugt, eine an das Oft gerichtete *intervention notice* zu erlassen. Zwar ist der Minister berechtigt, noch bis zu vier Monate nach dem Zusammenschluss tätig zu werden, sofern das Oft noch nicht über die Sache entschieden hat. Im Sinne der Rechtssicherheit soll eine *intervention notice* aber innerhalb von zehn Tagen, nachdem eine Notifizierung beim Oft oder eine Kenntnisnahme durch den Kulturminister erfolgte, ergehen. Die beteiligten Unternehmen sind über die Entscheidung des Kulturministers zu informieren und berechtigt, innerhalb von vier Tagen hierzu Stellung zu nehmen.[717]

Zu beachten ist aber, dass der Kulturminister grundsätzlich nur dann in eine Fusion eingreifen kann, wenn zusätzlich zu der Beeinträchtigung des öffentlichen Interesses auch die grundlegenden Voraussetzungen der §§ 23 ff. EA2002 erfüllt sind, wonach die beteiligten Unternehmen einen bestimmten Umsatz erzielen müssen. Das Gesetz enthält indes eine Sonderregelung für Pressefusionen oder crossmediale Fusionen unter Beteiligung eines Presseunternehmens, sofern zumindest eines der fusionierenden Unternehmen einen Marktanteil von mehr als 25 % am nationalen oder an einem erheblichen Teil des nationalen Zeitungsmarktes besitzt. Eine weitere Sonderreglung erfasst Fusionen mit einem Fernsehveranstalter, der bereits 25 % des nationalen oder eines erheblichen Teils des nationalen Pressemarktes beherrscht. In diesen Fällen ist der Kulturminister

716 § 56 Abs. 1 EA2002: „*Where the Secretary of State decides not to make a reference under section 45 on the ground that no public interest consideration to which he is able to have regard is relevant to a consideration of the relevant merger situation concerned, he shall by notice require the Oft to deal with the matter otherwise than under this Chapter.*"

717 *DTI*, 17 f.

gemäß § 378 CA2003 i. V. m. § 59 EA2002 zum Erlass einer *special intervention notice* berechtigt.[718] Ob der Kulturminister eine einfache oder eine spezielle *intervention notice* erlässt, wirkt sich auf die behördliche Überprüfung eines Vorhabens insofern aus, als sich die Prüfung in Folge einer *special intervention notice* nicht auf wettbewerbsbezogene Aspekte, sondern nur auf eine Verletzung des öffentlichen Interesses an Medienvielfalt bezieht.[719] Zudem hat der Kulturminister bei Erlass einer einfachen *intervention notice* die Möglichkeit, nicht von § 58 EA2002 erfasste Aspekte des öffentlichen Interesses, die er als betroffen erachtet, zu berücksichtigen. Solche Aspekte können aber nur dann Gegenstand des anschließenden Fusionskontrollverfahrens werden, wenn das Parlament innerhalb von 24 Wochen nach Erlass der *intervention notice* zustimmt. Im Übrigen unterscheiden sich die Verfahren nicht.[720] Gemäß § 67 EA2002 kann der Kulturminister zudem bei Zusammenschlüssen mit gemeinschaftsweiter Bedeutung, welche die Voraussetzungen der FKVO erfüllen und grundsätzlich gemäß

---

718 Art. 59 EA2002: „*Intervention by Secretary of State in special public interest cases*
(1) Subsection (2) applies where the Secretary of State has reasonable grounds for suspecting that it is or may be the case that a ***special merger situation*** *has been created or arrangements are in progress or in contemplation which, if carried into effect, will result in the creation of a special merger situation.*
(2) The ***Secretary of State may give a notice to the Oft*** *(in this Part „a special intervention notice") if he believes that it is or may be the case that one or more than one consideration specified in section 58 is relevant to a consideration of the special merger situation concerned.*
(3) For the purposes of this Part a special merger situation has been created if—
(a) the condition mentioned in subsection (3A) is satisfied; and
(b) immediately before the enterprises concerned ceased to be distinct — [...]
(ii) the condition mentioned in subsection (3C) was satisfied; or
(iii) the condition mentioned in subsection (3D) was satisfied.
(3A) The condition mentioned in this subsection is that—
(a) ***no relevant merger situation has been created because of section 23(1)(b) and (2)(b); but***
(b) a relevant merger situation would have been created if those enactments were disregarded. [...]
(3C) The condition mentioned in this subsection is that, in relation to the supply of newspapers of any description, ***at least one-quarter of all the newspapers*** *of that description which were supplied in the United Kingdom, or in a substantial part of the United Kingdom, were supplied by the person or persons by whom one of the enterprises concerned was carried on.*
(3D) The condition mentioned in this subsection is that, in relation to the provision of broadcasting of any description, ***at least one-quarter of all broadcasting*** *of that description provided in the United Kingdom, or in a substantial part of the United Kingdom, was provided by the person or persons by whom one of the enterprises concerned was carried on.*"
[Hervorhebungen nachträglich eingefügt]; vgl. hierzu *Parr et al.*, 53 f., 483.

719 *KEK*, 3. Medienkonzentrationsbericht, 414; *DTI*, 19 f.

720 *DTI*, 19 f.

§§ 22, 33 EA2002 der britischen Wettbewerbskommission zu melden sind, eine *European intervention notice* erlassen, um eine Untersuchung durch die britischen Behörden zum Schutz des nationalen Interesses an Medienvielfalt gemäß § 21 Abs. 4 FKVO einzuleiten.[721]

Liegen die Voraussetzungen für den Erlass einer (einfachen oder speziellen) *intervention notice* vor, kann der Kulturminister Ofcom, das Oft und falls notwendig die Wettbewerbskommission beauftragen, die Fusion hinsichtlich einer Verletzung des öffentlichen Interesses zu untersuchen. Im Falle einer einfachen *intervention notice* wird das Vorhaben dann auch in Bezug auf seine Auswirkungen auf den Wettbewerb untersucht.[722] Gemäß § 44A EA2002 hat Ofcom in Fällen, in denen eine *intervention notice* erlassen wurde, einen Bericht darüber vorzulegen, welche Aspekte des öffentlichen Interesses durch die Fusion betroffen sind. Ofcom spielt daher eine wichtige Rolle bei der Beratung und Berichterstattung hinsichtlich des öffentlichen Interesses an Medienvielfalt, besitzt aber im Gegensatz zu der Wettbewerbsbehörde und dem Kulturminister keine Entscheidungsbefugnisse. Die Vorschläge Ofcoms im Hinblick auf die Meinungsvielfalt sind daher auch nicht bindend für den Kulturminister.[723] Auch wenn die Untersuchung auf einer *intervention notice* des Kulturministers basiert, obliegt die kartellrechtliche Untersuchung der Fusion allein dem Oft. Der Kulturminister

---

721 Vgl. § 67 Abs. 1 bis 2 EA2002: „***Intervention to protect legitimate interests***
(1) Subsection (2) applies where—
(a) the Secretary of State has reasonable grounds for suspecting that it is or may be the case that—
(i) a relevant merger situation has been created or that arrangements are in progress or in contemplation which, if carried into effect, will result in the creation of a relevant merger situation; and
(ii) a ***concentration with a Community dimension*** *(within the meaning of the EC Merger Regulation), or a part of such a concentration, has thereby arisen or will thereby arise;*
(b) a reference is prevented from being made under section 22 or 33 in relation to the relevant merger situation concerned [...] by virtue of Community law or anything done under or in accordance with it; and
(c) the Secretary of State is considering whether to take appropriate measures to protect legitimate interests as permitted by article 21(4) of the EC Merger Regulation .
(2) The Secretary of State may give a notice to the Oft (in this section „a ***European intervention notice****") if he believes that it is or may be the case that one or more than one public interest consideration is relevant to a consideration of the relevant merger situation concerned.* [...]" [Hervorhebungen nachträglich eingefügt].

722 *DTI*, 18.

723 *DTI*, 17; *Parr et al.*, 53 f., 136; *Gibbons*, in: Current Law Statutes 2003, 21–383; *Sommerhoff*, 27 f.; zu der Bedeutung von Ofcom im medienkonzentrationsrechtlichen Verfahren vgl. *Bretschneider*, 139 f.

ist insoweit an die Beurteilung durch das Oft gebunden, was sich bereits daraus ergibt, dass dieser keine kartellrechtlichen Befugnisse besitzt.[724]

Entscheidet der Kulturminister nach den Beratungen, dass ein öffentliches Interesse betroffen ist, muss er das Interesse der Unternehmen an freiem Wettbewerb gegen das öffentliche Interesse an Meinungsvielfalt abwägen, um über das weitere Vorgehen hinsichtlich einer Fusion zu entscheiden.[725] Hat das Oft in seinem Bericht eine wettbewerbsbeeinträchtigende Wirkung des Zusammenschlusses prognostiziert, wird davon ausgegangen, dass diese dem öffentlichen Interesse entgegensteht, es sei denn der Kulturminister kommt im Rahmen der Interessenabwägung zu dem Ergebnis, dass das öffentliche Interesse an dem Vorhaben bspw. durch Verbrauchervorteile der Fusion wiederhergestellt werden kann.[726] Hierdurch wird deutlich, dass der *public interest test* aufgrund der notwendigen Interessenabwägung eine einzelfallbezogene Überprüfung von Medienzusammenschlüssen ermöglicht.[727]

Überwiegt nach Ansicht des Kulturministers das Interesse an freiem Wettbewerb, wird das Vorhaben zugelassen; anderenfalls bestehen verschiedene Möglichkeiten. Der Kulturminister kann eine Untersagungsverfügung erlassen. Er ist aber auch berechtigt, geeignete Verpflichtungserklärungen der Unternehmen zum Schutz des öffentlichen Interesses zu akzeptieren und das Vorhaben trotz Betroffenheit des öffentlichen Interesses zuzulassen, vor allem wenn sich hieraus Verbrauchervorteile ergeben.[728] Eine weitere Möglichkeit besteht darin, den

---

724 *Parr et al.*, 136; *Gibbons*, in: Current Law Statutes 2003, 21–383.

725 *Gibbons*, in: Current Law Statutes 2003, 21–383.

726 Vgl. § 45 Abs. 6 EA2002: „*For the purposes of this Chapter any anti-competitive outcome shall be treated as being adverse to the public interest unless it is justified by one or more than one public interest consideration which is relevant.*“

727 *KEK*, 3. Medienkonzentrationsbericht, 415; *Schulz/Held*, 49.

728 Vgl. Sch. 7 Teil 3 EA2002: „*Undertakings in lieu of reference under section 45 or 623*
(1) Sub-paragraph (2) applies if the Secretary of State has power to make a reference to the Commission under section 45 or 62 and otherwise intends to make such a reference.
(2) The ***Secretary of State may, instead of making such a reference*** *and for the purpose of remedying, mitigating or preventing any of the effects adverse to the public interest which have or may have resulted, or which may be expected to result, from the creation of the relevant merger situation concerned or (as the case may be) the special merger situation concerned,* ***accept from such of the parties concerned as he considers appropriate undertakings to take such action as he considers appropriate.***
(3) In proceeding under sub-paragraph (2), the Secretary of State shall, in particular—
(a) ***accept the decisions of the Oft*** *included in its report under section 44 so far as they relate to the matters mentioned in subsections (4) and (5) of that section; or*
(b) (as the case may be) accept the decisions of the Oft included in its report under section 61 so far as they relate to the matters mentioned in subsections (3)(a) and (4) of that section.

Vorgang gemäß § 45 EA2002 an die Wettbewerbskommission zur weiteren Untersuchung weiterzuleiten.[729] Ein diesbezüglicher Bericht an die Wettbewerbskommission kommt gemäß § 45 Abs. 2 EA2002 insbesondere dann in Betracht, wenn nach Ansicht des Kulturministers ein oder mehrere Bereiche des öffentlichen Interesses durch das Vorhaben betroffen sind. Hat das Oft aber bereits entschieden, dass ein Zusammenschluss kartellrechtlich unbedenklich ist, ist diese Entscheidung bindend und die Sache kann nicht aufgrund kartellrechtlicher Bedenken an die Wettbewerbskommission weitergeleitet werden. Eine Weiterleitung kann aber zwecks Überprüfung der Betroffenheit des öffentlichen Interesses erfolgen; die Kompetenz der Wettbewerbskommission erstreckt sich insofern auf den *public interest test.*[730]

Die Wettbewerbskommission besitzt die Kompetenz, ein durch den Kulturminister übertragenes Verfahren sowohl kartellrechtlich als auch in Bezug auf das öffentliche Interesse zu untersuchen. Die Prüfungskompetenz der Kommission ist aber insofern eingeschränkt, als sie sich nur auf die Aspekte erstreckt, die der Kulturminister in der *intervention notice* bezeichnet hat. Zunächst überprüft die Wettbewerbskommission, ob der Zusammenschluss kartellrechtliche Relevanz besitzt, d. h. ob es sich um eine *relevant merger situation* oder eine *special merger situation* handelt. Sofern das Oft dem Zusammenschluss nach Erlass einer einfachen *intervention notice* eine wettbewerbsbeeinträchtigende Wirkung attestiert hat, überprüft die Kommission diese Entscheidung dahingehend, ob der Zusammenschluss den Wettbewerb wesentlich beeinträchtigt (*SLC*-Test). Daneben wird untersucht, ob die durch den Kulturminister identifizierten Aspekte des öffentlichen Interesses tatsächlich betroffen sind.[731] Einer Bewertung des öffentlichen Interesses an Meinungsvielfalt hat eine öffentliche Konsultation der von dem Zusammenschluss Betroffenen vorauszugehen.[732] Ist das öffentliche

---

(4) In proceeding under sub-paragraph (2) in relation to an anti-competitive outcome, the Secretary of State may, in particular, have regard to the effect of any action on any ***relevant customer benefits*** *in relation to the creation of the relevant merger situation concerned.*“ [Hervorhebungen nachträglich eingefügt].

729 Vgl. hierzu *KEK*, 3. Medienkonzentrationsbericht, 412.

730 Vgl. *DTI*, 19: „*The Secretary of State will not be able to dispute the Oft's finding as to jurisdiction or competition. If no competition concerns are identified the Secretary of State will not be able to make a competition reference, but she will still be able to make a reference to the CC on the media public interest consideration aspects alone.*“

731 *DTI*, 20.

732 Vgl. Art. 104A Abs. 1, 2 EA2002: „*Public consultation in relation to* ***media mergers***
(1) Subsection (2) applies where the Commission—
(a) is preparing—
(i) a report under section 50 on a reference which specifies a ***media public interest consideration****; or*

Interesse nach Ansicht der Kommission beeinträchtigt, schlägt sie dem Kulturminister entweder vor, den Zusammenschluss zu untersagen, oder Maßnahmen zu ergreifen, um die Beeinträchtigung des öffentlichen Interesses zu beheben und den Zusammenschluss zuzulassen. Stellt die Kommission eine erhebliche Wettbewerbsbeeinträchtigung in Folge des Zusammenschlusses fest, kann sie selbst eine Untersagungsentscheidung treffen oder andere Behörden anweisen, Maßnahmen zu ergreifen, welche geeignet sind die Negativeffekte des Vorhabens zu beseitigen.[733]

Gemäß § 54 Abs. 5 EA2002 entscheidet der Kulturminister dreißig Tage nach Erhalt des Berichts der Wettbewerbskommission, ob er Maßnahmen zum Schutz des öffentlichen Interesses ergreift und den Zusammenschluss zulässt.[734] Hierbei kann Ofcom gemäß § 106B EA2002 beratend tätig werden; die wettbewerbsbezogenen Schlussfolgerungen der Kommission sind aber gemäß § 54 Abs. 7 (a) EA2002 weitestgehend zu berücksichtigen. Bei der Bestimmung der Maßnahmen ist der Kulturminister hingegen grundsätzlich frei. Entscheidet er sich dagegen, verweist er das Verfahren an die Wettbewerbskommission zurück, die daraufhin die abschließende Untersagungsentscheidung trifft.[735]

Gegen die abschließenden Entscheidungen der Wettbewerbskommission oder des Kulturministers kann Berufung beim *Competition Appeal Tribunal* („CAT“) eingelegt werden.[736]

cc) Entscheidungen in *public interest cases*

Nachfolgend sollen zwei behördliche Verfahren dargestellt werden, die in Großbritannien von besonderer Relevanz waren und in denen der *public interest test* zur Anwendung kam.

(ii) a report under section 65 on a reference which specifies a consideration specified in section 58(2A) to (2C); and

(b) is not under a duty to disregard the consideration concerned.

(2) The Commission shall have regard (among other things) to the need to ***consult the public*** *so far as they might be affected by the creation of the relevant merger situation or special merger situation concerned and so far as such consultation is practicable.*“ [Hervorhebungen nachträglich eingefügt].

733 *DTI*, 20.

734 Vgl. 54 Abs. 2 EA2002: „*The Secretary of State shall decide whether to make an adverse public interest finding in relation to the relevant merger situation and whether to make no finding at all in the matter.*“

735 *DTI*, 21.

736 *Competition Commission,* General Advice, 32, 38.

aaa) *BSkyB/ITV*

Bei dem Zusammenschluss zwischen *BSkyB* und *ITV plc.* handelt es sich um das erste Verfahren, das unter Anwendung des neuen, durch den CA2003 eingeführten Medienkartellrechts entschieden wurde. *BSkyB* hatte 17,9 % der Anteile der *ITV plc.* erworben, woraufhin eine behördliche Untersuchung eingeleitet wurde.[737]

BSkyB ist ein führender Anbieter von Bezahlfernsehen in Großbritannien und Irland und strahlt überwiegend Sport, Filme, Unterhaltungssendungen sowie Nachrichten aus. Das Unternehmen wurde von *Rupert Murdoch*, dem Hauptaktionär der *NewsCorp*, gegründet und wird seit 2003 von dessen Sohn, *James Murdoch*, geleitet. Der größte Aktionär von *BSkyB* ist mit 39,1 % die *News UK Nominees Limited*, wiederum eine Tochtergesellschaft von *NewsCorp*. Es besteht demnach eine enge Verflechtung zwischen *BSkyB* und *NewsCorp*; insbesondere sind drei, teilweise geschäftsführende, Direktoren von *NewsCorp* zugleich Direktoren von *BSkyB*.[738] *ITV plc.* ist Mitglied des *ITV*-Netzwerks, des größten Privatsenders Großbritanniens, und besitzt elf der fünfzehn regionalen privaten *Channel 3*-Sender im Vereinigten Königreich und Wales. Das Unternehmen ist für die Produktion und Verbreitung der meisten über das *ITV*-Netzwerk ausgestrahlten Inhalte verantwortlich.[739]

Im Februar 2007 erließ der Kulturminister eine *intervention notice* mit der Aufforderung an das Oft, den Zusammenschluss kartellrechtlich zu untersuchen, und an Ofcom, eine Beeinträchtigung des öffentlichen Interesses an Medienvielfalt zu prüfen. In dem durch den Kulturminister angeforderten Bericht kam Ofcom zu dem Ergebnis, dass der Zusammenschluss zu einer Konzentration von Medieneigentum geführt und damit das öffentliche Interesse an Anbietervielfalt verletzt habe. Beeinträchtigt sei vor allem die Meinungsvielfalt im Fernsehen sowie in crossmedial übertragenen Nachrichten.[740] Das Oft stellte fest, dass es sich um einen kartellrechtlich relevanten Zusammenschluss handelte, der zu einer erheblichen Wettbewerbsbeeinträchtigung geführt hat.[741]

Daraufhin leitete der Kulturminister das Verfahren an die Wettbewerbskommission mit dem Auftrag weiter, den Zusammenschluss sowohl kartellrechtlich als auch in Bezug auf das öffentliche Interesse an Medienvielfalt zu untersuchen. Die Wettbewerbskommission gelangte zu dem Ergebnis, dass der Zusammen-

---

737 Siehe hierzu auch *Bretschneider*, 142 ff.; *Sommerhoff*, 36 ff.

738 *Competition Commission*, BSkyB/ITV, 30 f.

739 *Competition Commission*, BSkyB/ITV, 32 f., 39 ff.

740 *Ofcom*, BSkyB/ITV, 3, 5, 14 ff., 21; vgl. hierzu *Sommerhoff*, 36.

741 *Oft*, BSkyB/ITV, 3 f., 23 ff., 67.

schluss zu einer wesentlichen Beeinträchtigung des Wettbewerbs führe (*SLC*). Die Bewertung Ofcoms, dass der Zusammenschluss das öffentliche Interesse an Medienvielfalt gemäß § 58 Abs. 2C a) bis c) EA2002 verletze, lehnte die Kommission indes ab. *BSkyB* habe keinen erheblichen Einfluss auf das Nachrichtenprogramm der *ITV plc*. Vielmehr seien die Nachrichtenredakteure aufgrund unternehmensinterner Regelungen zur Sicherung der redaktionellen Unabhängigkeit weitestgehend unabhängig von den Unternehmensinhabern. Zudem hätten sich die Möglichkeiten für *BSkyB*, wirtschaftlichen Einfluss auf *ITV plc.* auszuüben, durch den Zusammenschluss nicht erheblich verbessert.[742] Demzufolge würde der Zusammenschluss *BSkyB* nicht in die Lage versetzen, die Nachrichtenprogramme der *ITV plc.* zu beeinflussen, und damit auch keine nachteiligen Auswirkungen auf die Vielfalt im Bereich der Nachrichtenproduktion (*market for wholesale national news provision*) haben. Im Ergebnis biete der Markt auch nach dem Zusammenschluss genügend Medieneigentümer und damit ein ausreichendes Maß an Meinungsvielfalt, weshalb das öffentliche Interesse an Medienvielfalt nicht beeinträchtigt sei.[743]

Im Rahmen der kartellrechtlichen Untersuchung kam die Wettbewerbskommission zu dem Ergebnis, dass der Zusammenschluss die allgemeinen kartellrechtlichen Voraussetzungen gemäß § 23 Abs. 1 EA2002 erfülle und es sich somit um eine *relevant merger situation* handele, da die Unternehmensumsätze den gesetzlich vorgeschriebenen Werten entsprächen und *BSkyB* maßgeblichen Einfluss (*material influence*) auf *ITV plc.* erlangt habe. Da die wettbewerbsbezogenen Bedenken auch Gegenstand der *intervention notice* des Kulturministers und des Berichts des Oft waren, konnte die Wettbewerbskommission gemäß §§ 45, 47 EA2002 prüfen, ob der Zusammenschluss zu einer wesentlichen Wettbewerbsbeeinträchtigung geführt hatte. Nach dem Bericht der Wettbewerbskommission sind die an dem Zusammenschluss beteiligten Unternehmen Wettbewerber auf dem gesamten Fernsehmarkt (*all-tv market*), der sowohl Bezahlfernsehen als auch kostenloses Fernsehprogramm umfasst. Die Übernahme würde den Wettbewerbsdruck auf die fusionierenden Unternehmen deutlich senken und zugleich hohe Markteintrittsbarrieren vor allem im Bereich des kostenlosen Fernsehens schaffen. Insgesamt würde es somit zu einer erheblichen Wettbewerbsbeeinträchtigung (*SLC*) kommen.[744]

Die Wettbewerbskommission schlug dem Kulturminister unter anderem vor, *BSkyB* zu verpflichten, etwa 10 % seiner Anteile an einen unabhängigen Dritten

742 *Competition Commission,* BSkyB/ITV, 13 f., 54 ff., 123 f., 127 f.; vgl. hierzu *Sommerhoff,* 36 f.

743 *Competition Commission,* BSkyB/ITV, 9 f., 14, 66 ff., 81 f.; vgl. hierzu *Sommerhoff,* 36 f.

744 *Competition Commission,* BSkyB/ITV, 8, 12, 34 ff., 66; vgl. hierzu *Sommerhoff,* 37.

zu verkaufen. Diesen Vorschlag setzte der Kulturminister in seiner abschließenden Entscheidung gemäß § 54 EA2002 um.[745] Hiergegen legten *BSkyB* und sein Wettbewerber *Virgin Media* Berufung beim CAT ein, das die Entscheidung im Ergebnis aufrecht erhielt.[746]

bbb) *NewsCorp/BSkyB*

Der geplante Zusammenschluss zwischen *NewsCorp* und *BSkyB* war vor allem in Großbritannien Gegenstand einer breiten öffentlichen Diskussion. An dem Vorhaben, das letztlich in Folge des britischen Abhörskandals aufgegeben wurde, waren *BskyB* und *NewsCorp* beteiligt. *NewsCorp* mit Hauptsitz in den USA ist ein weltweit agierendes und vor allem in Großbritannien sehr einflussreiches Medienimperium; Hauptanteilseigener sind *Rupert Murdoch* und seine Familie.[747] Zum Zeitpunkt des geplanten Zusammenschlusses umfasste der Konzern sechs führende Hollywood Filmstudios (bspw. *20th Century Fox*), weitverbreitete Fernsehsender (bspw. *Sky, Sky Deutschland* und *Sky Italy*), einflussreiche Zeitungen (bspw. *The Times, The Sun, Sunday Times* und *News of the World*, wobei Letztere in Folge des Abhörskandals eingestellt wurde) sowie etwa 39 % der Anteile an *BSkyB*.[748] Das Unternehmen ist in allen Bereichen der Produktion und Übertragung von Medieninhalten tätig und daher sehr stark vertikal integriert. Vorherrschend ist *NewsCorp* insbesondere auf dem britischen Zeitungsmarkt. Durch eine strategische Nutzung der technischen Möglichkeiten unterstützt durch den gesetzlichen Liberalisierungsprozess hat der Konzern eine crossmediale Präsenz erlangt, die erheblich zu der Medienkonzentration auf dem britischen Markt beiträgt.[749] *BSkyB* besitzt die Hauptfußballrechte in Großbritannien, wo Fußball ein sehr populärer Sport ist, und überträgt die Spiele über den Bezahlfernsehsender *Sky*. Aufgrund der zahlreichen Abonnenten und der großen Reichweite von *Sky* ist der Nachrichtensender *Sky News* sehr einflussreich und von erheblicher Bedeutung für die Meinungsvielfalt auf dem britischen Markt.[750]

Im Juni 2010 gab *NewsCorp* bekannt, die übrigen Anteile und damit die vollständige Kontrolle an *BSkyB* erwerben zu wollen. Im November 2010 wurde der Zusammenschluss aufgrund seiner europaweiten Bedeutung bei der EU-Kommission angemeldet. Die Untersuchung der EU-Kommission kam zu dem Er-

745 Vgl. *House of Commons/Regulatory Reform Committee*, 222; vgl. hierzu *Sommerhoff*, 38.

746 *Goldberg et al.*, 38 f.; vgl. hierzu *Sommerhoff*, 38.

747 Der *Murdoch Family Trust* besitzt 30.1 % der Stammaktien; vgl. hierzu *Christophers*, 133.

748 Siehe hierzu *EU-Kommission*, IP/10/1767, Pressemitteilung v. 21.12.2010; *Sommerhoff*, 22.

749 *Ofcom*, NewsCorp/BSkyB, 64; *Sommerhoff*, 22 f.

750 *Ofcom*, NewsCorp/BSkyB, 10 ff., 64 ff.; *Competition Commission*, BSkyB/ITV, 4 f., 30; *Sommerhoff*, 22.

gebnis, dass der Zusammenschluss zu keiner relevanten Wettbewerbsbeeinträchtigung auf dem britischen Markt und damit auch nicht in einem wesentlichen Teil des EWR führen würde.[751] Die EU-Kommission untersuchte den Zusammenschluss indes nur kartellrechtlich. Der Schutz der Meinungsvielfalt obliegt gemäß Art. 21 Abs. 4 FKVO den Mitgliedstaaten, sodass eine Untersuchung von Zusammenschlüssen mit europaweiter Bedeutung auch auf nationaler Ebene zulässig ist.[752] Dementsprechend erließ der britische Minister eine *European intervention notice* mit der Aufforderung an die zuständigen britischen Behörden, den Zusammenschluss hinsichtlich seiner Auswirkungen auf die Meinungsvielfalt in Großbritannien zu untersuchen.[753] Hierbei sind die Behörden an die kartellrechtliche Beurteilung der EU-Kommission gebunden.[754] Ein durch die EU-Kommission zugelassener Zusammenschluss kann nur aus berechtigten nationalen Interessen untersagt werden, wobei die nationale Entscheidung wiederum auf Grundlage der Abwägungslehre überprüft werden kann.[755] Grundsätzlich besteht aber die Möglichkeit, europäische Grundfreiheiten wie die Niederlassungsfreiheit zum Schutz nationaler Interessen einzuschränken.

Ofcom prüfte, ob der Zusammenschluss das öffentliche Interesse an Meinungsvielfalt beeinträchtigte. Hierbei griff die Behörde auf den qualitativen Bewertungsansatz der Wettbewerbskommission zurück.[756] Darüber hinaus bewertete Ofcom die Einflussmöglichkeiten der Unternehmen auf die Meinungsbildung, die sich nach Ansicht der Behörde aus den Zuschaueranteilen, der Reichweite und der Glaubwürdigkeit der von den Unternehmen angebotenen Mediendienste ergeben.[757] Ofcom analysierte die relevanten Medienmärkte in Bezug auf Wettbewerber und deren interne Kontrollstrukturen, den Grad an interner und externer Meinungsvielfalt sowie die Verteilung der Zuschaueranteile. Desweiteren prüfte die Behörde, welche Auswirkungen der Zusammenschluss auf die Marktstruktur und auf die Meinungsvielfalt auf dem Markt haben würde. Ein wichtiger Aspekt der Untersuchung war, dass das fusionierte Unternehmen in Zusammenhang mit dem technologischen Fortschritt und der Medienkonvergenz eine Vormachtstellung erlangen würde, die es ermöglicht, die Entwicklung

751 *EU-Kommission*, IP/10/1767, Pressemitteilung v. 21.12.2010.

752 Siehe hierzu A. III. 3; vertiefend zu der Entscheidung der EU-Kommission *Sommerhoff*, 23 ff.

753 Das Dokument ist abrufbar unter www.bis.gov.uk (Stand: 31.03.2013).

754 *EU-Kommission*, IP/10/1767, Pressemitteilung v. 21.12.2010.

755 *Keller*, 60 f., 419; *Furse*, 41.

756 Vgl. hierzu C. III. 3. b) aa); siehe auch *Sommerhoff*, 29.

757 *Ofcom*, NewsCorp/BSkyB, 20: „[...] *we believe a consideration of the relative 'ability to influence' of media enterprises, particularly evidenced by audience share, reach and trust, is important to any assessment of the effect of the proposed acquisition on plurality.*“; vgl. hierzu *Sommerhoff*, 29 f.

und Vermarktung unternehmenseigener Produkte so zu fördern, dass das Unternehmen den gesamten Markt dominieren und Wettbewerber ausschließen kann.[758]

Relevant war die Frage, ob der Zusammenschluss zu einem Kontrollwechsel führen würde. Entscheidend für diese Beurteilung war der Umstand, dass *NewsCorp* bereits circa 39 % der Anteile an *BSkyB* besaß, wobei der Nachrichtensender *Sky News* als von *NewsCorp* unabhängiges Medienunternehmen zu betrachten war. Die für die Prüfung externer Meinungsvielfalt relevanten Nutzeranteile wurden crossmedial bewertet. Nach der Bewertung Ofcoms hätte der Zusammenschluss zu einer erheblichen crossmedialen Präsenz des fusionierten Unternehmens geführt, indem sich der durchschnittliche Zuschaueranteil *NewsCorps* im Nachrichtensektor von 31 % auf 51 % gesteigert hätte. In Folge des Zusammenschlusses wäre *NewsCorp* zudem der einzige britische Nachrichten- und Programmveranstalter, der nicht nur für die Übertragung, sondern auch für die Produktion auf allen Medienplattformen (Fernsehen, Presse, Internet und Radio) zuständig ist, und zugleich einer von nur drei Nachrichtenveranstaltern ist, die nationale Nachrichten über drei verschiedene Mediendienste anbieten. Entgegen der Ansicht der EU-Kommission ist Ofcom zudem davon ausgegangen, dass der Zusammenschluss crossmediale Werbestrategien ermöglicht hätte, wodurch die Marktpräsenz der Medienangebote der Unternehmen zum Nachteil von Meinungsvielfalt gesteigert worden wäre.[759]

Die Besorgnis Ofcoms galt aber vorrangig den Auswirkungen, die der Zusammenschluss auf die Nachrichtenproduktion und -veranstaltung in Großbritannien haben würde. Eine Konzentration von Medieneigentum im Bereich der Nachrichtenübertragung wurde als besonders kritisch bewertet, da Nachrichten für die Meinungs- und Informationsfreiheit und damit für die Demokratie von besonderer Bedeutung sind. Dies war das entscheidende Kriterium für die Bewertung des Zusammenschlusses, zumal der britische Nachrichtenmarkt ohnehin von Medieneigentumskonzentration geprägt und *BSkyB* mit seinen Sendern *Sky News* und *Five* einer der größten Nachrichtenproduzenten und -veranstalter Großbritanniens ist.[760] Nach Ansicht Ofcoms hätte der Zusammenschluss daher die Einflussmöglichkeiten von *News Corp* auf *Sky News* erheblich verbessert, indem *NewsCorp* durch den Kontrollwechsel in die Lage versetzt worden wäre, ausschließlich eigene wirtschaftliche Interessen zu verfolgen und auch redaktionelle Entscheidungen, bspw. die Ernennung des Chefredakteurs von *Sky News*, zu treffen. Da es sich bei *Sky News* um einen besonders einflussreichen Nach-

---

758 *Ofcom,* NewsCorp/BSkyB, 18, 21, 23, 88; vgl. hierzu *Sommerhoff,* 30.

759 *Ofcom,* NewsCorp/BSkyB, 19 f., 53, 56, 65 f., 86; vgl. hierzu *Sommerhoff,* 30.

760 *Slaughter&May,* NewsCorp/BSkyB, 3.2, 3.3; vgl. hierzu *Sommerhoff,* 30 f.

richtensender mit einem hohen Zuschaueranteil handelt, hätte eine Kontrollübernahme durch *NewsCorp* demnach zu Medieneigentumskonzentration geführt. Hierdurch hätte es nach der Bewertung Ofcoms wiederum zu einer Verringerung der unternehmensinternen Pluralität kommen können, indem es *NewsCorp* möglich gewesen wäre, auch die redaktionelle Kontrolle zu übernehmen und unabhängige Gesellschafter und Anteilseigner abzusetzen.[761]

Demzufolge war nach Ansicht Ofcoms das öffentliche Interesse an Medienvielfalt gefährdet, weshalb Maßnahmen zu dessen Schutz notwendig waren. Ofcom arbeitete verschiedene Möglichkeiten zum Schutz des öffentlichen Interesses heraus. Hierbei kam es insbesondere darauf an, dass die Maßnahmen umsetzbar und geeignet waren, die Meinungsvielfalt zu schützen und damit das öffentliche Interesse an Meinungsvielfalt wiederherzustellen. In Betracht kamen vor allem verhaltensbezogene Auflagen, die Abspaltung eines Unternehmensteils sowie die vollständige Untersagung des Zusammenschlusses.[762] Vorschläge *NewsCorps* hinsichtlich einer Veränderung der internen Unternehmensstrukturen oder einer Unterbindung der redaktionellen Einflussnahme auf *Sky News* wurden jedoch mit der Begründung abgelehnt, dass unternehmensinterne Kontrollmechanismen in diesem Fall zu ineffizient seien, um regulatorische Maßnahmen zur Verhinderung von Medienkonzentration zu ersetzen.[763] Ofcom prüfte vorrangig, ob eine Abspaltung von *Sky News* das öffentliche Interesse an dem Zusammenschluss wiederherstellen würde. In diesem Zusammenhang war entscheidend, ob eine redaktionelle Unabhängigkeit von *Sky News* überhaupt gewährleistet werden könnte. Es wurden daher insbesondere Unternehmensstruktur und -umsatz überprüft. Die Auflage zur Abspaltung eines Unternehmensteils kommt als Schutzmaßnahme zudem nur dann in Betracht, wenn ein ernsthafter und geeigneter Investor vorhanden ist. Abschließend schlug Ofcom vor, das Verfahren zu einer weiteren Untersuchung an die Wettbewerbskommission weiterzuleiten. Im Rahmen des abschließenden Vorschlags kritisierte Ofcom, dass die gegenwärtige Rechtslage den Schutz des öffentlichen Interesses an Meinungsvielfalt nur bei Unternehmenszusammenschlüssen, nicht aber im Falle internen Unternehmenswachstums oder anderer Aktivitäten außerhalb von Transaktionen gewährleiste.[764]

In Reaktion auf den Bericht Ofcoms hörte der Kulturminister die an dem Verfahren beteiligten Parteien gemäß § 104 EA2002 an und führte weitere Beratun-

761 *Ofcom,* NewsCorp/BSkyB, 20, 53 f., 66 f., 73.

762 *Ofcom,* NewsCorp/BSkyB, 90.

763 *Ofcom,* NewsCorp/BSkyB, 73; so auch *House of Lords/Select Committee on Communications,* 66, 220; vgl. hierzu *Sommerhoff,* 31.

764 *Ofcom,* NewsCorp/BSkyB, 90 ff.; vgl. auch *Sommerhoff,* 32.

gen mit Ofcom und dem Oft sowie eine Konsultation der Öffentlichkeit durch.[765] Im Anschluss an die darauf folgenden Berichte Ofcoms und des Oft kündigte der Minister an, möglicherweise von einer Untersagung des Zusammenschlusses unter den Bedingungen abzusehen, dass *Sky News* auf eine unabhängige börsennotierte Gesellschaft mit einer unabhängigen Geschäftsführung übertragen wird, redaktionelle Entscheidungen durch einen unabhängigen Geschäftsführer getroffen werden, der Sender *Sky* keine crossmediale Werbung für *Sky News* betreibt und der Gesellschaftsvertrag von *Sky News* durch den Kulturminister genehmigt werden muss. Voraussetzung sei zudem eine weitere Prüfung durch die Wettbewerbskommission.[766] Das Verfahren wurde daraufhin an die Wettbewerbskommission weitergeleitet, konnte indes nicht abgeschlossen werden, da *NewsCorp* sein Übernahmeangebot in Folge eines entsprechenden parlamentarischen Antrages im Zusammenhang mit dem Abhörskandal zurücknahm.[767]

IV. Medienaufsicht

Die Organisationsstruktur der britischen Medienregulierung war Gegenstand einer umfassenden Reform durch den CA2003. Die Aufgaben und Pflichten mehrerer Regulierungsbehörden (*pre-commencement regulators*) wurden auf die neugegründete Regulierungsbehörde Ofcom übertragen.[768] Der Hintergrund

---

765 Vgl. hierzu *Hunt*, Stellungnahme v. 25.01.2011.

766 Vgl. *DCMS,* NewsCorp/BSkyB; *Ofcom,* NewsCorp/BSkyB further advice, sowie *Oft,* NewsCorp/BSkyB. Die Dokumente sind abrufbar unter www.culture.gov.uk (Stand: 31.03.2013); vgl. hierzu *Sommerhoff,* 32.

767 Vgl. hierzu *Seely*, 2.

768 Hierbei handelte es sich gemäß § 405 Abs. 1 i. V. m. *Explanatory Note* Nr. 6 CA2003 um folgende Behörden: Broadcasting Standards Commission, Independent Television Commission (ITC), Director General Telecommunications und die Radio Authority. Die ebenfalls nicht mehr existente Radiocommunications Agency wird nicht erwähnt, da es sich hierbei um einen Teil des Department of Trade and Industry handelte, das im Namen des Kulturministers tätig ist. Auch wenn die Funktionen des Kulturministers durch den CA2003 auf Ofcom übertragen wurden, existiert dieser anders als die anderen Regulierer weiterhin, weshalb die Radiocommunications Agency erst im Rahmen einer behördlichen Umstrukturierung abgeschafft wurde. Die Funktionen des Office of Telecommunications wurden nicht auf Ofcom übertragen, da für elektronische Kommunikationsdienste ein völlig neuer Regulierungsansatz eingeführt wurde; § 408 CA2003 enthält insofern eine Übergangsregelung. Die ITC war durch den Broadcasting Act 1990 eingeführt worden und für die Lizenzerteilung an private Fernsehsender sowie für die Regulierung der Programme zuständig. Weiterführend hierzu *Spilsbury,* 476 ff.; *Reville*, 61 ff.; *Collins,* 2.2.3.2.; *KEK*, 3. Medienkonzentrationsbericht, 412; vgl. zur früheren Organisationsstruktur auch *KEK*, 1. Medienkonzentrationsbericht, 389 f., und *Jarren/Weber,* 148 f.

dieser Umstrukturierung war die technologische Entwicklung. Um den Anforderungen der fortschreitenden Medienkonvergenz an die Medienregulierung gerecht zu werden und eine effiziente Regulierung des Mediensektors zu ermöglichen, ist Ofcom nun für die Regulierung von Rundfunk- und Telekommunikationsdiensten zuständig.[769] Auch die Funktionen des Kulturministers wurden im Zuge der gesetzlichen Neuregelung erheblich verändert, indem seine kartellrechtliche Zuständigkeit nahezu vollständig auf das Oft übertragen wurde. Hingegen ist der Kulturminister wie bereits dargelegt für die abschließende Beurteilung von Medienfusionen zuständig, sofern das öffentliche Interesse betroffen ist.

1. Office of Communications

Ofcom ist die britische Regulierungsbehörde für den Medien- und Telekommunikationssektor. Ofcom wurde im Rahmen des *Office of Communications Act 2002* gegründet. Rechtsgrundlage für die Tätigkeit Ofcoms ist indes der CA2003.[770] Ofcom reguliert die privaten Fernsehsender Großbritanniens, einschließlich des kommerziellen Senders der *BBC*, *BBC Worldwide*. Die öffentlich-rechtliche *BBC* unterliegt grundsätzlich nicht der Regulierung durch Ofcom; wie bereits dargelegt reguliert sich der Sender selbst.[771] In einzelnen Bereichen, bspw. bei Beschwerdeverfahren oder im Hinblick auf Programmvorgaben, besitzt Ofcom jedoch Eingriffsbefugnisse oder Mitbestimmungsrechte, indes keine Sanktionsbefugnisse, gegenüber der *BBC*.[772] Insoweit sind die Richtlinien Ofcoms auch auf die *BBC* anwendbar.[773] Es besteht insofern ein Kooperationsverhältnis zwischen der Regulierungsbehörde und dem *BBC Trust*, das sich insbesondere in gegenseitigen Beratungen und Konsultationen niederschlägt.[774]

---

769 *Carey et al.*, 242; *Jarren/Weber*, 149.

770 *Whish*, 976.

771 Dementsprechend sind auch Programminhalte des öffentlich-rechtlichen Abrufernsehangebots der *BBC (BBC iPlayer*), das unentgeltlich durch die *BBC* zur Verfügung gestellt wird, nicht Gegenstand der Regulierung durch Ofcom oder einen Co-Regulierer. Dieses Angebot erfasst damit auch nicht der *Ofcom Broadcasting Code*; es unterliegt aber dennoch einem Grundstandard an inhaltlicher Regulierung (vgl. *Butler*, 178).

772 *Jarass/Weber*, 149; *Carey et al.*, 239; *Compendium*, 4.2.6.

773 Vgl. *Ofcom*, Legislative Background to the Code, 3: „*Unless expressly stated otherwise, the Code applies to radio and television content (with certain exceptions in the case of the British Broadcasting Corporation* [...]".

774 Vgl. bspw. *Ofcom,* Market Impact Assessment of the BBC's Local Video Service 2008, 1, 1.1: „*Ofcom (the Office of Communications) undertakes a market impact assessment („MIA") as part of the BBC Trust's Public Value Test („PVT") regime to assess whether the BBC's*

Ofcom verfolgt einen innovativen Regulierungsansatz, der übereinstimmend mit der britischen Medienpolitik auf Deregulierung und Liberalisierung ausgerichtet ist. Reguliert werden sollen nur die Bereiche, die auch einer Regulierung bedürfen. Vor allem der Technologiesektor hat unter Ofcom bereits eine erhebliche Deregulierung erfahren.[775] Auch für den Mediensektor ist eine Gesetzesreform in 2015 geplant, welche die Regulierung liberalisieren und weiter an die Telekommunikationsregulierung anpassen soll.

a) Organisation und Funktion

Hauptentscheidungsträger von Ofcom ist das *board* mit einem vorsitzenden *chairman* und weiteren Mitgliedern, die wiederum durch verschiedene Gremien beraten werden. Das *board* ist für die Leitung und Kontrolle der Behörde zuständig. Es bestimmt die strategische Ausrichtung und ist somit von zentraler Bedeutung für die Umsetzung der bereits dargelegten Handlungsziele und Verpflichtungen aus dem CA2003.[776] Das Gremium, das gemäß § 12 CA2003 speziell für die Medieneigentumsregulierung im Rahmen von Sch. 17 des CA2003 zuständig ist, ist das *content board*. Vorrangiger Zweck dieses Gremiums ist der Schutz des öffentlichen Interesses an qualitativ hochwertigem Fernsehen. Das *content board* soll sicherstellen, dass dieses Interesse innerhalb der Regulierungsbehörde ausreichend repräsentiert ist. Die Mehrzahl der Mitglieder des Gremiums sollen nicht Angestellte des Staates, sondern staatlich unabhängig sein, § 12 Abs. 8 CA2003. Das Verhältnis des *content board* zu Ofcom regelt Ofcom im Rahmen seiner Delegationsbefugnisse nach dem *Office of Communications Act 2002.*[777] Ofcom ist aber verpflichtet sicherzustellen, dass das *content board* einen erheblichen Einfluss insbesondere auf Entscheidungen bezüglich der Regulierung von Medieninhalten hat, § 13 Abs. 3 CA2003. Die Vorschläge des *content board* sind zwar nicht bindend und können daher grundsätzlich verworfen werden. Ofcom muss die Vorschläge aber bei seinem Entscheidungsprozess

---

proposals to launch new services, or to amend existing services, would be in the wider public interest. The MIA, which is carried out independently by Ofcom, assesses the likely impact of proposed BBC services on commercial providers. The MIA does not consider whether the proposal meets the BBC's public purposes in terms of likely value to licence fee payers. This is considered separately by the BBC Trust in its Public Value Assessment."; vgl. *Bauer/ Bienefeld,* Der Public Value Test.

775 *Bretschneider,* 122 f.; *Brisby,* CTLR 2006, 12 (4), 114.

776 *Ofcom,* Functions and Role, abrufbar unter www.ofcom.org.uk (Stand: 31.03.2013); *Jarass/Weber,* 149.

777 Das Gesetz ist abrufbar unter www.legislation.gov.uk (Stand: 31.03.2013); zu Struktur und Funktionen des *content board* siehe auch *Bretschneider,* 121 f., 126.

berücksichtigen und sich damit auseinandersetzen. Demnach werden die Vorschläge des *content board* nicht zwangsläufig im Rahmen der abschließenden Behördenentscheidungen umgesetzt, weshalb dem Gremium vornehmlich eine beratende Funktion zukommt. Vorrangiges Ziel des *content board* ist, Inhalte unabhängig von ökonomischen Aspekten zu regulieren. Gemäß § 13 Abs. 5, 6 CA2003 kann das *content board* auch von Ofcom bevollmächtigt werden, eigene Gremien zu bilden. Um den Einfluss Ofcoms in den Untergremien sicherzustellen, muss grundsätzlich ein Mitglied eines solchen Gremiums Mitarbeiter Ofcoms sein.[778]

Ofcom ist nicht nur zur Gründung von Beratungsgremien, sondern gemäß § 368 B CA2003 auch zu einer Übertragung von Aufgaben auf Unterbehörden als Co-Regulierer berechtigt. Um eine solche Unterbehörde handelt es sich bspw. bei der Authority for Television on Demand („ATVOD“).[779] Diese Regulierungsbehörde ist seit September 2010 ausschließlich für die Regulierung von Diensten zuständig, die Fernsehen auf Abruf anbieten. In dieser Funktion kontrolliert sie die redaktionellen Inhalte solcher Dienste in Großbritannien.[780] In den Richtlinien der ATVOD ist geregelt, welche Dienste notifiziert werden müssen.[781] Die Kompetenz der ATVOD erstreckt sich indes nicht auf das bedeutsame Abrufangebot des *BBC iPlayer*, da dieser öffentlich-rechtlicher Natur ist. Zudem sind nur solche Abrufdienste Gegenstand von Regulierung, die von der AVMD-RL erfasst sind.

b) Befugnisse und Pflichten

Ofcom unterliegt zahlreichen grundsätzlichen Verpflichtungen, welche die Behörde im Rahmen ihrer Regulierungstätigkeit zu beachten hat. Die generellen Befugnisse Ofcoms ergeben sich aus §§ 1, 2 CA2003. Hierbei handelt es sich überwiegend um die Pflichten, die vor der gesetzlichen Neuregelung dem Kulturminister und den früheren Regulierungsbehörden oblagen und vor allem durch den CA2003 auf Ofcom übertragen wurden.[782]

---

778 *Gibbons,* in: Current Law Statutes 2003, 21–31.

779 Siehe www.atvod.co.uk (Stand: 31.03.2013).

780 Vgl. hierzu *Ofcom*, Designation pursuant to section 368B of the Communications Act 2003 of functions to the Association for Television On-Demand in relation to the regulation of on-demand programme services.

781 Die Richtlinien sind abrufbar unter www.atvod.co.uk (Stand: 31.03.2013).

782 Siehe § 1 i. V. m. *Explanatory Note* Nr. 11 CA2003: „*These consist of those functions that prior to commencement were carried out by the Secretary of State and the pre-commencement regulators and which are transferred to Ofcom, together with all other functions conferred on Ofcom by other legislation, including the present Act.*“

Das Gesetz formuliert zunächst allgemeine Handlungsziele und -pflichten. Diese sind den konkreten Zielvorgaben insofern übergeordnet, als sie bei jeder Regulierungsmaßnahme zu berücksichtigen sind. Hinzu kommen eine beachtliche Anzahl konkreter Verpflichtungen.[783] Die allgemeinen Handlungsziele und -pflichten Ofcoms waren Gegenstand einer langwierigen Parlamentsdebatte. Hierbei ging es nicht so sehr um die grundsätzliche Notwendigkeit der Formulierung dieser Zielvorgaben, sondern darum, welche Bedeutung den einzelnen möglicherweise in Konflikt stehenden Vorgaben beigemessen werden sollte. Einig war man sich darüber, dass zwei Grundsätze von ausschlaggebender Bedeutung sind: Schutz des medienbezogenen Verbraucherinteresses (*interests of citizens in relation to communications matters*) und die Förderung des Wettbewerbs (*promoting competition*).[784] Diese Zielvorgaben, bei denen es sich um die obersten Handlungsprärogativen der britischen Medienregulierung handelt, verdeutlichen, dass der britische Gesetzgeber einen engen Zusammenhang zwischen den Interessen der Mediennutzer und funktionierendem Wettbewerb sieht. Großbritannien vertraut bei der Regulierung des Mediensektors, auch zum Schutz von Meinungsvielfalt, weit mehr auf die Kräfte des Marktes als andere europäische Länder, was sich auch an dem liberalen Regulierungsansatz Ofcoms zeigt.[785] Hierbei ist zu berücksichtigen, dass Grundlage für die Zielvorgaben bereits das *Green Paper on media ownership* der britischen Regierung aus dem Jahre 1995 ist.[786]

§ 3 Abs. 2 CA2003 normiert die grundsätzlichen Regulierungsziele, die Ofcom bei seiner Tätigkeit zu beachten hat. Hierunter fällt insbesondere die Sicherung von Meinungsvielfalt. Diese soll vorrangig durch Anbietervielfalt gewährleistet werden.[787] Darüber hinaus enthalten § 3 Abs. 3 bis 5 CA2003 zahlreiche weitere von Ofcom zu berücksichtigende Aspekte wie die allgemeine Verbesserung des Investitions- und Innovationsklimas oder die Beachtung verschiedener (kultureller) Interessen. Daneben hat Ofcom die für den Medien- und

---

783 Vgl. hierzu *Lloyd,* 36; *Doyle/Vick,* Convergence 2005, Nr. 11, 75 (77).

784 Siehe § 3 Abs. 1 a) CA2003: „*General duties of Ofcom*
(1) It shall be the principal duty of Ofcom, in carrying out their functions—
(a) to further the interests of citizens in relation to communications matters; and
(b) to further the interests of consumers in relevant markets, where appropriate by promoting competition.“
Vgl. hierzu *Lloyd,* 37 f; *Gibbons,* in: Current Law Statutes 2003, 21–19/20; *Competition Commission*, ITV/BSkyB, 14.

785 *Brisby,* CTLR 2006, 12 (4), 114 (114, 118).

786 Vgl. hierzu *Goldberg,* IRIS 1995, Nr. 6, 13; *OSI*, 330; *KEK*, 1. Medienkonzentrationsbericht, 390 f

787 Siehe § 3 Abs. 2 d) CA 2003: „*the maintenance of a sufficient plurality of providers of different television and radio services*“; vgl hierzu *Competition Commission*, ITV/BSkyB, 14, 66 ff.

Telekommunikationssektor relevanten EU-Richtlinien umzusetzen und hierbei in Übereinstimmung mit den europarechtlichen Vorgaben (*Community requirements*) zu handeln, die gemäß § 4 CA2003 bspw. die Förderung von Wettbewerb, Berücksichtigung der Interessen der EU-Bürger, Marktintegration sowie einen technologieneutralen Regulierungsansatz umfassen. Ofcom ist zudem verpflichtet, seine Regulierungstätigkeit und -ziele regelmäßig zu überprüfen und die Ergebnisse in Form von Tätigkeitsberichten darzulegen. Gemäß § 319 CA2003 sind insbesondere die inhaltlichen Programmanforderungen anzupassen, sofern dies für die Einhaltung der Programmstandards nach Ansicht Ofcoms erforderlich ist.[788] Ofcom hat zudem die Auswirkungen der §§ 348 ff. CA2003, womit die gesetzlichen Medieneigentumsrestriktionen gelockert wurden, in einem Dreijahresrhythmus zu untersuchen und in einem Bericht an den Kulturminister darzulegen, vgl. § 391 CA2003.[789] Die Aufgaben und Ziele des Ofcom sind grundsätzlich allgemein gefasst, sodass die Behörde die Möglichkeit hat, insbesondere auf technische Entwicklungen zu reagieren. Nach dem Gesetz sind grundsätzlich alle Verpflichtungen gleichrangig. Aufgrund dieses umfassenden Auftrags sind Kollisionen der verschiedenen Verpflichtungen wahrscheinlich.[790] So können gerade im Bereich des Medienkonzentrationsrechts das Verbraucherinteresse an dem Schutz von Meinungsvielfalt und das Interesse der Wirtschaft an einem ungehinderten Wettbewerb kollidieren. Stehen die verschiedenen Handlungsziele und Verpflichtungen Ofcoms in Konflikt, soll dieser so gelöst werden, wie Ofcom es unter den jeweiligen Umständen für richtig hält, § 3 Abs. 7 CA2003.[791] In diesem Zusammenhang hat Ofcom eine Interessenabwägung, zumeist zwischen öffentlichen und marktwirtschaftlichen Interessen, vorzunehmen.[792] Die Entscheidung steht im Ermessen der Behörde. Besteht ein Konflikt zwischen den obersten Handlungsprärogativen (Wettbewerbsförderung und Schutz der Verbraucherinteressen) in einem besonderen Fall im Sinne von § 3 Abs. 11, 12 CA2003, ist Ofcom trotz seiner Unabhängigkeit ausnahmsweise verpflichtet, eine Begründung seiner Entscheidung zu veröffentlichen, § 3 Abs. 8, 9 CA2003. Besondere Fälle in diesem Sinne sind solche, die einen grundlegenden Richtungswechsel in der Regulierungstätigkeit Ofcoms bedeuten

788 § 319 Abs. 1 CA2003: „*It shall be the duty of Ofcom to set, and from time to time to review and revise, such standards for the content of programmes to be included in television and radio services as appear to them best calculated to secure the standards objectives.*"

789 *Gibbons*, in: Current Law Statutes 2003, 21–355.

790 *Gibbons*, in: Current Law Statutes 2003, 21–19.

791 § 3 Abs. 7 CA2003: „*Where it appears to Ofcom that any of their general duties conflict with each other in a particular case, they must secure that the conflict is resolved in the manner they think best in the circumstances.*"

792 Siehe hierzu *KEK*, 3. Medienkonzentrationsbericht, 414.

oder erhebliche Auswirkungen auf die in dem von der Maßnahme betroffenen Markt tätigen Unternehmen oder die britische Bevölkerung haben.[793]

In § 6 CA2003 wird der deregulierende Ansatz des Gesetzes besonders deutlich. Hiernach soll Ofcom seine Tätigkeit selbst überprüfen und beurteilen, ob Regulierungsmaßnahmen überflüssig sind und den Wettbewerb behindern. In diese Analyse sollen auch betroffene Unternehmen einbezogen werden, § 6 Abs. 10 CA2003. Im Rahmen eines selbstregulatorischen Ansatzes sollen Wege gefunden werden, wie regulatorische Mechanismen unter Berücksichtigung des öffentlichen Interesses abgeschafft werden können; in diesem Zusammenhang wird ein wesentlicher Beitrag der Wirtschaft zur Sicherstellung der regulatorischen Zielsetzung erwartet.[794]

Neben den gesetzlichen Verpflichtungen setzt Ofcom sich regelmäßig eigene Ziele, wozu die Behörde aufgrund ihrer Unabhängigkeit berechtigt ist. Der Behördenleiter *Richards* formulierte daher in seiner Rede auf der *Oxford Media Convention* 2011 die fünf zentralen Ziele der Tätigkeit von Ofcom wie folgt: Die Förderung effektiven und nachhaltigen Wettbewerbs, die Förderung einer effizienten Nutzung öffentlicher Wirtschaftsgüter, der Schutz von Verbraucherinteressen, ein angemessener Schutz von Nutzern sowie die Umsetzung der medienpolitischen Ziele.[795]

Das Kompetenzgefüge Ofcoms ist vorrangig durch die Formulierung von Handlungszielen geprägt. Das Gesetz enthält nur wenige konkrete Vorgaben, wie diese Ziele erreicht werden sollen. Hierdurch wird deutlich, dass der Gesetzgeber der Regulierungsbehörde einen möglichst weiten Handlungsspielraum einräumen wollte, um genügend Flexibilität für eine effiziente Regulierung des Rundfunk- und Telekommunikationssektors zu schaffen.

---

793 Vgl. § 3 Abs. 12 CA2003: „*Those matters are*
(a) a major change in the activities carried on by Ofcom;
(b) matters likely to have a significant impact on persons carrying on businesses in any of the relevant markets; or
(c) matters likely to have a significant impact on the general public in the United Kingdom or in a part of the United Kingdom.“

794 *Gibbons,* in: Current Law Statutes 2003, 21–24.

795 Richards, Rede auf der Oxford Media Convention v. 24.01.2011: „*We set ourselves five clear aims, born from our duties and crafted in the light of an understanding of the market, technological and industry changes we see in front of us:*
– To promote effective and sustainable competition
– To promote efficient use of public assets
– To help markets work for consumers
– To provide appropriate assurance to audiences
– To implement public policies defined by Parliament.“

c) Verfahren

Ofcom ist für die Vergabe von Rundfunklizenzen zuständig.[796] Auf das Verfahren der Lizenzerteilung wurde bereits näher eingegangen.[797] Liegen die Voraussetzungen für die Vergabe einer Lizenz vor, ist Ofcom grundsätzlich verpflichtet, diese innerhalb von fünfundzwanzig Werktagen zu erteilen.[798]

Die Voraussetzungen für die Lizenzvergabe regelt Ofcom im Rahmen von Richtlinien, bei deren Ausgestaltung die Behörde insbesondere an die gesetzlichen Vorgaben des CA2003 gebunden ist.[799] Bei der Lizenzvergabe überprüft die Behörde insbesondere die gesetzlichen Medieneigentumsbeschränkungen (*media ownership rules*) sowie die Einhaltung der Programmstandards.[800] Zudem prüft Ofcom, ob Bedingungen an die jeweiligen Lizenzen geknüpft werden müssen, um die Einhaltung der Programmstandards zu gewährleisten.[801] Die Programmstandards hat Ofcom auf der Grundlage von § 319 CA2003 in dem *Ofcom Broadcasting Code* konkretisiert.[802] Dies ist ein wichtiges Handlungsinstrument der Behörde, das die Richtlinien der früher zuständigen Regulierungsbehörden ersetzt.[803] Die Lizenznehmer sind verpflichtet, sich an die Lizenzbedingungen, zu denen auch der *Ofcom Code* gehört, zu halten. Die Behörde prüft die Einhaltung der Lizenzbedingungen und kann im Falle der Nichteinhaltung Sanktionsmaßnahmen ergreifen. Verletzt ein Programmveranstalter die Grundsätze des *Ofcom Broadcasting Codes*, veröffentlicht Ofcom zunächst die Untersuchungsergebnisse (*findings*) und ordnet die Einhaltung der Lizenzvorgaben an. Entspricht der Veranstalter der Anordnung nicht, kann die Behörde ein Bußgeld verhängen. Als *ultima ratio* kann Ofcom die Lizenz entziehen. Voraussetzung hierfür ist, dass kein milderes, gleich geeignetes Mittel zur Verfügung steht und ein öffentliches Interesse an der Maßnahme besteht. Ein Lizenzentzug kommt insbesondere in

---

796 *Competition Commission*, ITV/BSkyB, 14.

797 Siehe C. III. 2. c) cc).

798 *Ofcom*, TLCS Guidance, 5.

799 Vgl. bspw. *Ofcom*, Broadcasting Code, 2011, oder TLCS Guidance, 2011.

800 *Goldberg et al.*, 319; *Competition Commission*, ITV/BSkyB, 21 f.

801 *Ofcom*, Procedures for the consideration of statutory sanctions in breaches of broadcast licences, 3.

802 *Carey et al.*, 242 ff.

803 Hierbei handelte es sich um den *Code on Standards* und den *Code on Fairness and Privacy* der *Broadcasting Standards Commission* sowie den *Programme Code* und den *Code of Programme Sponsorship* der *Independent Television Commission*, vgl. hierzu *Carey et al.*, 244. Den *Code on Standards* sowie den *Code on Fairness and Privacy* haben Lizenznehmer aber weiterhin in Ergänzung zum *Broadcasting Code* zu berücksichtigen, vgl. *Ofcom*, Broadcasting Code 2011, 3.

Betracht, wenn ein Veranstalter vorsätzlich, erheblich oder wiederholt gegen Lizenzbedingungen verstoßen hat.[804]

2. Secretary of State for Culture, Media and Sport

Der in Großbritannien als *Secretary of State for Culture, Media and Sport* bezeichnete Kulturminister leitet als Mitglied der Regierung das *Departement for Culture, Media and Sport* („DCMS") und kann mit einem deutschen Bundesminister gleichgesetzt werden.[805]

a) Befugnisse und Pflichten

Die Kompetenzen des Kulturministers änderten sich durch die Reform der britischen Fusionskontrolle grundlegend.

Nach dem alten Rechtssystem (*Fair Trading Act 1973*) oblagen dem Kulturminister die abschließenden Entscheidungen sämtlicher Fusionskontrollverfahren. Diese wichtige Kompetenz wurde dem Kulturminister durch die Neuregelung entzogen.[806] In Bezug auf *public interest cases* besitzt der Kulturminister, wie bereits dargelegt, hingegen weiterhin erhebliche Befugnisse. Die Prüfungskompetenz des Kulturministers ist indes auf eine Beeinträchtigung des öffentlichen Interesses beschränkt. Sofern bei einer Fusion auch kartellrechtliche Aspekte eine Rolle spielen, ist der Kulturminister insofern an die Beurteilung der britischen Wettbewerbsbehörde gebunden. Die Bewertung, ob eine Fusion wettbewerbsbeschränkende Auswirkungen hat, obliegt somit allein der Wettbewerbsbehörde.[807] Auch bei der Beurteilung, ob eine Fusion das öffentliche Interesse berührt, darf der Kulturminister nur solche Gesichtspunkte bewerten, die sich aus dem Bericht der Wettbewerbsbehörde ergeben. Diese Kompetenzbeschränkung ist insofern erheblich, als der Kulturminister hierdurch keine kartellrechtlichen Befugnisse mehr besitzt. Ziel dieser kompetenzrechtlichen Neuordnung war, das Fusionskontrollverfahren zu beschleunigen und zu entpolitisieren sowie die Einflussnahme durch Lobbyisten zu unterbinden. Zudem sollten bis

---

804 *Competition Commission*, ITV/BSkyB, 14; *Carey et al.*, 244.

805 Kulturministerin ist seit September 2012 Maria Miller als Nachfolgerin von Jeremy Hunt.

806 *MacCulloch,* in: Current Law Statutes 2002, 40–10, 40–44.

807 *Gounalakis/Zagouras,* ZUM 2006, 716 (723); *Schulz/Held,* 49; *Parr et al.*, 136; *Gibbons,* in: Current Law Statutes 2003, 21–383.

auf die Ausnahmen der *public interest cases* ausschließlich wettbewerbsbezogene Aspekte für die Untersagung von Fusionen entscheidend sein.[808]

b) Verfahren

Bezüglich der konkreten Vorgehensweise im Rahmen des *public interest test* wird auf die obige Darstellung verwiesen.[809] Stattdessen sollen an dieser Stelle die medienpolitischen Grundsätze des Kulturministers für die Anwendung der Medienfusionskontrolle erläutert werden.

Grundsätzlich ist der Kulturminister berechtigt, jeden Zusammenschluss zu untersuchen, der nach seiner Ansicht das öffentliche Interesse betrifft. Nach den medienpolitischen Grundsätzen des Kulturministers kommt eine Untersuchung aber vor allem bei Fällen in Betracht, die vor der Deregulierung durch den CA2003 medienkonzentrationsrechtlich relevant waren. Das bedeutet, dass ein öffentliches Interesse vorrangig an Konstellationen besteht, die früher von *ex ante*-Regulierung erfasst wurden.[810] Dies ist insofern überzeugend, als der medienregulatorische Schwerpunkt durch die Reform von einer *ex ante*-Regulierung zu einer *ex post*-Kontrolle verschoben werden sollte.[811]

Demnach ist die Anwendung des *public interest test* nach den internen Richtlinien des Kulturministers wahrscheinlich bei Zusammenschlüssen zwischen Inhabern national verbreiteter Zeitungen mit einem Marktanteil von mehr als 20 % und Inhabern einer *Channel 5*-Lizenz sowie Inhabern national verbreiteter Zeitungen mit einem Marktanteil von mehr als 20 % und Inhabern eines national verbreiteten Radioprogramms. Eine Untersuchung ist zudem wahrscheinlich im Falle eines Kontrollwechsels in einem Unternehmen, das eine oder mehrere *Channel 3*-Lizenzen besitzt und dessen Erwerber zugleich Lizenznehmer für Programme mit einem Zuschaueranteil von mehr als 15 % ist. Als notwendig erachtet der Kulturminister zudem grundsätzlich die Überprüfung von Zusammenschlüssen zwischen zwei Inhabern von *Channel 3*-Lizenzen in derselben Gegend sowie einem *Channel 3*-Lizenznehmer mit einem *Channel 5*-Lizenzinhaber oder einem nationalen Radioveranstalter. Auch Zusammenschlüsse unter Beteiligung ausländischer Medienunternehmen sollen aufgrund der Abschaffung diesbezüglicher Lizenzbeschränkungen grundsätzlich überprüft werden. Liegen keine besonderen Umstände vor, sollen Vorhaben, die auch nach altem Recht

---

808 *MacCulloch,* in: Current Law Statutes 2002, 40–10, 40–26, 40–56; *Parr et al.,* 46; *Sommerhoff,* 28.

809 Siehe C. III. 3. B) bb).

810 *KEK,* 3. Medienkonzentrationsbericht, 406, 414; *DTI,* 15.

811 *Collins,* 2.2.3.2.

nicht Gegenstand des Medienkonzentrationsrechts waren, keiner behördlichen Kartellprüfung unterzogen werden. Ein besonderer Umstand kann in diesem Zusammenhang indes darin bestehen, dass das öffentliche Interesse in erheblicher Weise beeinträchtigt wird. Dies ist bspw. der Fall, wenn viele Nachrichten- oder Bildungsprogramme von dem Zusammenschluss betroffen sind.[812]

3. Office of Fair Trading

Das Oft ist eine Behörde, die – vergleichbar mit dem Bundeskartellamt – die Einhaltung der kartellrechtlichen und verbraucherschutzrechtlichen Regelungen überprüft.[813] Bei medienrechtlichen Fusionskontrollverfahren, in denen eine *intervention notice* des Kulturministers ergangen ist, ist das Oft für die Anwendung des *SLC*-Tests zuständig. Die kartellrechtliche Bewertung des Oft ist für den Kulturminister bindend.[814] Eine Überprüfung erfolgt indes durch die Wettbewerbskommission, sofern der Kulturminister ein Verfahren an diese weiterleitet.[815]

4. Competition Commission

Die Wettbewerbskommission ist für eine umfassende Prüfung komplexer kartellrechtlicher Zusammenschlüsse zuständig. Ihre Prüfungskompetenz umfasst neben dem Kartellrecht auch die Prüfung des öffentlichen Interesses an Medienzusammenschlüssen, wobei sie in Bezug auf Letzteres nicht abschließend entscheidungsbefugt ist.[816]

Die Wettbewerbskommission kann nur tätig werden, wenn sie von einer Behörde hierzu ermächtigt worden ist. Eine Ermächtigung erfolgt häufig durch den Kulturminister, sofern das öffentliche Interesse durch eine Medienfusion beeinträchtigt wird. Wird ein Verfahren an die Wettbewerbsbehörde weitergeleitet, hat sie weitreichende kartellrechtliche Befugnisse. Die Behörde kann Zusammenschlüsse untersagen oder bspw. nur unter der Bedingung zulassen, dass Unternehmensanteile verkauft werden.[817]

812 *DTI*, Public interest guidance, 37 f.

813 *KEK*, 3. Medienkonzentrationsbericht, 412; *Schulz/Held*, 49.

814 *Parr et al.*, 136; *Gibbons*, in: Current Law Statutes 2003, 21–383.

815 *DTI*, 20.

816 *DTI*, 20; *Bretschneider*, 108.

817 Vgl. www.competition-commission.org.uk/about_us/index.htm (Stand: 31.03.2013).

V. Reform

Nach Ankündigung des Kulturministers soll das britische Medienregulierungssystem umfassend reformiert werden. 2015 soll das neue Recht in Kraft treten. Ein Weißbuch mit konkreten Vorschlägen zur Reform (*Communications White Paper*) soll im Laufe des Jahres 2013 veröffentlicht werden.[818] Seit 2011 finden unter Einbeziehung Ofcoms Beratungen zu der geplanten Reform statt. Der für die Reform zuständige Kulturminister wies bereits zu Beginn dieser Beratungen darauf hin, dass keinesfalls eine Abschaffung der medienkonzentrationsrechtlichen Vorschriften in Betracht komme. Begründet wurde dies mit dem besonderen Einfluss der Medien auf das nationale Kulturverständnis und die nationale Identität. Nach Ansicht des Kulturministers ist es von herausragender Bedeutung, dass Marktstrukturen, die zu einer Konzentration von Medieneigentum führen, zum Schutz einer offenen und dynamischen Demokratie unterbunden werden. Die Reform soll sich daher vornehmlich auf das Medienkartellrecht beziehen.[819] Konnektivität (insbesondere der Ausbau von mobilem Internet und Hochgeschwindigkeitsnetzen vor allem in ländlichen Regionen), Inhalte (insbesondere die Förderung der Produktion von Medieninhalten durch Steuererleichterungen, Anpassung der cross-medialen Regulierung an die Anforderungen der Medienkonvergenz, Prüfung der Notwendigkeit einer Regulierung von Weiterleitungsgebühren, die *public service broadcasters* und Endverbraucher gegenwärtig an Satellitenbetreiber zahlen) und Verbraucherinteressen (insbesondere Verbesserung des Verbraucherschutzes, vor allem des Kinderschutzes im Internet, durch Anpassung der Regulierung an neue Technologien, und des Datenschutzes) sollen im Vordergrund der Reform stehen.[820]

1. Reform des materiellen Medienregulierungsrechts

Der Kulturminister plant eine Reform des Medienkartellrechts, die sich vor allem auf crossmediale Aktivitäten erstrecken soll.[821]

---

818 *Vaizey*, Rede auf der Oxford Media Convention v. 23.01.2013.

819 *Hunt*, Rede auf der Royal Television Society Cambridge Convention v. 14.09.2011.

820 Vgl. *Vaizey*, Rede auf der Oxford Media Convention v. 23.01.2013: „*The White Paper will focus on three key areas: connectivity, content and consumer issues.*“

821 Vgl. *Vaizey*, Rede auf der Oxford Media Convention v. 23.01.2013: „*So we will have to look at the impact of convergence on markets. We want to make sure that, where previously distinct markets now overlap, the regulations are appropriate and that historic regulatory differences don't inhibit competition.*“

Vor allem bei der Untersuchung des *NewsCorp/BSkyB*-Zusammenschlusses wurde deutlich, dass die Erfassung crossmedialer Meinungsmacht ein vordringliches Ziel der Reformbemühungen sein sollte. Der Kulturminister ist der Auffassung, dass zum einen die Wettbewerbsfähigkeit des britischen Mediensektors durch die Förderung crossmedialer Unternehmensaktivitäten verbessert und zum anderen die aus diesen Aktivitäten resultierende Meinungsmacht reguliert werden müsse. Eine Methode zur Messung crossmedialer Meinungsmacht, die über die von Ofcom in dem *NewsCorp/BSkyB*-Verfahren angewandte Methode hinausgeht, müsse daher gefunden und gesetzlich verankert werden.[822] Nach der Methodik Ofcoms ist die Möglichkeit eines Unternehmens, die Meinungsbildung zu beeinflussen, anhand mehrerer Faktoren zu bewerten. Relevant sollen insbesondere die Nutzeranteile sowie die – für jeden Mediendienst gesondert zu analysierenden – Reichweiten der im Eigentum der fusionierenden Unternehmen stehenden Medien sein.[823] Ofcom stellt landesweit crossmedial verbreitete Nachrichtenprogramme bei der Bewertung in den Vordergrund, da diese besonderen Einfluss auf die Meinungsbildung haben.[824] Für die Ermittlung der Reichweite eines Mediendienstes hat Ofcom eine neue Methode zur Marktanalyse entwickelt. Nach dieser Methode ist der Nachrichtenkonsum eines durchschnittlichen Nutzers auf sämtlichen Medienplattformen zu ermitteln.[825] Hierzu werden Mediennutzer anhand einer Auflistung verschiedener Medien befragt, welche Medien sie regelmäßig, d. h. mindestens einmal pro Woche, verwenden, um sich über nationale oder internationale Nachrichten und Zeitgeschehen zu informieren.[826] Die Behörde geht indes davon aus, dass es keine Möglichkeit für einen einheitlichen methodischen Ansatz gibt, der auf sämtliche Mediendienste anwendbar

---

822 *Hunt,* Rede auf der Royal Television Society Cambridge Convention v. 14.09.2011.

823 *Ofcom*, NewsCorp/BSkyB, 7 ff., 22 ff.

824 *Ofcom*, Measuring media plurality, 6/2012, 9 f., 3.14 ff.; *Ofcom*, NewsCorp/BSkyB, 8, 23; vgl. hierzu auch *Bretschneider,* 177 f.

825 Siehe *Ofcom*, NewsCorp/BSkyB, 8:
„*Primary research on consumers' claimed use of different media*
This new market research provides us with the only available measure to compare the use and reach of different news sources across different media, something which is of particular importance in light of our identification of relevant audiences as crossmedia audiences."

826 Siehe *Ofcom*, NewsCorp/BSkyB, Fußnote 55: „*Respondents were provided with the list of different media types and then asked the question 'From the list below, please tell me which of these you use regularly for UK/international news and current affairs by regularly I mean at least once a week'.*"

ist.[827] Nach Ansicht des Kulturministers bedarf es einer umfassenderen und widerstandsfähigeren Methode, mit deren Entwicklung Ofcom beauftragt wurde.[828]

In Folge dessen legte Ofcom im Juni und Oktober 2012 Berichte vor, die Vorschläge zur Messung von Medienvielfalt enthalten. Hierin stellt Ofcom weiterhin ausschließlich auf den Nachrichtenkonsum ab und begründet dies mit der hohen Meinungsbildungsrelevanz von Nachrichten und dem daraus resultierenden Einfluss auf den demokratischen Willensbildungsprozess.[829] Als Kriterien für die Messung der Medienvielfalt auf den relevanten Nachrichtenmärkten Fernsehen, Radio, Presse und Internet analysierte Ofcom die Verfügbarkeit, Nutzung und den Einfluss eines Mediums, wobei die Nutzung durch den Medienkonsumenten entscheidend sein soll.[830] Verfügbarkeit bezieht sich hierbei auf die Anzahl der Medienanbieter. Ofcom betont aber, dass Anbietervielfalt für die Erfassung von Medienvielfalt nicht allein entscheidend sein kann. Abzustellen sei vielmehr auf den Einfluss, den ein Medienangebot auf die gesellschaftliche Meinungsbildung hat, wofür insbesondere die Anzahl der Nutzer relevant sei.[831] Bei der Nutzung komme es vorrangig auf die Anzahl der Konsumenten, auf die Häufigkeit und Dauer der Nutzung sowie auf die Anzahl der verwendeten Quellen an, wobei auch die Nutzung von Internetseiten einbezogen wird. Der Einfluss des Nachrichtenkonsums auf die Meinungsbildung ist nach Ansicht Ofcoms abhängig von der Bedeutung, Unabhängigkeit, Verlässlichkeit und Qualität der jeweiligen Nachrichtenquelle. Inwieweit eine Nachrichtenquelle diese Kriterien erfüllt, solle

---

827 Siehe *Ofcom*, NewsCorp/BSkyB, 7: „*We have looked at ability to influence and inform opinion by reference to a number of factors since there is no single standard industry measure which can be used consistently across-media platforms.*"

828 *Hunt*, Rede auf der Royal Television Society Cambridge Convention v. 14.09.2011.

829 *Ofcom*, Measuring media plurality, 6/2012, 10, 3.16: „*We believe news and current affairs are the most relevant forms of content for the delivery of the public policy goals. We recommend that the scope of any plurality review should be limited to these.*", 9, 3.14: „*The unrestricted dissemination of a diverse range of information, opinions and arguments about the day's news and events provides the greatest potential to inform citizens and ensure an effective democratic process.*", für eine deutschsprachige Zusammenfassung der Berichte siehe *Schweda*, MMR-Aktuell 2012, 334802, und *Schweda*, MMR-Aktuell 2012, 338795.

830 *Ofcom*, Measuring media plurality, 6/2012, 1, 1.5: „*There are three categories of metrics relevant to measuring media plurality: availability, consumption and impact. All should be included in a review of plurality, but the consumption metrics, especially reach, share and multi-sourcing, are the most important.*"

831 *Ofcom*, Measuring media plurality, 6/2012, 19, 5.9 f.: „*We considered that in assessing plurality and sufficient plurality we should look not simply at the number and range of media enterprises, but also at their* ***level of consumption and relative ability to influence and inform public opinion****. We have therefore concluded that availability metrics are relevant in any plurality assessment, but offer limited insight and on their own are not sufficient.*" [Hervorhebung nachträglich eingefügt].

aus Konsumentensicht bewertet werden. Daneben seien für die Ermittlung der Unabhängigkeit der Regulierungsgrad der jeweiligen Plattform sowie für die Verlässlichkeit und Qualität die finanziellen Ausgaben für Nachrichteninhalte und journalistische Tätigkeit entscheidend. Neben diesen Hauptkriterien Verfügbarkeit, Nutzung und Einfluss eines Mediums sind nach Ansicht Ofcoms zudem die regulatorischen Rahmenbedingungen sowie das Maß an behördlicher Kontrolle in die Bewertung einzubeziehen. Entscheidend soll zudem die auf der Struktur des Mediendienstes und des Programms beruhende interne Programmvielfalt sein. Der Grad an Meinungsvielfalt soll in regelmäßigen Zeitabständen von etwa vier oder fünf Jahren von Amts wegen untersucht werden.[832] Die Festlegung konkreter Schwellenwerte für die Untersagung einer Marktstellung lehnt Ofcom ab; vielmehr wird eine Abschaffung der 20/20 Regel und damit der verbleibenden Medienkonzentrationsvorschriften in Betracht gezogen. Hintergrund ist das seit der Reform des Medienkonzentrationsrechts durch den CA2003 veränderte Marktumfeld, das insbesondere von der stetig abnehmenden Bedeutung von Zeitungen und dem erheblichen Bedeutungszuwachs des (mobilen) Internets als Nachrichtenplattform geprägt ist.[833]

Reformbedarf im Bereich des Medienkartellrechts besteht nach Ofcoms – im Rahmen des *NewsCorp/BSkyB*-Verfahrens im März 2011 geäußerter – Ansicht insofern, als der *public interest test* nach der gegenwärtigen gesetzlichen Regelung nur auf Transaktionen anwendbar ist und nicht die Fälle erfasst, in denen ein Medienunternehmen intern wächst und damit seine Meinungsmacht steigert, ohne zu fusionieren.[834] Der Kulturminister zieht daher eine Ausweitung der medienkartellrechtlichen Vorschriften in Erwägung. Die Eingriffsbefugnisse, die das Oft nach den allgemeinen kartellrechtlichen Vorschriften im Hinblick auf internes Unternehmenswachstum besitzt, sollen auf den Bereich des Medienkartellrechts erstreckt werden. Dies würde das Oft in die Lage versetzen, eine Untersuchung durch die Wettbewerbskommission einzuleiten, wenn ein Unternehmen nach Ansicht des Oft intern zu sehr gewachsen ist und dadurch zu viel Markt- bzw. Meinungsmacht erlangt hat. Eine entsprechende Gesetzesänderung könnte erhebliche Auswirkungen auf den britischen Markt beherrschende Unternehmen wie den globalen Medienkonzern *NewsCorp* haben. Vor diesem Hintergrund weist der Kulturminister darauf hin, dass Subventionen, auch von ausländischen Medieninvestoren, ein wichtiger Bestandteil der Medienvielfaltsicherung

832 *Ofcom*, Measuring media plurality, 6/2012, 1, 1.5; 2, 1.7.; 19 ff., 5.11 ff., 5.22 ff.; 22 f., 5.27 ff.

833 *Ofcom*, Measuring media plurality, 10/2012, 30 ff., 8.1 ff.; zu den britischen Medienkonzentrationsvorschriften (20/20 Regel) siehe C. III. 2. b).

834 Vgl. hierzu C. III. 3. b) cc) bbb).

vor allem im Bereich von Nachrichtensendungen seien und regulierende Eingriffe in den Erwerb britischen Medieneigentums durch ausländische Investoren die Medienvielfalt daher eher reduzieren anstatt verbessern würden. Gegenstand der Reform soll nach Ansicht des Kulturministers im Hinblick auf die finanziellen Schwierigkeiten, die private Fernsehsender aufgrund rückläufiger Werbeeinnahmen haben, zudem eine Lockerung der Bindung der *public service broadcasters* an den öffentlichen Auftrag sein.[835]

2. Reform der Medienaufsicht

Auch die kartellrechtliche Medienaufsicht soll reformiert werden. Wie bereits dargelegt, besitzt der Kulturminister erhebliche Kompetenzen im Bezug auf Medientransaktionen. Da das Gesetz zudem nur wenige konkrete Vorgaben für die Bewertung des öffentlichen Interesses an Meinungsvielfalt macht, steht dem Kulturminister diesbezüglich ein weitreichender Ermessensspielraum zu.[836] Aus diesem Grund sind die Entscheidungen des Kulturministers sowie die Kompetenzverteilung in der britischen Medienaufsicht regelmäßig erheblicher öffentlicher Kritik ausgesetzt. Der Kulturminister teilt diese Kritik insoweit, als die relevanten Vorschriften bei der Untersuchung von Medienzusammenschlüssen vielfach zu streng oder zu weit ausgelegt worden seien und vor allem crossmediale Meinungsmacht häufig nicht ausreichend berücksichtigt worden sei.[837]

Im Rahmen der geplanten Reform sollen die Medien- und Wettbewerbsaufsicht daher erneut überarbeitet werden. Der Kulturminister hält vor allem eine Reduzierung des politischen Einflusses auf das Verfahren der Medienfusionskontrolle für notwendig, da die Öffentlichkeit trotz der Einbeziehung mehrerer Behörden in das Verfahren kein Vertrauen in die abschließende Entscheidungskompetenz des Kulturministers habe. Aus diesem Grund sei auch das allgemeine Kartellrecht dahingehend angepasst worden, dass Politiker keine Kompetenzen in Bezug auf Zusammenschlüsse von großem Umfang und damit von erheblicher politischer Relevanz besitzen. Eine solche Anpassung solle nun auch im Rahmen des Medienkartellrechts erfolgen.[838] Es ist daher davon auszugehen, dass die Kompetenzen des Kulturministers zukünftig auf das Oft und die Wettbewerbskommission bzw. auf deren Nachfolgebehörde übertragen werden. Im Rahmen der *Enterprise and Regulatory Reform Bill 2012–13*, die eine umfassende Re-

835 *Hunt,* Rede auf der Royal Television Society Cambridge Convention v. 14.09.2011.
836 Vgl. hierzu C. III. 3. b) aa).
837 *Hunt,* Rede auf der Royal Television Society Cambridge Convention v. 14.09.2011.
838 *Hunt,* Rede auf der Royal Television Society Cambridge Convention v. 14.09.2011.

form des Kartellrechts vorsieht und derzeit dem *House of Lords* zur Beratung vorliegt, sollen das Oft und die Wettbewerbskommission abgeschafft und durch eine neue Regulierungsbehörde, die *Competition and Markets Authority* („CMA"), ersetzt werden.[839]

839 Siehe hierzu §§ 20 f. der Enterprise and Regulatory Reform Bill 2012–13:
„*20 The Competition and Markets Authority*
(1) There is to be a body corporate known as the Competition and Markets Authority.
(2) In this Part that body is referred to as „the CMA".
(3) The CMA must seek to promote competition, both within and outside the United Kingdom, for the benefit of consumers. [...]
21 Abolition of the Competition Commission and the OFT
(1) The Competition Commission is abolished.
(2) The Office of Fair Trading is abolished.
(3) Schedule 5 (which amends the Competition Act 1998 and the Enterprise Act 2002 to make provision for the transfer of certain functions from the Competition Commission and the Office of Fair Trading to the CMA and to make other minor and consequential amendments) has effect.", abrufbar unter www.parliament.uk (Stand: 31.03.2013).

D. Rechtsvergleich

In diesem Abschnitt werden die bisherigen Ergebnisse der Untersuchung der deutschen und britischen Medienmärkte sowie der Medienregulierungsgesetze verglichen und einer Auswertung unterzogen.

I. Rundfunksystem

In Deutschland und Großbritannien entwickelte sich das Fernsehen zunächst als öffentlich-rechtliches Angebot. Die Veranstaltung privaten Rundfunks wurde Mitte der fünfziger Jahre in Großbritannien und erst Anfang der achtziger Jahre in Deutschland zugelassen.[840] Die *BBC* diente insofern als Vorbild für die duale Struktur des deutschen Rundfunksystems.[841]

Den Medienlandschaften beider Länder liegen grundsätzlich duale Rundfunksysteme zugrunde. Ein bedeutsamer Unterschied besteht indes darin, dass die deutsche Medienordnung eine klare Trennung zwischen öffentlich- und privatrechtlichem Rundfunk vornimmt, während in Großbritannien auch einige Privatsender (*public service broadcasters*) einer wenn auch gelockerten Bindung an den öffentlich-rechtlichen Sendeauftrag unterliegen.[842] In Bezug auf die Bindung werbefinanzierter Fernsehsender an den öffentlichen Programmauftrag ist das britische Medienregulierungsrecht somit strenger als das deutsche. Da dies letztlich in Widerspruch zu dem britischen Deregulierungs- und Liberalisierungstrend steht, ist zu erwarten, dass im Zuge zukünftiger Liberalisierungsgesetze die Bindung der Privatsender an den öffentlichen Auftrag aufgehoben oder zumindest erheblich gelockert wird und die britische Medienregulierung in diesem Punkt an das deutsche duale Rundfunksystem angeglichen wird.[843]

840 BVerfG, Urteil v. 16.06.1981, 1 BvL 89/78, Juris – FRAG; *J.P.Morgan*, 11; *Holtz-Bacha,* in: Broadcasting & Convergence, 109.

841 Siehe B. I.

842 BVerfG, Urteil v. 04.11.1986, 1 BvF 1/84, Juris, Rn 9; *Beckmann/Müller,* in: *Hoeren/Sieber*, Teil 10, Rn 116; *OSI*, 330; *Carey et al.*, 239.

843 Vgl. *Hunt,* Rede auf der Royal Television Society Cambridge Convention v. 14.09.2011; siehe auch *OSI*, 330.

Die mediale Grundversorgung der Bevölkerung obliegt aber in beiden Rechtsordnungen den gebührenfinanzierten, öffentlich-rechtlichen Fernsehsendern, die damit vorrangig für die Sicherung der Meinungsvielfalt zuständig sind.[844]

II. Marktsituation und Regulierungsziele

Auf den deutschen und britischen Fernsehmärkten herrscht trotz einer zunehmenden Oligopolisierung intensiver Wettbewerb. Die Märkte sind auch im internationalen Vergleich wettbewerbsfähig. Die dualen Rundfunksysteme garantieren weitestgehende Meinungs- und Informationsvielfalt, wenn auch das britische Fernsehprogramm mangels Sprachbarrieren von amerikanischen Inhalten geprägt ist.[845] Der britische Fernsehmarkt weist aber aufgrund der Deregulierung der letzten Jahrzehnte und des erheblichen internationalen Einflusses eine besondere inhaltliche Kreativität und Innovativität hinsichtlich technischer Neuerungen auf.[846]

In beiden Ländern ist der Schutz der Meinungsvielfalt medienpolitisch von großer Bedeutung. Auch nach der Einführung des Privatfernsehens und trotz des damit verbundenen Wettbewerbs wurde eine Regulierung der Medien daher weiterhin als notwendig erachtet. In beiden Ländern wurden ohne größere politische Debatten duale Rundfunksysteme eingeführt, in deren Rahmen an die öffentlich-rechtlichen Sendeanstalten grundsätzlich höhere Anforderungen als an die Privatsender gestellt werden. In beiden Ländern wurden im Zuge der Einführung des Satelliten- und Kabelfernsehens in den achtziger Jahren Diskussionen über die Notwendigkeit von Medienregulierung geführt. Diese Diskussionen beruhten auf der Erwartung, dass die neuen Distributionswege aufgrund einer größeren Angebotsvielfalt den Wettbewerb verstärken würden. In Großbritannien verbreiteten sich die neuen Technologien aber deutlich langsamer als erwartet, sodass 1997 nicht viel mehr als ein Viertel aller Haushalte Kabel- oder Satellitenempfang besaßen.[847] Daher empfingen viele Haushalte auch Ende der neunziger Jahre immer noch sehr wenige Sender, weshalb weiterhin eine Angebotsknappheit und damit wenig Wettbewerb in diesem Bereich bestanden. Auch wenn sich das Kabelfernsehen in Deutschland zunächst deutlich schneller als in Großbritannien verbreitete, war auch das deutsche Programmangebot aufgrund

844 Vgl. C. III. 2. a) aa).

845 Vgl. zu dem erheblichen Einfluss amerikanischer Programmformate und -inhalte *Näränen*, in: Broadcasting & Convergence, 57 (58).

846 Siehe hierzu B. II., C. II.

847 *J.P.Morgan*, 11.

der Überlastung des von der Deutschen Telekom bereitgestellten Kabelnetzes weiterhin gering. Aufgrund des Drucks der nationalen und europäischen Wettbewerbsbehörden verkaufte die Telekom in den Jahren 2000 bis 2003 das Netz an einzelne Gesellschaften, was zu einer deutlichen Verbesserung des Programmangebots führte.[848]

Eine Regulierung der Medien wird aber weiterhin für erforderlich gehalten. Ein Grund hierfür ist, dass Programmvielfalt in Folge verbesserter Übertragungsmöglichkeiten nicht ohne weiteres in Meinungs- und Informationsvielfalt resultiert. In beiden Ländern wird die Regulierung der Medien sowohl wirtschaftlich als auch kulturell gerechtfertigt. Als wirtschaftliche Argumente wurden ursprünglich Angebotsknappheit und zu geringer Wettbewerb im Mediensektor genannt.[849] Ob dies heute noch als Rechtfertigung der staatlichen Eingriffe in den Mediensektor dienen kann, erscheint angesichts der steigenden Anzahl an frei zugänglichen Programmen fraglich; so empfängt ein deutscher Haushalt durchschnittlich 70 bzw. durch Satellitenempfang 140 Sender.[850] Als weiteres Argument für Regulierung wird die kulturelle Bedeutung des Rundfunks als bildendes und pädagogisches Medium angeführt. Dem ist jedenfalls insofern zuzustimmen, als das Fernsehen aufgrund seiner Breitenwirkung in besonderem Maße geeignet ist, das kulturelle (Selbst-)Verständnis der Bevölkerung zu prägen. Ein wichtiger Grund für die Regulierung der Medien ist nach der Sichtweise beider Länder der erhebliche politische Einfluss der Medien. Die technologischen Fortschritte und die verbesserten Übertragungsmöglichkeiten haben zu einer fortschreitenden Mediatisierung der Politik geführt.[851] Die Medien schaffen die Voraussetzungen für nationale, europa- und weltweite politische Debatten. Sie dienen als Plattform für die Darstellung verschiedener politischer Ansichten. Nicht vergessen sind auch die Auswirkungen, welche die fortschrittliche und geschickte Nutzung der Medien durch Propagandisten haben können, weshalb die Medien vor allem aus deutscher Sicht ein erhebliches Gefährdungspotential besitzen. Objektive, ausgewogene und vielfältige Berichterstattung ist daher eines der Hauptziele der Medienregulierung in beiden Nationen. Deshalb wird

---

848 Vgl. hierzu B. II.

849 Vgl. *Levy*, 20.

850 Vertiefend zu den vorhandenen Übertragungskapazitäten *Herzog,* in: Maunz/Dürig, Art. 5 Abs. 1, 2 GG, Rn 224 ff.; siehe hierzu auch B. II.

851 *Buckley et al.*, 234. Die wesentliche Bedeutung der Medien für die Politik wird insbesondere am Beispiel Chinas deutlich. Das chinesische Einparteiensystem könnte nicht ohne die staatliche Kontrolle der Medien bestehen, vgl. hierzu *Jingrong*, in: Media Culture Society 2010, 925, sowie *Keller*, 1 ff., 20 f., 27. Auch in demokratischen Staaten sind die Medien als Informationsmittel für den demokratischen Willensbildungsprozess unentbehrlich, siehe vertiefend hierzu *Strömberg,* 95 ff., und *Keller*, 37 ff.

besonders vor Wahlen darauf geachtet, dass offene Debatten stattfinden; politische Werbung ist nur in beschränktem Umfang und nur unmittelbar vor Wahlen zulässig, damit insbesondere die weniger bekannten Parteien ihre Wahlprogramme darlegen können.[852]

Demnach sind sowohl nach deutschem als auch nach britischem Verständnis die Medien zu bedeutsam, um dem (nicht regulierten) Markt überlassen zu werden. Eine Regulierung der Medien wird für notwendig erachtet, um einen Markt für Meinungen und damit eine demokratische Meinungsbildung zu gewährleisten.[853] Auch wenn der Trend vor allem in Großbritannien in den letzten Jahren in Richtung Deregulierung und Liberalisierung ging, unterliegt die Meinungsvielfalt weiterhin einem hohen Schutzstandard.[854] Dass die Meinungsvielfalt in Großbritannien von großer Bedeutung ist, verdeutlichte die Untersuchung des geplanten Zusammenschlusses zwischen *BSkyB* und *NewsCorp*. Aufgrund der marktbeherrschenden Stellungen beider Unternehmen auf verschiedenen Medienmärkten wurde der Zusammenschluss von den zuständigen Behörden und der Öffentlichkeit allgemein kritisch beurteilt und wäre wegen seiner negativen Folgen für die Meinungsvielfalt nur unter strengen regulatorischen Auflagen zugelassen worden.[855]

Sowohl in Deutschland (bspw. in dem Verfahren Springer/P7S1) als auch in Großbritannien (bspw. in dem Verfahren *NewsCorp/BSkyB*) treten aber auch erhebliche Unsicherheiten im Umgang mit crossmedialen Fusionen auf.[856] Diese Unsicherheiten resultieren zum einen aus verschiedenen Zuständigkeiten. So waren für die Zulassung des Springer/P7S1-Zusammenschlusses das BKartA und die KEK zuständig, während für das *NewsCorp/BSkyB*-Verfahren Kulturminister, Ofcom, Oft, EU-Kommission und grundsätzlich auch die britische Wettbewerbskommission zuständig waren.[857] Zum anderen sind die materiellen Medienkonzentrationsvorschriften insbesondere des deutschen Rechts noch nicht ausreichend auf die in Folge von Medienkonvergenz zunehmenden crossmedialen Verflechtungen eingestellt.[858]

Die grenzüberschreitenden Aktivitäten der Medienunternehmen und der Einfluss internationaler Programminhalte auf das nationale Fernsehen stellen derzeit große Herausforderungen für die Medienregulierung dar. Vor allem wegen der

---

852 In Großbritannien ist Parteienwerbung streng reguliert und findet nur im Rahmen von sog. *Party Election Broadcasts* statt.

853 *DTI*, 10; *Peifer*, 36.

854 Zu dem britischen Liberalisierungstrend vgl. C. II.

855 Vgl. hierzu C. III. 3. b) cc) bbb).

856 *Bretschneider*, ZUM 2010, 418 (421).

857 Vgl. hierzu B. IV. 4., C. III. 3. b) bb), C. III. 3. b) cc) bbb).

858 Siehe hierzu B. V. 1., C. V. 1. a).

beschränkten Reichweite der nationalen Regulierungsgesetze befinden sich die Gesetzgeber in einem Dilemma. Die Gesetzgebungskompetenzen reichen nicht über die jeweiligen Landesgrenzen hinaus. Medien können aber aufgrund ihres grenzüberschreitenden Charakters, der vor allem dem Internet immanent ist, durch nationale Gesetze nicht angemessen reguliert werden. Regulierungsansätze, die nur einzelne Mediendienste und nur Programminhalte erfassen, die in der Landessprache übertragen werden, sind nicht geeignet, Meinungsvielfalt ausreichend zu schützen. Eine strenge nationale Regulierung des Mediensektors führt zu Verzerrungen und kann zudem leicht umgangen werden; sie ist daher aufgrund der fortschreitenden Konvergenz und Internationalisierung der Medien nicht in der Lage, Meinungsmacht sachgerecht zu regulieren. Daher werden sowohl in Deutschland als auch in Großbritannien die Medien zunehmend dereguliert. Vorrangiges Ziel dieses Deregulierungsprozesses ist der Erhalt der globalen Wettbewerbsfähigkeit der nationalen Medienmärkte; die Sicherung der Meinungsvielfalt ist vielfach von untergeordneter Bedeutung.[859]

III. Rechtsquellen der Medienregulierung

Beide Rechtsordnungen enthalten medienkonzentrationsrechtliche Regulierungsvorschriften. Der Schwerpunkt der britischen Medienkontrolle liegt aber auf dem Medienkartellrecht, das Gegenstand einer eigenständigen Regelung im Rahmen des allgemeinen Kartellrechts im EA2002 ist. Während der Fokus der deutschen Medienkontrolle auf eine *ex ante*-Regulierung gerichtet ist, hat sich der Schwerpunkt in Großbritannien von einer *ex ante*-Regulierung auf eine umfassende Fusionskontrolle verlagert, die vorwiegend die Fälle erfasst, die zuvor medienkonzentrationsrechtlich reguliert wurden.[860]

Ein großer Unterschied zwischen beiden Rechtsordnungen besteht in dem verfassungsrechtlichen Schutz von Meinungsvielfalt. Während das deutsche Grundgesetz in Verbindung mit der Rechtsprechung des BVerfG dem Gesetzgeber einen umfassenden Handlungsauftrag zur Meinungsvielfaltsicherung erteilt, entfalten die britischen Verfassungsgrundsätze nur eine geringe Schutzwirkung.[861]

859 *Doyle,* in: Convergence in European Digital TV Regulation, 141 (154); *Dörr,* NJW 1997, 1341 (1345); *Bretschneider,* ZUM 2010, 418 (422 f.); *Röß,* AfP 2010, 521 (527).

860 Siehe hierzu B. III., C. III.3., C. IV. 2. b).

861 Vgl. hierzu B. III. 1., C. III. 1.

1. Medienverfassungsrecht

Der Einfluss des Verfassungsrechts auf das deutsche und britische Medienrecht ist sehr unterschiedlich. Zwar gibt es in beiden Rechtsordnungen verfassungsrechtliche Grundsätze. Während diese aber für das deutsche Medienrecht konstituierende Bedeutung haben, ist der Einfluss des britischen Verfassungsrechts auf die Medienregulierung gering.

Dem deutschen und britischen Recht liegen unterschiedliche Verfassungsverständnisse zugrunde. Nach deutschem Rechtsverständnis räumt die Verfassung dem Grundrechtsträger eine subjektive Rechtsposition gegenüber dem Staat ein, die es ihm erlaubt, den Staat zu einer Erfüllung seiner grundgesetzlichen Pflichten zu zwingen. Aus dem objektiven Gehalt eines Grundrechts kann sich zudem eine unmittelbare Handlungspflicht des Gesetzgebers ergeben, ein Grundrecht insbesondere durch den Erlass von Gesetzen zu schützen.[862] Daher ist der deutsche Gesetzgeber verfassungsrechtlich verpflichtet, die Meinungsvielfalt durch die Schaffung einer positiven Rundfunkordnung zu sichern.[863] Die Einhaltung der verfassungsrechtlichen Grundsätze wird zudem durch das BVerfG überprüft.

Hingegen sind in Großbritannien die Meinungs- und Informationsfreiheit zwar als Verfassungsgrundsätze anerkannt, genießen aber keinen mit dem deutschen Verfassungsstandard vergleichbaren Schutz.[864] Die britische Verfassung ist vielmehr ein Handlungsinstrument des Parlaments und hat als solches nur geringe Bedeutung für den Schutz der Meinungsvielfalt. Das britische Parlament ist aufgrund seiner politischen Gestaltungsfreiheit berechtigt, verfassungsrechtliche Grundsätze jederzeit durch einen Mehrheitsbeschluss zu modifizieren oder aufzuheben.[865] Die Verfassung steht demnach unter parlamentarischer Kontrolle und nicht – wie in Deutschland – das Parlament unter verfassungsrechtlicher Kontrolle. Der britische Gesetzgeber ist anders als der deutsche auch nicht verfassungsrechtlich zum Erlass einer positivrechtlichen Ordnung verpflichtet. Zudem gibt es kein dem BVerfG entsprechendes britisches Gericht, das die Einhaltung der verfassungsrechtlichen Grundsätze überwacht und die Verfassung gegen politische Einflussnahme schützt.[866] Das britische Verfassungsrecht, das im Übrigen nicht in einem mit dem deutschen Grundgesetz vergleichbaren, einheitlichen Verfassungsdokument kodifiziert ist, ist für die Sicherung der Meinungsvielfalt von untergeordneter Bedeutung. Die Meinungs- und Rundfunkfreiheit

---

862 *Herdegen,* in: Maunz/Dürig, Art. 1 Abs. 3 GG, Rn 13, 16, 19.

863 BVerfG, Urteil v. 16.06.1981, 1 BvL 89/78, Juris, Rn 85, 88 – FRAG; *dass.*, Urteil v. 04.11.1986, 1 BvF 1/84, Juris, Rn 90, 112, 132.

864 *KEK*, 1. Medienkonzentrationsbericht, 388; *Holznagel,* 109.

865 *Sydow,* 17 ff., 29 ff.; 43 ff.; *Begrich,* HanseLR 2007, 121 (128); *Bretschneider,* 103.

866 *KEK*, 1. Medienkonzentrationsbericht, 389.

genießen in Großbritannien anders als in Deutschland nur einen geringen verfassungsrechtlichen Schutz.[867] Während das deutsche Grundgesetz dem Gesetzgeber einen konkreten Handlungsauftrag zum Erlass einer gesetzlichen Medienordnung erteilt und den Grundrechtsträgern subjektive Rechtspositionen in Form der Rundfunkveranstaltungsfreiheit einräumt, lässt sich eine Verpflichtung des britischen Gesetzgebers zum Schutz der Meinungsvielfalt nur aus Unionsrecht, Art. 10 Abs. 1 EMRK sowie aus § 12 Abs. 4 Human Rights Act 1998 herleiten.[868]

2. Medienkonzentrationsrecht

In beiden Rechtsordnungen normiert das Medienkonzentrationsrecht neben binnenpluralistischen auch außenpluralistische Vorgaben.[869] Das deutsche Medienkonzentrationsrecht ist aufgrund der föderalen Struktur der Rundfunkkontrolle im RStV und in den Landesmediengesetzen kodifiziert.[870] Die wenigen britischen medienkonzentrationsrechtlichen Vorschriften, die nach der Deregulierung der Medien in den letzten Jahren noch verblieben sind, sind vorrangig im CA2003 und in geringem Umfang in den Rundfunkvorschriften des BA1990, BA1996 und DEA2010 geregelt. Da die älteren Rundfunkgesetze (BA1990 und BA1996) weiterhin neben dem CA2003 Anwendung finden und wichtige Vorschriften häufig in den Gesetzesanhängen, bspw. in Sch. 14 CA2003, normiert sind, ist die Regelung unübersichtlich.[871]

Die nach der Reform des britischen Medienkonzentrationsrechts durch den CA2003 gültigen Regelungen erfassen vorrangig crossmediale Verflechtungen. Das früher geltende Zuschaueranteilsmodell, das mit 15 % einen verhältnismäßig strengen Schwellenwert als zulässigen Fernsehzuschaueranteil festlegte, wurde abgeschafft.[872] Die Fokussierung auf crossmediale Zusammenschlüsse bereits vor zehn Jahren verdeutlicht, dass der britische Gesetzgeber deutlich früher als der deutsche auf die Medienkonvergenz reagiert hat. Diese Fortschrittlichkeit und der damit verbundene Reformwille sind für die britische Medienpolitik charakteristisch. Zwar steht der Wille zu Deregulierung auch in der deutschen medi-

---

867 *KEK*, 1. Medienkonzentrationsbericht, 389, 427; *Begrich*, HanseLR 2007, 121 (122); *Holznagel*, 109.

868 Vgl. hierzu *Begrich*, HanseLR 2007, 121 (138 ff.); *KEK*, 1. Medienkonzentrationsbericht, 389; *Goldberg et al.*, 15; *Bretschenider*, 104 f.

869 Vgl. hierzu B. III. 2. b) aa) und cc), C. III. 2 a) und b).

870 Siehe Einl. zu B. III.

871 Vgl. C. III. 2.

872 Vgl. C. III. 2.

enpolitischen Diskussion im Vordergrund. Hierbei handelt es sich aber mehr um eine durch den technologischen Fortschritt erzwungene Reaktion als um eine freiwillige Entscheidung, die wie der britische Deregulierungsprozess auf einem Vertrauen in die regulierenden Kräfte des Marktes beruht.[873]

Ein Vorteil des britischen Medienkonzentrationsrechts ist, dass es ausschließlich durch das Parlament erlassen und reformiert wird. Dem RStV müssen hingegen die sechzehn Landtage der Bundesländer zustimmen, damit das Gesetz in Kraft treten kann.[874] Das föderalistische Kooperationsmodell der deutschen Rundfunkkontrolle wird daher bei der notwendigen umfassenden Reform voraussichtlich hinderlich sein.

a) Allgemeine Voraussetzungen der Meinungsvielfaltsicherung

Die informationelle Grundversorgung der Bevölkerung obliegt sowohl in Deutschland als auch in Großbritannien grundsätzlich den öffentlich-rechtlichen Sendern. Die Programmaufträge sind in beiden Ländern auf die Sicherung der Meinungsvielfalt durch ein inhaltlich ausgewogenes und vielfältiges Programm gerichtet. Wichtige Programmbestandteile sind neben Information, Bildung und Kultur vor allem regionale und internationale Inhalte sowie Unterhaltung. An die privaten Fernsehsender werden diesbezüglich geringere Anforderungen gestellt.[875]

Die allgemeinen Anforderungen an die Sicherung der Meinungsvielfalt unterscheiden sich indes durch die Bindung der britischen *public service broadcasters* an den öffentlich-rechtlichen Programmauftrag. Die mit der Lizenz verbundene Verpflichtung werbefinanzierter Privatsender, auch Bildungs- und Kulturprogramme zu senden, stellt eine strenge regulatorische Maßnahme zum Schutz der Vielfalt und Qualität des britischen Fernsehprogramms dar. In diesem Zusammenhang ist zu berücksichtigen, dass die *BBC* als öffentlich-rechtlicher Sender – im Gegensatz zu den *public service broadcasters* – durch Rundfunkgebühren finanziert wird und damit nicht von Zuschauerinteressen und Werbeeinnahmen abhängig ist, um ihrem Programmauftrag gerecht werden zu können.[876]

Inhaltliche Programmanforderungen sind im britischen Medienrecht generell von größerer Bedeutung.[877] So regeln insbesondere §§ 265, 319 CA2003 einen konkreten und umfassenden Programmauftrag, während der in § 25 Abs. 1 und

873 Vgl. C. II.; siehe hierzu auch *Koch,* AfP 2007, 305 (310); *Bretschneider,* 149 f.

874 Siehe B. III. 2.

875 Vgl. hierzu B. III. 2. a) bb) bis dd), C. III. 2. a).

876 Vgl. C. I., C. III. 2. a) bb).

877 *Bretschneider,* 185, *ders.,* ZUM 2010, 418 (421).

Abs. 2 RStV formulierte Programmauftrag der deutschen Privatsender sehr allgemein gehalten ist.[878] Da eine Verletzung inhaltlicher Programmanforderungen aufgrund der allgemeinen Formulierung des deutschen Gesetzes schwer feststellbar ist und keine Rechtsfolgen hat, sind die binnenpluralistischen Regulierungselemente des deutschen Medienkonzentrationsrechts als ineffektiv und bedeutungslos zu bewerten.[879] Hingegen kompensiert die binnenpluralistische Regulierung der britischen Medien aufgrund der strengen Bindung an einen konkreten Programmauftrag teilweise die Liberalisierung der medienkonzentrationsrechtlichen *ex ante*-Vorschriften und leistet damit einen wichtigen Beitrag zu der Sicherung von Meinungs- und Informationsvielfalt.[880]

b) Besondere Voraussetzungen der Meinungsvielfaltsicherung

Die deutschen und britischen Medienkonzentrationsvorschriften sind von außenpluralistischen Konzepten zur Vielfaltsicherung geprägt. Die Meinungsvielfalt soll durch eine möglichst weitgehende Diversifikation der Anbieterseite sichergestellt werden, die vorrangig durch Medieneigentumsbeschränkungen erreicht werden soll. Die Konzepte unterscheiden sich indes erheblich. Das britische Medienkonzentrationsrecht ist auf crossmediale Zusammenschlüsse zwischen Fernsehveranstaltern und Presseunternehmen ausgerichtet und enthält diesbezüglich konkrete Vorgaben.[881] Hingegen können nach dem deutschen Medienkonzentrationsrecht nur Medienzusammenschlüsse untersagt werden, die sich auf die Stellung eines Unternehmens auf dem Fernsehmarkt auswirken.[882] Diese Fokussierung des deutschen Medienkonzentrationsrechts auf das Fernsehen ist aufgrund der erheblichen Auswirkungen crossmedialer Zusammenschlüsse auf die Meinungsvielfalt nicht mehr zeitgemäß. Denn das Meinungsbildungspotential der Medien und die Meinungsmacht der Medienunternehmen ergeben sich inzwischen nicht mehr ausschließlich aus der Suggestivkraft und Breitenwirkung eines einzelnen Mediums, sondern aus der crossmedialen Präsenz der Medienunternehmen.[883] Dies haben die Briten bereits bei der letzten umfassenden Reform der Medienregulierung 2003 berücksichtigt, indem sie die medienkonzentrationsrechtliche Regulierung auf die Untersagung einzelner crossmedialer Sachverhalte beschränkt haben. Von der britischen Regelung erfasst werden indes

878 Vgl. hierzu C. III. 2. a).
879 Vgl. hierzu B. III. 2. a) bb).
880 *Bretschneider*, ZUM 2010, 418 (421).
881 Siehe C. III. 2. b).
882 Vgl. hierzu B. III. 2. b) cc) aaa).
883 Vgl. hierzu B. III. 2. b) cc) aaa), B. V. 1. c).

vorrangig Zusammenschlüsse zwischen Fernsehveranstaltern, insbesondere Inhabern von *Channel 3*-Lizenzen, und Zeitungsunternehmen.[884] Dass solche Zusammenschlüsse für die Meinungsvielfalt von besonderer Relevanz sind, zeigt sich bereits daran, dass die in Deutschland und Großbritannien meistdiskutierten medienbezogenen Fusionspläne (Springer/P7S1 und *NewsCorp/BSkyB*) Unternehmen betrafen, die sowohl auf dem Zeitungs- als auch auf dem Fernsehmarkt erhebliche Marktanteile besaßen. Die für die medienkonzentrationsrechtliche Bewertung des Springer/P7S1-Zusammenschlusses zuständige KEK konnte die Marktposition Springers auf dem Zeitungsmarkt zwar im Rahmen einer Gesamtabwägung der für die Beurteilung vorherrschender Meinungsmacht relevanten Kriterien nach § 26 Abs. 1 RStV berücksichtigen. Hierzu mussten die Marktanteile auf dem Zeitungsmarkt aber in Fernsehzuschaueranteile umgerechnet werden. Diese vielfach kritisierte Berechnung war besonders problematisch, da der Gesetzgeber keine konkreten Vorgaben macht, wie zu bewerten oder berechnen ist, ob Unternehmensaktivitäten auf einem medienrelevanten verwandten Markt zu einer einem Fernsehzuschaueranteil von 30 % entsprechenden Marktmacht führen.[885] Hieran zeigt sich, dass die zunehmend konvergierenden Medien nur durch ein einheitliches und abgestimmtes medienübergreifendes Regulierungssystem erfasst werden können.[886] In dieser Hinsicht ist das britische Medienregulierungsrecht fortschrittlicher. Vor allem die Regulierung der Fernsehveranstaltung wurde an die Medienkonvergenzentwicklung angepasst, indem die Lizenz für ein Programm unabhängig von der Übertragungsform erteilt wird und sich lediglich die Anforderungen an den Programminhalt nach der Übertragungsform richten. Die Fernsehregulierung wurde an die Regulierung elektronischer Kommunikationsdienste gemäß §§ 32 ff. CA2003 angelehnt.[887] Demgemäß ist Ofcom als zentrale Regulierungsbehörde nun auch für elektronische Kommunikationsdienste zuständig.[888] Dennoch gibt es auch in Großbritannien erhebliche Schwierigkeiten bei der Erfassung crossmedialer Meinungsmacht. Zwar hat Ofcom in seinem Bericht über den *NewsCorp/BSkyB*-Zusammenschluss hierzu einen Ansatz vertreten und diesen in einem aktuellen Bericht zur Messung von Medienvielfalt weiterentwickelt; hierbei kann es sich aber nur um einen ersten Schritt

884 Vgl. C. III. 2. b).

885 Siehe hierzu B. III. 2. b) cc) bbb) (b) (aa); vgl. auch *Paal,* 270 f.; *Schmid/Kitz,* ZUM 2009, 739 (741 f.); *von Danwitz,* ZUM 2002, 769 (774 f.).

886 *Paal/Hennemann,* ZRP 2010, 40 (42).

887 *Gibbons,* in: Current Law Statutes 2003, 21–278/279.

888 Vgl. §§ 33 ff. CA2003.

handeln, da lediglich die crossmediale Nachrichtennutzung anhand einer wenig detaillierten Umfrage untersucht wird.[889]

Eine Gemeinsamkeit von deutschem und britischem Medienkonzentrationsrecht besteht in der Festlegung konkreter Schwellenwerte für die Zulässigkeit von Medienzusammenschlüssen. Zwar wurde das Zuschaueranteilsmodell, wonach ein Fernsehzuschaueranteil von 15 % zulässig war, in Großbritannien abgeschafft.[890] Jedoch gibt es weiterhin konkrete Vorgaben, die sich vorrangig auf die Marktanteile beziehen, die ein Medienunternehmen auf dem relevanten Zeitungsmarkt besitzt.[891] Der wesentliche Unterschied besteht zudem darin, dass das deutsche Rechtssystem grundsätzlich keinen Fernsehzuschaueranteil von mehr als 30 % zulässt, während sich die im britischen Recht festgelegten Werte nur auf Sonderkonstellationen beziehen und vorwiegend *public service broadcasters* erfassen.[892]

Problematisch an beiden Rechtssystemen ist, dass die Regulierung der Medien national ausgerichtet ist, obwohl Medieninhalte grenzüberschreitend übertragen werden.[893] So werden gemäß § 27 Abs. 1 S. 1 RStV nur deutschsprachige Programme von der rundfunkstaatsvertraglichen Regulierung erfasst. Dies entspricht aber nicht der tatsächlichen Struktur des deutschen Fernsehsektors.[894] So können Fernsehprogramme aus dem Ausland unproblematisch als Internetfernsehen empfangen werden. Vor allem das Internetfernsehen wird daher zu einer fortschreitenden Globalisierung von Fernsehprogrammen führen. Darüber hinaus sind deutsche und britische Medienunternehmen in erheblichem Umfang inter-

---

889 Vgl. hierzu C. V. 1. Dass die Fokussierung auf Nachrichtenkonsum kein zukunftsfähiger Regulierungsansatz ist, da andere meinungsrelevante Inhalte unberücksichtigt bleiben, anerkennt Ofcom auch in seinem aktuellen Bericht Measuring media plurality, 2012, 10, 3.15: „*Other forms of content and broader definitions may be relevant in certain contexts, but we do not propose to consider these at this stage. We note that Parliament may wish to take a broader view in the future.*“, 9, 313: „*There are arguments for broadening this scope: Respondents to our Invitation to Comment highlighted other relevant content types. The BBC said 'drama, comedy and factual formats can play a role, alongside news and current affairs, in helping condition the political discourse. These genres contribute to the way we see ourselves as a society'.*“

890 Vgl. Einl. zu C. III. 2.

891 Vgl. hierzu C. III. 2. b).

892 Vgl. hierzu B. III. 2. b) cc) aaa).

893 *Bretschneider,* 220.

894 Vgl. *Malzanini,* Medienkonzentration in Europa: „[...] Hierbei sollte nicht außer Acht gelassen werden, dass auch jetzt schon Fernsehsendungen über Grenzen hinweg zahlenmäßig starke polnisch-, russisch- oder türkischsprachige Bevölkerungsanteile außerhalb ihrer Herkunftsländer gezielt ansprechen und möglicherweise zu einer einseitigen Beeinflussung der Meinungsvielfalt im jeweiligen Zielland führen können. [...]“; siehe auch *KEK,* 14. Jahresbericht, 40; *Bretschneider,* ZUM 2010, 418 (423).

national tätig. So erzielte Springer 2010 circa 30 % seines Umsatzes mit Auslandsaktivitäten und steigerte seine Erlöse aus dem Auslandsgeschäft damit um 35 %.[895] Die Medienaktivitäten nationaler Unternehmen auf ausländischen Medienmärkten werden weiter zunehmen.[896] Die im Ausland erzielte Markt- und Meinungsmacht eines Medienunternehmens findet aber im Rahmen des nationalen Medienkonzentrationsrechts keine Berücksichtigung, weshalb die Regulierung an eine verzerrte Marktbewertung anknüpft.[897]

Neben einer Zunahme des Auslandsgeschäfts nationaler Unternehmen ist auch ein vermehrtes Engagement ausländischer Medieninvestoren auf deutschen und britischen Medienmärkten zu erwarten. Ausländische Medienunternehmen unterliegen in Großbritannien anders als in Deutschland grundsätzlich keinen besonderen Medienkonzentrationsregelungen; entsprechende Lizenzbeschränkungen sind durch den CA2003 abgeschafft worden. Es erfolgt indes eine medienkartellrechtliche Überprüfung wirtschaftlicher Aktivitäten ausländischer Medienunternehmen auf dem britischen Markt im Rahmen des *public interest test* durch den Kulturminister.[898] Hieran zeigt sich wieder die Fortschrittlichkeit der britischen Medienregulierung. Die Wettbewerbsfähigkeit und Investitionsanreize des nationalen Marktes werden durch einen freien Marktzugang gefördert, und die kartellrechtliche Medienkontrolle dient als Korrektiv, sofern es zu einer die Meinungsvielfalt gefährdenden Marktstruktur kommt.

An der Entwicklung des britischen Medienmarktes zeigt sich, dass es für den europäischen Mediensektor und erst recht für die nationalen Medienwirtschaften schwierig sein wird, sich gegen eine Amerikanisierung der Programminhalte zu

---

895 Vgl. hierzu *Springer*, Rekord-Jahresbilanz: Axel Springer erreicht 2011 zweistelliges Umsatz- und Ergebniswachstum, Pressemeldung v. 07.03.2011.

896 *Bretschneider,* ZUM 2010, 418 (423 f.); siehe zu den mit der internationalen Oligopolisierung verbundenen Gefahren *Malzanini,* Medienkonzentration in Europa: „[...] Grundsätzlich wird man aber sagen können, dass Medienkonglomerate, die grenzüberschreitend tätig sind, die Meinungs- und Informationsfreiheit nicht vergrößern, sondern eher zur Homogenisierung der Inhalte auf europäischer Ebene führen können. Als Beispiel hierfür dienen Sendungen wie ‚Deutschland sucht den Superstar', ‚Wer wird Millionär?' und ‚Big Brother', die unter anderem Namen in anderen Ländern in gleicher Form präsentiert werden. Neben der einheitlichen Produktion von Programmformaten wird man auch die einheitliche Herkunft des ‚Rohstoffs' für Nachrichten und Informationsprogramme, zum Beispiel durch konzerneigene Nachrichtenagenturen, als problematisch ansehen müssen. [...] Fakt ist allerdings, dass transnational operierende Medienkonzerne über entsprechende Marktmacht verfügen und so nationale Medienunternehmen vom Markt verdrängen können. Spätestens dann, wenn die hieraus resultierende Meinungsmacht zur Verstärkung der Meinungsmacht auf einzelnen nationalen Meinungsmärkten führt, sollte dieser Problematik mit einem gesamteuropäischen Medienkonzentrationsrecht begegnet werden. [...]"

897 Vgl. hierzu *Paal,* JZ 2010, 647 (652).

898 *DTI*, 38.

wehren und gegenüber US-amerikanischen Produktionen wettbewerbsfähig zu bleiben. Insbesondere die strikte Regulierung des deutschen Fernsehens wird vor diesem Hintergrund nicht durchzuhalten sein. Gleichzeitig muss aber ein Regulierungsansatz gefunden werden, der die Meinungsvielfalt vor den aus der fortschreitenden Oligopolisierung des internationalen Mediensektors resultierenden Gefahren schützt, die bisher von keiner Rechtsordnung angemessen erfasst werden. Eine medienpolitische Lösung auf europäischer Ebene ist somit zwingend erforderlich, wenn die Umsetzung auch noch in weiter Ferne ist.[899]

c) Zulassungsverfahren

Sowohl in Deutschland als auch in Großbritannien ist die Rundfunkveranstaltung an eine Lizenz gebunden.

aa) Hintergrund

In Deutschland und Großbritannien hat grundsätzlich jeder das Recht Rundfunk zu veranstalten. Dieses Recht wird in Deutschland im Rahmen der Rundfunkfreiheit verfassungsrechtlich garantiert. In Großbritannien ist das Recht zur Rundfunkveranstaltung auf die mit dem CA2003 verbundene Liberalisierung zurückzuführen, durch die der Medienmarkt geöffnet und zahlreiche Beschränkungen aufgehoben worden sind. In beiden Rechtsordnungen gilt das Lizenzmodell, d. h. die Rundfunkveranstaltung wird durch die Lizenzvergabe reguliert. Die Lizenz dient demnach der Regulierung eines grundsätzlich freien Marktzutritts.[900]

bb) Verfahren

In Großbritannien werden die regionalen *Channel 3*-Lizenzen anders als in Deutschland im Rahmen eines Versteigerungsverfahrens vergeben. Ein Versteigerungsverfahren ist sinnvoll, wenn nur wenige Frequenzen zur Verfügung stehen.[901] Zudem besteht in einem Versteigerungsverfahren ein geringerer behördlicher Einfluss. Das britische Lizenzvergabeverfahren ist aber kein reines

---

899 *Gounalakis/Zagouras*, ZUM 2006, 716 (718); *Bretschneider*, ZUM 2010, 418 (422 ff.); *Röß*, AfP 2010, 521 (527 ff.); *Näränen*, in: Broadcasting & Convergence, 57 ff.; a. A. *Hain*, AfP 2007, 527 (530 f.), der von überwiegend nationalen Strukturen der Medienmärkte insbesondere aufgrund von Sprachbarrieren ausgeht.

900 Vgl. hierzu B. III. 1. b), B. III. 2. e) aa), C. III. 2.

901 *Buckley et al.*, 232.

Versteigerungsverfahren; vielmehr werden nur solche Bewerber zugelassen, die bestimmte qualitative Kriterien erfüllen (*quality threshold*). Zwar kam das Verfahren bisher nur bei der ursprünglichen Vergabe der fünfzehn regionalen *Channel 3*-Lizenzen zur Anwendung und ist auch nicht auf die Übertragung von Analog- auf Digitallizenzen anwendbar.[902] Eine aktuelle Relevanz ergibt sich indes daraus, dass im Rahmen der medienpolitischen Diskussion über die Bindung der *public service broadcasters* an den öffentlichen Auftrag eine vollständige Neuausschreibung der *Channel 3*-Lizenzen in Erwägung gezogen wird, die dann wiederum im Rahmens des ursprünglichen Lizenzversteigerungsverfahrens erfolgen würde.[903] Das Versteigerungsverfahren ist aber nur auf *Channel 3*-Lizenzen anwendbar. Die Vergabe der übrigen Lizenzen erfolgt wie in Deutschland nach qualitativen Kriterien im Rahmen eines behördlichen Verfahrens.

Die Lizenzvergabe in Großbritannien wurde zudem durch die Einführung der von der jeweiligen Übertragungsform unabhängigen *TCLS*-Lizenz an die Medienkonvergenzentwicklung angepasst. Diese Lizenz ist zukunftsfähig, da sie nicht an die Verwendung bestimmter Mediendienste anknüpft.[904] Die Flexibilität des Gesetzes in Bezug auf zukünftige Entwicklungen zeigt sich auch an der Ermächtigung des Kulturministers, das Regulierungsregime unter parlamentarischer Beteiligung anzupassen. Der Kulturminister darf insbesondere die Lizenzvergabekriterien ändern, wenn dies notwendig ist, bspw. weil die Anwendung unterschiedlicher Regulierungsmaßnahmen auf verschiedene Mediendienste in Folge von Medienkonvergenz unangemessen wäre.[905] Eine *TCLS*-Lizenz bezieht sich auf den jeweils lizenzierten Mediendienst und nicht auf den jeweiligen Dienstanbieter. Möchte ein Anbieter ein Programm über mehrere Medienplattformen übertragen, muss er für jede Plattform eine gesonderte Lizenz beantragen.[906] Im Gegensatz hierzu werden in Deutschland Lizenzen für einzelne Programme vergeben. So beziehen sich deutsche Rundfunklizenzen grundsätzlich auf die Programmübertragung durch das klassische Fernsehen als Übertragungsmedium. Ob ein Veranstalter eine gesonderte Lizenz beantragen muss, um das gleiche Programm bspw. über Internetfernsehen zu übertragen, hängt gemäß § 20 Abs. 2 RStV davon ab, inwiefern das konkrete Angebot hinsichtlich seiner Meinungsbildungsrelevanz dem üblichen Fernsehen gleichzusetzen ist.[907] Die Anzahl zulässiger Lizenzen ist indes nicht begrenzt, sodass jedes Medienunternehmen in Großbritannien und Deutschland unbegrenzt viele Programme veranstalten kann,

902 Vgl. hierzu C. III. 2. c) cc).
903 Vgl. hierzu C. III. 2. a) bb).
904 Vgl. hierzu C. III. 2. c) aa).
905 Vgl. hierzu C. III. 2. c) aa).
906 Vgl. C. III. 2. c) ee) aaa).
907 Vgl. hierzu B. III. 2. e) bb).

solange die medienkonzentrationsrechtlichen Vorschriften eingehalten werden. *TCLS*-Lizenzen können unter der Voraussetzung der behördlichen Zustimmung auf andere Lizenznehmer übertragen werden. Hingegen stellt die deutsche Rundfunklizenz eine nicht übertragbare höchstpersönliche Rechtsposition dar.[908]

Die Lizenzvergabe für die Veranstaltung landesweiten Rundfunks erfolgt in beiden Ländern zentral und zwar in Großbritannien durch Ofcom und in Deutschland durch die ZAK. Zwar sind aufgrund der föderalen Struktur der deutschen Rundfunkkontrolle grundsätzlich die Landesmedienanstalten für die Lizenzvergabe zuständig; das Lizenzvergabeverfahren wurde aber zentralisiert, und die Kompetenzen wurden auf die ZAK übertragen.[909]

cc) Persönliche Zulassungsvoraussetzungen

In beiden Rechtsordnungen ist die Lizenzvergabe an persönliche Zulassungsvoraussetzungen geknüpft. Grundsätzlich ist zwar jedermann zur Veranstaltung von Rundfunk berechtigt; bestimmte Einrichtungen sind aber von der Rundfunkveranstaltung ausgeschlossen. Hierbei handelt es sich zuvorderst um juristische Personen des öffentlichen Rechts, die bereits aufgrund der Staatsfreiheit des Rundfunks von der Lizenzvergabe ausgeschlossen sein müssen. Dies gilt grundsätzlich auch in Großbritannien; durch den CA2003 wurden die persönlichen Lizenzvoraussetzungen allerdings dahingehend liberalisiert, dass Kommunen insoweit zur Rundfunkveranstaltung zugelassen werden können, als sie den Rundfunk zur Erfüllung ihres gesetzlichen Auftrages nutzen.

Nach dem deutschen Medienrecht dürfen Lizenzen zudem nur an natürliche oder juristische Personen erteilt werden, die ihren Wohnsitz oder Sitz in Deutschland, einem sonstigen EU-Mitgliedstaat oder einem anderen EWR-Vertragsstaat haben. In Großbritannien sind ausländische Medienunternehmen seit der Reform durch den CA2003 hingegen unbeschränkt lizenzberechtigt. Aktivitäten ausländischer Medienunternehmen auf dem britischen Markt unterliegen ausschließlich einer kartellrechtlichen Kontrolle.[910]

dd) Sachliche Zulassungsvoraussetzungen

In Großbritannien gibt es verschiedene Lizenzen, die auf die jeweiligen Fernsehprogramme abgestimmte Lizenzbedingungen enthalten. Dass die Sender unterschiedlichen Lizenzbedingungen unterliegen, ergibt sich bereits daraus, dass

908 Siehe B. III. 2. e) bb), C. III. 2. c) ee) aaa).
909 Vgl. B. III. 2. e) bb).
910 Vgl. B. III. 2. e) cc), C. III. 2. c) dd).

neben den kommerziellen Privatsendern auch die an den öffentlichen Programmauftrag gebundenen *public service broadcasters* durch die britische Regulierungsbehörde lizenziert werden. Da der jeweilige Programmauftrag im Rahmen der Lizenz erteilt wird und sich die sachlichen Voraussetzungen der Lizenzvergabe nach der jeweiligen Lizenz unterscheiden, gibt es verschiedene Lizenzen.[911] So ist bspw. die Vergabe einer regionalen *Channel 3*-Lizenz mit der Verpflichtung verbunden, sich in ein überregionales Netzwerk zu integrieren. Dies dient dem Schutz der Meinungsvielfalt, indem eine möglichst weite Verbreitung der *Channel 3*-Programme und die wirtschaftliche Rentabilität regionaler Programmveranstaltung sichergestellt werden.[912] Der im öffentlichen Eigentum stehende *Channel 4* unterliegt einem strengeren öffentlichen Programmauftrag als *Channel 3* oder *Channel 5*.[913] *TCLS*-Lizenzen enthalten zudem besondere Auflagen zur technischen Versorgung gesundheitlich beeinträchtigter Menschen, an die Fernsehprogramme mit einer bestimmten Reichweite gebunden sind.[914]

In Deutschland gelten hingegen für alle bundesweit veranstalteten Fernsehprogramme dieselben sachlichen Zulassungsvoraussetzungen und Lizenzbedingungen. Hiernach sind vor allem die medienkonzentrationsrechtlichen Vorgaben sowie die Programmstandards nach §§ 25 ff. RStV bspw. durch die Aufnahme von Fensterprogrammen einzuhalten.[915] Die Zulassungsvoraussetzungen für regionale Programme richten sich nach dem jeweils anzuwendenden Landesmediengesetz. Die Landesmediengesetze, die teilweise an den RStV angelehnt sind, enthalten außen- und binnenpluralistische Regulierungselemente. Qualitatives Auswahlkriterium für die Zulassung ist vor allem die Geeignetheit eines Veranstalters zur Darbietung eines vielfältigen Programmes. Die Landesmediengesetze enthalten zudem medienkonzentrationsrechtliche Vorgaben, die vor allem im Hinblick auf crossmediale Verflechtungen zwischen Presse und Fernsehen teilweise erheblich liberalisiert wurden.[916]

ee) Rechtsfolgen der Nichteinhaltung der Lizenzvorgaben

Lagen die Voraussetzungen der Lizenzvergabe von vorneherein nicht vor oder sind sie nach der Lizenzvergabe weggefallen, kann die Lizenz nach beiden Rechtsordnungen entzogen werden. Eine Entziehung der Lizenz kommt insbesondere im Falle einer Verletzung der Programmstandards in Betracht. Nach

---

911 Vgl. C. III. 2. c) ee).
912 Vgl. C. III. 2. c) ee) bbb).
913 Vgl. C. III. 2. c) ee) ccc).
914 Vgl. C. III. 2. c) ee) aaa).
915 Vgl. hierzu B. III. 2. e) dd) aaa).
916 Vgl. hierzu B. III. 2. e) dd) bbb).

deutschem Recht ist vor dem Widerruf der Lizenz, der bei einem nachträglichen Wegfall der Lizenzbedingungen erfolgt, zur Wahrung der Verhältnismäßigkeit eine Frist zu setzen, innerhalb derer der Lizenznehmer den Mangel beheben kann. Auch nach britischem Recht ist ein Lizenznehmer berechtigt, die Verletzung von Programmstandards zu beheben. Hierzu muss der Veranstalter eine Stellungnahme mit dem behördlichen Untersuchungsergebnis veröffentlichen. Auch das deutsche Recht enthält ein vergleichbares Sanktionsmittel. Hiernach kann der Rundfunkveranstalter verpflichtet werden, die abschließende Behördenentscheidung des Ordnungswidrigkeitsverfahrens zu veröffentlichen. Diese Verpflichtung dient indes mehr als zusätzliche Sanktion sowie zur Information der Öffentlichkeit als zu einer Behebung des Schadens. Daneben sehen beide Rechtsordnungen die Verhängung hoher Geldbußen im Falle von Lizenzverstößen oder einer Rundfunkveranstaltung ohne Lizenz vor.[917]

3. Medienkartellrecht

Das Kartellrecht beider Rechtsordnungen findet auf Zusammenschlüsse unter Beteiligung von Medienunternehmen Anwendung. Die Besonderheit des britischen Rechts besteht darin, dass es spezifische medienkartellrechtliche Vorschriften zur Überprüfung relevanter Medienzusammenschlüsse enthält. Durch die Abschaffung medienkonzentrationsrechtlicher Vorschriften und die Einführung eines umfassenden Medienkartellrechts durch den CA2003 wurde der Schwerpunkt der britischen Medienregulierung von einer *ex ante-* auf eine *ex post*-Kontrolle verlagert.[918]

Die Voraussetzungen der kartellrechtlichen Kontrolle von Medienzusammenschlüssen sind in Deutschland und Großbritannien verschieden. In Deutschland besteht zunächst eine Anmeldepflicht für kartellrechtlich relevante Zusammenschlüsse, was nach britischem Recht nicht der Fall ist. In Großbritannien steht den Unternehmen vielmehr ein Anmelderecht zu, das ermöglicht, Vorhaben zur Erlangung von Rechtssicherheit vorab prüfen zu lassen.[919] In Deutschland weist ein Zusammenschluss zudem nur dann kartellrechtliche Relevanz auf, wenn die Voraussetzungen des allgemeinen Kartellrechts vorliegen, d. h. wenn die fusionierenden Unternehmen bestimmte Umsätze machen und durch die Fusion eine marktbeherrschende Stellung entsteht oder verstärkt wird. Ein Zusammenschluss, an dem ein Medienunternehmen beteiligt ist, kann nach britischem Kar-

---

917 Vgl. hierzu B. III. 2. e) ee), C. III. 2. c) ff).

918 Vgl. hierzu C. IV. 2. b).

919 Vgl. hierzu C. III. 3. a).

tellrecht auch dann relevant sein, wenn das öffentliche Interesse betroffen ist, die allgemeinen kartellrechtlichen Voraussetzungen aber nicht vorliegen.[920] Für die deutsche Medienfusionskontrolle sind daher ausschließlich ökonomische Kriterien relevant. Meinungsvielfalt spielt als nicht ökonomischer und damit kartellrechtsfremder Aspekt keine Rolle. Das britische Medienkartellrecht dient hingegen vorrangig dem Schutz der Meinungsvielfalt als öffentlichem Interesse.[921] Die Bewertung crossmedialer Zusammenschlüsse durch das deutsche Kartellrecht ist zudem insbesondere im Hinblick auf die Marktabgrenzung und die Erfassung der aus crossmedialen Zusammenschlüssen entstehenden Marktmacht problematisch.[922]

Die britische Medienpolitik vertraut auf eine Selbstregulierung der Märkte durch den Wettbewerb. In Folge der Anlehnung des Medienkartellrechts an die allgemeine Fusionskontrolle und der Deregulierung des Medienkonzentrationsrechts nimmt der Medienmarkt in Großbritannien keine absolute Sonderrolle mehr ein.[923] Die britische Medienregulierung ist aufgrund der flexiblen Eingriffsmöglichkeiten des Kulturministers im Zusammenhang mit dem *public interest test* besser auf technische Entwicklungen eingestellt. Ein Eingriff in die wirtschaftliche Betätigungsfreiheit der Unternehmen erfolgt nur bei einer Beeinträchtigung des öffentlichen Interesses. Zwar entsteht eine gewisse Rechtsunsicherheit dadurch, dass das Gesetz keine konkreten Vorgaben macht, wann ein Zusammenschluss das öffentliche Interesse beeinträchtigt. Welche Zusammenschlüsse kartellrechtlich relevant sind, ergibt sich aber aus den medienpolitischen Grundsätzen des Kulturministers. Hiernach sollen grundsätzlich solche Zusammenschlüsse untersucht werden, die nach der früheren Rechtslage medienkonzentrationsrechtlich problematisch waren, heute aber nicht mehr von einer *ex ante*-Regulierung erfasst werden.[924] Daher kommt es in der britischen Rechtsordnung auch generell nicht zu einer parallelen Anwendung von Medienkonzentrations- und Medienkartellrecht. Zwar sind beide Gesetze grundsätzlich auf Medienzusammenschlüsse anwendbar. Der CA2003 enthält insofern weiterhin strenge medienkonzentrationsrechtliche Vorgaben. Die verschiedenen Regulierungsregime werden aber anders als in Deutschland grundsätzlich nicht auf dieselben medienrechtlichen Sachverhalte angewendet. Vielmehr untersucht der Kulturminister grundsätzlich nur solche Zusammenschlüsse, die keine medienkonzentrationsrechtliche Bedeutung mehr aufweisen.

---

920 Vgl. hierzu B. III. 3 a), C. III. 3. a).

921 Siehe hierzu C. III. 3. b) aa).

922 Vgl. hierzu B. III. 3. a).

923 Vgl. hierzu B. III. 3., C. III. 3.

924 Vgl. hierzu C. IV. 2. b).

IV. Medienaufsicht

Die Medienaufsicht für den Bereich des Medienkonzentrationsrechts ist in Großbritannien zentral und in Deutschland grundsätzlich dezentral organisiert.

Die dezentrale Struktur der deutschen Medienaufsicht resultiert aus der föderalistischen Zuständigkeitsverteilung des Grundgesetzes.[925] Eine dezentrale Organisation bietet den Vorteil, dass die Kompetenzen auf mehrere Instanzen verteilt sind und es somit zu keiner Konzentration von Handlungskompetenzen kommt.[926] Die Nachteile einer föderalen Struktur liegen indes in daraus resultierender Standortkonkurrenz und Zuständigkeitsstreitigkeiten. Die Problematik der Standortkonkurrenz, die früher daraus resultierte, dass Rundfunkveranstalter die Zuständigkeit einer Landesmedienanstalt durch die Stellung des Lizenzantrages begründen konnten, wurde im Hinblick auf die Veranstaltung bundesweiten Privatrundfunks durch die Einführung der ZAK als zentrale Zulassungsstelle behoben.[927] Auch die Einführung der KEK hat dazu beigetragen, dass der Standort für die medienkonzentrationsrechtliche Bewertung eines Falles keine Rolle mehr spielt.[928] Dies hat indes nicht die Streitigkeiten über die Prüfungskompetenz der KEK beendet, was das Verfahren Springer/P7S1 und der Meinungsstreit im Hinblick auf § 26 Abs. 2 RStV verdeutlichen.[929] Probleme ergeben sich auch aus der parallelen Zuständigkeit von KEK und BKartA für Medienzusammenschlüsse.[930] Vor allem aus Kompetenzstreitigkeiten zwischen den zuständigen Stellen resultiert eine zunehmende Rechtsunsicherheit.[931] Die britische Regulierungsbehörde Ofcom ist aufgrund ihrer umfassenden Zuständigkeit besser geeignet, auf die technische Entwicklung zu reagieren und einen einheitlichen Regulierungsansatz gegenüber den verschiedenen Medien- und Kommunikationsdiensten zu verfolgen. Das der deutschen Medienaufsicht zugrundeliegende Prinzip des kooperativen Föderalismus ist daher im Hinblick auf die Regulierung der konvergierenden Medien von Nachteil.[932]

Bei der kartellrechtlichen Medienaufsicht besteht eine andere Situation. Für die kartellrechtliche Bewertung von Zusammenschlüssen ist in Deutschland

---

925 Vgl. hierzu B. IV.

926 *Grünewald,* Die politische Meinung 2000, Nr. 362, 55 (56).

927 Zu der früheren Situation *Schuler-Harms,* in: Hahn/Vesting, 2. Aufl., Vorb. zu §§ 35 ff. RStV, Rn 4.

928 *Hain,* MMR 2000, 537 (538).

929 Vgl. hierzu B. III. 2. b) cc) bbb).

930 *Schulz/Held,* 35.

931 *Paal/Hennemann,* ZRP 2010, 40 (42).

932 *Holznagel,* ZUM 1999, 425 (435).

allein das BKartA zuständig.[933] In Großbritannien ist die Zuständigkeit für die Überprüfung von Medienfusionen letztlich auf zwei bis vier Behörden verteilt. Zwar entscheidet der Kulturminister abschließend, ob ein Zusammenschluss das öffentliche Interesse beeinträchtigt und deshalb untersagt werden soll. Für die kartellrechtliche Beurteilung ist indes das Oft zuständig, über dessen Entscheidung sich der Kulturminister nicht hinwegsetzen kann. Leitet der Kulturminister die Untersuchung jedoch an die Wettbewerbskommission weiter, kann diese eine andere kartellrechtliche Bewertung vornehmen als das Oft und den Fall kartellrechtlich abschließend entscheiden. In diesem Zusammenhang kann die Wettbewerbskommission auch die Beurteilung des öffentlichen Interesses durch den Kulturminister überprüfen. Die Kommission ist indes nicht berechtigt, den Fall aufgrund einer anderen Bewertung des öffentlichen Interesses abschließend zu entscheiden; sie kann aber Vorschläge unterbreiten, die der Kulturminister bei seiner Entscheidung berücksichtigt. Daneben ist Ofcom im Rahmen des medienkartellrechtlichen Verfahrens zwar nicht entscheidungsbefugt, aber für die Beratung des Kulturministers zuständig.[934] Dieses Kompetenzgefüge hat zur Folge, dass das britische Kartellrechtsverfahren im Verhältnis zu dem deutschen sehr langwierig und unübersichtlich ist.[935] Letztlich besteht demzufolge auch in Großbritannien eine zweigleisige Zuständigkeit, indem der Kulturminister für die Medienfusionskontrolle anhand des *public interest test* und Ofcom für die Anwendung des speziellen Medienkonzentrationsrechts zuständig ist.[936] Dennoch wird eine einheitliche Rechtspraxis durch die Konsultations- und Beratungsverpflichtungen, die zwischen Ofcom, Oft und dem Kulturminister bestehen, weitestgehend gewährleistet.[937]

Die britische Kompetenzverteilung birgt zudem eine besondere Problematik, die sich daraus ergibt, dass der Kulturminister als Politiker erhebliche Kompetenzen im Hinblick auf politisch höchstrelevante Medienzusammenschlüsse besitzt. Seine Entscheidungen sind daher einem grundsätzlichem Misstrauen ausgesetzt.[938] Dies resultiert vor allem aus der abschließenden Entscheidungskompetenz des Kulturministers. Auch wenn der Minister von verschiedenen

933 Siehe hierzu B. III. 2., B. IV. 4.

934 Siehe hierzu C. III. 3. b) bb), C. IV.

935 *Bretschneider,* 106 ff., 122 f., 179; *ders*, ZUM 2010, 418 (421).

936 Siehe hierzu C. IV. 1. a) und c), C. IV. 2.

937 Vgl. hierzu C. III. 3. b) bb).

938 Dies wurde bei dem geplanten Zusammenschluss von *NewsCorp* und *BSkyB* besonders deutlich. Trotz zahlreicher Beratungen mit verschiedenen Behörden wurde dem Kulturminister vorgeworfen, dass seine Entscheidungen politisch motiviert gewesen seien, vgl. hierzu *Robinson,* Politicians could be barred from ruling on media mergers, says Jeremy Hunt, in: The Guardian v. 10.09.2011.

Behörden beraten wird, entscheidet er abschließend, ob ein Zusammenschluss wegen Verletzung des öffentlichen Interesses zu untersagen ist.[939] Vor allem aus diesem Grund ist die Kompetenzverteilung Gegenstand der aktuellen britischen Reformbemühungen.[940]

V. Reform

Sowohl im deutschen als auch im britischen Medienregulierungsrecht besteht Reformbedarf. Großbritannien hat bereits vor einiger Zeit einen medienpolitischen Kurs eingeschlagen, der eine erhebliche Liberalisierung der Medienregulierung zum Gegenstand hat. Inzwischen steht insbesondere das 2003 eingeführte Medienkartellrecht erneut vor einer umfangreichen Überarbeitung, die 2015 in Kraft treten soll.[941]

Auch in Deutschland fanden zwischenzeitlich Reformen vor allem im Hinblick auf eine Vereinheitlichung der Medienaufsicht statt.[942] Die vorliegende Dissertation hat aber gezeigt, dass auch das Medienkonzentrationsrecht nicht den gegenwärtigen technischen Anforderungen der Medienverbreitung entspricht und daher vor allem bezüglich der Einbeziehung crossmedialer Meinungsmacht reformbedürftig ist.[943]

1. Reform des materiellen Medienregulierungsrechts

Die Schwerpunkte der gegenwärtigen Reformbemühungen liegen auf verschiedenen Rechtsgebieten. Während sich der britische Reformprozess auf das Medienkartellrecht und die kartellrechtliche Medienaufsicht fokussiert, beziehen sich die deutschen Reformbestrebungen vorrangig auf das Medienkonzentrationsrecht.[944]

---

939 Vgl. hierzu C. III. 3. b) bb) und cc), C. IV. 2. a).

940 Vgl. hierzu C. V. 2.; siehe zudem *Hunt,* Rede auf der Royal Television Society Cambridge Convention v. 14.09.2011.

941 Vgl. Hunt, Rede auf der Oxford Media Convention v. 14.09.2011: „[...] *how a new Communications Act can create regulatory certainty.* [...] *This is not about tweaking the current system, but redesigning it – from scratch if necessary – to make it fit for purpose. One that will be put in place in 2015 and that will last for at least a decade.* [...]“.

942 Vgl. hierzu B. IV. 2.

943 Vgl. hierzu B. V.

944 Siehe B. V. 1., C. V. 1.

a) Erfassung crossmedialer Meinungsmacht

In beiden Ländern steht das Ziel, crossmediale Meinungsmacht bei regulatorischen Maßnahmen ausreichend zu berücksichtigen, im Vordergrund.[945] Zwar ist das britische Medienkonzentrationsrecht bereits auf crossmediale Medienaktivitäten ausgerichtet, indem sich die Regulierungsvorschriften vorrangig auf intermediäre Verflechtungen beziehen.[946] Hingegen wird in Deutschland Meinungsmacht nach der derzeitigen Rechtslage allein im Zusammenhang mit Fernsehzuschaueranteilen bewertet.[947] Die Erfassung crossmedialer Medienaktivitäten allein durch den Wortlaut des Gesetzes ist aber, wie die derzeitigen Reformbemühungen in Großbritannien zeigen, nicht ausreichend, um die Entstehung crossmedialer Meinungsmacht zu verhindern. Hierzu bedarf es einer konkreten und verbindlichen Methode zur Messung und Analyse von Meinungsmacht. Eine solche Methode, die auch kodifiziert sein müsste, fehlt sowohl in Deutschland als auch in Großbritannien. Im Hinblick auf die Sicherung der Meinungsvielfalt ist sehr problematisch, dass crossmediale Meinungsmacht und damit der überwiegende Teil der Medienaktivitäten nicht ausreichend berücksichtigt werden. Hieraus ergibt sich eine falsche Tatsachengrundlage für die Bewertung von Medieneigentumskonzentration, die zwangsläufig zu Fehlentscheidungen in Form von unangemessen strengen oder unzureichenden regulatorischen Maßnahmen führt, wodurch es wiederum zu Wettbewerbsverzerrungen auf den betroffenen Märkten kommt.[948]

Aus diesen Gründen wurden in beiden Ländern Vorschläge für Methoden zur Erfassung crossmedialer Meinungsmacht unterbreitet. Während die BLM bereits ein detailliertes und überzeugendes Konzept vorgelegt hat, das sämtliche Übertragungsformen und Inhalte erfasst, ist es in Großbritannien zunächst bei der Anwendung einer auf den Nachrichtenkonsum beschränkten Bewertungsmethode in dem Verfahren *NewsCorp/BSkyB* geblieben, die in den Berichten Ofcoms an den Kulturminister auch nur geringfügig konkretisiert wurde. Zunächst gleichen sich die methodischen Ansätze. So liegen die Schwerpunkte beider Ansätze auf der Bewertung der Meinungsbildungsrelevanz der einzelnen Medien, die sich vor allem aus der Reichweite ergeben soll. Die Entwicklung einer Methodik zur Ermittlung der Reichweite der Medien steht daher im Vordergrund. Die Behörden sind sich der Tatsache bewusst, dass die Reichweite auf empirischer Grund-

945 Vgl. hierzu B. V. 1., C. V. 1.

946 Vgl. hierzu C. III. 2. b).

947 Vgl. hierzu B. III. 2. b) cc) aaa).

948 Dies räumte auch der frühere britische Kulturminister *Hunt* in seiner Rede auf der Royal Television Society Cambridge Convention ein, vgl. *Hunt,* Rede auf der Royal Television Society Cambridge Convention v. 14.09.2011.

lage bestimmt werden muss, wozu die Mediennutzer zu befragen sind. Unterschiede ergeben sich zunächst daraus, dass Ofcom ausschließlich auf Nachrichten und Zeitgeschehen als besonders meinungsrelevante Inhalte abstellt und sich damit auf einen kleineren Programmbestandteil beschränkt.[949] Hingegen geht die BLM davon aus, dass jeder Inhalt von Nachrichten bis Unterhaltung für die Meinungsbildung relevant und diesbezüglich keine subjektive Wertung vorzunehmen sei. Eine Ausnahme bestehe für das Internet, das nicht ausschließlich als Medium diene, sondern aufgrund seiner vielseitigen Funktionen auch zahlreiche Inhalte enthalte, die für die Meinungsbildung irrelevant seien. Nach Ansicht des britischen Kulturministers steht bei der Bewertung der Internetpräsenz eines Unternehmens im Vordergrund, welche Internetseiten in die Beurteilung einbezogen werden sollen, wobei eine Fokussierung auf registrierungspflichtige oder kostenpflichtige Internetseiten in Betracht komme. Bezüglich der Festlegung konkreter Schwellenwerte hat die BLM bereits einen auf einer Studie beruhenden konkreten Vorschlag unterbreitet, der einheitliche und verrechenbare Werte für jedes Medium festlegt. Demgegenüber verwendet Ofcom keine einheitlichen Vergleichswerte, sondern ermittelt die Reichweite allein anhand einer Umfrage, wie viele Mediennutzer die jeweiligen Mediendienste mindestens einmal pro Woche zum Nachrichtenkonsum verwenden.[950] In diesem Zusammenhang ist aber zu berücksichtigen, dass bereits während der britischen Reformbemühungen hinsichtlich des CA2003 die gesetzliche Fixierung eines konkreten Schwellenwertes diskutiert wurde. Hiernach sollte der Gesetzgeber crossmediale Meinungsmacht einheitlich regulieren, indem generell ein Marktanteil von mehr als 10 % auf allen relevanten Medienmärkten untersagt werden sollte. Zur Ermittlung des Marktanteils sollte die Meinungsbildungsrelevanz der verschiedenen Mediendienste bewertet und im Wege einer Umrechnung verglichen werden.[951] Festzuhalten ist, dass die vertretenen Ansätze Gemeinsamkeiten vor allem in dem entscheidenden Punkt der Reichweitenmessung der einzelnen Medien aufweisen. Der Vorschlag der BLM ist indes deutlich differenzierter und insbesondere wegen der inhaltsübergreifenden Beurteilung der Medien vorzugswürdig, da bspw. auch Unterhaltungsprogramme von erheblicher Relevanz für die Mei-

949 Dass hierin ein erheblicher Unterschied zu den Regulierungsansätzen anderer europäischer Länder besteht, nimmt Ofcom in Kauf, vgl. Ofcom, Measuring media plurality, 6/2012, 9, 3.13: „*We note from our research into international case studies, a number of jurisdictions (such as Germany, France, Norway) carry out their analyses on media content in the broadest sense and do not attempt to measure or regulate particular genres.*"

950 Vgl. hierzu B. V. 1. c), C. V. 1.

951 *Von Danwitz,* ZUM 2002 (769) 775 f.

nungsbildung sind.[952] Sollte die Methode der BLM im Kontext eines umfassenden crossmedialen Regulierungsansatzes kodifiziert werden, wäre das deutsche Medienkonzentrationsrecht deutlich fortschrittlicher als das britische, das crossmediale Meinungsmacht derzeit zwar dem Wortlaut nach erfasst, aber in der praktischen Umsetzung nur unzureichend berücksichtigt.

Daher steht fest, dass Reformbestrebungen insbesondere hinsichtlich der Erfassung crossmedialer Meinungsmacht auch in Großbritannien notwendig sind. Vor einer weiteren Deregulierung des britischen Mediensektors ist jedoch zu warnen. Die Zentralisierung und zunehmende Konzentration von Meinungsmacht in Großbritannien resultiert vorwiegend aus der Liberalisierung der Regulierungsvorschriften in den letzten Jahrzenten. Zwar ist der britische Mediensektor innovativ und dynamisch, was unter anderem aus dem wirtschaftlichen Engagement ausländischer Medieninvestoren resultiert.[953] Die Liberalisierung der persönlichen Zulassungsvoraussetzungen für die private Rundfunkveranstaltung im Hinblick auf ausländische Investoren war insofern förderlich und sicherlich in gewissem Maße auch der Medienvielfalt dienlich.[954] Die Verbindung aus Deregulierung und mangelnder Regulierung crossmedialer Meinungsmacht hat jedoch im Ergebnis zu einer erheblichen Konzentration des Medienmarktes geführt, die vor allem die Medienpräsenz des amerikanischen Konzerns *NewsCorp* deutlich macht.[955] Diese Marktkonzentration wird die Vielfalt britischer Informationen und Meinungen jedenfalls langfristig deutlich reduzieren, was sich bereits an der starken Präsenz amerikanischer Serien im britischen Fernsehprogramm zeigt.[956] Zwar sind solche Inhalte auch Gegenstand des deutschen Fernsehprogramms, vorwiegend ist dieses aber durch deutsche Produktionen geprägt.[957] Dies resultiert auch daraus, dass der Import amerikanischer Produktionen auf den britischen Markt mangels Sprachbarrieren einfacher und kostengünstiger ist. Eine weitere Ursache ist aber die starke Stellung amerikanischer Unternehmen auf dem britischen Medienmarkt. Vor diesem Hintergrund wäre die von dem britischen Kulturminister vorgeschlagene Übertragung der Kompetenzen des Oft zur kartellrechtlichen Untersuchung internen Unternehmenswachstums auf das

952 *Gounalakis/Zagouras,* 91; a. A. *Krautscheid,* in: Krautscheid/Schwartmann, 4 (8 f.); *Bretschneider,* ZUM 2010, 418 (421), der eine Fokussierung auf Nachrichtenprogramme wegen ihrer Bedeutung für die Meinungsbildung befürwortet.

953 Vgl. hierzu C. II.

954 Siehe hierzu C. III. 2. c) dd).

955 Vgl. hierzu C. II.

956 Vgl. hierzu C. II.

957 Siehe hierzu B. II.

Medienkartellrecht zur Kompensation einer weiteren Liberalisierung der *ex ante*-Regulierung unerlässlich.[958]

b) Deregulierung regionaler Medienmärkte

Die Entwicklung der Medien stellt für regionale Medienmärkte eine große Herausforderung dar. Die sinkenden Werbeeinnahmen im Bereich traditioneller Medien und der zunehmende Wettbewerb wirken sich vor allem auf kleinere Medienunternehmen aus. Diese werden langfristig aus dem Markt gedrängt, da sie nicht mit dem technologischen Fortschritt mithalten können. Um dies zu verhindern und die für die Medienvielfalt besonders relevanten regionalen Medienmärkte zu erhalten, sollten Zusammenschlüsse regionaler Mediengesellschaften erleichtert werden. Daher sollten vor allem die Regulierung regionaler Medienmärkte weiter liberalisiert und eine Konzentration dieser Märkte bis zu einem gewissen Grad hingenommen werden.[959] Zumal die Grundversorgung der Bevölkerung mit Informationen und Meinungen im Fernsehen durch die öffentlich-rechtlichen Sender sichergestellt wird.[960] Zu berücksichtigen ist außerdem, dass auch die regionalen Medienmärkte durch crossmediale Marktaktivitäten der Unternehmen und eine crossmediale Mediennutzung der Verbraucher geprägt sind. Daher sind ein medienübergreifender Regulierungsansatz und die Abschaffung der sektorspezifischen Regulierung im Bereich regionaler Medienmärkte – wie durch den Ausschuss des britischen Unterhauses für Kultur, Medien und Sport vorgeschlagen –[961] vorzugswürdig. Einen solchen Regulierungsansatz hat

958 Siehe hierzu C. V. 1.

959 Vgl. *Ofcom,* Report on the media ownership rules, 2009, 7, 1.39: „[...] *We proposed liberalisation rather than removal to strike a balance between enabling flexibility of industry to adapt to change while still retaining some protections for plurality.*", 1.41: „*Liberalisation of the rules would allow a greater degree of consolidated ownership in Scotland, as in all the devolved nations. We also consider that some relaxation of local ownership rules benefits citizens and consumers by helping to ensure that local content continues to be commercially provided by enabling industry to adapt business models to respond to current challenges.* [...]"

960 *Ofcom,* Report on the media ownership rules, 2009, 1, 7 f.

961 *House of Commons,* Future for local and regional media, 21, Nr. 57: „*The evidence we have heard from local media groups about the need to modify the merger regime and cross-media ownership rules is persuasive. We welcome the recommendations made by Ofcom in their report to the Secretary of State on media cross-ownership rules, and urge the Government to implement them.* ***However we believe more far-reaching reform is needed. In order for local newspapers to survive in a changing economic and technological world, they need to be regarded as competitors in a multi-media landscape.*** *Despite the evidence given by the Office of Fair Trading, we believe that the current media merger regime does not fully reflect this. We recommend that the Government re-examine the arrangement by carrying out a*

der Gesetzgeber bspw. bei der Novellierung des LMG NRW umgesetzt, vgl. §§ 33a ff. LMG NRW. Der britische Gesetzgeber ist einen Schritt voraus, da er die medienkonzentrationsrechtliche Regulierung regionaler Medienmärkte im Wege der *Media Ownership Order 2011* vollständig abgeschafft hat. Die britische Medienfusionskontrolle bleibt aber weiterhin auf Zusammenschlüsse regionaler Medienunternehmen anwendbar, sodass diese bei einer Beeinträchtigung des öffentlichen Interesses untersagt werden können.[962] Eine vollständige Abschaffung des Medienkonzentrationsrechts wäre in Deutschland jedoch aus verfassungsrechtlichen Gründen unzulässig, da der Gesetzgeber gemäß Art. 5 Abs. 1 GG verpflichtet ist, die freie und individuelle Meinungsbildung durch eine positivrechtliche Gesetzgebung zu gewährleisten.[963]

2. Reform der Medienaufsicht

In Großbritannien ist eine Reform der kartellrechtlichen Medienaufsicht geplant. Die erst 2003 dem Kulturminister eingeräumten medienkartellrechtlichen Befugnisse sollen voraussichtlich auf das Oft und die Wettbewerbskommission und deren Befugnisse wiederum auf die neuzugründende CMA übertragen werden. Bemerkenswert hieran ist, dass der Kulturminister selbst Befürworter bzw. Initiator dieser Reform ist und damit seine eigenen Befugnisse abgeben möchte. Hieran zeigt sich, dass die Kompetenzen des Kulturministers in diesem Bereich aufgrund der politischen Relevanz von Medienzusammenschlüssen und der besonderen Beziehung zwischen Staat und Medien in der britischen Bevölkerung nicht akzeptiert werden.[964] Die britischen Reformbemühungen im Bereich der Medienaufsicht sind daher notwendig. Gerade vor dem Hintergrund der besonderen Beziehung zwischen Staat und Medien, die vor allem auf der politischen Macht der Medien beruht und der Medienregulierung eine besondere medienpolitische Brisanz verleiht, sind derart weitreichende rechtliche Befugnisse eines Politikers problematisch.

In Deutschland wurde die Medienaufsicht 2007 durch den Zehnten RÄStV reformiert. Ein Bestandteil dieser Reform war die Gründung der ZAK als zentrale Stelle insbesondere für die Zulassung bundesweiter privater Fernsehprogramme. Die gesetzliche Zuständigkeit für diesen Bereich ist aber bei den Landesmedien-

---

consultation on a possible multi-media merger regime.“ [Hervorhebung nachträglich eingefügt].

962 Vgl. hierzu C. II.

963 BVerfG, Urteil v. 16.06.1981, 1 BvL 89/78, Juris, Rn 85, 88.

964 Vgl. hierzu C. V. 2.

anstalten verblieben, die sich der ZAK lediglich zur Erfüllung ihrer Aufgaben bedienen.[965]

Aufgrund der zunehmenden Verschmelzung von Medien- und Telekommunikationsmarkt wäre auch in Deutschland die Einrichtung einer zentralen Behörde mit einer medienübergreifenden Zuständigkeit sinnvoll.[966] Es stellt sich ohnehin die Frage, wie eine Gesamtbeurteilung der crossmedialen Meinungsmacht eines Unternehmens erfolgen soll, wenn für die Medienmärkte, auf denen das Unternehmen tätig ist, verschiedene Behörden zuständig sind. Eine einheitliche Bewertung bedarf einer einheitlichen Zuständigkeit. Das Prinzip des kooperativen Föderalismus wird der Dynamik des Mediensektors nicht gerecht. Deshalb sind eine Abschaffung der Landesmedienanstalten und eine Übertragung der rundfunkrechtlichen Zuständigkeit auf den Bund in Betracht zu ziehen.[967] Die Zentralisierung der Zuständigkeiten für die Lizenzierung und Kontrolle sämtlicher Mediendienste auf nationaler Ebene wäre zudem im Hinblick auf die zunehmende Internationalisierung der Medien hilfreich.[968] Wie bereits dargelegt, ist es für die nationalen Regulierungsbehörden problematisch, die grenzüberschreitenden Medienaktivitäten und -transaktionen angemessen zu kontrollieren.[969] Eine Bündelung von Kompetenzen würde auch in diesem Bereich nützen und die Kontrolle der Medien insgesamt effektiver gestalten. Die behördlichen Zuständigkeiten wurden in Großbritannien bereits im Wege des CA2003 weitgehend zentralisiert. Ofcom wurde als Regulierungsbehörde für den Medien- und Telekommunikationssektor eingerichtet, um eine einheitliche Anwendung regulatorischer Maßnahmen zu gewährleisten.[970] Wie soeben geschildert, erstreckt sich diese Zuständigkeit indes nur auf die medienkonzentrationsrechtliche *ex ante*-Regulierung und nicht auf den in der britischen Rechtsordnung sehr wichtigen Bereich des Medienkartellrechts. Daher ist nun auch im Bereich des Kartellrechts eine Bündelung der Kompetenzen in der CMA vorgesehen.[971]

Sollte eine Zentralisierung der Medienaufsicht auch in Form einer dynamischen Verweisung in Deutschland medienpolitisch nicht umsetzbar sein, sollte zumindest ein Konsultationsprinzip vergleichbar mit dem britischen Kartellrechtsverfahren, bei dem zahlreiche Beratungs- und Konsultationspflichten zwischen Kulturminister, Ofcom, Oft und vielfach auch der Wettbewerbskommis-

965 Vgl. hierzu B. IV. 2.
966 Siehe hierzu B. V. 2.
967 Vgl. hierzu B. V. 2.
968 *Doyle*, 2, 5.
969 Vgl. hierzu A. III. 5.
970 Siehe Einl. zu C. IV.
971 Siehe C. V. 2., D. IV. oder auch C. III. 3. b) bb).

sion bestehen, eingeführt werden.[972] Jedenfalls bedarf es einer Abstimmung der einzelnen Behörden, vor allem des BKartA und der KEK, aber bspw. auch der Bundesnetzagentur.[973]

972 Zu der Möglichkeit einer dynamischen Verweisung siehe B. V. 2. c).

973 *Ladeur,* ZUM 1998, 261 (269).

E. Resümee

Der technologische Fortschritt stellt die Medienregulierung, die traditionell an das Übertragungsmedium anknüpft, vor neue Herausforderungen. Medienkonvergenz erfordert einen technologieneutralen Regulierungsansatz, der Medieninhalte einheitlich und unabhängig von der Übertragungsform erfasst.[974]

Die deutsche und die britische Medienregulierung bezwecken beide den Schutz von Meinungsvielfalt und Meinungsfreiheit, gehen aber grundsätzlich verschiedene Wege. Der Rechtsvergleich in dieser Dissertation hat indes gezeigt, dass die Medienregulierungssysteme beider Länder neben deutlichen Unterschieden auch Gemeinsamkeiten in entscheidenden Bereichen aufweisen. Eine abschließende Bewertung, welches Medienregulierungssystem die Meinungsvielfalt effektiver schützt, wurde nicht vorgenommen, da beide Regulierungsansätze Vor- und Nachteile haben und reformbedürftig sind.[975]

Dem britischen Mediensystem eilt der Ruf besonderer Fortschrittlichkeit voraus. Die britische Medienpolitik scheint aufgrund ihrer liberalen Ausrichtung mit der technischen Entwicklung besser zurechtzukommen als die deutsche. Bereits bei der Einführung des Privatfernsehens nahm das britische Rundfunksystem eine Vorreiterrolle ein. Im Rahmen dieser Dissertation wurde aber deutlich, dass das britische Medienrecht in letzter Konsequenz gegenwärtig nicht geeignet ist, die konvergierenden Medien sachgerecht und umfassend zu regulieren, was sich deutlich an der Entwicklung des britischen Medienmarktes zeigt. Zwar ist der Markt aufgrund der liberalen Gesetze durch eine besondere Produktivität und Innovativität gekennzeichnet. Die Deregulierung hat aber auch zu einer zunehmenden Medieneigentumskonzentration geführt, die eine erhebliche Gefahr für die Meinungsvielfalt darstellt und diese langfristig reduziert.[976] Diesbezügliche Befürchtungen der Briten wurden bereits in der medienpolitischen Auseinandersetzung mit dem amerikanischen Medienkonzern *NewsCorp* deutlich. Die seit etwa zwei Jahrzenten anhaltende Konzentrationsentwicklung resultiert vor allem aus der Verlagerung der medienkonzentrationsrechtlichen *ex ante*-Kontrolle auf eine medienkartellrechtliche *ex post*-Kontrolle in Folge der Abschaffung regulatorischer Beschränkungen insbesondere durch den CA2003.

974 Vgl. hierzu A. II. 3., A. III. 1.

975 Vgl. hierzu B. II, B. III. 1. b) bb), C. II.

976 *OSI*, 337.

Hierin besteht ein wichtiger Unterschied zwischen der deutschen und der britischen Medienvielfaltsicherung.[977] Während in Deutschland Medienverfassungs- und Medienkonzentrationsrecht die Grundlage der Medienvielfaltsicherung bilden, wird die Meinungsvielfalt in Großbritannien vorwiegend durch ein spezielles Medienkartellrecht geschützt.[978] In beiden Ländern bestehen indes erhebliche Schwierigkeiten bei der Regulierung crossmedialer und grenzüberschreitender Meinungsmacht. Dies hat zur Folge, dass die marktbeherrschenden Medienkonzerne ihre Meinungsmacht weiter ausbauen können.[979] Insbesondere die Untersagung von Zusammenschlüssen nationaler Medienunternehmen führt vielfach dazu, dass Medienkonzerne ihr Auslandsgeschäft und damit ihre Marktmacht auf den internationalen Medienmärkten ausbauen, wodurch neue Marktkonzentration entsteht, die sich wiederum auf den nationalen Markt auswirkt.[980] Demnach ist eine strenge Regulierung der Medien vor allem dann nicht zielführend, wenn sie nicht den aktuellen technischen Anforderungen entspricht und crossmediale Meinungsmacht nicht ausreichend erfasst oder fehlerhaft bewertet. Ein sachgerechter Regulierungsansatz muss auch Meinungsmacht erfassen, die Medienunternehmen in Folge ihres zunehmend globalen Engagements auf internationalen Märkten erlangen. Wegen der grenzüberschreitenden Natur der Medien müssen auch Programme in ausländischer Sprache reguliert werden, da die Medienregulierung sonst auf einer unvollständigen Tatsachengrundlage beruht und dadurch zu ungerechtfertigten Wettbewerbsverzerrungen führt. Zu einem Ungleichgewicht zwischen der Bewertung der aus den nationalen Marktaktivitäten resultierenden Meinungsmacht eines Unternehmens und seiner unter Einbeziehung internationaler Märkte tatsächlich vorhandenen Meinungsmacht kann es vor allem in Verbindung mit den Entscheidungen der EU-Kommission kommen, die auch Medienzusammenschlüsse mit erheblichen Auswirkungen auf die nationalen Märkte häufig als kartellrechtlich unbedenklich bewertet. Werden aber die internationale Marktmacht der Medienunternehmen und die hieraus entstehende Medienkonzentration nicht reguliert, gefährdet dies die Meinungsvielfalt auf den nationalen Märkten.[981]

Trotz der erheblichen Konzentration des britischen Medienmarktes in Folge der Deregulierung ist die Verlagerung der Medienkontrolle auf das Medienkartellrecht grundsätzlich richtig. Der *public interest test* stellt aufgrund seiner Flexibilität letztlich ein geeignetes und zukunftsfähiges Regulierungsmodell dar.

---

977 Vgl. D. III. 2. und 3.

978 Siehe B. III. 1. und 2., C. III. 3, D. III.

979 Vgl. B. III. 2. b) cc) bbb).

980 Siehe hierzu D. III. 2. b).

981 *Beckmann/Müller,* in: Hoeren/Sieber, Teil 10, Rn 122; *Humphreys*, 223 ff.

Durch die Abschaffung strenger medienkonzentrationsrechtlicher Vorschriften wurden Investitions- und Innovationsanreize gesetzt, indem regulatorische Maßnahmen nur noch ergriffen werden, wenn sich nach einer Prüfung des jeweiligen Einzelfalls ergibt, dass dies zum Schutz des öffentlichen Interesses notwendig ist. Ein indisponibles Recht, das wie das deutsche Medienkonzentrationsrecht feste Schwellenwerte zur Begrenzung von Meinungsmacht festlegt, schränkt die wirtschaftliche Betätigungsfreiheit der Medienunternehmen ein, ohne eine Abwägung im Einzelfall zu ermöglichen, was eine Reduktion des Medienangebots für Verbraucher zur Folge haben kann. Zum Schutze der Meinungsvielfalt ist es zwar nicht wünschenswert, dass ausländische Medienunternehmen in Folge der Liberalisierung der persönlichen Lizenzvoraussetzungen bedeutende britische Fernsehsender erwerben können und dadurch die Gefahr einer Verdrängung nationaler Produktionen und Inhalte entsteht.[982] Es erscheint aber fraglich, ob es eine Alternative zu einer Liberalisierung der Lizenzvorschriften gibt; zumal der weit überwiegende Teil ausländischer Medieninhalte in Folge von Medienkonvergenz bereits über das Internet bezogen werden kann.

Vor dem Hintergrund des grenzüberschreitenden Charakters der Medien ist allein ein Medienangebot zukunftsfähig, das dem Mediennutzer die Möglichkeit gibt, das Programm festzulegen. Diese Kriterien erfüllt auch das Fernsehen auf Abruf nicht, da die Auswahl der Programminhalte dem Veranstalter obliegt und der Nutzer nur den Sendezeitpunkt bestimmt. Mediendienste, über deren Inhalt und Sendezeitpunkt der Nutzer entscheidet, sollten im Interesse der Meinungsvielfalt weiterentwickelt werden. Auch nutzergesteuerte Medienangebote bedürfen aber einer Regulierung, was bereits die Errichtung einer speziellen Unterbehörde für die Regulierung von Abruffernsehen durch Ofcom zeigt.[983] Denn Meinungsvielfalt zur Gewährleistung eines demokratischen Willensbildungsprozesses kann nur durch ein umfangreiches und vielfältiges Angebot für jeden Verbraucher sichergestellt werden. Für den durchschnittlichen Mediennutzer, dessen Interessen denen des Marktes entsprechen, wird immer ein umfangreiches Angebot zur Verfügung bestehen. Ein Angebotsmangel kann aber aus Sicht von Minderheiten eintreten, deren Meinungen sich auf einem nicht regulierten Medi-

---

982 Vgl. hierzu *Collins*, 2.2.3.3: „*Possibly the most controversial of the Government's ownership proposals is liberalisation of national (or, strictly, EEA ownership) ownership regulation. Removal of the requirement that holders of UK broadcasting terrestrial broadcasting licences be EEA citizens has been widely viewed as an unwelcome opening of the UK broadcasting market to US capital (The Guardian, 21.11.2002: 28, representatively stated that 'Many MPs fear that broadcasting standards would be affected by a glut of imported American programming')* [...].“; siehe auch C. III. 2 c) dd) und *OSI*, 336.

983 Vgl. hierzu C. IV. 1. a); siehe auch *OSI*, 338.

enmarkt nicht durchsetzen können.[984] Auch wenn die zukünftige Regulierungsgesetzgebung grundsätzlich technologieneutral sein sollte, sind die grundlegenden Unterschiede zwischen linearen und nichtlinearen Mediendiensten zu berücksichtigen.[985] Es sollte der Grundsatz gelten, dass je mehr Kontrolle Mediennutzer über einen Mediendienst besitzen desto weniger Regulierung notwendig ist. Dieser Ansatz könnte bspw. in Form selbst- oder co-regulatorischer Maßnahmen für Abruffernsehdienste umgesetzt werden.

Ein wichtiger Aspekt für den Schutz der Meinungsvielfalt ist die Sicherung des Zugangs zu Medien. Wegen der geringen Nutzerfreundlichkeit vieler Medien bedarf es zunächst einer Steigerung der Informations- und Medienkompetenz der Mediennutzer, die idealerweise durch die EU-Kommission erfolgen sollte.[986] Für die Zugangssicherung ist zudem Netzneutralität, also die weitestgehende Gleichbehandlung von Inhalten und Diensten sowie diskriminierungsfreier Internetzugang, bedeutsam.[987] Sowohl in Deutschland als auch in Großbritannien wurden die Gefahren für die Meinungsvielfalt erkannt, die sich aus mangelnder Netzneutralität ergeben können. Auch wenn es für beide Länder von großem Interesse ist, eine Spaltung der Gesellschaft als Folge diskriminierender Internetzugangsmöglichkeiten zu verhindern, soll Netzneutralität zunächst weitestgehend durch die europarechtlichen Vorgaben und durch Wettbewerb gewährleistet werden, was im Übrigen auch der Sichtweise der EU-Kommission entspricht. Die britische Regierung kann sich indes die Bereitstellung eines hochwertigeren Internetzugangs für Mediendienste gegen Bezahlung vorstellen und würde demnach ein „Internet der zwei Geschwindigkeiten“ zulassen.[988] Dies ist aber abzulehnen, da der Zugang zu einem umfassenden Medienangebot für die Meinungsbildung von grundlegender Bedeutung und die Bildung einer „informationellen Unterklasse“ daher in jedem Fall zu verhindern ist. Einer Differenzierung nach Mediendiensten bedarf es aber möglicherweise wegen eines drohenden Mangels an Netzwerkkapazitäten. Die Neutralität des Netzes sowie die Übertragungskapazitäten sollten daher regelmäßig überprüft und notfalls regulatorische Maßnahmen ergriffen werden.[989]

Der deutschen und der britischen Rechtsordnung liegen duale Rundfunksysteme zugrunde, denen gerade vor dem Hintergrund der unzureichenden Medien-

---

984 Vgl. hierzu A. II. 3. b); siehe auch *Cooper,* 52 f.

985 *DCMS*, 37.

986 Vgl. hierzu A. II. 4. e).

987 Vgl. hierzu A. II. 4 d).

988 *Libertus/Wiesner,* MP 2/2011, 80 (83 ff.).

989 *Schwartmann,* in: Schwartmann, 11, *Müller-Terpitz,* K&R 2012, 476 (479), vertiefend zu möglichen Regulierungsmaßnahmen sowie zu der möglichen Verlagerung der Regulierungskompetenz auf die Exekutive gemäß § 41 a Abs. 1 TKG durch den deutschen Gesetzgeber.

regulierungsgesetzte gegenwärtig eine wichtige Funktion zukommt. Indem die öffentlich-rechtlichen Sender die Grundversorgung der Bevölkerung mit Informationen und Meinungen sicherstellen, sind sie für die Meinungsvielfaltsicherung unverzichtbar.[990] Aufgrund der Bindung der *public service broadcasters* an den öffentlichen Programmauftrag stellt das britische Rundfunksystem anders als das deutsche kein rein duales System dar. Diese Besonderheit des britischen Rechtssystems wird aber aufgrund der wirtschaftlichen Schwierigkeiten, die private Fernsehsender wegen des Rückgangs der Werbeeinnahmen haben, teilweise in Frage gestellt, weshalb die geplante Reform der britischen Medienregulierung auch eine Liberalisierung des *public service broadcasting* zum Gegenstand haben könnte.[991] Das duale Rundfunksystem sollte jedoch aufrechterhalten werden. Denn solange sich die Bevölkerung anhand der öffentlich-rechtlichen Rundfunkprogramme umfassend informieren kann, ist der demokratische Meinungsbildungsprozess gewährleistet. Daher sollten die an den öffentlichen Auftrag gebundenen Sender dem durch den zunehmenden Wettbewerb verursachten Kommerzialisierungsdrang standhalten und ihrem Grundversorgungsauftrag im dualen Rundfunksystem gerecht werden.[992]

Auch wenn Meinungsvielfalt weiterhin durch Medienregulierung geschützt werden muss, gibt es zu einer Liberalisierung der Medienregulierung, insbesondere der strikten Regulierung des Fernsehens, keine Alternative.[993] Dies resultiert zwangsläufig daraus, dass die technische Entwicklung eine Umgehung strenger Regulierungsgesetze ermöglicht, indem der Nutzer jeden Inhalt auch über einen nicht regulierten Mediendienst, insbesondere das Internet, beziehen kann. Ein zukunftsfähiges Regulierungsmodell sollte die Produktion und Verbreitung von Medieninhalten in technologieneutraler Weise regulieren und daher auf jeden Mediendienst in gleicher Weise anwendbar sein. Aufgrund der wachsenden Bedeutung intermediärer Unternehmenszusammenschlüsse in Folge von Medienkonvergenz sollte die Schaffung einer effektiven medienübergreifenden Konzentrationskontrolle vorrangiges Ziel der Reformbemühungen sein. Da insbesondere das gegenwärtige deutsche Regulierungsrecht noch auf einem traditionellen Medienverständnis beruht und crossmediale Meinungsmacht nur im Rahmen einer Umrechnung in Fernsehzuschaueranteile erfasst, bedarf es einer umfassenden Revision. Der gegenwärtige Regulierungsansatz berücksichtigt

990 *Holtz-Bacha,* in: Broadcasting & Convergence, 109 (110); vgl. zu der grundlegenden Bedeutung der öffentlich-rechtlichen Medien für eine informierte Gesellschaft *Curran et al.,* EJC 2009, Vol. 24, 5 (11 ff.).

991 Vgl. hierzu B. I., C. I., C. III. 2. a) bb), C. V. 1., D. I.

992 *Rossen-Stadtfeld,* in: Hahn/Vesting, § 25 RStV, Rn 44 f.; *OSI,* 338; *Hochrangige Gruppe für audiovisuelle Politik,* 25 f.

993 *OSI,* 338.

nicht die Konvergenz der Medien und führt zu Wettbewerbsverzerrungen, indem die Veranstaltung privaten Fernsehens einer strengen Regulierung durch den RStV unterliegt, während sich die Presse vorrangig selbst reguliert und das Internet nahezu keiner Regulierung unterliegt. Vor allem das Internet muss stärker in die Bewertung von Medienkonzentration einbezogen werden.[994] Eine umfassende Regulierung des Internets wäre jedoch nicht sinnvoll und zudem wegen des grenzüberschreitenden Charakters des Internets auf nationaler Ebene praktisch nicht umsetzbar.[995] Stattdessen sollte auf eine Selbstregulierung der am Medienprozess beteiligten Unternehmen gesetzt werden. Unternehmen, die auf verschiedenen Medienmärkten tätig sind, sollten zu einer verstärkten Kooperation bei der Entwicklung und Vermarktung neuer Programmformate angehalten werden.[996] Entsprechende Kooperationsverpflichtungen könnten mit der Lizenzvergabe verknüpft werden, wobei dies wohl nur in Bezug auf Unternehmen in Betracht kommt, die auf demselben Markt tätig und zur Beantragung einer Lizenz verpflichtet sind. Damit dies aber nicht zu einer einseitigen regulatorischen Belastung einzelner Mediendienste führt, können solche Verpflichtungen nur in Verbindung mit der ohnehin erforderlichen Deregulierung normiert werden. Daneben ist für eine effektive Medienregulierung auch die Verbesserung der technischen Kenntnisse und Fähigkeiten der Regulierungsbehörden notwendig.[997] Bei der Entwicklung eines neuen Regulierungsansatzes sollte es aber nicht ausschließlich um die Frage gehen, ob eine liberale oder strenge Medienregulierung der richtige Weg ist. Vielmehr sollte ein geeigneter und zielführender Ansatz gefunden werden, der zugleich transparent und nachvollziehbar ist und auf einer umfassenden Risikoanalyse beruht. Ein Regulierungssystem, das diese Voraussetzungen erfüllt, hätte keine wettbewerbsschädigenden Auswirkungen, sondern würde den allgemeinen Wohlstand fördern, indem es sowohl die Gesellschaft als auch Unternehmen, die den regulatorischen Anforderungen entsprechen, schützt.[998]

Die Festlegung objektiver und transparenter Kriterien zur Bewertung crossmedialer Meinungsmacht ist eine notwendige Voraussetzung für eine rechtmäßige und zuverlässige Medienregulierung. Hierin liegen die entscheidenden Schwächen des deutschen und britischen Rechts. Zwar ist das britische Medienkonzentrationsrecht auf crossmediale Medieneigentumsverflechtungen fokus-

---

994 *CDU/CSU/FDP*, Koalitionsvertrag v. 26.10.2009, 105.

995 *DCMS*, 36 f.; a. A. *Mikko,* 11, die medienkonzentrationsrechtliche Vorschriften bspw. zur Regulierung von Suchmaschinen auch auf das Internet anwenden will.

996 *Wagner,* ZUM 2011, 462 (464 f.); weiterführend zu den Möglichkeiten der Selbstregulierung *Paal,* JZ 2010, 647 (653).

997 *CDU/CSU/FDP*, Koalitionsvertrag v. 26.10.2009, 101.

998 Vgl. *House of Commons/Regulatory Reform Committee,* 243; *DCMS*, 24 ff.

siert, und auch das britische Medienkartellrecht erfasst Zusammenschlüsse zwischen Unternehmen aus verschiedenen Mediensektoren. An einer rechtsverbindlichen und hinreichend konkreten Methode zur Messung und Analyse crossmedialer Meinungsmacht fehlt es jedoch.[999] In Deutschland hat die BLM diesbezüglich bereits ein überzeugendes Modell vorgestellt. Da dieses Modell aber noch nicht kodifiziert ist und das deutsche Medienkonzentrationsrecht aufgrund seiner Ausrichtung auf das Fernsehen crossmediale Medienaktivitäten generell noch nicht ausreichend erfasst, besteht auch im deutschen Recht ein erheblicher Reformbedarf.[1000] Indes ist das Modell der BLM bereits deutlich weiter entwickelt als die britische Methode, die insbesondere nur auf Nachrichteninhalte ausgerichtet ist und auch keine einheitlichen, auf alle Mediendienste übertragbaren Messwerte vorgibt.[1001] Hieran zeigt sich, dass das britische Medienregulierungsrecht gegenüber dem deutschen keineswegs fortschrittlich ist. Die Messung und Analyse crossmedialer Meinungsmacht stellt derzeit die wichtigste Herausforderung der Medienregulierung dar. Da der britische Gesetzgeber bereits 2003 eine umfassende Reform durchgeführt hat, die vor allem die Regulierung crossmedialer Medienverflechtungen und -aktivitäten bezweckte, wäre anzunehmen, dass das britische Recht diese Problematik ausreichend erfasst. Jedoch verdeutlichen die Berichte Ofcoms zu dem Verfahren *NewsCorp/BSkyB* und zur Vielfaltmessung sowie die gegenwärtigen Reformbemühungen, dass es auch in Großbritannien noch keinen verbindlichen Ansatz gibt, der eine sachgerechte Anwendung der gesetzlichen Vorschriften auf crossmediale Sachverhalte ermöglicht.[1002] Bietet das britische Recht aber für die wichtigste medienregulatorische Problematik keine Lösung, kann es nicht als fortschrittlich bezeichnet werden. Denn nicht der Wortlaut, sondern die praktische Anwendbarkeit eines Gesetzes ist entscheidend, damit das gesetzgeberische Ziel erreicht wird. In dieser Hinsicht ist die deutsche Medienregulierung der britischen derzeit einen Schritt voraus, indem sie ein inhaltsübergreifendes Konzept zur Bestimmung des Meinungsbildungsgewichts der relevanten Medien als Grundlage einer cossmedialen Regulierung bereithält.

Problematisch an der deutschen Rechtsordnung ist indes die parallele Anwendbarkeit von Kartellrecht und Medienkonzentrationsrecht, die daraus resultiert, dass die bundesweite Veranstaltung privaten Rundfunks zumeist dem GWB und RStV unterfällt.[1003] Aufgrund der unterschiedlichen Schutzrichtungen der

999 Vgl. hierzu C. V. 1., D. V. 1. a).

1000 Vgl. hierzu B. III. 2. b) cc) aaa) und bbb), B. V. 1.

1001 Siehe D. V. 1. a).

1002 Vgl. hierzu C. V. 1., D. V. 1. a).

1003 Vgl. hierzu Einl. zu B. III.

beiden Gesetze kann es zu widersprüchlichen Ergebnissen kommen, was grundsätzlich nicht im Sinne einer einheitlichen Rechtsordnung ist.[1004] Daher sollte eine Kohärenz zwischen Wettbewerbs- und Medienkonzentrationsrecht geschaffen werden; beide müssen sich ergänzen, um ein ausgewogenes Verhältnis zwischen Wettbewerbsförderung und Medienvielfaltsicherung zu schaffen. Hierzu müssen die Gesetze aufeinander abgestimmt werden, bspw. indem die Lizenzvergabe an die Voraussetzung geknüpft wird, dass die kartellrechtliche Unbedenklichkeit bestätigt wurde.[1005] Das britische Recht kann in Verbindung mit den medienpolitischen Anwendungsgrundsätzen des Kulturministers insofern als Vorbild dienen, als eine Kollision von Medienkonzentrations- und Medienkartellrecht vermieden wird, indem der Kulturminister grundsätzlich nur solche Sachverhalte kartellrechtlich überprüft, die früher medienkonzentrationsrechtlich relevant waren und 2003 durch die Reform dereguliert worden sind.[1006] Daher werden Medienzusammenschlüsse entweder durch das Medienkonzentrationsrecht oder das Medienkartellrecht erfasst, wodurch Widersprüche vermieden und die Regulierung effektiver werden. Ein Nachteil besteht wiederum darin, dass Unternehmensaktivitäten, die nicht durch das Medienkonzentrationsrecht erfasst werden und auch keine Transaktion zum Gegenstand haben, in Großbritannien nicht reguliert werden. Denn das Kartellrecht erfasst kein internes Unternehmenswachstum, was aber durch die anstehende Reform der britischen Medienregulierung geändert werden soll.[1007]

In Deutschland könnte ein spezielles Medienkartellrecht nach britischem Vorbild eingeführt werden, das die medienkonzentrationsrechtliche *ex ante*-Regulierung aber nicht vollständig ersetzen kann. Denn das Kartellrecht erfasst wichtige Aspekte der Meinungsvielfaltsicherung nicht, wie die Gewährleistung des Zugangs zu Medien oder die Vorgabe inhaltlicher Programmstandards, und bietet insbesondere keinen geeigneten Ansatz für die Marktabgrenzung bei crossmedialen Zusammenschlüssen.[1008] Um Meinungsvielfalt umfassend zu schützen, bedarf es vor allem der Beschränkung crossmedialer Medieneigentumsverflechtungen. Daher erscheint fraglich, ob die Einführung spezieller medienkartellrechtlicher Vorschriften überhaupt weiterführt. Zwar kann der britische Kulturminister anhand des *public interest test* flexibel auf neue Markt-

---

1004 Siehe hierzu A. III. 4; vgl. auch *Gounalakis/Zagouras*, ZUM 2006, 716 (722).

1005 *Gounalakis,* AfP 2004, 394 (396 f.); *Mikko,* 9, 15.

1006 Vgl. hierzu C. IV. 2. b), D. III. 3.

1007 Vgl. hierzu C. V. 1.

1008 Vgl. hierzu A. III. 4; *Gounalakis/Zagouras,* ZUM 2006, 716 f.; nach der Ansicht von *Paal/Hennemann,* ZRP 2010, 40 (42 f.), ist dies zumindest hinsichtlich der derzeit üblichen kartellrechtlichen Marktabgrenzung anzunehmen; siehe auch A. III. 4.; a. A. *Koch,* AfP 2007, 305 (313).

situationen reagieren, und eine kartellrechtliche *ex post*-Kontrolle stellt grundsätzlich einen geringeren Eingriff in die wirtschaftliche Betätigungsfreiheit dar als die generelle Untersagung einer Tätigkeit durch *ex ante*-Regulierung. Jedoch ist der politische Einfluss aufgrund der umfangreichen Entscheidungsbefugnisse des Kulturministers deutlich größer als bei einer eindeutigen normativen Regelung mit entsprechenden methodischen Vorgaben bezüglich der Bewertung von Meinungsmacht. Auch wenn die ministerielle Entscheidungsmacht im Zuge der Reform auf andere Behörden übertragen werden sollte, würde diesen weiterhin der aus einer fehlenden gesetzlichen Konkretisierung resultierende Ermessensspielraum zustehen, woraus sich ein Mangel an Rechtssicherheit für die betroffenen Unternehmen ergibt.[1009] Zudem würde durch die Einführung eines Medienkartellrechts in Deutschland die klare Trennung zwischen Medienkonzentrations- und Kartellrecht aufgehoben, indem die Schutzrichtung des Kartellrechts auf Meinungsvielfalt als nicht ökonomischen und damit grundsätzlich kartellrechtsfremden Aspekt erstreckt würde.[1010] Bedarf es aber daneben konzentrationsrechtlicher Vorschriften, um Meinungsvielfalt ausreichend zu schützen, ist eine Harmonisierung beider Rechtssysteme gegenüber einer Vermengung der Gesetzesziele durch die Einführung eines speziellen Medienkartellrechts vorzugswürdig.

Für einen sachgerechten Umgang mit Medienkonvergenz muss auch die Organisation der Medienaufsicht angepasst werden. Um sämtliche meinungsbildende Einflüsse auf den Mediennutzer in angemessener Weise zu erfassen, müsste eine Regulierungsbehörde für die Regulierung aller Medien zuständig sein. Zwar hat in Deutschland bereits eine Zentralisierung stattgefunden, indem der KEK und der ZAK als Organe der Landesmedienanstalten wichtige medienregulatorische Aufgaben übertragen wurden. Die föderale Kompetenzstruktur stellt aber insbesondere wegen der divergierenden Landesmediengesetze weiterhin ein Hindernis für eine einheitliche und effektive Regulierung der Medien dar. Die Medienaufsicht sollte deshalb vollständig zentralisiert, und die Landesmediengesetze sollten durch dynamische Verweisungen auf ein Bundesgesetz oder eine Kompetenzverlagerung auf den Bund vereinheitlicht werden.[1011] In der Vergangenheit ergaben sich aus den unterschiedlichen Zuständigkeiten Streitigkeiten, die sich in der Diskussion zwischen der KEK und der inzwischen abgeschafften KDLM in Bezug auf die Prüfungskompetenz der KEK gemäß § 26 RStV zuspitzten und eine unnötige Belastung für die Medienregulierung

1009 Vgl. hierzu C. III. 3 b) aa), C. V. 2, D. III. 3.

1010 *Paal,* JZ 2010, 647 (652).

1011 Siehe B. V. 2., D. V. 2.

darstellen.[1012] Der Organisation der britischen Medienaufsicht kommt insofern eine Vorbildfunktion zu, als Ofcom bereits seit 2003 für die Regulierung von Medien- und Telekommunikationssektor zuständig ist.[1013] Für die kartellrechtliche Kontrolle sind in Großbritannien anders als in Deutschland, wo hierfür allein das BKartA zuständig ist, hingegen zahlreiche Behörden zuständig, was erhebliche Verfahrensverzögerungen zur Folge hat. Auch in dieser Hinsicht ist die britische Medienregulierung somit nicht als fortschrittlich zu bezeichnen. Dies gilt umso mehr vor dem Hintergrund, dass die wichtigen Verfahren wie der inzwischen aufgegebene Zusammenschluss zwischen *NewsCorp* und *BSkyB* gerade von dieser Kompetenzverteilung betroffen sind. Hinzu kommt, dass die medienkartellrechtlichen Entscheidungen aufgrund des erheblichen politischen Einflusses, der sich aus der abschließenden Entscheidungsbefugnis des Kulturministers im Bereich der Meinungsvielfaltsicherung ergibt, auf eine geringe öffentliche Akzeptanz stoßen.[1014] Von einer gemeinsamen Zuständigkeit für die medienkonzentrationsrechtliche und die kartellrechtliche Kontrolle der Medien sollte aber zunächst abgesehen werden, da unabhängig von der Kompetenzverteilung des Grundgesetzes beide Gesetze vollkommen unterschiedliche Schutzrichtungen haben, worauf die behördlichen Kompetenzen, insbesondere die Behördenmitarbeiter, jeweils spezialisiert sind. Auch in dieser Hinsicht ist daher die Anpassung der Gesetze einer kompetenzrechtlichen Neuordnung vorzuziehen.[1015] Jedenfalls bedarf es einer besseren Abstimmung zwischen den verschiedenen Behörden, insbesondere dem BKartA und der KEK, um ein einheitliches Vorgehen im Bereich der Medienregulierung zu gewährleisten und die wirtschaftliche Betätigungsfreiheit der Unternehmen nicht durch ineffektive behördliche Verfahren zusätzlich einzuschränken. Hierbei sollten die verschiedenen behördlichen Kompetenzen besser genutzt und möglichst gebündelt werden, um behördliche Verfahren effektiver zu gestalten.

Zusammenfassend lässt sich feststellen, dass die Sicherung der Meinungsvielfalt in Deutschland und Großbritannien von zentraler Bedeutung ist und als regulatorisches Ziel im Vordergrund steht. Dennoch wurde deutlich, dass sowohl das deutsche als auch das britische Medienregulierungsrecht erhebliche Schwächen bei der Erfassung crossmedialer Meinungsmacht aufweisen. Die nationalen Gesetzgeber müssen sich daher den Herausforderungen des technologischen Fort-

---

1012 Vgl. hierzu B. III. 2. b cc) bbb); siehe hierzu auch *Beckmann/Müller,* in: Hoeren/Sieber, Teil 10, Rn 120 ff., *Paal/Hennemann,* ZRP 2010, 40 (42), *Müller,* MMR 2006, 125.

1013 Siehe hierzu C. Einl. zu IV. und C. IV. Einl. zu 1., D. IV.

1014 Vgl. hierzu C. III. 3. b) bb), C. V. 2., D. IV.

1015 Vgl. *Beckmann/Müller,* in: Hoeren/Sieber, Teil 10, Rn 123, *Gounalakis/Zagouras,* ZUM 2006, 716 (722); a. A. *Röß,* AfP 2010, 521 (527).

schritts und der Medienkonvergenz stellen, um eine Gefährdung der Meinungsvielfalt in Folge von Medienkonzentration zu verhindern.

Die in dieser Dissertation aufgezeigten Möglichkeiten für eine Regulierung crossmedialer und grenzüberschreitender Medienmacht auf nationaler Ebene sollen gleichwohl nicht darüber hinwegtäuschen, dass die Sicherung der Meinungsvielfalt im Rahmen eines europäischen Regulierungsrahmens vorzugswürdig ist. Dass die Darlegung und Auswertung der nationalen Regulierungsgesetze Deutschlands und Großbritanniens dennoch den weit überwiegenden Teil der Dissertation ausmachten, beruht auf der Tatsache, dass ein gemeineuropäischer Konsens über die Sicherung der Meinungsvielfalt durch eine europäische Richtlinie in absehbarer Zeit nicht zu erwarten ist. Da die EU-Kommission daher zunächst keine entscheidenden Maßnahmen zur Sicherung der Meinungsvielfalt ergreifen wird, bedarf die Meinungsvielfalt des Schutzes durch zukunftsfähige nationale Regulierungsgesetze, die mit der rasanten technologischen Medienentwicklung mithalten.

Literaturverzeichnis

Advisory Committee on Older and Disabled People, Next Generation Services for Older and Disabled People, September 2010, abrufbar unter www.ofcom.org.uk (Stand: 31.03.2013)

Alexander, Christian, Die Neuordnung der kartellrechtlichen Missbrauchsaufsicht, in: WuW 2012, S. 1025 ff.

Angelopoulos, Christina, in: Europäische Kommission: Unabhängige Studie über Indikatoren für Medienvielfalt in den Mitgliedstaaten, in: IRIS 2009, Nr. 10, Extra

Ariño, Mónica, Competition Law and Pluralism in European Digital Broadcasting: Adressing the gaps, in: Communications & Strategies 2004, Nr. 54, S. 97 ff.

Bader, Johan/Ronellenfitsch, Michael, Beck'scher Online Kommentar, VwVfG, 18. Auflage (Stand: 01.01.2013) (zit.: *Bearbeiter,* in: Bader/Ronellenfitsch)

Bauer, Helmut G./Bienefeld, Anna, Der Public Value Test, Ein Vergleich zwischen dem BBC-Modell und dem geplanten Verfahren beim ZDF, abrufbar unter http://medienpolitik.eu/cms/index.php?idcatside=210 (Stand: 31.03. 2013)

Becker, Jürgen, Rechtliche Herausforderungen des Hybridfernsehens, Einführung zur Arbeitssitzung des Instituts für Urheber- und Medienrecht am 25. März 2011, Herrn Prof. Dr. Günter Herrmann zum 80. Geburtstag gewidmet, in: ZUM 2011, S. 449

Begrich, Martin, Die Verfassung des Vereinigten Königreichs, ihre Reform und ihr Wandel, in: Hanse LR, Vol. 1 No. 3, 19.10.2007, S. 121 ff.

Bentele, Günter, Objektivität und Glaubwürdigkeit: Medienrealität rekonstruiert, Wiesbaden 2008

Best, Stefanie/Breunig, Christian, Parallele und exklusive Mediennutzung, in: MP 1/2011, S. 16 ff.

Bickerstaff, Steve, Telecommunications and Internet Law, Recent Developments in United States, in: MMR 2001, S. 72 ff.

Binmore, Ken/Harbord, David/Hernando, Angel, Reviewing the financial terms of Channel 3 Licences: estimating incumbent's bids, abrufbar unter www.market-analysis.co.uk/PDF/Reports/ch3licenceauctions.pdf (Stand: 31.03.2013)

BIS, Digital Britain, Final Report, Juni 2009, abrufbar unter www.official-documents.gov.uk/document/cm76/7650/7650.pdf (Stand: 31.03.2013)

Bishop, Simon/Walker, Mike, The Economics of EC Competition Law: Concepts, Application and Measurement, 3. Auflage, London 2010

BKartA, Das Untersagungskriterium in der Fusionskontrolle – Marktbeherrschende Stellung versus Substantial Lessening of Competition?, Diskussionspapier für die Sitzung des Arbeitskreises Kartellrecht am 08. und 09.10.2001, (zit.: *BKartA*, Das Untersagungskriterium in der Fusionskontrolle)

BKartA, Deutscher Bundestag, Drucksache 16/13500, 16. Wahlperiode, 22.06.2009, Bericht des Bundeskartellamtes über seine Tätigkeit in den Jahren 2007/2008 sowie über die Lage und Entwicklung auf seinem Aufgabengebiet und Stellungnahme der Bundesregierung (zit.: *BKartA,* Tätigkeitsbericht 2007/2008)

BKartA, Deutscher Bundestag, Drucksache 16/5710, 16. Wahlperiode, 15.06.2007, Unterrichtung durch die Bundesregierung, Bericht des Bundeskartellamtes über seine Tätigkeit in den Jahren 2005/2006 sowie über die Lage und Entwicklung auf seinem Aufgabengebiet und Stellungnahme der Bundesregierung (zit.: *BKartA,* Tätigkeitsbericht 2005/2006)

BLM, Bausteine für eine neues Modell zur Medienkonzentration, in: Tendenz 2.10, S. 30 ff., abrufbar unter www.blm.de (Stand: 31.03.2013)

BMWA, Digitaler Hörfunk und digitales Fernsehen in Deutschland, Digitaler Rundfunk im 21. Jahrhundert, Sachstandsbericht des BMWA in Zusammenarbeit mit Beteiligten von Bund, Ländern, Inhalteanbietern, Netzbetreibern im Rahmen der Initiative Digitaler Rundfunk der Bundesregierung, September 2005 (zit.: *BMWA*, Digitaler Hörfunk und digitales Fernsehen in Deutschland)

Bornemann, Roland, Die Bedeutung der „starken Stellung“ in der Medienkonzentrationskontrolle, in: ZUM 2006, S. 200 ff.

Bornemann, Roland, Rundfunkzulassung auf Zeit oder „bis dass der Tod euch scheidet“? ZUM 2010, S. 146 ff. (zit.: *Bornemann*, ZUM 2006)

Boston Consulting Group, The Connected Kingdom, How the internet is transforming the U.K. economy, Oktober 2010, abrufbar unter www.bcg.com (Stand: 31.03.2013)

Brautmeier, Jürgen, Rundfunk ist ein Kulturgut, in: promedia 2013, S. 26 ff.

Bremer, Eckhard/Grünwald, Andreas, Konzentrationskontrolle in „virtuellen Meinungsmärkten“?, MMR 2009, S. 80 ff.

Bretschneider, Harald, Bewertung crossmedialer Verflechtungen im Medienkonzentrationsrecht, Eine rechtsvergleichende Untersuchung unter besonderer Berücksichtigung Deutschlands, Großbritanniens sowie der Entwicklung in der EU, Frankfurt am Main 2010 (zit.: *Bretschneider*)

Bretschneider, Harald, Britisches Medienkonzentrationsrecht als Vorbild?, in: ZUM 2010, S. 418 ff.
(zit.: *Bretschneider*, ZUM 2010)

Brinkmann, Tomas, Zur Aktualität des Vielfaltsgebots in den Massenmedien, in: ZUM 2013, S. 193 ff.

Brisby, Paul, The regulation of telecommunications networks and services in the United Kingdom, in: CTLR 2006, 12 (4), S. 114 ff.

Broemel, Roland, Vielfaltsgewährleistung auf virtuellen Plattformen, Anpassung des kartellrechtlichen Konzepts an die medienrechtliche Regulierung, in: MMR 2013, S. 83 ff.

Buckley, Steve/Duer, Kreszentia/Mendel, Toby/Ó Siochrú, Seán, Broadcasting, Voice, and Accountability, A Public Interest Approach to Policy, Law and Regulation, 1. Auflage, Washington, D.C. 2008

Bünder, Helmut/Steltzner, Holger, „Die Schlupflöcher für Kartellsünder müssen geschlossen werden", Interview mit Andreas Mundt, Präsident des Bundeskartellamts, in: F.A.Z. v. 25.11.2011, Nr. 275, S. 13, abrufbar unter www.faz.net/aktuell/wirtschaft/im-gespraech-kartellamtspraesident-mundt-die-schlupfloecher-fuer-kartellsuender-muessen-geschlossen-werden-11539928.html (Stand: 31.03.2013)

Butler, Mike, E-Commerce and Convergence, 4. Auflage, Haywards Heath 2011

Carey, Peter/Armstrong, Nick/Lamont, Duncan/Quartermaine, James, Media Law, 5. Auflage, London 2010

Carlton, Rod/Sansom, Mark/Das, Manish, United Kingdom, in: Getting the Deal Through, Telecoms and Media 2010, S. 466 ff.

Castendyk, Oliver/Böttcher, Kathrin, Ein neuer Rundfunkbegriff für Deutschland? Die Richtlinie für audiovisuelle Mediendienste und der deutsche Rundfunkbegriff, in: MMR 2008, S. 13 ff.

CDU/CSU/FDP, Koalitionsvertrag, Wachstum. Bildung. Zusammenhalt., 26.10.2009, 17. Legislaturperiode, abrufbar unter www.cdu.de (Stand: 31.03.2013)

Choueka, Rosemary/Chess, Jason/Martin, Leo, BSkyB bid: What does Ofcom's 'fit and proper' test mean? The panel's verdict, in: The Guardian v. 07.07.2011, abrufbar unter www.guardian.co.uk/law/2011/jul/07/bskyb-bid-ofcom-fit-and-proper (Stand: 31.03.2013).

Christophers, Brett, Envisioning media power: on capital and geographies of television, Plymouth 2009

Collins, Richard, UK Media Ownership Regulation, abrufbar unter www.cem.ulaval.ca/pdf/RoyaumeUni.pdf (Stand: 31.03.2013)

Commission Staff Working Document, Media Pluralism in the Member States of the European Union, SEC(2007) 32

Compendium, United Kingdom, Media pluralism and content diversity, abrufbar unter www.culturalpolicies.net/web/unitedkingdom.php?aid=426 (Stand: 31.03.2013)

Competition Commission, Acquisition by British Sky Broadcasting Group PLC of 17.9 per cent of the shares in ITV Plc., Report sent to Secretary of State (BERR), 14.12.2007, abrufbar unter www.competition-commission.org.uk (Stand: 31.03.2013), (zit.: *Competition Commission,* ITV/BSkyB)

Competition Commission, General Advice and Information 2006, abrufbar unter www.competition-commission.org.uk (Stand: 31.03.2013) (zit.: *Competition Commission,* General Advice)

Cooper, Mark, Democracy in the Digital Information Age, Promoting Diversity with First Amendment Principles and Market Structure Analysis, Center for Internet & Society Stanford Law School 2003, abrufbar unter http://cyberlaw.stanford.edu (Stand: 31.03.2013)

Crock, Tim, Comparative media law and ethics, 1. Auflage, Oxford 2009

Curran, James/Iyengar, Shanto/Brink Lund, Anker/Salovaara-Moring, Inka, Media System, Public Knowledge and Democracy: A Comparative Study, in: EJC 2009, Vol. 24, S. 5 ff.

Current Law Statutes 1990, Broadcasting Act 1990, Volume Three, Kapitel 32–46, London 1991, (zit.: *Bearbeiter,* in: Current Law Statutes 1990)

Current Law Statutes 1996, Broadcasting Act 1996, Volume 3, Kapitel 53–60, London 1997, (zit.: *Bearbeiter,* in: Current Law Statutes 1996)

Current Law Statutes 2002, Enterprise Act 2002, Volume2, Kapitel 29–40, London 2003 (zit.: *Bearbeiter,* in: Current Law Statutes 2002)

Current Law Statutes 2003, Communications Act 2003, Volume2, Kapitel 21–43, London 2004 (zit.: *Bearbeiter,* in: Current Law Statutes 2003)

Danwitz, Thomas von, Die Sicherung der Meinungsvielfalt im Privatfernsehen nach der Kirch-Pleite, Zur fortschreitenden Konzentration und Konvergenz der Medien, in: ZUM 2002, S. 769 ff.

Däubler-Gmelin, Herta, Das Internet ist keine Gefahr für die Meinungsvielfalt, in: promedia 4/2013, S. 15 f.

Dauses, Manfred A., Handbuch des EU-Wirtschaftsrechts, Band I, 28. Ergänzungslieferung 2011, München (zit.: Bearbeiter, in: Dauses, 28. Ergänzungslieferung)

Dauses, Manfred A., Handbuch des EU-Wirtschaftsrechts, Band I, 31. Ergänzungslieferung 2012, München (zit.: Bearbeiter, in: Dauses, 31. Ergänzungslieferung)

DCMS, Audiovisuelle Konferenz Liverpool „Zwischen Kultur und Handel“, 20. bis 22.9.2005, abrufbar unter http://ec.europa.eu/avpolicy/reg/history/consult/liverpool_2005/index_de.htm (Stand: 31.03.2013), (zit.: *DCMS*)

DCMS, News Corporation/BSkyB merger, Pressemitteilung 064/11 v. 30.06. 2011, abrufbar unter www.culture.gov.uk (Stand: 31.03.2013) (zit.: *DCMS,* NewsCorp/BSkyB)

Degenhart, Christoph, Der Staat im freiheitlichen Kommunikationsprozess: Funktionsträgerschaft, Funktionsschutz und Funktionsbegrenzung, in: AfP 2010, S. 324 ff. (zit.: *Degenhart*, AfP 2010)

Degenhart, Christoph, Rundfunkfreiheit und Programmgestaltung in der Rundfunkordnung des BayMG, Zugleich Anmerkung zu BVerfG, Beschluss vom 08.12.2010 – 1 BvR 2743/10 (ZUM 2011, 234), in: ZUM 2011, S. 375 ff. (zit.: *Degenhart*, ZUM 2011)

Deutscher Bundestag, Bericht des Ausschusses für Bildung, Forschung und Technikfolgenabschätzung (18. Ausschuss) gemäß § 56a der Geschäftsordnung, Gesetzliche Regelungen für den Zugang zur Informationsgesellschaft, Drucksache 17/11959, 20.12.2012

Deutsches Digitalinstitut, Beiträge zu einer Neuen Medienordnung in der digitalen Welt, abrufbar unter www.deutsches-digital-institut.de/pics/Neue_Medien _Lang.pdf (Stand: 31.03.2013)

DLM, Drittes Strukturpapier zur Unterscheidung von Rundfunk und Mediendiensten, abrufbar unter www.die-medienanstalten.de (Stand: 31.03.2013)

Dörr, Dieter, Die Entwicklung des Medienrechts, in: NJW 1997, S. 1341 ff. (zit.: *Dörr*, NJW 1997)

Dörr, Dieter, Grundrechte: Rundfunkfreiheit, Rehabilitationsinteresse bei einer Fortsetzungsfeststellungsklage – Verhältnis zwischen § 26 I und II RStV – vorherrschende Meinungsmacht, in: JuS 2012, S. 184 ff. (zit.: *Dörr,* JuS 2012)

Dörr, Dieter/Schwartmann, Rolf, Medienrecht, 2. Auflage, Heidelberg 2008 (zit.: *Dörr/Schwartmann*)

Doyle, Gillian, Convergence: 'A unique opportunity to evolve in previously unthought-of ways' or a hoax?, in: Convergence in European Digital TV Regulation, S. 141 ff., (zit.: *Doyle,* in: Convergence in European Digital TV Regulation)

Doyle, Gillian, Media Ownership, The economics and politics of convergence and concentration in the UK and European media, 1. Auflage, London u. a. 2002 (zit.: *Doyle*)

Doyle, Gillian/Vick, Douglas W., The Communications Act 2003: A New Regulatory Framework in the UK, in: Convergence – The International Journal of Research into New Media Technologies 2005, Nr. 11, abrufbar unter http://con.sagepub.com/ (Stand: 31.03.2013), (zit.: *Doyle/Vick*)

DTI, Enterprise Act 2002: Public interest intervention in media mergers, Guidance on the operation of the public interest merger provisions relating to newspaper and other media mergers, Mai 2004

Ecke, Oliver, Relevanz der Medien für die Meinungsbildung, Empirische Grundlagen zur Ermittlung der Wertigkeit der Mediengattungen bei der Meinungsbildung, Studie von TNS Infratest im Auftrag der BLM, Juli 2011, abrufbar unter www.blm.de (Stand: 31.03.2013)

Empirica/Work Research Center, Measuring Progress of eAccessibility in Europe (MeAC), Assessment of the Status of eAccessibility in Europe: Main Report, Oktober 2007, abrufbar unter http://ec.europa.eu/information_society/activities/einclusion/library/studies/meac_study/index_en.htm (Stand: 31.03.2013)

Engel, Christoph, Medienordnungsrecht, Baden-Baden 1996 (zit.: *Engel*)

Engel, Christoph, Zuschaueranteile in der publizistischen Konzentrationskontrolle, Grenzwert oder ein Indiz unter vielen?, in: ZUM 2005, S. 776 ff.

Epping, Volker/Hillgruber, Christian, Beck'scher Online-Kommentar GG, 17. Auflage (Stand: 01.01.2013) München (zit.: *Bearbeiter,* in: Epping/Hillgruber)

EU-Kommission, Fusionskontrolle: Kommission genehmigt geplante Übernahme von BSkyB durch News Corp, Pressemitteilung v. 21.12.2010

European Audiovisual Observatory, Iris Special: Jurisdiction over Broadcasters in Europe, Strasbourg 2002

Fenton, Ben, Patten backs expansion of BBC Worldwide, in: Financial Times v. 15.09.2011, abrufbar unter www.ft.com/cms/s/0/7608e59c-dfc4-11e0-b1db-00144feabdc0.html#axzz2PPXOnCQC (Stand: 31.03.2013)

Fiedler, Christoph, Technologieneutrale Pressefreiheit, in: AfP 2011, S. 15 ff.

Fink, Udo/Keber, Tobias/Roguski, Przemyslaw Die Zukunft der Medienregulierung im Europarat, in: ZUM 2011, S. 292 ff.

Freund, Matthias, Infrastrukturgewährleistung in der Telekommunikation, in: NVwZ 2003, S. 408 ff.

Frevert, Tobias, Netzneutralität 2012, Aktueller Stand der Diskussion und Gesetzgebung, in: MMR 2012, S. 510 ff.

Frey, Dieter, Neue kartellrechtliche Spielräume für die Vermarktung der medialen Rechte an der Fußball-Bundesliga, in: GRUR-Prax 2012, S. 365 ff.

Fuchs, Jochen, Vereinbarung über Verschlüsselung bei Satellitenverbreitung, in: MMR 2006, XVII

Fuest, Benedikt, Youtube startet als Sender mit 60 TV-Kanälen, in: Die Welt v. 07.10.2012, abrufbar unter www.welt.de/wirtschaft/webwelt/article109679033/Youtube-startet-als-Sender-mit-60-TV-Kanaelen.html (Stand: 31.03.2013)

Furse, Mark, Competition and the Enterprise Act 2002, Bristol 2003

Geppert, Martin/Piepenbrock, Hermann-Josef/Schütz, Raimund/Schuster, Fabian, Beck'scher TKG-Kommentar, 3. Auflage, München 2006 (zit.: *Bearbeiter,* in: Geppert et al.)

Gersdorf, Hubertus, Grundzüge des Rundfunkrechts, Nationaler und europäischer Regulierungsrahmen, München 2003 (zit.: *Gersdorf*)

Gersdorf, Hubertus, Netzneutralität – Juristische Analyse eines „heißen Eisens", in: AfP 2011, S. 209 ff.

Gibbons, Thomas, Concentrations of Ownership and Control in a Converging Media Industry, in: *Marsden, Chris/Verhulst, Stefaan,* Convergence in European Digital TV Regulation, 1. Auflage, London 1999, S. 155 ff. (zit.: *Gibbons,* in: Convergence in European Digital TV Regulation)

Goldberg, David, Vereinigtes Königreich, Vorschläge für Regeln zum medienübergreifenden Eigentum veröffentlicht, in: IRIS 1995, Nr. 6, S. 13 (zit.: *Goldberg,* in: IRIS 1995)

Goldberg, David/Sutter, Gavin/Walden, Ian, Media Law and Practice, 1. Auflage, New York 2009 (zit.: *Goldberg et al.*)

Gounalakis, Georgios, Regulierung von Presse, Rundfunk und elektronischen Diensten in der künftigen Medienordnung, in: ZUM 2003, S. 180 ff. (zit.: *Gounalakis,* ZUM 2003)

Gounalakis, Georgios/Zagouras, Georgios, Plädoyer für ein europäisches Medienkonzentrationsrecht, in: ZUM 2006, S. 716 ff. (zit.: *Gounalakis/Zagouras,* ZUM 2006)

Gounalakis, Georgios/Zagouras, Georgios, Crossmediale Konzentration und multimediale Meinungsmacht, in: AfP 2006, S. 93 ff. (zit.: *Gounalakis/Zagouras,* AfP 2006)

Gounalakis, Georgios/Zagouras, Georgios, Konglomerate Medienkonzerne und die Wettbewerbsaufsicht – Eine Nachlese zum Fall Springer/ProSiebenSat.1, in: NJW 2006, S. 1624 ff. (zit.: *Gounalakis/Zagouras,* NJW 2006)

Gounalakis, Georgios/Zagouras, Georgios, Medienkonzentrationsrecht, Vielfaltsicherung in den Medien, München 2008 (zit.: *Gounalakis/Zagouras*)

Grabitz, Eberhard/Hilf, Meinhard/Nettesheim, Martin, Das Recht der Europäischen Union, Band I EUV/EGV, 40. Ergänzungslieferung Oktober 2009, Band I/II EUV/AEUV, 44. Ergänzungslieferung Mai 2011, München (zit.: *Bearbeiter,* in: Grabitz et al.)

Gröpl, Christoph, Die Reform der Medienkontrolle durch den Zehnten Rundfunkänderungsstaatsvertrag, Anforderungen an eine vertragsgemäße Umsetzung durch die Landesmedienanstalten, in: ZUM 2009, S. 21 ff.

Grünewald, Robert, Zwischen zentralistischer Lenkung und privater Willkür nimmt die länderbezogene Rundfunkkontrolle eine Mittelstellung ein, Die föderale Medienordnung ist in Gefahr, in: Die politische Meinung 2000, Nr. 362, S. 55 ff.

Grünwald, Andreas, Anmerkung zu BVerwG, Urteil vom 24.11.2010 – 6 C 16.09, in: MMR 2011, S. 269 ff.

Hahn, Werner/Vesting, Thomas, Beck'scher Kommentar zum Rundfunkrecht, 3. Aufl., München 2012 (zit.: *Bearbeiter,* in: Hahn/Vesting)

Hahn, Werner/Vesting, Thomas, Beck'scher Kommentar zum Rundfunkrecht, 2. Auflage, München 2008 (zit.: *Bearbeiter,* in: Hahn/Vesting, 2. Aufl.)

Hain, Karl-Eberhard, Sicherung des publizistischen Pluralismus auf europäischer Ebene?, in: AfP 2007, S. 527 ff. (zit.: *Hain,* AfP 2007)

Hain, Karl-Eberhard, Vorherrschende Meinungsmacht i. S. d. § 26 Abs. 1, 2 RStV, Die Kontroverse um „quantitative" oder „qualitative" Bestimmung, in: MMR 2000, S. 537 ff. (zit.: *Hain,* MMR 2000)

Hain, Karl-Eberhard/Wierny, Thomas, Austrocknung der Vielfaltssicherung im bundesweiten Fernsehen?, in: K&R 2012, S. 645 ff. (zit.: *Hain/Wierny,* K&R 2012)

Hanfeld, Michael, Haim Saban nimmt Abschied von Pro Sieben Sat.1, in F.A.Z. v. 15.12.2006, abrufbar unter www.faz.net/aktuell/wirtschaft/netzwirtschaft/medien-haim-saban-nimmt-abschied-von-pro-sieben-sat-1-1380721.html (Stand: 31.03.2013)

Hartstein, Reinhard/Ring, Wolf-Dieter/Kreile, Johannes/Dörr, Dieter/Stettner, Rupert/Cole, Mark D., Rundfunkstaatsvertrag, Kommentar, Ordner I, 51. Aktualisierung, Dezember 2011 (zit.: Hartstein, et.al., Begründung zum Dritten RÄStV)

Hasebrink, Uwe, Social Media-Katalysator öffentlicher Kommunikation, in: promedia 12/2011, S. 22 ff.

Helwig, Richard, Die Kompetenz der Europäischen Gemeinschaft zur Schaffung eines europäischen Medienkonzentrationsrechts, Frankfurt am Main 2009

Hepach, Stefan, Nochmals: Verfahrensrechtlicher Status und materielle Prüfungskompetenz der KEK Erwiderung auf Renck-Laufke, ZUM 2006, 907 ff., in: ZUM 2007, S. 40ff.

Herzog, Roman, Gesetzgebung und Einzelfallgerechtigkeit, in: NJW 1999, S. 25 ff.

Hilger, Caroline, UK: Regierung veröffentlicht Weißbuch zur Zukunft der BBC, in: MMR 2006, S. XI ff.

Hochrangige Gruppe für audiovisuelle Politik (Vorsitz: Oreja, Marcelino), Das digitale Zeitalter: Europäische Audiovisuelle Politik, Bericht der Hochrangigen Gruppe für audiovisuelle Politik, 17.11.1998, abrufbar unter http://ec.europa.eu/avpolicy/docs/library/studies/finalised/hlg/hlg_de.pdf (Stand: 31.03.2013)

Hochrangige Gruppe zur Freiheit und Vielfalt der Medien, A free and pluralistic media to sustain European democracy (Freie und pluralistische Medien als Rückhalt der europäischen Demokratie), Bericht, Januar 2013, abrufbar unter http://ec.europa.eu/digital-agenda/sites/digital-agenda/files/HLG%20Final%20 Report.pdf (Stand: 31.03.2013) (zit.: *Hochrangige Gruppe zur Freiheit und Vielfalt der Medien,* Bericht)

Hochrangige Gruppe zur Freiheit und Vielfalt der Medien, A free and pluralistic media to sustain European democracy (Freie und pluralistische Medien als Rückhalt der europäischen Demokratie), deutschsprachige Zusammenfassung des Berichts, Januar 2013, abrufbar unter https://ec.europa.eu/digital-agenda/sites/digital-agenda/files/HLG%20Exec_sum_de.pdf (Stand: 31.03.2013) (zit.: *Hochrangige Gruppe zur Freiheit und Vielfalt der Medien,* Zusammenfassung)

Hoeren, Thomas/Sieber, Ulrich, Multimedia-Recht, 28. Ergänzungslieferung, München 2011 (zit.: *Bearbeiter*, in: Hoeren/Sieber)

Holtz-Bacha, Christina, Of Markets and Supply, Public Broadcasting in Germany, in: Lowe, Gregory Ferrell/Hujanen, Taisto, Broadcasting & Convergence, New Articulations of the Public Service Remit, 1. Auflage, Göteborg 2003, S. 109 ff.

Holznagel, Bernd, Anreize für die vertikale Verflechtung zwischen Presse und Rundfunk oder wirksame Konzentrationsbegrenzung?, in: ZUM 2009, S. 620 ff. (zit.: *Holznagel*, ZUM 2009)

Holznagel, Bernd, Die Zukunft der Mediengrundrechte in Zeiten der Konvergenz, in: MMR 2011, Teil 1 (zit.: *Holznagel*, MMR 2011)

Holznagel, Bernd, Multimedia zwischen Regulierung und Freiheit, in: ZUM 1999, S. 425 ff. (zit.: *Holznagel*, ZUM 1999)

Holznagel, Bernd, Rundfunkrecht in Europa: auf dem Weg zu einem Gemeinrecht europäischer Rundfunkordnungen, Tübingen 1996 (zit.: *Holznagel*)

Holznagel, Bernd/Enaux, Christoph/Nienhaus, Christian, Telekommunikationsrecht, Rahmenbedingungen – Regulierungspraxis, 2. Auflage, München 2006 (zit.: Holznagel et al.)

Holznagel, Bernd/Krone, Daniel, Wie frei ist die KEK? Ein Beitrag zur Auslegung des § 26 Abs. 2 Satz 2 RStV, in: MMR 2005, S. 666 ff. (zit.: *Holznagel/Krone*, MMR 2005)

House of Commons, Culture, Media and Sport Committee, Future for local and regional media, Fourth Report of Session 2009–10, Volume I, 06.04.2010 (zit.: *House of Commons,* Future for local and regional media)

House of Commons, Culture, Media and Sport Committee, Future for local and regional media, Fourth Report of Session 2009–10, Volume I (zit.: *House of Commons*, Future for local and regional media, Vierter Bericht)

House of Commons, Regulatory Reform Committee, Themes and Trends in Regulatory Reform, Ninth Report of Session 2008–09, Volume II (zit.: *House of Commons/Regulatory Reform Committee*)

House of Lords Select Committee on Communications, The Ownership of the News, 2008 (zit.: *House of Lords/Select Committee on Communications*)

House of Lords, Unrevised transcript of evidence taken before The Select Committee on Communications Inquiry on The future of investigative journalism, 29.11.2011, abrufbar unter www.parliament.uk (Stand: 31.03.2013), (zit.: *House of Lords,* The future of investigative journalism)

House of Lords/House of Commons, Draft Communications Bill, Volume I-Report, abrufbar unter www.publications.parliament.uk (Stand: 31.03.2013) (zit.: *House of Lords/House of Commons*, Draft Communications Bill, Volume I-Report)

Human Rights Committee, General Comment No. 34 on Article 19, 11. bis 29.10.2010, abrufbar unter www2.ohchr.org/english/bodies/hrc/docs/gc34.pdf (Stand: 31.03.2013)

Humphreys, Peter J., Mass media and media policy in Western Europe, Manchester 1996

Hunt, Jeremy, Check against delivery, Boldness be my friend, Rede auf der Royal Television Society Cambridge Convention v. 14.09.2011, abrufbar unter www.gov.uk/government/speeches/royal-television-society--2 (Stand: 31.03.2013) (zit.: *Hunt,* Rede auf der Royal Television Society Cambridge Convention v. 14.09.2011)

Hunt, Jeremy, Written Ministerial Statement: Media Ownership, 25.01.2011, abrufbar unter www.gov.uk/government/speeches/written-ministerial-statement-media-ownership (Stand: 31.03.2013), (zit.: *Hunt*, Stellungnahme v. 25.01. 2011)

Immenga, Ulrich/Mestmäcker, Ernst-Joachim, Gesetz gegen Wettbewerbsbeschränkungen, GWB, Kommentar zum Kartellgesetz, 3. Auflage, München 2001 (zit: *Bearbeiter,* in: Immenga/Mestmäcker, 3. Aufl.)

Immenga, Ulrich/Mestmäcker, Ernst-Joachim, Wettbewerbsrecht, Band 2, GWB, Kommentar zum deutschen Kartellrecht, 4. Auflage, München 2007 (zit.: *Bearbeiter,* in: Immenga/Mestmäcker)

Iosifides, Petros, Pluralism and media concentration policy in the European Union, in: Javnost – The Public Vol. 4 (1997) 1, S. 85 ff., abrufbar unter www.javnost-thepublic.org (Stand: 31.03.2013)

J.P.Morgan Ltd., The European Pay-TV Industry, London 1998, abrufbar unter www.jpmorgan.com (Stand: 31.03.2013)

Janik, Viktor, Kapitulation vor der eingetretenen Konzentration? Die Sicherung der Meinungsvielfalt im privaten Rundfunk nach dem Sechsten Rundfunkänderungsstaatsvertrag, in: AfP 2002, S. 104 ff.

Jarren, Otfried/Weber, Rolf H., Selbstregulierung und Selbstorganisation, Zürich 2004

Jingrong, Tong, The crisis of the centralized media control theory: how local power controls media in China, in: Media Culture Society 2010, Volume 32 (6), S. 925 ff.

Johlen, Heribert/Oerder, Michael, Münchener Anwaltshandbuch, Verwaltungsrecht, 2. Auflage, München 2003 (zit.: *Bearbeiter,* in: Münchener Anwaltshandbuch)

K.U. Leuven-ICRI, Jönköping International Business School, Central European University, Ernst & Young Consultancy Belgium, Independent Study on Indicators for Media Pluralism in the Member States – Towards a Risk-Based Approach, Final Report, Leuven 09.11.2009

Kammerevert, Petra, Konvergenz mit innovativer Regulierung pro-aktiv begleiten, in: promedia 4/2013, S. 13 f.

KEK, Auf dem Weg zu einer medienübergreifenden Vielfaltsicherung, Vierter Medienkonzentrationsbericht, Potsdam Oktober 2010 (zit.: KEK, 4. Medienkonzentrationsbericht)

KEK, Crossmediale Verflechtungen als Herausforderung für die Konzentrationskontrolle, Dritter Medienkonzentrationsbericht, Potsdam Dezember 2006 (zit.: *KEK,* 3. Medienkonzentrationsbericht)

KEK, Fortschreitende Medienkonzentration im Zeichen der Konvergenz, Erster Medienkonzentrationsbericht, Potsdam Juli 2000 (zit.: *KEK,* 1. Medienkonzentrationsbericht)

KEK, Mitteilung der Kommission zur Ermittlung der Konzentration im Medienbereich (KEK), Behandlung von Anträgen bundesweiter Fernsehveranstalter auf Zulassungsverlängerung und auf Zulassung anderer Konzernunternehmen, in: ZUM 2003, S. 904 ff. (zit.: *KEK,* ZUM 2003)

KEK, Vierzehnter Jahresbericht, Berichtszeitraum 01.07.2010 bis 30.06.2011 (zit.: *KEK,* 14. Jahresbericht)

KEK, Zuschaueranteile 2011, abrufbar unter www.kek-online.de (Stand: 31.03.2013) (zit.: *KEK*, Zuschaueranteile 2011)

Keller, Perry, European and International Media Law, Liberal Democracy, Trade, and the New Media, Oxford 2011

Kirwan, Peter, Why Jeremy Hunt's media regulation plans may not fit the bill, 30.08.2011, abrufbar unter www.themediabriefing.com/article/2011-08-29/peter-kirwan-why-jeremy-hunts-communications-act-may-not-fit-the-bill (Stand: 31.03.2013)

Klickermann, Paul H./Lotz, Sascha, Hybrid-TV in der Plattformregulierung, Vorgaben zum chancengleichen und diskriminierungsfreien Zugang, in: MMR 2012, S. 801 ff.

Koch, Ulrich, Medienkonzentrationsrecht in Deutschland – sind wir auf dem richtigen Weg?, in: AfP 2007, S. 305 ff.

Kocks, Sebastian/Senft, Marcel, Neues Medienrecht für NRW, Überblick über Novelle von LMG und WDR-Gesetz, in: AfP 2010, S. 336 ff.

Komorek, Ewa, European Commission's „Three-Step Approach" to media pluralism, in: Amsterdam Law Forum, Volume 1, Nr. 2, 2009

Krausnick, Daniel, Gebührenfinanzierung unter dem Damoklesschwert, Zur Entscheidung der Europäischen Kommission vom 24. April 2007, in: ZUM 2007, S. 806 ff.

Krautscheid, Andreas, NRW beschreitet neue Wege in der Medienkonzentration, in: MMR 2010, S. 1 f.

Krautscheid, Andreas, Reform des Medienkonzentrationsrechts – Eine medienpolitische Bestandsaufnahme, in: Krautscheid, Andreas/ Schwartmann, Rolf, Fesseln für die Vielfalt? Das Medienkonzentrationsrecht auf dem Prüfstand, Heidelberg 2010, S. 3 ff. (zit.: *Krautscheid,* in: Krautscheid/Schwartmann)

Kreile, Johannes, Die Reform des Rundfunkstaatsvertrages – Neue Wege bei der Vielfaltsicherung im privaten Rundfunk, in: NJW 1997, S. 1329 ff.

Kreuzer, Thomas, Netzpolitik ist Medienpolitik, in: promedia 4/2013, S. 10 f. (zit.: *Kreuzer,* promedia 4/2013)

Kreuzer, Thomas/Müller-Terpitz, Ralf, Länder planen ein neues Medienkonzentrationsrecht, in: promedia 12/2012, S. 27 ff. (zit.: *Kreuzer/ Müller-Terpitz,* promedia 12/2012)

Kümmel, Annette/ Meyer-Burckhardt, Hubertus, Gewährleisten die Regionalprogramme die Vielfaltsicherung? Eine kritische Bestandsaufnahme zwischen Vielfaltsicherung, Standortpolitik und europarechtlichen Vorgaben, in: MMR 2005, 288

Kupilas, Bernd, Handelsblatt, Youtube will eigene TV-Filme machen, Bericht v. 10.04.2011, abrufbar unter www.handelsblatt.com (Stand: 31.03.2013), (zit.: *Kupilas*, in: Handelsblatt, Bericht v. 10.04.2011)

Ladeur, Karl-Heinz, Zur Notwendigkeit einer flexiblen Abstimmung von Bundes- und Landeskompetenzen auf den Gebieten des Telekommunikations- und des Rundfunkrechts, Das Beispiel des Fernsehsignalübertragungsgesetzes (FÜG) von 1997, in: ZUM 1998, S. 261 ff.

Lehrke, Anne, Pluralismus in den Medien, Verfassungsrechtliche Aspekte von Meinungsbildungsrelevanz als medienübergreifendem Kriterium der Vielfaltsregulierung, Hamburg 2006

Leonhard, Joachim-Félix/Ludwig, Hans-Werner/Schwarze, Dietrich, Medienwissenschaft, Ein Handbuch zur Entwicklung der Medien und Kommunikationsformen, Band I, 1. Auflage, Berlin 1999

Leutheusser-Schnarrenberger, Sabine, Das Recht in der digitalen Welt, in: promedia 12/2011, S. 4 ff.

Levy, David A., Europe's Digital Revolution – Broadcasting regulation, the EU and the nation state, 1. Auflage, London 1999

Libertus, Michael/Wiesner, Jan, Netzneutralität, offenes Internet und kommunikative Grundversorgung, in: MP 2/2011, S. 80 ff.

Lloyd, Ian, Cyber Law in the United Kingdom, 1. Auflage, Alphen aan den Rijn 2010

Loewenheim, Ulrich/Meessen, Karl M./Riesenkampff, Alexander, Kartellrecht, Kommentar, 2. Auflage, München 2009 (zit.: Bearbeiter, in: Loewenheim et al.)

Lowe, Philip, The design of competition policy institutions for the 21st century – the experience of the European Commission and DG Competition: in: Competition Policy Newsletter, Nummer 3, 2008

Mailänder, K. Peter, Meinungsvielfalt und Wettbewerb unter dem Schutz der Konzentrationskontrolle, in: WuW 2001, S. 549

Malzanini, Bernd, Medienkonzentration in Europa, abrufbar unter www.eurotopics.net/de/home/presseschau/archiv/magazin/medien-verteilerseite-neu/medienmaerkte-2007-12/medienkonzentration/?EURO=sbo3c14ttt3nruqbfnstvg8rp6 (Stand: 31.03.2013)

Maunz, Theodor/Dürig, Günter, Grundgesetz, Kommentar, Band I Art. 1–5, Band III Art. 16–22, Band V Art. 54–85, Stand: 62. Ergänzungslieferung, München Mai 2011 (zit.: *Bearbeiter*, in: Maunz/Dürig)

McGonagle, Tarlach, Medienkompetenz: Nicht mehr das Mauerblümchen der europäischen Medienregulierung?, in: IRIS plus 2011–3, S. 3 ff.(zit.: *McGonagle*, IRIS plus 2011–3)

McGonagle, Tarlach/van Loon, Ad, Die rechtliche Zuständigkeit für Rundfunkveranstalter in Europa, IRIS Spezial 2002 (zit.: *McGonagle/van Loon*, IRIS Spezial 2002)

Medienpädagogischer Forschungsverbund Südwest, JIM-Studie 2011 – Jugend, Information, (Multi-)media, abrufbar unter www.mpfs.de/fileadmin/JIM-pdf11/JIM2011.pdf (Stand: 31.03.2013)

Michel, Eva-Maria, Günter Herrmann zum 80. Geburtstag, Eröffnungsvortrag auf der Arbeitssitzung des Instituts für Urheber- und Medienrecht am 25. März 2011, in: ZUM 2011, S. 450 f.

Mikko, Marianne, Bericht über Medienkonzentration und -pluralismus in der Europäischen Union, 10.07.2008, abrufbar unter www.europarl.europa.eu (Stand: 31.03.2013)

Müller, Michael, Partei-TV? – Zur Vergewisserung der Dogmatik der Rundfunkfreiheit, in: AfP 2009, S. 433 ff. (zit.: Müller, AfP 2009)

Müller, Sebastian/Gusy, Christoph, The case of Germany, in: Background information report, Media policies and regulatory practices in a selected set of European countries, the EU and the Council of Europe, Oktober 2010, S. 192 ff., (zit.: *Müller/Gusy,* in: Background Information Report)

Müller, Ulf, Deutsches Medienkartellrecht – Ein Scherbenhaufen?, in: MMR 2006, S. 125 (zit.: *Müller,* MMR 2006)

Müller-Terpitz, Ralf, Reizthema Netzneutralität – nach der Novelle ist vor der Novelle, in: K&R 2012, S. 476 ff. (zit.: *Müller-Terpitz,* K&R 2012)

Näränen, Pertti, European Regulation of Digital Television, The Opportunity Lost and Found?, in: Lowe, Gregory Ferrell/Hujanen, Taisto, Broadcasting & Convergence, New Articulations of the Public Service Remit, 1. Auflage, Göteborg 2003, S. 57 ff.

Neft, Hans, KEK und KDLM – unorthodoxe Organkonfigurationen zur Sicherung der Meinungsvielfalt im Fernsehen, in: ZUM 1999, S. 97 ff. (zit.: *Neft,* ZUM 1999)

Neft, Hans, Meinungsdominanz im Fernsehen – Aufgreifkriterien des neuen § 26 Abs. 2 Rundfunkstaatsvertrag (RStV), in: ZUM 1998, S. 458 ff. (zit.: *Neft,* ZUM 1998)

Neuberger, Christoph/Lobigs, Frank, Die Bedeutung des Internets im Rahmen der Vielfaltssicherung, Gutachten im Auftrag der Kommission zur Ermittlung der Konzentration im Medienbereich (KEK), Berlin 2010

Niebler, Julia, Die Stärkung der Regionalfensterprogramme im Privaten Rundfunk als Mittel zur Sicherung der Meinungsvielfalt durch den Achten Rundfunkänderungsstaatsvertrag, Frankfurt am Main 2009

Noveck, Beth, Analogue Thinking; Digital Television: Recrafting Content Regulation, in: Marsden, Chris/Verhulst, Stefaan, Convergence in European Digital TV Regulation, 1. Auflage, London 1999, S. 37 ff.

Oberländer, Stefanie, Gemeinsame Richtlinien der Landesmedienanstalten als normkonkretisierende Verwaltungsvorschriften?, in: ZUM 2001, S. 487 ff.

Ofcom, Broadcasting Code 2011, abrufbar unter www.ofcom.org.uk (Stand: 31.03.2013) (zit.: *Ofcom,* Broadcasting Code 2011)
Ofcom, Channel 4 Licence, 17.12.2004, abrufbar unter http://licensing.ofcom.org.uk (Stand: 31.03.2013) (zit.: *Ofcom,* Channel 4 Licence)
Ofcom, Designation pursuant to section 368B of the Communications Act 2003 of functions to the Association for Television On-Demand in relation to the regulation of on-demand programme services, abrufbar unter http://stake holders.ofcom.org.uk/binaries/broadcast/tv-ops/vod/asa.pdf (Stand: 31.03.2013)
Ofcom, Functions and Role, abrufbar unter www.ofcom.org.uk (Stand: 31.03.2013) (zit.: *Ofcom,* Functions and Role)
Ofcom, Guidance for religious bodies, abrufbar unter http://licensing.ofcom.org.uk/tv-broadcast-licences/other-issues/religious-guidance (Stand: 31.03.2013) (zit.: *Ofcom*, Guidance for religious bodies)
Ofcom, Guidance for the public interest test for media mergers, abrufbar unter http://stakeholders.ofcom.org.uk/broadcasting/guidance/other-guidance/pi_test/ (Stand: 31.03.2013) (zit.: *Ofcom,* Guidance for the public interest test for media mergers)
Ofcom, Guidance regarding the licensing position of television licensable content services broadcast into multiple territories, 19.10.2010, abrufbar unter http://licensing.ofcom.org.uk/binaries/tv/licensing-position.pdf (Stand: 31.03.2013) (zit.: *Ofcom*, Guidance regarding the licensing position of TLCS)
Ofcom, Licensing of Channel 3 and Channel 5, A report from Ofcom to the Secretary of State for Culture, Olympics, Media and Sport, 02.09.2011, abrufbar unter http://stakeholders.ofcom.org.uk/binaries/broadcast/tv-ops/licensing-c3-c5.pdf (Stand: 31.03.2013) (zit.: *Ofcom*, Licensing of Channel 3 and Channel 5, 2011)
Ofcom, Licensing of Channel 3 and Channel 5, A report from Ofcom to the Secretary of State under section 229 of the Communications Act 2003, abrufbar unter http://stakeholders.ofcom.org.uk/binaries/broadcast/tv-ops/c3_c5_licensing.pdf (Stand: 31.03.2013) (zit.: *Ofcom*, Licensing of Channel 3 and Channel 5, 2012)
Ofcom, Market Impact Assessment of the BBC's Local Video Service, 21.11.2008 (zit.: *Ofcom,* Market Impact Assessment of the BBC's Local Video Service)
Ofcom, Measuring media plurality, Ofcom's advice to the Secretary of State for Culture, Olympics, Media and Sport, 19.06.2012, abrufbar unter http://stakeholders.ofcom.org.uk/binaries/consultations/measuring-plurality/statement/state ment.pdf (Stand: 31.03.2013) (zit.: *Ofcom,* Measuring media plurality 6/2012)

Ofcom, Measuring media plurality, Supplementary advice to the Secretary of State for Culture, Media and Sport and the Leveson Inquiry, 05.10.2012, abrufbar unter http://stakeholders.ofcom.org.uk/binaries/consultations/measuring-plurality/letters/advice.pdf (Stand: 31.03.2013) (zit.: *Ofcom,* Measuring media plurality 10/2012)

Ofcom, News Corporation/BSkyB proposed merger: further advice on proposed undertakings in lieu, 22.6.2011, abrufbar unter www.culture.gov.uk (Stand: 31.03.2013) (zit.: *Ofcom,* NewsCorp/BSkyB further advice)

Ofcom, Overview of UK television market, PSB Report 2010 – Information pack, 07.07.2010, abrufbar unter http://stakeholders.ofcom.org.uk/broadcasting/reviews-investigations/public-service-broadcasting/annrep/psb10 (Stand: 31.03.2013) (zit.: *Ofcom*, PSB Report 2010)

Ofcom, Procedures for the consideration of statutory sanctions in breaches of broadcast licences, 01.06 2011, abrufbar unter http://stakeholders.ofcom.org.uk/broadcasting/guidance/complaints-sanctions/procedures-statutory-sanctions/ (Stand: 31.03.2013) (zit.: *Ofcom*, Procedures for the consideration of statutory sanctions in breaches of broadcast licences)

Ofcom, Report for the Secretary of State pursuant to Section 44A of the Enterprise Act 2002 of British Sky Broadcasting plc's acquisition of 17.9 % shareholding in ITV plc, 27.04.2007, abrufbar unter www.bis.gov.uk/files/file39607.pdf (Stand: 31.03.2013) (zit.: *Ofcom,* BSkyB/ITV)

Ofcom, Report on public interest test on the proposed acquisition of British Sky Broadcasting Group plc by News Corporation, 31.12.2010, abrufbar unter http://stakeholders.ofcom.org.uk/binaries/consultations/public-interest-test-nov2010/statement/public-interest-test-report.pdf (Stand: 31.03.2013) (zit.: *Ofcom,* NewsCorp/BSkyB)

Ofcom, Report to the Secretary of State (Culture, Media and Sport) on the Media Ownership Rules, 17.11.2009, abrufbar unter http://stakeholders.ofcom.org.uk/market-data-research/other/media-ownership-research/rulesreport2012 (Stand: 31.03.2013) (zit.: *Ofcom,* Report on the Media Ownership Rules)

Ofcom, Television Licensable Content Services, Guidance notes for licence applicants, 05.07.2011, abrufbar http://licensing.ofcom.org.uk/tv-broadcast-licences/tlcs/ (zit.: *Ofcom*, TLCS Guidance)

Ofcom, The Legislative Background to the Code, abrufbar unter http://stakeholders.ofcom.org.uk/binaries/broadcast/831190/background-code.pdf (Stand: 31.03.2013) (zit.: *Ofcom*, Legislative Background to the Code)

Ofcom, The Ofcom Broadcasting Code (Incorporating the Cross-promotion Code), 28.02.2011, abrufbar unter www.ofcom.org.uk/ (Stand: 31.03.2013) (zit.: *Ofcom*, Broadcasting Code)

Oft, Acquisition by British Sky Broadcasting Group plc of a 17.9 per cent stake in ITV plc, Report to the Secretary of State for Trade and Industry, 27.04.2007, abrufbar unter www.culture.gov.uk (Stand: 31.03.2013) (zit.: *Oft,* BSkyB/ITV)

Oft, Advice from the Office of Fair Trading on undertakings in lieu offered by News Corporation relating to the anticipated acquisition by News Corporation of British Sky Broadcasting Group plc, 22.06.2011, abrufbar unter www.culture.gov.uk (Stand: 31.03.2013) (zit.: *Oft,* NewsCorp/BSkyB)

Ory, Stephan, Programmveranstalter sind Träger der subjektiven Rundfunkfreiheit, in: ZUM 1998, S. 484 ff.

OSI, Television across Europe: regulation, policy and independence, Monitoring Reports 2005, abrufbar unter www.opensocietyfoundations.org/reports/television-across-europe-regulation-policy-and-independence (Stand: 31.03.2013)

Paal, Boris, Medienvielfalt und Wettbewerbsrecht, Tübingen 2010 (zit.: *Paal*)

Paal, Boris, Entflechtungstatbestand, Medienvielfalt und Kartellgesetz, Medienkartellrecht auf dem Prüfstand, in: JZ 2010, S. 647 ff. (zit.: *Paal,* JZ 2010)

Paal, Boris/Hennemann, Moritz, Privates Medien- und Informationsrecht im Koalitionsvertrag, in: ZRP 2010, S. 40 ff. (zit.: *Paal/Hennemann*, ZRP 2010)

Packard, Ashley, Digital Media Law, 1. Auflage, Chichester 2010

Parr, Nigel /Finbow, Roger/Hughes, Matthew, UK Merger Control, Law and Practice, 2. Auflage, London 2004

Paschke, Marian, Medienrecht, 3. Auflage, Heidelberg 2009 (zit.: *Paschke*)

Pascke, Marian/Berlit, Wolfgang/Meyer, Claus, Gesamtes Medienrecht, Hamburger Kommentar, 1. Auflage, Baden-Baden 2008 (zit.: *Bearbeiter,* in: Paschke et al.)

Peifer, Karl-Nikolaus, Vielfaltsicherung im bundesweiten Fernsehen, Voraussetzungen und Grenzen einer Prüfung der medienrelevanten verwandten Märkte, Rechtsgutachten im Auftrag der Bayerischen Landeszentrale für neue Medien (BLM), Baden-Baden 2009

Pepper, Robert/Levy, Jonathan, Public Benefits and Policy Challenges, in: Marsden, Chris/Verhulst, Stefaan, Convergence in European Digital TV Regulation, S. 21 ff. (zit.: *Pepper/Levy,* in: Convergence in European Digital TV Regulation)

Podszun, Rupprecht, Anmerkung zu dem Urteil des VG München v. 08.11.2007, M 17 K 06.2675, in: MMR 2008, S. 431 f. (zit.: *Podszun*, MMR 2008)

Podszun, Rupprecht, Fernsehkartellrecht – Die Entscheidungspraxis des Bundeskartellamts, in: MMR 2007 S. 761 ff. (zit.: *Podszun*, MMR 2007)

Puppis, Manuel, National Media Regulation in the Era of Free Trade: The Role of Global Media Governance, in: EJC 2008, Vol. 23, S. 405 ff.

Reding, Viviane, Europe's Magazines and the new media – way ahead, Rede v. 08.10.2009, abrufbar unter http://europa.eu/rapid/press-release_SPEECH-09-452_en.htm (Stand: 31.03.2013) (zit.: *Reding*, Speech/09/452)

Reffken, Hendrik, Rundfunkbeteiligungen politischer Parteien, in: NVwZ 2008, S. 857 ff.

Reinlein, Laura Johanna, Medienfreiheit und Medienvielfalt, Kontrolle crossmedialer Konzentration in Zeiten der Konvergenz, Frankfurt am Main 2011

Renck-Laufke, Martha, Das Spannungsverhältnis zwischen Landesmedienanstalten und KEK am Beispiel des Springerkonzerns, ZUM 2006, S. 907 ff. (zit: *Renck-Laufke,* ZUM 2006)

Renck-Laufke, Martha, Probleme der Konzentrationskontrolle im privaten Fernsehen, in: ZUM 2000, S. 105 ff. (zit: *Renck-Laufke,* ZUM 2000)

Renck-Laufke, Martha, Was ist und was kann die KEK?, in: ZUM 2000, S. 369 ff. (zit: *Renck-Laufke,* ZUM 2000)

Reville, Nicholas, Broadcasting Law and Practice, 1. Auflage, London 1997

Richards, Ed, Rede auf der Oxford Media Convention v. 24.01.2011, abrufbar unter http://media.ofcom.org.uk/2011/01/24/oxford-media-convention-speech-by-ed-richards (Stand: 31.03.2013)

Ricker, Reinhart/Schiwy, Peter, Rundfunkverfassungsrecht, 1. Auflage, München 1997

Ritlewski, Kristoff, Pluralismussicherung im 10. Rundfunkänderungsstaatsvertrag, in: ZUM 2008, S. 403 ff.

Robinson, James, Politicians could be barred from ruling on media mergers, says Jeremy Hunt, in: The Guardian v. 10.09.2011, abrufbar unter www.guardian.co.uk/media/2011/sep/14/politicians-media-mergers-jeremy-hunt (Stand: 31.03.2013)

Röper, Horst, Zeitungen 2010: Rangverschiebungen unter den größten Verlagen, in: MP 5/2010, S. 218 ff.

Rößß, Simon, Die Unabhängigkeit des Rundfunks als Vielfaltssicherung, Rundfunkkonzentrationsrecht als rechtliche Grenze struktureller Kopplungen zwischen Wirtschaft und Rundfunk, in: AfP 2010, S. 521 ff.

Rossen, Helge, Freie Meinungsbildung durch den Rundfunk, Die Rundfunkfreiheit im Gewährleistungsgefüge des Art. 5 Abs. 1 GG, Baden-Baden 1988

Säcker, Franz Jürgen/Rixecker, Roland, Münchener Kommentar zum Bürgerlichen Gesetzbuch, 5. Auflage, München 2006 (zit.: *Bearbeiter,* in: Münchener Kommentar)

Schader, Peer, Die falschen Experten aus den Messie-Sendungen, in: F.A.Z.-Blog v. 08.11.2011, abrufbar unter http://blogs.faz.net/ (Stand: 31.03.2013)

Schmid, Tobias, Rechtliche Herausforderungen des Hybridfernsehens aus Sicht des privaten Rundfunks, in: ZUM 2011, S. 457 ff.

Schmid, Tobias/Kitz, Volker, Von der Begriffs- zur Gefährdungsregulierung im Medienrecht, Möglichkeiten und Grenzen von Fiktionen in einer modernen Medienordnung, in: ZUM 2009, S. 739 ff.

Schmidt, Holger, Internetfirmen nehmen sich das Fernsehen vor, in: F.A.Z. v. 25.10.2011, Nr. 248, S. 17 sowie in: F.A.Z.-Blog ‚Netzökonom', Beitrag v. 24.10.2011, abrufbar unter http://blogs.faz.net (Stand: 31.03.2013) (zit.: *Schmidt*, in: F.A.Z. v. 25.10.2011, Nr. 248)

Schnitzer, Isabel, Europäische Ministerkonferenz: Ministererklärung zur Entstehung globaler Informationsnetze verabschiedet, in: IRIS 1997, Nr. 8, S. 3

Schoch, Friedrich/Schmidt-Aßmann, Eberhard/Pietzner, Rainer, Verwaltungsgerichtsordnung, Kommentar, Band II, München, Stand: 20. Ergänzungslieferung, München Mai 2010 (zit.: *Bearbeiter* in: Schoch et al.)

Schulz, Wolfgang/Held, Thorsten, Die Zukunft der Kontrolle der Meinungsmacht, Gutachten im Auftrag der Friedrich-Ebert-Stiftung, 2006 (zit.: *Schulz/Held*)

Schulz, Wolfgang/Wasner, Utz, Rundfunkrechtlich relevante Fragen der Lizenzierung und Frequenzverwaltung nach dem TKG, in: ZUM 1999, S. 513 ff. (zit.: *Schulz/Wasner*, ZUM 1999)

Schwartmann, Rolf, Konvergentes Konzentrationsrecht für konvergente Medien, in: Krautscheid, Andreas/ Schwartmann, Rolf, Fesseln für die Vielfalt? Das Medienkonzentrationsrecht auf dem Prüfstand, Heidelberg 2010, S. 11 ff. (zit.: *Schwartmann,* in: Krautscheid/Schwartmann)

Schwartmann, Rolf, Praxishandbuch Medien-, IT- und Urheberrecht, 2. Auflage, Heidelberg u. a. 2011 (zit.: *Bearbeiter,* in: Schwartmann)

Seely, Anthony, Media ownership & competition law: the BSkyB bid, Juli 2011

Slaughter & May, News Corporation / British Sky Broadcasting: Public Interest Intervention Pursuant to Enterprise Act 2002, abrufbar unter http://av.r.ftdata.co.uk/files/2010/10/Cable-111010app.pdf (Stand: 12.02.2012) (zit.: *Slaughter&May,* NewsCorp/BSkyB)

Sommerhoff, Alexandra, Media Pluralism and its protection by media regulation in the United Kingdom and on European level, Masterarbeit im Rahmen des LL.M. Studiengangs 2010/2011 am King's College London, London 2011

Spilsbury, Sallie, Media Law, 1. Auflage, London 2000

Spindler, Gerald/ Schuster Fabian, Recht der elektronischen Medien, Kommentar, 2. Auflage, München 2011 (zit.: *Bearbeiter,* in: Spindler/Schuster)

Spoerr, Wolfgang/Luczak, Jan-Marco, Die Digitalisierung der Rundfunkübertragung in Kabelnetzen 2010–2020: Staatliche Handlungsoptionen, in: ZUM 2010, S. 553 ff.

Springer, Rekord-Jahresbilanz: Axel Springer erreicht 2011 zweistelliges Umsatz- und Ergebniswachstum, Pressemeldung v. 07.03.2011, abrufbar unter www.axelspringer.de/presse/Rekord-Jahresbilanz-Axel-Springer-erreicht-2011-zweistelliges-Umsatz-und-Ergebniswachstum_2244248.html (Stand: 31.03.2013)

Steger, Jens, Konglomerate Medienzusammenschlüsse in der deutschen Fusionskontrolle, in: WuW 2010, S. 282 ff.

Steinert, Andreas, Medienrecht, Telekommunikationsrecht und Kartellrecht – Die Offenhaltung der Medienordnung, Münster 2003

Strömberg, David, Distributing News and Political Influence, in: The World Bank, The Right to Tell, The Role of Mass Media in Economic Development, Washington, D.C. 2002, S. 95 ff.

Sweney, Mark, Ofcom 'could not stop ITV and Channel 5 cutting PSB programming', Media regulator says licence renewal is approach most likely to ensure continuing delivery of key public service objectives, in: The Guardian v. 2.9.2011, abrufbar unter www.guardian.co.uk/media/2011/sep/02/ofcom-itv-channel-5 (Stand: 31.03.2013)

Sydow, Gernot, Parlamentssuprematie und *Rule of Law*: Britische Verfassungsreformen im Spannungsfeld von Westminster Parliament, Common-Law-Gerichten und europäischen Einflüssen, Tübingen 2005 (zit.: *Sydow*)

Sydow, Jörg/Windeler, Arnold, Organisation der Content-Produktion, Wiesbaden 2004 (zit.: *Sydow/Windeler*)

Technosite/NOVA/ CNIPA, Monitoring eAccessibility in Europe: 2011 Annual Report, 15.06.2011, abrufbar unter www.eaccessibility-monitoring.eu/researchResult.aspx (Stand: 31.03.2013)

Thaenert, Wolfgang, Nochmals zur Reform der Medienkontrolle durch den Zehnten Rundfunkänderungsstaatsvertrag, in: ZUM 2009, S. 131 ff.

Townley, Christopher, Article 81 EC and Public Policy, Oxford u. a. 2009

Vaizey, Ed, The Communications White Paper, Challenges and successes of the last year, Rede auf der Oxford Media Convention v. 23.01.2013, abrufbar unter www.gov.uk/government/speeches/speech-to-the-oxford-media-convention (Stand: 31.03.2013)

van Eechoud, Mireille, Ministerkomitee: Europäische Konvention über den Zugang zu offiziellen Dokumenten, in: IRIS 2009, S. 3

van Eimeren, Birgit/Ridder, Christa-Maria, Trends in der Nutzung und Bewertung der Medien 1970 bis 2010, in: MP 1/2011, S. 2 ff.

Vowe, Gerhard, Medienpolitik: Regulierung der medialen öffentlichen Kommunikation. Diskussionsbeiträge aus dem Institut für Medien- und Kommunikationswissenschaft, Ilmenau 2001

Wagner, Michael A., Die europäische Perspektive des Hybridfernsehens, in: ZUM 2011, S. 462 ff.

Welt online, Diese Fernseher zeigen schon Youtube-Videos, Bericht v. 27.11.2009, abrufbar unter www.welt.de/wirtschaft/webwelt/article5338459/Diese-Fernseher-zeigen-schon-YouTube-Videos.html (Stand: 31.03.2013)

Wheeler,Mark, Regulating Communications: British Public Policy Responses to Convergence within the Digital Age, in: Canadian Journal of Communication, Vol 26 No 1 (2001), abrufbar unter www.cjc-online.ca/index.php/journal/article/view/1199/1142 (Stand: 31.03.2013)

Whish, Richard, Competition Law, 6. Auflage, Oxford 2009

Wiedemann, Gerhard, Handbuch des Kartellrechts, 2. Auflage, München 2008 (zit.: *Bearbeiter,* in: Wiedemann)

Wilms, Heinrich, Klarere Verantwortungsteilung von Bund, Ländern und Kommunen?, in: ZRP 2004, S. 150 ff.

Woldt, Runar, Ein Modell für Transparenz im öffentlich-rechtlichen Rundfunk? Selbstverpflichtungen bei der BBC, in: MP 5/2002, S. 202 ff.

Zagouras, Georgios, Der „Reding-Wallström-Plan" zum Schutz der Meinungsvielfalt in Europa, in: AfP 2007, S. 1 ff. (zit.: *Zagouras,* AfP 2007)

Zagouras, Georgios, Konvergenz und Kartellrecht, Die Regulierung des Wettbewerbs im Bereich der Medien und Kommunikationsplattformen nach GWB, TKG und RStV sowie Optionen für eine Umstrukturierung, München 2002 (zit.: *Zagouras*)

Zubayr, Camille/Gerhard, Heinz, Fernsehgewohnheiten und Fernsehreichweiten im Jahr 2010, Tendenzen im Zuschauerverhalten, in: MP 3/2011, S. 126 ff.

Schriften zum Medien-, Urheber- und Wirtschaftsrecht

Herausgegeben von Prof. Dr. Georgios Gounalakis

Band 1 Thomas Lang: Immaterialgüterrechtliche Lizenzierung und kartellrechtliche Verhaltenskontrolle. Eine Untersuchung der Reichweite gemeinschaftskartellrechtlicher Eingriffsbefugnisse in Immaterialgüterrechtspositionen vor dem Hintergrund der schutzrechtsspezifischen wettbewerblichen Ausschließlichkeit. 2009.

Band 2 Anna-Karina Bonacker: Der Widerruf von Fernabsatzverträgen am Beispiel der Internetauktion eBay. 2009.

Band 3 Rainer Jürgen Scharf: Der unbefristete Widerruf internetbasierter Verträge. Zugleich ein Beitrag zur Dogmatik des § 355 BGB. 2009.

Band 4 Sebastian Gorski: Effizienz, Wahlfreiheit und Gleichbehandlung? Eine Untersuchung der Einführung von Wettbewerb zwischen musikalischen Verwertungsgesellschaften durch die Europäische Kommission. 2009.

Band 5 Daniel Walter: Die rechtliche Behandlung der Erbringung unbestellter Leistungen nach § 241a BGB. 2009.

Band 6 Richard Helwig: Die Kompetenz der Europäischen Gemeinschaft zur Schaffung eines europäischen Medienkonzentrationsrechts. Notwendigkeit, Voraussetzungen und Reichweite einer möglichen Regulierung zur Sicherung von Medien- und Meinungsvielfalt in Europa. 2009.

Band 7 Bettina Yunis: Alternative Streitbeilegung über elektronische Datennetze. 2011.

Band 8 Andreas Walter: Störerhaftung bei Handeln Dritter. 2011.

Band 9 Andreas Zenner: Die zivilrechtliche Verantwortlichkeit des Abschlussprüfers für den Bestätigungsvermerk. 2011.

Band 10 Kristine Wagner: Die Privatkopie als urheberrechtliche Schrankenregelung. 2011.

Band 11 Ina Lutz: Testierfreiheit und Pflichtteilsrecht im spanischen *Código Civil* im Vergleich mit dem deutschen Bürgerlichen Gesetzbuch. Unter besonderer Berücksichtigung von Immobilienerbschaften. 2011.

Band 12 Heiko Drebes: „Datenschutz" für Unternehmen im B2B? Schutz der Daten des geschäftlichen E-Business im Spannungsfeld zwischen technisch-organisatorischer und rechtlicher Regulierung. 2012.

Band 13 Heiko Zimmer: Zugriff auf Internetzugangsdaten. Unter besonderer Berücksichtigung der Verhältnismäßigkeit einer verdachtsunabhängigen Vorratsdatenspeicherung. Eine Interessenabwägung zwischen Datenschutz, Strafverfolgung und Urheberrecht im Internet. 2012.

Band 14 Ricarda Leffler: Der strafrechtliche Schutz des Rechts am eigenen Bild vor dem neuen Phänomen des Cyber-Bullying. Eine Untersuchung der Normanwendungs- und Auslegungsprobleme der strafrechtlichen Bildnisschutzvorschriften bei deren Verletzung im Rahmen von Internetdelikten. 2012.

Band 15 Nadine Kristin Keil: Verdachtsberichterstattung. Medienberichterstattung über Straftatverdächtige. 2013.

Band 16 Alexandra Sommerhoff: Meinungsvielfalt und Medienkonvergenz. Die Sicherung der Meinungsvielfalt in Deutschland und Großbritannien. 2013.

www.peterlang.de